MICHAEL LEMSTER
DIE GRIMMS

MICHAEL LEMSTER

DIE GRIMMS

Eine Familie und ihre Zeit

Sämtliche Angaben in diesem Werk erfolgen trotz sorgfältiger Bearbeitung ohne Gewähr. Eine Haftung der Autoren bzw. Herausgeber und des Verlages ist ausgeschlossen.

Wir haben versucht, alle Rechteinhaber ausfindig zu machen. Sollten Sie dennoch Unstimmigkeiten im Bildnachweis feststellen, so bitten wir Sie, uns dies nachzusehen und sich an den Verlag zu wenden.

1. Auflage
© 2021 Benevento Verlag bei Benevento Publishing München – Salzburg, eine Marke der Red Bull Media House GmbH, Wals bei Salzburg

Alle Rechte vorbehalten, insbesondere das des öffentlichen Vortrags, der Übertragung durch Rundfunk und Fernsehen sowie der Übersetzung, auch einzelner Teile. Kein Teil des Werkes darf in irgendeiner Form (durch Fotografie, Mikrofilm oder andere Verfahren) ohne schriftliche Genehmigung des Verlages reproduziert oder unter Verwendung elektronischer Systeme verarbeitet, vervielfältigt oder verbreitet werden.

Medieninhaber, Verleger und Herausgeber:
Red Bull Media House GmbH
Oberst-Lepperdinger-Straße 11–15
5071 Wals bei Salzburg, Österreich

Lektorat: Jonas Wegerer, Freiburg
Satz: MEDIA DESIGN: RIZNER.AT
Gesetzt aus der Minion Pro, Cambria
Umschlaggestaltung: Büro Jorge Schmidt, München
Umschlagmotive: akg-images
Printed by Finidr, Czech Republic
ISBN 978-3-7109-0115-7

INHALT

Vorwort	11
Eine Impression	17

Kapitel 1: Familienahnen (1485–1785)

Hanau zwischen Reformation und Dreißigjährigem Krieg	21
Im Vertrauen auf Gott und die Obrigkeit	32

Kapitel 2: Welt und Umwelt der Grimms

Neue Wege und alte Mächte	55
Die Stadt	56
Der Brunnen	60
Die Spindel	61
Die Mühle	64
Der Esel	66
Das Schloss	70
Die Prinzessin	71
Die Straße	73
Der Bettler	76
Das Feld	78
Der Wald	81
Der Wolf	84
Die Räuber	84
Die Handwerksburschen	87
Die Zwerge	89

Kapitel 3: Fünf Hanauer Buben und ihre Steinauer Schwester (1785-1798)
   Der Wille zum Idyll   91
   Tod eines Amtsmanns   116

Kapitel 4: Frühe Nöte und Chancen (1798-1812)
   Eine intellektuelle Welt   125
   Hohe Ambitionen und stockende Karrieren   143

Kapitel 5: Wie Figuren eines Schachspiels (1803-1822)
   Der widerborstige Ferdinand   165
   Der »trostlose« Carl   179
   Der schneidige Lui   183
   Die »liebe Lotte«   199

Kapitel 6: Zwei Brüder, Rechts- und Sprachgelehrte (1807-1821)
   Ein Leben zwischen Büchern und Papier   205
   Was macht die Deutschen aus?   219

Kapitel 7: Märchen über Märchen (1806-1825)
   »Aus der Volksseele« - Märchen als Modetrend   235
   Dornröschen - Biografie eines Märchens   254
   Die »Märchenlieferanten«   259

Kapitel 8: Mehr als die kleinen Geschwister (1809-1836)
   Reisen und Liebeleien: Lui, der romantischste Grimm   275
   Carl, ein suchender Sonderling   291
   Ferdinand: Corrector und »Verräter«   295
   Oberappellationsgerichtsassessorengattin
      Lotte Hassenpflug   311

Kapitel 9: Familiengründungen (1822–1832)
   Das Haus Hessen: adelige Ehehöllen   317
   Kasseler Romanzen, Wilhelms Ehe   325
   Lottes früher Tod und Luis späte Ehen   336

Kapitel 10: Die Göttinger Sieben (1829–1840)
   Der Vormärz in Göttingen   351
   Exil in der Heimat und das »Deutsche Wörterbuch«   367
   Judenfeindschaft bei den Grimms   381

Kapitel 11: Dem Verdienste seine Kronen (1840–1849)
   Der Ruf des Königs nach Berlin   395
   Parlamentarier und Revoluzzer   406

Kapitel 12: Herman Grimm und seine Familie (1828–1901)
   Herman und seine Geschwister   415
   Berliner Laufbahn   419
   Erbe und Verwalter einer reichen Tradition   425

Kapitel 13: Eine Generation tritt ab (1833–1863)
   Lebensleistungen   431
   Todesumstände   439

Nachwort: 200 Jahre Märchen   451
Dank   459

Anmerkungen   461
Weiterführende Literatur   467
Zeittafel   468
Personen- und Werkregister   473
Bildnachweis   480

»Das deutsche Volk ist ein Volk von Freien,
und deutscher Boden duldet keine Knechtschaft.
Fremde Unfreie, die auf ihm verweilen, macht er frei.«
*Jacob Grimms Antrag zum Artikel 1 der Grundrechte in der deutschen
Verfassung von 1849. Der Antrag wurde nicht angenommen.*
Verteidigen wir diese Freiheit!

Meiner Familie; dem »Jacob« in meinem Leben
und meiner Schwester –
wie gut, dass wir einander haben!

VORWORT

Dieses Buch führt uns in eine Welt, um deren sichtbare Überreste die Menschheit uns Deutsche beneidet. Staunenswerte Überreste, zu denen gebildete, neugierige Menschen aller Nationen pilgern wie zu Wallfahrtsstätten, um sich der Verführungskraft sanfter bewaldeter Hügel, verträumter Wiesengründe, mäandernder Bäche, majestätischer, von Burgen überragter Ströme, bergender Fachwerkstädte und ragender gotischer Kirchen hinzugeben.

In eine Welt, die so idyllisch nicht war, wie die Butzenscheiben uns glauben machen könnten. In der nicht so sehr dasjenige in Ruinen fiel, was man nicht mehr brauchte, sondern das, was mächtigen Feinden im Wege stand. In der die Selbstbehauptung es erforderte, mit schweren Waffen zu kämpfen und grobe Keile auf grobe Klötze zu hauen. In der die Freiheit des Denkens und des Wortes unerhört im wahrsten Sinne war und erst erkämpft und behauptet werden musste. In der physische Sicherheit und das Lebensnotwendigste für die Allermeisten keine einklagbaren Rechte waren und in jeder Krise weithin fehlten. Keine Generation blieb von schweren Krisen verschont.

In eine Welt andererseits, die vielen im tiefsten Sinne Heimat war. Heimat mit all ihren Begrenzungen – materiellen, räumlichen, ständischen, religiösen, seelischen. Aber auch mit all dem Festigenden, das die Beschränkung den Menschen gibt. Menschen verhedderten sich nicht so oft im Netzgeflecht möglicher Entscheidungen, da so vieles festgelegt war. Die Menschen blieben meist lebenslang Nachbarn, da ihr Stand oder ihre Mittel es ihnen verboten zu reisen oder da sie nur dann reisten oder auswanderten, wenn es unbedingt erforderlich war.

In eine Welt, in der es von allem, was Menschen wichtig ist, weniger gab – von Wohlstand, von Wissen, von Nachrichten, sogar von Mitmenschen. Die Weite, in der sich heute so manche verlieren, gab es nur für wenige privilegierte, gebildete oder aber randständige Menschen: einerseits für den Adel, für die Geistlichkeit, für die Gelehrten, für die bürgerlichen Kauf- und Fuhrleute; andererseits und unter steter Bedrohung für das unter meist prekären materiellen Bedingungen überlebende fahrende oder gesetzlose Volk: die Wandergesellen und Soldaten, die Schausteller und Musikanten, die Glücksritter und Goldmacher, die Diebe und Räuber.

Halt finden, äußeren und inneren, und ihre Position verbessern, wenn nicht in dieser, so dann doch in einer der kommenden Generationen: Das war die einzige große weltliche Aufgabe, die sich viele Menschen damals stellten. Mit Geschick, Ruchlosigkeit, Charisma und Glück bewältigten sie die einen, andere wieder scheiterten. Den erfolgreichen unter ihnen wuchsen unterwegs erstaunliche Kräfte zu und wurden manchmal erstaunliche Schicksale zuteil.

Diejenige Klasse, die zwischen Früher Neuzeit und Moderne – also in der Zeit zwischen der Mitte des 15. bis zur Mitte des 19. Jahrhunderts – für Aufstieg schlechthin stand, war das Bürgertum. Es erfand sich selbst in einem jahrhundertelangen Prozess als Stand von Kaufleuten, Geldverleihern, Handwerkern, Industriellen, Forschern, Gelehrten, Beamten und Pfarrern. Es lernte gegen alle Widerstände seinen Raum neben den Ständen des Adels, der Bauern und der Kirche zu behaupten, sich zur Führung der Gesellschaft aufzuschwingen und diese Führung gegen die Ansprüche nachdrängender Schichten zu behaupten.

Im vorliegenden Buch ist eine dieser bürgerlichen Familien kennenzulernen: die Familie Grimm. Ihre frühesten erhaltenen Lebensspuren reichen zurück bis ins 15. Jahrhundert. Eine Familie von Bauern und Handwerkern, die ihre Chancen nutzten und zunächst kleine Verwaltungsposten ergriffen, bis sie als Juristen, als Pfarrer und schließlich als Wissenschaftler öffentlich zu wirken begannen.

In der Barockzeit begegnen wir erstmals ausgeprägten Persönlichkeiten unter den Grimms mit einem beachtenswerten schriftlichen Nachlass. Ihre Reihe beginnt mit dem in Hanau geborenen und verstorbenen Friedrich Grimm dem Älteren, einem Pfarrer und Kirchenpolitiker, den das Leben mitten in die Konfessionskämpfe jener Zeit stellte. Über Philipp Wilhelm Grimm, den früh verstorbenen landgräflich-hessischen Amtmann in Steinau und Schlüchtern, führt der Weg zu den prominentesten Grimms, den Märchensammlern und -erzählern Jacob und Wilhelm Grimm.

Diese werden so oft zusammen dargestellt, dass sie fast zu einer Person verschmelzen. Der unrichtige Glaube, sie seien Zwillinge, ist weit verbreitet. Das brüderliche Bündel von Persönlichkeitsmerkmalen zu entwirren und jeden der beiden als deutlich umrissenen Menschen zu zeigen, ist ein Hauptanliegen dieses Buches. Ebenso wie der Versuch, die Lebenslinien der übrigen vier Geschwister nachzuziehen, von denen einige Bedeutsames geleistet haben – weil ihnen ihr Schicksal Talent, Tatkraft und das privilegierte, das männliche Geschlecht zugeteilt hat. Doch die unterschiedlichen Talente und Temperamente stellten die geschwisterlichen Beziehungen dauernd unter Hochspannung bis zur katastrophalen Krise…

Wir begegnen auch den Frauen der Grimms, wie sie mit unermüdlichem Kampfgeist ihre, mag sein, nicht so glanzvollen, aber genauso wichtigen täglichen Aufgaben meistern – immer wieder entkräftet durch Schwangerschaft und Kindbett, zurückgeworfen durch die Krankheiten, die früher unzertrennliche Begleiter des Mutterwerdens und Mutterseins waren.

Schließlich lernen wir die Nachkommen kennen, allen voran Wilhelms Sohn Herman, der nicht nur aus der Kunstgeschichte eine spannende Disziplin machte, sondern auch den Goethe-Kult mitbegründet hat – und den Grimm-Kult. Hermans Bruder Rudolf endlich sorgte dafür, dass die Familie Grimm bis ins 21. Jahrhundert weiterlebt.

Die Grimms dachten in den Kategorien von menschlichen Beziehungen, Rechten und Verpflichtungen: gegenüber der Familie, den Nachbarn, der Obrigkeit, dem Land, der Nation und Gott. Sie waren religiös gebunden, in der reformierten Konfession, einer spirituell und intellektuell radikalen Auslegung der christlichen Lehre. Und sie waren weltlich nicht minder gebunden – als Diener der Gemeinschaft, die die verschiedenen Generationen der Grimms unterschiedlich umschrieben hätten: Kirche, Fürstentum, Gelehrtenrepublik, Volk.

»Volk« oder »Nation« ist ein mehrdeutiger Begriff. Dies gilt gerade für die Deutschen, die am Drehkreuz eines Kontinents sitzen. Einige der Grimms haben sich wie viele andere Vertreter ihrer Generation an dieser schillernden Kategorie abgearbeitet und – wie wir zur Genüge sehen werden – zu intellektuell zweideutigen Mitteln gegriffen, um sie zu vereindeutigen.

Die Grimms waren keine besonders mutigen Menschen. Im Gegenteil fügten sie sich vorsichtig ein in das gesellschaftliche Gefüge ihrer jeweiligen Zeiten. Passten sich an, wo die Notwendigkeit zu überleben dies erforderte – oft selbst dort, wo sie sich verbiegen mussten. Und als mit Macht die Moderne hereinbrach in Gestalt französischer Truppen, drängten früh eingeprägte Ängste in ihnen an die Oberfläche und diktierten ihnen in die Feder. Vieles von dem epochalen Wirken der Grimms lässt sich nicht erklären, ohne diese tiefe existenzielle Angst vor der Moderne und ihrer Unsicherheit zu verstehen.

Einmal schließlich wuchsen Grimms über sich hinaus: als es galt, gegen Fürstenwillkür aufzustehen. Die Brüder Jacob und Wilhelm, schon zu ihren Lebzeiten weltberühmte Märchensammler und Philologen, die nicht anstanden, sich als Monarchisten zu bezeichnen, forderten ihren Monarchen heraus. Nicht als Volkstribune auf den Schultern ihrer Anhänger sitzend, sondern als stille Gelehrte, die ihren König sachlich und klar an seine Verpflichtungen erinnerten. Dafür nahmen sie Vertreibung und Verarmung in Kauf – und ein Wiedererleben der Traumata ihrer Kindheit.

Auch wir stehen heute an der Schwelle einer Moderne, die Kräfte entfesselt hat, die die Grenzen unserer Vorstellungskraft sprengen. Vielleicht ist daher gerade heute so wichtig, uns auf Zeitreise zu begeben in vergangene Epochen, die aus damaliger Perspektive so unübersichtlich und bedrohlich waren wie unsere heutige für viele von uns. Um zu staunen darüber, wie die Menschen ihre Schwierigkeiten meisterten. Aber auch, um zu erkennen, dass es ohne Zuversicht und Tatkraft nicht weiterging und nicht weitergehen wird.

* * *

Einige vorgreifende, aber das Verständnis dieser Familiengeschichte sicherlich erleichternde Begriffsklärungen sind an diesem Ende des Beginns wohl angebracht. Mit »den Grimms« ist die komplette Familie gemeint oder enger gefasst die jeweils lebenden Generationen. Mit »den Geschwistern Grimm« die sechs Kinder des 1796 früh verstorbenen Amtmanns Philipp Wilhelm Grimm, unter ihnen die Märchen- und Sprachforscher Jacob und Wilhelm sowie der jüngste Bruder Ludwig Emil, dem seine visuelle und handwerkliche Begabung eine Künstlerkarriere ermöglichte. Ist dagegen die Rede von »den Brüdern Grimm«, so sind ausschließlich Jacob und Wilhelm gemeint unter Ausschluss des Künstlerbruders und der beiden nach glanzlosen Leben verstorbenen Brüder.

EINE IMPRESSION

Der Tag dämmert über einem Interieur unter hoher stuckierter Zimmerdecke. Eines der Fenster steht offen und lässt durch einen geblähten Blumenvorhang lindenduftende Morgenluft in schwachen Stößen und träges Vogelzwitschern herein. Undeutlich heben sich Möbelstücke voneinander ab: Tische und niedrige Stellagen mit Stapeln von Büchern darauf, ein Schreibtisch, eine weiße Frauenfigur, offene Bücherregale rundum an den Wänden rechts und links der zweiflügeligen Türen, sogar den Raum zwischen den Fenstern bedecken sie. Obenauf große gerahmte Bildnisse in Öl, an die Mauern gelehnt und akkurat ausgerichtet. Ein Sofa mit groß gemustertem Bezug, von dem ein alter Mann sich eben erhebt. Hat er die Nacht hier verbracht oder ist er nur in momentaner Erschöpfung eingeschlummert, auf der Suche nach irgendetwas, die ihn aus seinem Bett getrieben hat? Etwas mühsam kommt er auf die Beine, eines seiner Gelenke knackt, dann steht er leicht gebeugt, aber voll Spannung, ein drahtiger Herr, dessen schlohweiße volle Locken sich im Zwielicht gegen den Kragen seines dunklen langen Rocks deutlich abheben. Er schiebt sich etwas unbeholfen zum Fenster, schwankt, sein Fuß stößt an ein Stuhlbein, das Schurren zerbricht einen Moment lang die Stille. Mithilfe der Stuhllehne findet der Weißhaarige sein Gleichgewicht und zieht den Vorhang auf, schaut auf die Straße, über der das Gaslicht schon ausgegangen ist. Eine Mondsichel steht niedrig am Himmel. Eine Katze überquert in langen Sätzen den Fahrdamm, zwei, drei menschliche Schatten hasten auf dem

Trottoir stumm vorbei. Der Alte wendet sich einem der Bücherregale zu, lässt seine Hand gleiten über die ledernen brüchigen Rücken, auf denen schwach und unlesbar goldgeprägte Aufschriften schimmern. Dennoch findet er rasch den Band, den er sucht. Kippt ihn am Kopfbund vom Regalboden, er leistet Widerstand, denn er steht dicht an dicht mit seinen Nachbarn. Dann hält er ihn in der Hand, und die entstandene Lücke schließt sich halb. Routiniert bläst er unsichtbaren Staub vom Kopfschnitt, seine freie Hand streicht über die wulstig hervortretenden Bünde des Rückens, die trennenden goldenen Schmuckleisten, das seidene Kapitalband, dessen Buntheit im schwachen Licht noch ein Grau ist. Er schlägt den Band halb auf, das Knistern, das hörbar wird, deutet an, dass dieser noch nicht durchgelesen ist. Der Herr hebt das Buch zum Gesicht, klappt es ganz auf, taucht die Nase zwischen die jungfräulichen Seiten, saugt in langen ruhigen Zügen die Aromen von Druckerschwärze, Buchbinderleim, Papier und Leder in sich, während der Blick seiner hellen Augen ins Leere fällt. Er schlägt es zu, ein kurzes trockenes Geräusch antwortet ihm. Dann legt er sein Fundstück am Schreibtisch ab; ein kleines, aber akkurates Rechteck ist von Büchern und Schreibutensilien frei, dort landet der Band mit einem neuen dumpfen Laut. Leicht gebeugt verharrt die Gestalt, auf die Tischplatte gestützt, und lauscht den spärlichen Lauten, die von außen hereindringen; etwas amüsiert ihn, die Mundwinkel zucken nach oben. Seine freie Hand streicht über die Oberfläche des benachbarten Bücherstapels, die Fingerkuppen genießen die samtige Glätte des Leders, fahren den Vertiefungen einer golden eingeprägten Verzierung nach, richten den Band an den Kanten des darunterliegenden aus. Dann richtet der Alte sich mit leisem Seufzen auf, geht zur angelehnten Tür, die er lautlos öffnet, bevor er sich durch die Öffnung schiebt. Ein stärkerer Windstoß hilft ihm unerwartet beim Schließen, das deutlich hörbare Krachen hallt wider im Haus, dann ist das Zimmer menschenleer und still wie zuvor und wartet auf den Tag und auf seinen arbeitsamen Bewohner – auf Jacob, den ältesten und letzten der sechs Geschwister Grimm.

Ein »Biber in seiner viereckigen Bücherwohnung«:
So beschreibt ein Besucher Jacob Grimm.
Zeichnung von Ludwig Emil Grimm, 1817.

KAPITEL 1
FAMILIENAHNEN
(1485–1785)

Hanau zwischen Reformation und Dreißigjährigem Krieg

Die Welt der ersten Grimms war eine Welt voller Schrecken, in der Spiritualität und Überlebenskampf, Erbarmen und Erbarmungslosigkeit grell miteinander kontrastierten. Verkörpert war dieser Kontrast besonders in der Kirche, die in den mehr als tausend Jahren ihres Bestehens so manche Reform gesehen, abgewehrt, verkraftet oder integriert hatte und an ihnen gewachsen war. Besonders drückend empfand das Volk den Machtmissbrauch des Klerus, weil seine Lebensbedingungen sich aufgrund schlechter Ernten, billigen Geldes – die Edelmetalle, die die Konquistadoren in erstaunlichen Mengen aus Amerika brachten, überschwemmten die europäischen Märkte – und raschen Bevölkerungswachstums verschlechterten. Die Unzufriedenheit erreichte mancherorts bedrohliche Ausmaße. Sie äußerte sich nicht nur als politischer Protest, sondern – scheinbar harmloser – auch als religiöse Verinnerlichung und Suche nach direkter Begegnung mit Gott. Die Zeit schrie nach Reformen, nicht nur der weltlichen, sondern auch der geistlichen Dinge. Die Mittlerschaft der Kirche zwischen Gott und Gotteskind aber stand dem mystischen Ziel einer unmittelbaren Vereinigung mit Gott oder dem einer direkten »Nachfolge Christi«[1] im Wege. Fragen dieser Art waren für die Menschen keineswegs rein erbaulicher Natur, sondern existenziell. Der Tod stand mitten in jedem Menschenleben – Seuchen, Infektionskrankheiten, das Kindbettfieber –, Unfälle forderten täglich Tribut, und es galt so zu leben, dass man vorbereitet war für das Heil, um nicht ewiger Höllenqual anheimzufallen. Die Gläubigen konnten sich diese sehr konkret vorstellen: Die Bilder in den Kirchen und die Predigten der Geistlichen halfen in dieser Hinsicht ihrer Fantasie auf die Sprünge.

Ein Weg zur unmittelbaren Gottesbeziehung könnte ja über die innerliche Aneignung der Heiligen Schrift führen, die als geoffenbartes Wort Gottes galt, als Seine umfassende Predigt an jeden Menschen. Warum diese Predigt nicht aus Seinem Mund hören? Warum nicht persönlich um ihr Verständnis und um ihre Lehren für ein richtiges Leben ringen?

Eines der wichtigsten Ziele der kritischen Theologen war es daher, die Schrift jedem Gläubigen in seiner Sprache zugänglich zu machen. So warf sich der wirksamste deutsche Reformator Martin Luther während seines Exils auf der Wartburg auf die Übersetzung der Evangelien und später auf die der »Gantzen Heiligen Schrifft« ins Deutsche. Neben einem Werk zur Stärkung des Glaubens schuf er damit ein folgenreiches Sprachwerk und Sprachkunstwerk. Denn mit ihm begann die neuhochdeutsche Volkssprache als Schriftsprache. Jahrhundertelang sollten später mehrere Generationen der Grimms sich an diesem Werk und der deutschen Sprache abarbeiten: als Theologen, als Juristen, als Gelehrte, als Universitätslehrer, als Erzähler.

Allerdings brachte die Übersetzung allein die Schrift nicht zu den Menschen. Dazu war ihre Vervielfältigung notwendig. Die Voraussetzung dafür schuf erst der Buchdruck, der, erfunden im 15. Jahrhundert ausgerechnet im Land des führenden katholischen Kardinals, des Erzbischofs von Mainz, sich im 16. Jahrhundert in Europa durchsetzte. Er entzog die Verbreitung des Wissens den klösterlichen Skriptorien und legte sie in die Hände des bürgerlichen Handwerks. Nun entschied nicht mehr die Geistlichkeit, was der Vervielfältigung würdig war, sondern der Wunsch der Leser, zu denen sich nach und nach auch Leserinnen gesellten. Um die drängendsten geistlichen und weltlichen Probleme der Menschen entstanden Debatten im Dialog aufeinander antwortender Druckwerke in stetig wachsender Taktung, Buch antwortete auf Buch. Damit wurde neben dem, was geschrieben stand, auch wichtig, wer es geschrieben hatte: der Autor als geistige Persönlichkeit. Dasselbe galt für grafische Werke. Der Druck erlaubte es zusätzlich, Bilder zu vervielfältigen und aus der Unzugänglichkeit der Klöster und Schlösser oder der Entrücktheit der Kirchen in die Häuser der Menschen zu bringen – als Andachtsbilder, als erbaulichen Raumschmuck, als unterrichtende Schaubilder oder als moralische oder politische Satiren. Meister wie Dürer, Cranach und Holbein ließen ihre Werke in Kupfer stechen oder in Holz schneiden und verkauften Tausende von Blättern, womit sie den Grundstein zu ihrem Nachruhm legten. Wir werden noch einem Grimm begegnen, der diese Meister zu seinem Vorbild nimmt.

Gelehrtheit, Religiosität und Publizität wirkten also eng zusammen, um in der ersten Hälfte des 16. Jahrhunderts einer beispiellosen Ermächtigungsbewegung auf den Weg zu verhelfen: dem Protestantismus. Der Lehrstand sollte fallen.[2] Gott mit seiner geoffenbarten Heiligen Schrift sollte der einzige verbindliche Lehrer sein. Die Sakramente, die nur Priester spenden durften, sollten ihre Macht als zwingende Heilsvoraussetzungen verlieren. Jeder Mensch sollte verstehen können, was Gott ihm sagte, und unmittelbar mit ihm sprechen können. Die Fürsprache der Heiligen war überflüssig, und der lukrative Kult um die Reliquien, ihre sterblichen Überreste, sollte als Aberglaube verdammt werden. Vertrauen in Gott und in seine Gnade sollte den Menschen vor der Höllenqual erretten – nicht die Entrichtung des Peterspfennigs oder der Kauf eines Ablasspapiers beim Pfaffen, der das Geld anschließend öffentlich verhurte.

Nicht nur im Heiligen Römischen Reich, sondern im gesamten katholischen Europa erhoben Protestanten diese Forderungen. In Italien, Spanien und Frankreich gelang es, sie abzuwehren und einzudämmen. In England, Skandinavien und den Niederlanden fegten sie den alten Glauben hinweg. Im Reich allerdings schuf die Reformation eine besondere Lage: Sie schied die Bevölkerung und die Reichsstände in zwei etwa gleich starke Lager. Auch dadurch verfiel der Riese in der Mitte Europas, dessen Bevölkerungsstärke von zwölf Millionen Menschen nur von der Frankreichs übertroffen wurde, machtpolitisch in einen Starrezustand, der dreihundert Jahre später – und da wären wir bereits mitten in unserer Erzählung – in der Niederlage gegen französische Armeen endete. Statt mit Europa beschäftigte Deutschland sich mit sich selbst und mit dem, was die Reformation ausgelöst hatte: mit Volksaufständen, Bauern- und Bürgerkriegen, mit der Schaffung einer neuen Machtbalance zwischen dem katholischen Kaiser[3] und den protestantischen und katholischen Reichsständen und nicht zuletzt mit der Eindämmung der Extreme einer reformatorischen Bewegung, die sich immer weiter auffächerte. Einunddreißig Jahre nach Luthers Exkommunikation durch den Papst, nach dem Schmalkaldischen Krieg 1546/47, in dem einer der Landgrafen von Hessen, Vorgesetzte von mehreren Generationen der Grimms, eine tragende Rolle spielte, und mit dem Augsburger Religionsfrieden von 1555 war das Machtgleichgewicht wiederhergestellt. Der Herbst des Heiligen Römischen Reichs Deutscher Nation hatte begonnen.

Zwar schien die Sonne deutscher Macht und Herrlichkeit nur noch gedämpft über Europa – das Reich hatte seine politische und militärische Offensivkraft weitgehend eingebüßt, obwohl in ihm »die Sonne nicht unterging«, wie Kaiser Karl V. selbstbewusst gesagt haben soll. Spätere Generationen, denen wir im Verlauf dieser Erzählung noch begegnen werden, trauerten solcher Herrlichkeit nach. Aber in dieser milden Herbstsonne reiften reiche Früchte des Geistes, von denen sich nicht nur die Deutschen jahrhundertelang nährten: Musik, Philosophie, Dichtung, Kunst und Wissenschaft. Die Schöpferkraft der Deutschen war beileibe nicht einzigartig. Einzigartig war aber, dass keine überragende Metropole, kein Paris, Rom, Neapel, Madrid oder London ihr Gravitationszentrum war, sondern dass ihre Früchte auch in kleinen Städten und Dörfern von den Bäumen fielen: in Heidelberg oder Jena, in Göttingen oder Weimar, in Bayreuth oder im hessischen Marburg oder Kassel. Dutzende von Landesfürsten waren bereit, in ihren Städten Universitäten zu gründen oder an ihren Höfen große Geister an sich zu binden, wenn ihre Ambitionen es ihnen geboten.

Das Wort der Fürsten galt auch in Fragen der Konfession. »Cuius regio, eius religio«, wes Land, des Glaube sollte gelten. Dies hatten Kaiser und Fürsten 1555 auf dem Augsburger Reichstag vereinbart. Mit diesem Frieden war der schwächende Hader der Konfessionen einstweilen beigelegt. Was an diesem Prinzip gut war für die Stände und für Deutschland, war oft schlecht für ihre Untertanen und schuf eine mögliche Quelle der Unsicherheit für sie. Denn nicht mehr die Kirche oder das eigene Gewissen diktierte nun, was man zu glauben und wie man zu beten hatte, sondern der Landesherr. Wer nicht zu dessen Glauben übertreten wollte, dem drohten die Ausweisung und schlimmstenfalls der Verlust des Vermögens. Über Jahrhunderte prägte nun ein barbarisches Phänomen das Schicksal vieler Christen: die systematische Vertreibung Andersgläubiger, der bis dato nur jüdische Gemeinschaften anheimgefallen waren. Solche »religiösen Säuberungen« konnten massive Schäden in den Ländern anrichten, die sie auslösten, wenn sie wirtschaftlich erfolgreiche und dynamische Teile der Bevölkerung betrafen – so etwa die Vertreibung der letzten Protestanten im Zuge der erzbischöflich-salzburgischen Gegenreformation im mittleren 18. Jahrhundert. Länder, die solche »Exulanten« willkommen hießen, ansiedelten und integrierten, konnten dagegen erheblich profitieren – so Hessen-Kassel und dort besonders Hanau, die Heimatstadt der Brüder Jacob und Wilhelm Grimm. Hanaus spätere Bedeutung nicht nur für deren Familiengeschichte wäre undenkbar ohne die Glaubensflüchtlinge, die die Stadt seit dem späten 16. Jahrhundert in verschiedenen Wellen aufnahm – Menschen, die auf ihr Gewissen mehr hörten als auf alle anderen Stimmen. Philipp Ludwig II. erlaubte Hunderten calvinistischen Flüchtlingen aus Frankreich und den Spanischen Niederlanden, sich auf Hanauer Gebiet niederzulassen und auf den Feldern zwischen der Stadt im Kinzig-Knie und dem Main eine großzügige Neustadt zu bauen – dreimal so groß wie die Altstadt, zeigen die Pläne, und politisch unabhängig für mehr als zweihundert Jahre. Mit den Neuansiedlern kamen Kapital und handwerkliches Fachwissen. Sie brachten einen eigenen Baustil nach Hanau: An der Straße standen die Wohnhäuser, hinten im Garten die Werkstätten und Manufakturen. Neben Goldschmieden eröffneten Tuchmacher, Weber, Seidenweber sowie Hutmacher ihre Gewerbe. Mit diesem Zuzug begann der Aufstieg Hanaus zu einem wichtigen Wirtschaftsstandort.

Und dort finden wir den ersten Stamm- und Namensvater der Grimms, von dem wir mehr wissen als das, was uns ein paar Einträge im Kirchenbuch erzählen: Thomas Grimm, um 1580 geboren in Bergen, einem stattlichen, befestigten hanauischen Dorf und Gerichtssitz an der Grenze der Freien Reichsstadt Frankfurt gelegen, zwei Meilen von Hanau entfernt. Bäcker ist er zunächst in Bergen, erwirbt und veräußert Grundbesitz, nämlich eine Hofreite (eine komplette Hofstelle), »neben ihm selbst und

Bast Trapps Witwe« gelegen, weiß ein Chronist. Er wird Müller in Bad Vilbel, einem hanauisch-kurmainzischen Kondominium, das also Steuern an den Grafen und an den Kardinal abführt – ein Beleg dafür, dass damals selbst einfache Leute mobil waren und durchaus nicht »an der Scholle klebten«, wie manchmal vermutet wird. Amtiert zwischendurch als Bürgermeister, Gerichtsschöffe und bis zu seinem Tode 1650 als Zentgraf[4], also als Vertreter der Gemeinde beim Landgericht, und als Vorsitzender des Ortsgerichts.

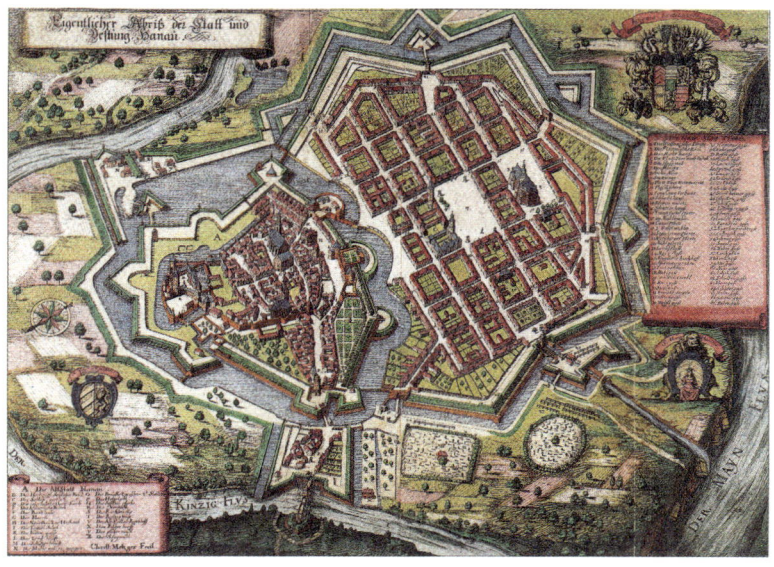

Schloss, Alt- und Neustadt von Hanau in der Barockzeit. Norden ist in dieser Ansicht links.

Es gab Grimms, die vor Thomas kamen, natürlich, und im Stammbaum in diesem Buch können auch sie bequem nachgeschlagen werden – ganz zu Anfang der vermutlich um 1485 in der Freien Reichsstadt Friedberg geborene und 1508 in Frankfurt eingebürgerte Peter Grym. Diese frühen, »vorgeschichtlichen« Grimms bestellten den Boden – eigenen oder fremden –, betrieben ein schlichtes Handwerk oder eine Gastwirtschaft, hatten, wenn es hochkam, ein kleines Amt oder gingen sogar nur einem »unehrlichen«, nicht zunftfähigen Beruf nach wie der Frankfurter Türmer Lotz Grimm. Nicht einmal ihre Lebensdaten oder ihre Ehepartner sind lückenlos bekannt. Es gab keinen Grund, jemals über sie zu schreiben – es sei denn in den Kirchenbüchern oder in den Verzeichnissen des Magistrats, die Taufen, Ehen und Leichenbegängnisse verzeichneten.

Eine angesehene Person ist jedenfalls Thomas Grimm. Nicht mit göttlichem Gesetz befasst er sich, sondern mit menschlichem, und begründet damit ersichtlich eine grimmsche Familientradition: die juristische. Noch sechs Generationen später wird diese Tradition einen tüchtigen Diplomaten und erfolglosen Politiker hervorbringen: Jacob Grimm, den älteren der beiden »Märchenbrüder«. Thomas Grimms Sohn aus erster Ehe, Johann, begründet den Hanauer Zweig der Grimms, indem er 1639 in die Stadt mit dem Schwanenwappen übersiedelt und die dortigen Bürgerrechte erhält. Damit schuf er die Voraussetzungen für diese Geschichte.

Auch Johann war ein tatkräftiger, mobiler und offensichtlich geselliger Mensch. In Bergen führte er ein Wirtshaus. In Hanau behielt er sein Metier bei, indem er das »Fass« in der Hanauer Altstadt übernahm. Die Altstadt war damals noch eine selbstständige Gemeinde und blieb dies bis weit ins 19. Jahrhundert hinein, obwohl ein gemeinsamer moderner Befestigungsring sie zusammen mit der südlich angrenzenden Neustadt umschloss.

Warum zog es ihn ausgerechnet zu diesem Zeitpunkt nach Hanau? Wir können darüber nur mutmaßen. Tatsache ist allerdings, dass Orte wie Bergen entlang der Hohen Straße, die als Teil der mittelalterlichen Via Regia West- und Osteuropa verband, unter den Verheerungen des Dreißigjährigen Krieges am schwersten litten. Tatsache ist auch, dass die Berger Synagoge während des Krieges in Asche fiel. Vielleicht also hatte auch Johann sein Wirtshaus verloren und suchte eine Zukunft in Hanau, das trotz Besatzung und Belagerung dank seiner Befestigungen glimpflich davongekommen und im Vorjahr den Schweden endgültig entrissen worden war. Auch stiegen nach und nach die Höhenstraßen in die einst versumpften Flusstäler hinab, weil es gelang, immer stabilere Straßen und Brücken zu bauen, und längst war Hanau Station und Knotenpunkt mehrerer Fernstraßen geworden.

Dass Johann begütert war und seine Güter geschickt mehrte, beweist ein Eintrag im Ratsprotokoll drei Jahre später: Gegen das »Fass« ertauscht er das in der Vorstadt direkt neben der Kinzigbrücke gelegene »Weiße Ross« – eine Gastwirtschaft an bevorzugter Stelle. Wer nämlich nicht beizeiten vor Dunkelwerden das Kinzigtor passieren konnte, musste – sofern er die Mittel dazu hatte – hier absteigen. Denn es war nicht ratsam, nachts auf den Schutz fester Häuser zu verzichten. Dies galt in Friedenszeiten, und es galt noch mehr in Zeiten kriegerischer Wirrnisse wie der des Dreißigjährigen Krieges.

In diese Wirrnisse wurde Henrich Grimm hineingeboren, Johanns vierter Sohn. Henrich war ein Mensch, dem bei Weitem nicht alles glückte im Leben. Warum dies so war, darüber schweigen die Quellen. Sie betrieben damals keine psychologische Zergliederung der Menschen, und das Unglück galt es hinzunehmen wie das Glück. Aber die furchtbaren Ereignisse des Krieges konnten schon damals Geister zerrütten und Seelen nicht weniger entstellen, als sie Gesichter und Körper zerstörten.

Der »Bürger und Handelsmann« Henrich Grimm jedenfalls kam mit seinen Geschäften auf keinen grünen Zweig. Dies lassen die Steuerbücher des Magistrats in den siebziger Jahren des 17. Jahrhunderts überdeutlich erkennen: Gerade einmal zwei

Gulden jährlich hat er zu entrichten. Da ist er bereits gestandener Familienvater. Später hat er – so lautet ein Beschluss des Stadtrates, der damals noch über die Belastbarkeit eines jeden Bürgers befand – nur noch zwölf Albus oder Weißpfennige im Jahr zu zahlen[5], »weilen er ganz und gar von Mitteln kommen«. Wieder sieben Jahre später halbiert man sogar diese geringe Summe noch. Denn er hat sich – »ohne Abschied«, also ohne offizielle Zustimmung, wird eigens protokolliert – in die Vorstadt begeben, also seinen Wohnsitz außerhalb der Stadtmauer genommen. Und kein Bürger tat dies ohne zwingende Gründe. Denn mit diesem Schritt setzte er die Sicherheit seiner Habe, vielleicht sogar die seines Lebens aufs Spiel. Niemandem dürfte dies bewusster gewesen sein als Henrich Grimm und seiner im Krieg aufgewachsenen Generation.

Aber er schlug sich durch. Es scheint ihm ein bedingter Wiederaufstieg geglückt zu sein, und zu völliger Ehrlosigkeit sank er nie herab. So viel geht jedenfalls aus einem Eintrag für Henrichs Frau Juliana Maria im Totenregister des Jahres 1692 von der Hand des Küsters und Glöckners Johannes Mann hervor, der festhielt, dass aus Anlass von Julianas Heimgang das volle Geläut der reformierten Marienkirche ertönte. »Privilegien« dieser Art mögen heute sonderbar erscheinen, aber für die Gesellschaft der Frühen Neuzeit waren sie hochbedeutende Signale, denn Ehre brachte soziale und materielle Kreditwürdigkeit.

Vielleicht waren es die Beziehungen seiner Frau Juliana, die das Schlimmste vom glücklosen, aber braven Henrich abgewendet haben. Fünfzehn Jahre jünger als ihr Mann, stammte sie aus dem nassauischen Dillenburg und war eine geborene Pezenius oder Petzenius. Die Schreibungen des Namens gehen auseinander, so wichtig nahm man es nicht mit der Orthografie in dieser Zeit. Julianas Vater Peter war der erste Pezenius, der der Enge des Westerwälder Dorfpfarrhauses in die Stadt entkam und Karriere machte: Zum ersten, also obersten Stadtpfarrer in Hanau war er bestellt, seit 1653 neben seinem seelsorgerischen Amt sogar Inspektor, beaufsichtigte mithin die calvinistisch-reformierten Gemeinden in der Residenzstadt und in der umgebenden Grafschaft.

Das winzige Hanau – nicht größer als heute ein großes Dorf – war mehrheitlich calvinistisch. Denn 1595 machte Graf Philipp Ludwig II. von Hanau-Münzenberg von seinem »Jus reformandi« Gebrauch. Dieses Recht, seinen lutherisch reformierten Untertanen seine calvinistische Konfession zu oktroyieren oder sie aus seinem Gebiet zu vertreiben, hatte der Augsburger Religionsfriede ihm und allen anderen »Ständen« (Fürsten) des Reiches verliehen. Mit dem Untergang der Münzenberger zwei Generationen später stand Hanau im Mittelpunkt eines konfessionellen Wettstreits: Während die Grafen von Hanau-Münzenberg reformiert waren, hingen die Hanau-Lichtenberger dem Luthertum an. Peter Pezenius musste also in einer Zeit, in der der lutherische Lichtenberger Graf Friedrich Casimir herrschte, die Interessen der calvinistischen Mehrheit verteidigen. Katholiken kannten die Hanauer nur als Durchreisende.

Inwieweit Peter Pezenius seiner Aufgabe gerecht wurde, ist nicht überliefert. Aber unstreitig ist, dass seine Tochter Juliana eine gute Partie war für Henrich Grimm, den Glücklosen, Rechtschaffenen. Mag sein, dass Juliana etwas Vermögen mit hineinbrachte in die Familie. Auch in spiritueller Hinsicht schlug Peter Pezenius' Vorbild Wurzeln in der Familie Grimm. Denn Henrichs erster Sohn Friedrich folgte seinem mütterlichen Großvater im Dienst an calvinistischer Gemeinde und Kirche. Friedrich begründete damit, neben der juristischen, eine zweite Tradition der Grimms: die geistliche.

Im Vertrauen auf Gott und die Obrigkeit

Der Dreißigjährige Krieg hatte einige Throne umgestürzt, nicht aber die alte feudale Ordnung. Es brauchte noch mehr als zweihundert Jahre, bis deren Autoritäten überwunden waren: die der Kirchenoberen und vor allem die der weltlichen Fürsten. Bürgerliche Familien wie die Grimms waren es, die einen neuen, nicht auf Geburt oder sakramentaler Macht, sondern auf Talent, Verdienst und Bildung beruhenden »Adel« begründeten.

Den Grundstein dafür legten ironischerweise christliche Fürsten aller Konfessionen, die ihre Würde auch als Bürde und ihr Amt auch als Verpflichtung verstanden. So Graf Philipp Ludwig II. von Hanau-Münzenberg, indem er in Hanau bereits 1607 die Hohe Landesschule gründete – heute »Hola« gerufen. Zunächst sollte sie als »Paedagogium« oder »Gymnasium inferius« den Knaben diejenigen Fähigkeiten vermitteln, die sie für weiterführende Studien brauchen würden. Den Knaben, denn die damals vorgesehene allenfalls rudimentäre Mädchenbildung fand zu Hause oder an vereinzelt vorhandenen Mädchenschulen statt.

Die Ansprüche an die Kinder waren hoch, und es ist leicht vorstellbar, dass manch einer der kleinen Kerle, die vielleicht schon mit fünf Jahren in eine der Bänke hineingeklemmt wurden, die Angst als täglichen Begleiter kennenlernte – die Angst, geschlagen zu werden oder als Versager gemaßregelt von den Lehrern, von den Eltern oder von hochmögenden Wohltätern, die für ihren Unterhalt sorgten. Wir werden am Beispiel der Grimms noch sehen, wie wirkmächtig Sorgen dieser Art werden konnten.

Als »Gymnasium illustre«, als »Academie« bereitete die Hohe Landesschule fortgeschrittene Schüler später auf die Universität vor. Aber nicht nur das: Sie deckte bereits Fächer ab, die hauptsächlich den Universitäten vorbehalten waren: neben Medizin und Philosophie namentlich Jurisprudenz und Theologie. Im

Alltag des 17. Jahrhunderts waren dies die bedeutendsten wissenschaftlichen Disziplinen. Denn die Paragrafen des weltlichen und des kirchlichen Rechts regelten das Leben der Menschen bis ins Detail. Sie galten für alle, ob edel geboren oder gemein – zumindest theoretisch. Am Auseinanderklaffen von Theorie und Praxis entzündete sich der gerechte Zorn der Benachteiligten. Dieser machte später den Weg frei zu einer gerechteren und offeneren Gesellschaft.

»Holaner« wurde auch Friedrich Grimm, Enkel Peter Pezenius' und Sohn Julianas und Henrichs. Als geistige Leitfigur zieht er eine leuchtende Spur durch die Familiengeschichte der Grimms, denn er ist die erste öffentliche Person dieses Namens. Geboren ist er 1672 in der Hanauer Neustadt. Friedrich ist noch nicht sechs, als man ihn einschult. Aber schon als Vierjähriger scheint Friedrich eine Vorklasse durchlaufen zu haben, in der er Lesen und vielleicht etwas Schreiben gelernt hatte. Zu diesem Zweck gab es die »kleine Schule« oder Hauslehrer. Auch seine Mutter konnte ihn sicherlich unterrichten, denn Pfarrer legten in der Regel Wert darauf, dass auch ihre Töchter lesen und schreiben konnten. Diese Fähigkeiten zahlten sich nicht zuletzt im Arbeitsalltag der Pfarrhäuser aus.

Bis Friedrich fünfzehn ist, ist das Paedagogium der Ort seiner Pflichterfüllung. Was er dort lernt? Der Elementarunterricht stellte im 17. Jahrhundert ganz andere Fächer in den Mittelpunkt als der heutige: nicht Lesen, Schreiben und Rechnen, sondern Religionslehre und gesprochenes und geschriebenes Latein. Dazu kam Französisch, zumal dieses nach wie vor die Umgangssprache der hugenottischen Minderheit in Hanau war. Und wer waren seine Mitschüler? Sein Bruder Henrich zunächst einmal; andere Grimms sollten sich später zu irgendeinem Zeitpunkt in den Schulmatrikeln finden – zeitweise waren sechs von ihnen gleichzeitig am Paedagogium. Zeitweise wurde fast ein Drittel der

Professorenschaft von grimmschen Verwandten gestellt – ohne diese weitverzweigte und hochproduktive Familie ging es eben nicht in Hanaus geistigem Leben.

Friedrich Grimm gehörte sichtlich zu den Schülern, deren besonders hohe Begabung es rechtfertigte, wenigstens am Gymnasium illustre weiterzustudieren, das sich nur darin von einer echten Universität unterschied, dass man hier nicht promovieren konnte. Tatsächlich findet er sich 1688 in der Schulmatrikel wieder – und nicht nur das: Sein Bildungsweg führt ihn 1691 für volle sechs Jahre zum Theologiestudium nach Bremen an das dortige Gymnasium illustre. Es stand zu dieser Zeit in voller Blüte und zog den reformierten Nachwuchs aus ganz Mitteleuropa und sogar aus Nordamerika und dem holländisch kolonisierten Ostindien an. Die Hessen waren neben den bremischen Landeskindern die kopfstärkste Gruppe. Hier konnte also Friedrich nicht nur weltläufig werden, sondern auch Beziehungen knüpfen, die ihm in seiner künftigen Tätigkeit vielleicht noch nützlich werden konnten. Nebenher nötigte die absolute Wahlfreiheit, was die besuchten Vorlesungen oder Disputationen betraf, ihn dazu, selbstständig zu planen und seinen eigenen Bildungsweg zu finden. Nicht einmal eine Abschlussprüfung hatten die Studenten zu absolvieren. Allein die individuellen Zeugnisse der Professoren entschieden über die Karrierechancen ihrer Schüler.

Geradezu paradiesische Aussichten vielleicht aus der Sicht heutiger Studenten – aber rigorose Disziplinarregeln sorgten dafür, dass es den jungen Herren nicht zu wohl wurde: An jedem zweiten Tag hatte der Gottesdienst besucht und das Abendmahl eingenommen zu werden – und kein Einlass galt ohne Bibel und Psalter. Waffentragen und Duelle – »das verfluchte Balgen, Ausfordern, Sekundieren, das wilde wüste Wesen Abends auf den dunklen Straßen«, wie ein Dekret des Gymnasialrats geradezu poetisch lautet – waren ihnen untersagt ebenso wie private Trinkgelage, der Besuch von Bier- und Weinschenken oder gar der Verkehr mit »leichtfertigen Personen«, vulgo Prostituierten. Für derlei Entbehrungen durften sie sich – so die Empfehlung des Rates – bei körperlichen Übungen und beim Botanisieren in der freien Natur vor der Stadt schadlos halten.

Friedrich Grimm lernte offenbar gut – aber nicht alles, was er lernte, konnte seinen orthodoxen Mentoren gefallen. Denn im Kollegium des Bremer Gymnasiums tummelten sich verdächtige Neuerer: der Pietist Theodor Undereyck und sein Kreis, dem auch der Dozent Cornelius de Hase – mit dem Friedrich sich anfreundete – und vermutlich am Ende Friedrich Grimm selbst angehörte. Dennoch wird er 1698 zum dritten Pfarrer der reformierten Hanauer Marienkirche berufen, 1699 zum Hofprediger im zweieinhalb Meilen entfernten Marienborn– drei Wegstunden zu Fuß von Hanau entfernt. Hier regieren außergewöhnlich tolerant und pietistisch-gottesfürchtig die feudalen Nachbarn der Hanauer Grafen, die Grafen von Ysenburg.

Hocherfreut sicherte Friedrich Grimm dem Grafen und seiner Frau brieflich seine Loyalität zu und trat sein Amt an. Die Strecke zwischen Hanau und Marienborn war selbst zu Fuß leicht in einem halben Tag zu bewältigen. So ist es wahrscheinlich, dass der junge Hofgeistliche in regem persönlichem Kontakt mit seiner Familie und Vaterstadt verblieb, zumal er verlobt war und sich mit allerhöchster »Concession« wenige Tage nach Antritt seiner Marienborner Pfarrstelle im Juli 1699 verheiratet hatte – mit der Hanauerin Maria Magdalena Stahl, einer geborenen Jean-Jean, hugenottischer Herkunft ausweislich ihres französischen Mädchennamens, sechs Jahre älter als er und Ehe-erfahren. Ein »Anticipando«, ein Vorschuss aus der gräflichen Hofkasse, ist nötig, damit das private »freuden u: liebesmahl«, also die Hochzeitsfeier, zu der der Graf persönlich und sein Sohn eingeladen sind, standesgemäß ausfallen kann. Es geht also familiär zu in den kleinen Fürstentümern.

Und ohne derart freundliche Fürsten – und Fürstinnen – in der Familiengeschichte wäre die generationenlange Treue der Grimms zu ihren feudalen Dienstherren kaum erklärbar.

Die Bitte um Vorschuss zeigt: Die Grimms waren klamm; aber sie hatten gelernt, mit dem Mangel kreativ umzugehen und zu improvisieren. Die Braut kommt – einmal mehr – aus einem Wirtshaus und dürfte einen entsprechend praktischen Sinn gehabt haben. Daneben preist Friedrich sie in einem Brief an den Grafen als »tüchtig, mit einem unsträflichen Wandel einer Gemeine auch vor zu leuchten«. Ihr Licht erlischt rasch, schon nach einem knappen Jahr stirbt Maria Magdalena im Kindbett mit dem ersten Sohn Johannes, der überlebt. Eine alltägliche Tragödie, wie die meisten Menschen sie wiederholt abzuwettern hatten. Verschärft wurde sie dadurch, dass Friedrich schon wieder auf dem Sprung war.

Denn er kehrte in seine Heimatstadt zurück, um dort ein Amt als zweiter Prediger der reformierten Marienkirche anzutreten – wo offenbar bereits eine neue Braut auf ihn wartete: Juliane, Tochter des kurz zuvor verstorbenen hanauischen reformierten Inspectors Johannes Hake oder modisch-gelehrt Hackenius. Der erneut knappe Zeitabstand zwischen dem Antritt seiner Stelle und dieser Hochzeit deutet darauf hin, dass er vorausschauend den Hanauer »Heiratsmarkt« nach Jungfrauen von passendem Stand sondiert hatte. Mit der neuen Ehe, die ein Vierteljahrhundert hielt, bis Julianes Tod sie schied, war Friedrich Grimms Laufbahn vorgezeichnet. Juliane passte zu seinen Karriereambitionen. Sie passte aber offensichtlich auch in anderen Angelegenheiten, die nur Eheleute etwas angehen, denn sie gebar mindestens sieben Kinder, unter ihnen 1703 Christina Margarete, ihre Älteste, und 1707 den Stammhalter Friedrich.

Und fünf Jahre später erreichte Friedrich der Ältere als erster Pfarrer, Konsistorialrat und Inspector den Gipfel seiner Laufbahn.

Vierunddreißig Jahre war er da alt. Aus dem Seelsorger war ein Kirchenpolitiker und politischer Mensch geworden, der das Amt des Kircheninspectors der Grafschaft Hanau versah, mit ihren 50 000 Bewohnern und vierzehn Ämtern von Bockenheim nördlich Frankfurt bis nach Schlüchtern auf zwei Dritteln des Weges nach Fulda. Als Inspector beerbte er praktischerweise seinen kürzlich verstorbenen Schwiegervater. In sehr weitreichendem Sinn hatte er die Aufsicht und Verantwortung für einen der weltlichen Obrigkeit genügenden und gottgefälligen Zustand von Gemeinden, Amtsträgern und Gemeindegliedern. Auch die Schulen gehörten zu diesen Institutionen. Um dieser Aufsicht in den Landgemeinden nachzukommen, musste ein Inspector beschwerliche Wege auf sich nehmen, was körperliche Tüchtigkeit und Zeit voraussetzte. Friedrich Grimm hatte diese in seiner Marienborner Zeit bereits unter Beweis gestellt.

Friedrich Grimm hatte erkannt, dass es galt, Verwahrlosung durch Ordnung zu ersetzen, und er war der richtige Mann dafür. Er musste konkret dafür sorgen, dass die einzelnen Pfarreien das Kirchenrecht einhielten und so ausgestattet waren, dass sie ihre Aufgaben verrichten konnten. Diese Stellung brachte regelmäßige Reisen mit sich – die von lässigen Dorfgeistlichen sicherlich gefürchteten »Visitationen«.

Reisen zum Beispiel in das Amt Steinau, »das kleinste unter den Hanauer Ämtern«, wie das aufklärerische »Hanauische Magazin« 1781 bemerkt, »indem solches nur aus einer Stadt, einem Dorfe und Hofe besteht«. Sechs Meilen und also eine halbe Tagesreise nordöstlich der Residenzstadt Hanau gelegen »an der Straße«, der schnellsten Verbindung der verschwisterten Grafschaften Hanau und Kassel. Via Regia hieß sie auch und war eine Teilstrecke der mittelalterlichen Handels- und Heerstraße zwischen der Kaiser- und Messestadt Frankfurt und dem für Kaufleute nicht minder wichtigen mitteldeutschen Leipzig. Die Leipziger

Frühjahrsmesse und die Frankfurter Herbstmesse gaben den Pulsschlag vor, mit dem Güter und Geld durchs deutsche Land flossen. Einzig im Buchgewerbe hat sich dieses Brauchtum bis heute erhalten. Ein Rinnsal war dieser Fluss von Geld und Gut, wenn wir ihn mit den heutigen alles verschlingenden Warenströmen vergleichen. Es gab Tage, da war man froh, wenn ein einziger Kaufmannswagen zwischen den Schlagbäumen der Zollstation am Burgmannenhaus von Steinau passierte. Oder eben Friedrich Grimm, wenn er zu einer seiner Visitationen unterwegs war – allein oder, wie es damals nicht unüblich war, begleitet von einem seiner älteren Kinder, namentlich seinem Ältesten Friedrich, den wir in der Folge als »den Jüngeren« kennenlernen werden.

»Steinau an der Straße«, so der offizielle Name bis heute, wird für die grimmsche Familiengeschichte hochbedeutend werden. Eine weitsichtige Politik hat in Steinau dazu geführt, dass eine zerstörerische Modernisierung die historische Atmosphäre der Stadt bis heute kaum berührt hat. Hier steht das einzige äußerlich unverändert erhaltene Wohnhaus der »Märchenbrüder« Grimm und ihrer Geschwister und Eltern. Hier empfingen einige der Hauptfiguren der Grimms tiefe Prägungen. Hier vollzieht sich ihr weiterer Aufstieg dank vorsichtig-gewissenhafter Pflichttreue, Verdienst und Loyalität – Tugenden, die Friedrich Grimm seiner Gesellschaft und seiner Familie weithin sichtbar vorlebte. Verdienst und Treue – aus diesen beiden Zutaten bestand die »Rezeptur«, die die Grimms nun in jeder folgenden Generation aufs Neue ansetzten. Das Vertrauen in die Gottgefälligkeit und weltliche Wirksamkeit dieser Rezeptur formte nicht allein diese Familie, sondern Generation um Generation des deutschen Bürgertums. Es sorgte für seinen Aufstieg und für den Stempel, den diese Klasse der modernen Gesellschaft aufdrückte – und es war maßgeblich mitverantwortlich für die fürchterlichen zivilisatorischen Abstürze Deutschlands im 20. Jahrhundert.

von den Dingen, die im Amt der Kirche verlangt werden durch die Autorität und auf Geheiß des höchst angesehenen und verehrungswürdigen Reformierten Konsistoriums«, seine frühe »Schulordnung auff dem land« oder sein »Sendschreiben an die unter seiner Aufsicht stehenden Prediger vom erbaulichen Predigtamt«.

Wofür tat er all dies? Sicher für den Glauben; aber er hatte auch eine wachsende Familie zu unterhalten. 190 Gulden in Silber erhielt er jährlich dafür, dazu freie Wohnung und »Emolumente und Accidenzien« (Naturalien) im Wert von etwa 200 Gulden – nämlich Dienstwein, verschiedene Getreide, Holz, Stroh sowie drei Gärten und zwei Wiesen zur eigenen Bewirtschaftung, was voraussetzt, dass er Personal oder Tagelöhner beschäftigte. Der Herr Pfarrer als Landwirt – kein Wunder also, sollte es im Konsistorium manchmal umstandslos und etwas hemdsärmelig zugegangen sein.

Ob Friedrich Grimm nicht nur ein guter Vater seiner Gläubigen, sondern auch ein guter Vater seiner Kinder war, darüber lässt sich nur spekulieren. Seine Werke und die Kirchenbücher geben darüber nur spärliche Auskunft, und an privaten Briefen mangelt es. Auf einem Porträt von 1741 tritt uns der Urgroßvater der Brüder Grimm fast siebzigjährig leibhaft entgegen: im schwarzen Samttalar mit akkurat gestärktem weißen Beffchen zwischen den Enden der weiß gepuderten Allongeperücke, zu dem der strenge Blick und der lehrhaft erhobene rechte Zeigefinger passen. Seine Linke dagegen, die Herzhand, ruht auf einer Seite der geöffneten Heiligen Schrift mit dem Christusversprechen: »Ego sum vitis vera et vos palmites, qui manet in me et ego in eo, hic fert fructum multum« – Ich bin der wahre Weinstock und ihr die Reben, wer in mir bleibt und ich in ihm, der bringt reiche Frucht. Dieses Porträt begegnet uns wieder als bildlicher Appell zur aufopfernden Pflichterfüllung in Jacob Grimms von Büchern verstopftem Berliner Arbeitszimmer.

*Furchtbar-tatkräftige Vaterfigur der Grimms:
Friedrich Grimm der Ältere.
Der Maler des Porträts ist unbekannt.*

Es ist leicht vorstellbar, dass Friedrichs drastische Bußpredigten, für die er berüchtigt war, gläubige Menschen erschütterten. Sein Rezept für seine Gläubigen: Gottesfurcht als Heilmittel der Furcht vor der Unbeständigkeit und Unsicherheit der menschlichen Verhältnisse und Pläne. »Vor allem die Furcht Gottes« sollten die Kinder in seinen Schulen erlernen …

Lassen wir uns einmal in Jacob und Wilhelm Grimms »Deutschem Wörterbuch« über »Furcht« belehren. Einer der längeren Artikel in dem gigantischen Werk; über fünf Seiten häuft Jacob Grimm fast obsessiv Beispiel auf Beispiel und definiert Furcht als »eine unangenehme, veranlaszt durch eine wirkliche oder mögliche, auch blosz eingebildete gefahr, durch ein übel das zukommt oder zukommen kann, eben so wol eine unangenehme seelenregung in beziehung auf ein wesen das diese gefahr oder dieses übel zukommen läszt oder doch zukommen lassen kann«.

41

Eine Bedingung des Menschseins; in der christlichen Theologie hat sie einen Ehrenplatz als der wirkmächtige Widerpart des »Trostes«. »Ich weysz wol, wo mein trost und trotz stehet, der mir wol sicher stehet für menschen und teuffeln«, wird Luther im Wörterbuch zitiert. Dieser Satz könnte als Motto über dem Leben der Grimms stehen. Trost und Trutz, Heilmittel der heillosen Furcht sind Gehorsam, Loyalität und disziplinierte Arbeit. Nach calvinistischer Lehre, der die Grimms seit jeher anhingen, beweist der irdische Lohn der Arbeit die Zugehörigkeit zu den wenigen, die Gott bereits vor allem Anfang zur Erlösung begnadet und nicht zur Verdammnis ausersehen hat. Bei Jacob schlägt, wie wir später sehen werden, diese Haltung aus bitterer Lebenserfahrung um ins fast Manische, mit dem er seine Familie treiben – und auseinandertreiben – wird.

Auch von Friedrich Grimm dem Jüngeren gibt es ein gemaltes Porträt. Anders als das seines Vaters findet es sich allerdings nicht in den detailreichen Interieurs der grimmschen Berliner Wohnungen wieder. Der unbekannte Künstler hat Züge von schalkhafter Güte in das Gesicht seines Modells eingetragen – der Betrachter ist geneigt, dem Sohn des energisch-bärbeißig wirkenden Inspektors tiefe seelsorgerische Neigungen, aber auch eine gewisse Schlitzohrigkeit abzunehmen.

Ein Karrieremacher war Friedrich der Jüngere nicht. Der Vater versucht den Zwanzigjährigen an der Hola, die er selbst durchlaufen hatte, als Professor für Philologie und Kirchengeschichte zu installieren – der Landgraf lässt dankend ablehnen. Nun zog es ihn, erneut durch den Vater vermittelt, aus der Residenzstadt hinaus wie einst den Vater, der in Marienborn seine Chance gesucht hatte – nur dass dieser bei guter Gelegenheit aus ysenburgischen Diensten nach Hanau zurückgekehrt und dort aufgestiegen war. Anders der Sohn: Das Städtchen Steinau, das er aus seiner Kindheit kannte, wurde seine Heimat auf Lebens-

Seelsorger, kein Karrieremann: Friedrich Grimm der Jüngere.

zeit und prägte die grimmsche Familiengeschichte so tief, wie Friedrich seinerseits als Pfarrer die Stadt prägte.

In dieser steinauischen »Grimmheimat« können wir den ersten auch heute noch aus damaliger Zeit erhaltenen Lebensspuren der Brüder Grimm begegnen und sie mit dem Anblick vergleichen, der sich vor zwei Jahrhunderten den Grimms bot. Wir dürfen Steinau sogar das spirituelle Zentrum der Grimms nennen – auch wenn diese zunächst rein physisch dort geboren wurden, aufwuchsen, lebten und starben. Wir wissen von zehn Kindern, die Friedrich der Jüngere in zwanzigjähriger Ehe zeugte, als Siebenundzwanzigjähriger verheiratet mit Christine Elisabeth Heilmann, Tochter eines Amtmanns aus dem Vogelsberger Städtchen Birstein. Zwar wirkten am Ort zwei examinierte Hebammen, aber die elfte Geburt überlebten weder Mutter noch Sohn. Und nicht nur die Kinder des Paars belebten das Pfarrhaus direkt neben dem gotischen Rathaus – fast jederzeit beherbergte es dieses oder jenes Geschwister oder andere Verwandte, wenn diese etwa in Bedrängnis waren. Aus der langen Geschwisterreihe sind die Älteste, Juliane Charlotte Friederike, 1735 geboren, und der 1751 geborene Jüngste, Philipp Wilhelm, besonders bedeutsam. Juliane wurde wie ihr kleiner Bruder in Steinau geboren und starb auch dort, und wie dieser zog sie als Erwachsene nach Hanau: als Frau des in Hersfeld gebürtigen Klosterrentmeisters – also Finanzverwalters – und Kammerschreibers Jacob Ludwig Schlemmer. Julianes Ehe blieb ohne Kinder, bis der Rentmeister früh starb. Juliane wäre wohl allein geblieben, wenn ihr Bruder Philipp sie nicht später dringend gebraucht hätte.

Lebenslanger Sehnsuchtsort der Grimms: das Steinauer Amtshaus, die einzige noch unverändert erhaltene Lebensstätte. Von Ludwig Emil Grimm.

Um die Kirche drehte sich das ganze Leben des Großvaters der Brüder Grimm. Er war Seelsorger mit Leib und Seele. Kirche war, wo er war. Sein Amtsort war die Katharinenkirche, das älteste

Steinauer Gotteshaus. Es stammte »noch aus dem Papsttumb«, also aus dem Mittelalter, und war seitdem mehrfach erweitert worden. Die Steinauer waren stolz auf das Geläut, in deren Zentrum die mächtige Katharinenglocke stand. Sie war in die Jahre gekommen, so wie das Joch, an dem sie hing, und Pfarrer Grimm musste mehrfach mahnen, sie zu schonen und nicht allzu heftig zu läuten, woran eine kleinere Glocke bereits zuschanden gegangen war.

Einigkeit mit den Presbytern, den Gemeindeältesten, dürfte in der Sache des Glaubens bestanden haben, in der der »gehorsame Sohn Fr. Grimm« kompromisslos agierte. Unterstützt vom Presbyterium und notfalls vom Hanauer Inspectorat, ging er gerade in seinen jungen Jahren unerbittlich vor gegen das nächtliche Viehaustreiben zum Pfingstborn und andere abergläubische Bräuche der Bauern – von denen viele kurzzeitige Ausbrüche aus freudloser Alltagsroutine bedeuteten –, schlechte Kindererziehung und Unmoral im Familien- und Sexualleben und verbreitete damit Unbehagen und manchmal Angst und Schrecken. Wenn Tanzereien an Tauftagen nicht aufhörten, würde er keine Kinder mehr taufen. Einer Frau, die ihren Mann verlassen hatte, verweigerte er vier Jahre lang das Abendmahl, und beugte sich erst einer entsprechenden Anordnung des Hanauer Konsistoriums, letztlich also seines Vaters. Ebenso streng war sein Verdikt über einen Steinauer »brandewein sauffer, flucher, Bürger und Schuhmacher«, der sich bei Schnee und Frost am Ohlberg verirrt hatte und erfroren war. Ohne Glockenschlag und Leichpredigt ließ er ihn begraben »zur warnung und spiegell Vor mehrere sauffer und Verwegene leuthe hieselbsten«. Später lehrte ihn das Leben, milder zu verfahren, etwa, als er sich für die »Schanddirne vulgo Lumpenluisa« starkmachte, die der Rat der Stadt und ihr eigener Vater aus der Grafschaft jagen wollten, da sie unehelich schwanger war.

Auch die Missionierung für die reformierte Kirche betrieb Friedrich der Jüngere leidenschaftlich, wenn auch nicht immer fair, sandte etwa den Schulmeister aus, um lutherische Mütter so lange zu drangsalieren, bis sie ihre Kinder in die reformierte Schule schickten, oder versprach Konvertiten wirtschaftliche Unterstützung – zum großen Verdruss der Lutherischen. Überhaupt begleiten Kämpfe um seine Autorität Friedrichs Leben in Stadt und Gemeinde Steinau. Die Presbyter und sein Vater halten ihm die Stange – auch gegen wiederholte Vorwürfe, er vernachlässige seine Amtspflichten oder bereichere sich unzulässig. Es ging zuweilen rabiat und sogar ruchlos zu in der Stadt.

Während Pfarrer Grimm also den Mangel bestmöglich verwaltete und fehlende Mittel durch persönlichen Eifer zu kompensieren suchte, ging es ihm nicht schlecht im barocken Pfarrhaus. Zwar klingen seine jährlichen Bezüge nicht eindrucksvoll: 50 Gulden von der Herrschaft, 15 von der Kirchenbaukasse und weitere 25 von verschiedenen anderen Gebern. Aber jede Trauung schlug mit anderthalb Gulden zu Buche, auch die Taufen und Leichpredigten warfen einen kleinen Betrag ab, und wenn ein »gefallenes Mädchen« vorsprach, um sich seelsorgerlich abmahnen zu lassen, musste es anderthalb Gulden Bußgeld im Pfarrhaus lassen. Und das, was in Silber und Kupfer hereinkam, war nur das Sahnehäubchen. Denn die ihm zustehenden Naturalien sorgten für den täglichen Bedarf der Familie: Roggen, Gerste und Hafer von der Herrschaft, Weizen, Roggen, Gerste und Hafer vom Kloster Schlüchtern, Brennholz von der Herrschaft ebenso wie Lämmer zum Schlachten und Wein für den Tisch, Kraut und Rüben, acht Wagen Heu fürs Vieh, Roggenstroh vom Viehhof und vom Klosterhof Lindenberg. Zusätzlich durfte er auf eigene Rechnung einige Gärten, Wiesen und Äcker bestellen und seine Rinder und Schweine »Hirtenlohn- und mast frey« halten, musste also den Gemeindehirten keine Gebühr für die obligate Weide zahlen. Auch die Brauabgabe für sein selbst gemachtes »Hausbier« war ihm erlassen. Es war dem Herrn Pfarrer sogar gestattet, von seinem Weindeputat gegen Bezahlung an die Steinauer auszuschenken und die örtlichen Schankwirte zu unterbieten, wie ein Streit zeigt, den die Kontrahenten bis vor den Amtmann trugen. Dieses Gemisch von Einkünften musste neben allen anderen Angelegenheiten verwaltet werden; aber es sicherte gleichzeitig den bescheidenen Wohlstand im Pfarrhaus gegen Krisen ab.

Not brachte später der Siebenjährige Krieg über die Stadt und die umliegenden Dörfer – und über die Grimms. Französische Truppen besetzten von 1756 bis 1762 die Grafschaft Hanau. Die Via Regia war für die Aufmärsche der Franzosen und ihrer süddeutschen Verbündeten äußerst wichtig. Steinau musste all diese Jahre Durchmärsche, Einquartierungen, Brandschatzungen, Kriegsfron und Subsidien erdulden. So hießen erzwungene Lieferungen von Proviant und anderem Truppenbedarf. Sogar ein Lazarett richteten die Franzosen in Steinau ein. Die Truppen raubten die Magazinscheuer mit den Vorräten aus, zertrümmerten die Waage im Rathauskeller, demolierten die Wachthäuser und richteten mancherlei Zerstörungen in den Bürgerquartieren an. Betrunkene Soldaten schlugen Fensterscheiben ein – auch im reformierten Pfarrhaus. Durchziehende bewaffnete Marodeure und Deserteure, die angeblich ihre Regimenter suchten, bedienten sich an der Habe der Steinauer. Eine Missernte verschärfte den Übelstand zusätzlich. Der Schulunterricht kam zum Erliegen. Als das Kriegsglück sich zuungunsten der Franzosen wendete, erging es den Steinauern nicht besser. Nun waren es die Preußen und ihre Verbündeten, die ihnen das Leben schwer machten, indem sie zum Beispiel die Bauern- und Handwerkersöhne zwangsrekrutierten.

Der Siebenjährige Krieg gab also den Menschen genügend Gelegenheit, ihre Erinnerung an die Gräuel des Dreißigjährigen

Krieges und besonders an die der Franzosen aufzufrischen. Und auch in Friedenszeiten ist das Land nicht sicher. Die Gefahr durch das herumschwirrende Diebsgesindel und Bettelvolk sei so groß, dass er nachts einen Bediensteten bei Licht wachen lassen müsse, sagt Friedrich. Denn nur der Kirchhof trennt den Hof des Pfarrhauses von der Außenwelt. Und wo die Toten der Auferstehung entgegenruhen sollen, lärmt nachts das lose Gesindel. Wirft Steine an die Fenster des Pfarrhauses, um auszuprobieren, ob jemand wach sei. Dringt in den Keller der Kirche ein, um den Abendmahlswein wegzuzechen.

Der Tod trifft Friedrich Grimm fünfzehn Jahre nach dieser Bedrängnis, kurz nach seinem siebzigsten Geburtstag. Wenige Wochen zuvor hat er infolge seiner zerrütteten Gesundheit seinen Abschied aus dem Amt genommen. In den fast fünfzig Jahren seines Steinauer Wirkens hat er der Stadt seinen Stempel aufgedrückt – sogar ihrer Architektur. Denn er setzte es durch, dass ein kleines Tor in die Kirchenmauer gebrochen wurde, damit er schneller vom Pfarrhaus ins Gotteshaus gelangen konnte und nicht ums Rathaus herumgehen musste. Kann man sich eine klarere Unabhängigkeitserklärung der geistlichen Obrigkeit von der weltlichen vorstellen?

Aber auch seine Familie prägte Friedrich Grimm tief. Zwar zeigte sich rasch, dass an seinem 1751 geborenen Jüngsten Philipp Wilhelm kein Kanzelmann verloren ging. Aus Langeweile beschnitzte dieser während der Predigt lieber die Kirchenbank. Aber die Ehrfurcht vor den Vätern – dem himmlischen und dem irdischen – hatte Friedrich auch Philipp eingepflanzt. Dieser gab sie weiter an die neue Generation. Sein Ältester, Jacob Grimm, der im Gedenken an Großvater Friedrich ursprünglich Pfarrer werden sollte, verlieh dieser Bestimmung einmal im kindlichen Spiel Ausdruck, indem er auf einem Stuhl stehend seinen Geschwistern eine Predigt hielt. Immerhin wurde er später zum öffentlichen Redner, wenn auch in der weltlichen Gemeinde der Wissenschaft und in der des Parlaments. Und die Bilder der verstorbenen Familienoberhäupter begleiteten die Brüder Grimm auf ihren Lebenswegen. Um 1860 – sie waren längst alte Männer – aquarellierte der Thüringer Maler Moritz Hoffmann die Arbeitszimmer der beiden in ihrer letzten Berliner Wohnung in der Linkstraße 7. Während Jacob arbeitete – immer noch in rasender Geschwindigkeit, als wäre jemand hinter ihm her –, fixierten ihn von hoch oben auf einem der vielen Bücherregale, mit denen der große Raum vollgestellt war, die Ahninnen und Ahnen. Ganz so, als wachten sie schützend und kontrollierend über dem jetzigen Familienoberhaupt, ob es seinen drückenden Verpflichtungen tatsächlich gerecht werde.

Philipp Wilhelm schloss sich trotz seiner Alltagsfrömmigkeit nicht an die theologische, sondern an die ältere, staatsdienende Familientradition der Grimms an. Über die Umstände seiner Kindheit und Jugend im Pfarrhaus von Sankt Katharinen wüssten wir gern mehr. Die Tragödie seines kurzen Lebens ließ es allerdings nicht zu, dass er sich schriftlich Rechenschaft darüber gab. Was er seinen Kindern darüber erzählte, fand nur zum allergeringsten Teil seinen Weg in deren Erinnerungsschatz. Seine Frau wusste sicherlich mehr, aber sie behielt es, der damaligen Frauenrolle entsprechend, für sich.

Philipp durfte, nachdem er die harte Steinauer Schule des Dorflehrers Präzeptor Zinckhan durchlaufen hatte, mehrere Jahre wohl zu Fuß ans Schlüchterner Gymnasium pilgern, täglich eine gute Stunde hin, eine Stunde zurück, und anschließend mit neunzehn Jahren in Marburg Rechtswissenschaften studieren. Nach zwei Generationen von reformierten Pfarrern ist er der erste Grimm, der sich auf höchstem Niveau dem Dienst an der zweiten großen Autorität neben der Kirche widmete.

Der frühe Tod des Vaters Philipp Wilhelm überschattete die Kindheit der Grimms. Gemälde von Georg Carl Urlaub.

Er mag seinen Söhnen einiges von seinen Studentenjahren erzählt haben, die auch damals jeden Menschen für das Leben prägten – Jahren der Freiheit und Ungebundenheit. Student zu sein war auch in der Frühen Neuzeit ein Schwebezustand zwischen beschützter Knabenheit und männlicher Verantwortung und Disziplin. In Vorwegnahme künftiger Einschränkungen erlegten sich vor allem die gut betuchten Kreisen entstammenden Studiosi möglichst wenige Zwänge auf. Da sie, soweit sie dem Adel angehörten, berechtigt waren, scharfe Waffen zu tragen, waren sie der Schrecken der von ihnen verachteten »Spießbürger«. Sie stellten ihren Mädchen nach, gingen keiner Rauferei aus dem Weg und hinterließen auf ihren kleinen »Schlachtfeldern« nicht

Dem Inspector war nicht nur der beklagenswerte Zustand von Kirchen und Schulgebäuden ein Dorn im Auge, sondern mehr noch die gleichgültige Einstellung vieler Eltern zum Unterricht. Ohnehin schon waren die älteren Bauernkinder zwischen Pfingsten (das zwischen Mitte Mai und Mitte Juni zu liegen kommt) und Michaelis (am 29. September) bis auf eine einzige tägliche Unterrichtsstunde freigestellt, um ihren Eltern in deren Landwirtschaft zu helfen. An dieser einen Stunde hielt die Schulordnung eisern fest, denn die Gefahr war zu groß, dass die Kinder bis zum Herbst alles vergaßen, was sie bis zum späten Frühjahr gelernt hatten. Dem Inspector missfiel weiter, »daß es im unterricht meistentheils bey dem bloßen außwendiglernen und recitiren verbleibet, und der verstand dessen denen kindern nicht zugleich beygebracht, noch diese zum nachsinnen auff daß was sie gelernet haben, angeführt werden«. Sätze wie diesen hätte später sein Urenkel Jacob Grimm sicherlich unterschrieben – er verweist schon auf einen Begriff von Bildung, der erst im 19. und 20. Jahrhundert Gemeingut wurde. Sein Sohn Friedrich der Jüngere, mittlerweile Pfarrer in Steinau, meldete sich einige Male mit der Bitte um Unterstützung der Armen mit »Bibeln, Testamenten, Gesangbüchern, Lobwasser'schen Psaltern[6], Kinderlehren und ABC-Büchern«. Er erhielt sie; namens des Konsistoriums – der obersten Kirchenbehörde – kümmerte sich sein Vater um alle Details.

Die Liebe zum Detail – bemüht mal lustvoll um Ordnung des Ungeordneten, mal sorgsam um Vermeidung von Fehlern – scheint den Grimms eigen zu sein; das belegt bereits die Vielzahl an Denkschriften, Verordnungen und Anweisungen, die Friedrichs Unterschrift tragen und ihn nicht primär als inbrünstigen Mystiker, tiefgründigen Theologen oder in seine Gemeinde eingewurzelten Seelsorger erweisen, sondern eher als sorgfältigen und politisch geschickten Verwalter in der Tradition seiner Voreltern wie Henrich Grimm. Etwa seine »Hypotyposis oder kurze Darstellung selten blutende Opfer. Daran konnte auch die drakonische Disziplin nicht viel ändern, deren schärfstes Mittel vor der Relegation – dem endgültigen Verweis von der Universität – der Freiheitsentzug im Karzer war.

Anders bürgerliche Studenten: Ihnen ebnete nicht ihr Stand allein frag- und risikolos den Weg an die Universität, wie es später Jacob Grimm bei seinem adeligen Mitschüler und Freund Otto von der Malsburg mitansehen musste. Oft waren sie für die teuren Hörgebühren und ihren Unterhalt auf Stipendien angewiesen. Dazu mussten sie sich anfangs durch gute Zeugnisse ihrer bisherigen Lehrer beglaubigen und nachfolgend permanent durch Leistung bewähren. Kein Wunder also, dass sie lernten zu arbeiten und wirtschaftlich zu denken – anders als so mancher adelige Jüngling. Diese Selbstwirksamkeit und das daraus resultierende Selbstvertrauen werden wir später bei Jacob wiederentdecken – aber auch deren Kehrseite, die Getriebenheit.

Über Philipps Ergehen in Marburg wissen wir nichts, denn er hat darüber keine schriftlichen Zeugnisse hinterlassen. Von der »alten Burschenherrlichkeit« war sicherlich schon vieles entschwunden in der Zeit, da er von der Hohen Schule Herborn an die Marburger Universität wechselte. Was blieb, das war die einzigartig herrliche Lage der Stadt Marburg an den Hängen eines steilen Sandsteinriegels, den in einem weiten Halbkreis die Lahn umfließt. Dass er sich bemüht und gelernt hat, zeigt seine weitere Laufbahn, der vielleicht der Mangel an Geld ihre Richtung gab. Philipp Wilhelm Grimm erhielt im siebenundzwanzigsten Lebensjahr eine Zulassung als Anwalt am Hanauer Hofgericht, dem der Landesherr vorstand – damals war das Erbprinz Wilhelm IX., Landgraf von Hessen-Kassel, der spätere Kurfürst Wilhelm I. Nun war er dazu da, Aug in Aug mit diesem das Recht seiner Mandanten durchzusetzen. Es ist leicht vorstellbar, dass er dabei den Beamten des Hofes als so kenntnisreich, gewandt, konziliant und durchsetzungsfähig auffiel, dass sie ihn unbedingt unter den Ihren zählen wollten.

Oder war die Advokatur nur eine Warteposition? Bereits acht Wochen nach seinem Amtsantritt wird Philipp nämlich am Gericht als Stadt- und Landschreiber für die Altstadt Hanau geführt, und leitet damit die städtische Verwaltung. Im Folgejahr sollte er als Stadtsekretär tituliert werden. Zusätzlich amtiert er als Landschreiber des Amtes Büchertal, eine Stunde nördlich der Stadt.

Mit diesem Bündel von Ämtern war Philipp Wilhelm Grimm verlässlich angekommen in einer bürgerlichen, gesicherten Existenz und konnte ans Heiraten denken. Er fand die Frau seines Lebens im Haus des Kanzleirats Johann Hermann Zimmer am Altstädter Johanneskirchplatz, zwei Gehminuten vom Schloss entfernt. Der Kanzleirat war in Hanau das, was man heute einen Minister nennen würde. Zusammen mit seinen Kollegen stellte Johann im Auftrag Wilhelms IX. die Exekutive in der Grafschaft Hanau, und der Landgraf musste ihre kollegial gefassten Beschlüsse nur noch unterzeichnen. Auch in dieser Verbindung ergab sich für Philipp die Gelegenheit, Hofluft zu atmen und dem Landesherrn aufzufallen.

In Nordhessen geboren, hatte Zimmer in Kassel Karriere gemacht und seine Frau Anna Elisabeth kennengelernt, Tochter eines Beamten auch sie. Mit ihr hatte er mehrere Töchter: unter anderen neben seiner Ältesten, der 1748 geborenen Henriette Philippine – für unsere Geschichte wird sie später hochbedeutend werden –, die sieben Jahre jüngere Dorothea, Henriettes lebenslange Vertraute.

Brautwerbung und Vollzug der Ehe waren im späten Barock in bürgerlichen Kreisen strikte Privatsache. So wissen wir nicht viel von dem, was Philipp und Dorothea außer ihrem Eheschwur zusammenhielt. Immerhin verdanken wir der privaten grimmschen Mitteilsamkeit die Erkenntnis, dass der Bräutigam – und vielleicht auch die Braut – genau wusste, was er wollte, dass er rasch handeln konnte, sobald das Gewollte auf dem Spiel stand, und einen Sinn für romantisches Drama besaß. Als nämlich Wilhelm Grimm Anfang der fünfziger Jahre seine Vaterstadt besuchte, erinnerte er sich im Park des landgräflichen Lustschlosses Philippsruhe an das, was seine Eltern von ihrer Verlobung erzählt hatten: »Der Vater habe gehört, daß jemand Anders sie heirathen wolle, und sei ihr und ihren Eltern in den Garten des Schlosses nachgeeilt, wohin sie spazieren gegangen waren.« Diese öffentliche Werbung blieb nicht ungehört. 1783 wurden Dorothea und Philipp Wilhelm ein Paar.

Ihre bräutliche Wohnung nahmen die nicht mehr ganz jungen Leute an erster Hanauer Adresse. Die Verteidigungsbastionen, die Alt- und Neustadt seit fast zweihundert Jahren trennten, waren wenige Jahre zuvor geschleift worden. Auf der früheren Esplanade – als Schussfeld der Verteidiger gegen etwaige Angreifer gedacht – prangte seitdem ein teilweise mit jungen Linden bepflanzter und großzügig umbauter Platz, der auch als Paradeplatz diente. Von den Fenstern des breiten, repräsentativen Baus mit seiner gestuften Fassade – er ging wie die komplette Hanauer Kernstadt nur neun Tage vor Kriegsende 1945 in der von Deutschen heraufbeschworenen Bombenhölle unter – konnten die jungen Eheleute die Aufmärsche der kleinen Garnison in ihren silbern betressten dunkelblauen Jacken über gelben Westen und Kniehosen beobachten. Ob diese Schauspiele sie nennenswert interessierten oder gar beeindruckten? Oder ob sie mit Näherliegendem beschäftigt waren? Wenige Wochen nach der Eheschließung nämlich wurde Dorothea schwanger, und vor Jahresende 1783 trat der Stammhalter ins Leben, Friedrich genannt nach dem verstorbenen Großvater und dem Urgroßvater. Doch der Säugling starb bereits nach drei Monaten.

Solche Todesfälle waren absolut normal in diesen Zeiten. Infektionskrankheiten, Fehl- und Mangelernährung und unzureichende Hygiene forderten auch in Bürgertum und Adel ihren Tribut. Von Philipps neun Geschwistern überlebten nur vier das Kindesalter. Auch seine Eltern hatten jeweils drei Geschwister früh verloren. Diese tödliche Routine bedeutet nicht, dass solche Verluste nicht schmerzhaft gewesen wären. Aber lange Phasen der Trauer konnte sich niemand leisten, denn jeder hatte Verpflichtungen; andere Säuglinge kamen nach und beanspruchten Aufmerksamkeit. Da galt es sich in Demut in Gottes vermuteten Willen zu schicken und einfach weiterzuleben. Einen neuen Grund zur Freude mochte der Herr bald wieder schenken.

Und so war es auch bei den Grimms. Nur wenige Wochen nach Friedrichs frühem Tod war Dorothea erneut schwanger und wurde am 4. Januar 1785 von Jacob Ludwig Carl entbunden – dem älteren der beiden Brüder, die wir heute als »die Brüder Grimm« kennen. Erst dem robusten Jacob war es beschieden zu leben – und die Menschheit mit einem reichen Werk zu beschenken; kaum anders seinem nur weniger als ein Jahr jüngeren Bruder Wilhelm Carl, der am 24. Februar 1786 zur Welt kam. Diese beiden sollten mit kurzen Unterbrechungen fast ein Dreivierteljahrhundert lang unter einem Dach leben und arbeiten – eines der innigsten und produktivsten Brüderpaare in der deutschen Geschichte.

KAPITEL 2
WELT UND UMWELT DER GRIMMS

Neue Wege und alte Mächte

Die Welt war niemals absolut statisch gewesen, aber in der Zeit, in die Dorotheas und Philipps Kinder hineingeboren wurden, begann sie sich allmählich und immer rascher zu verändern. Die Menschen hatten neue Wege gefunden, zu denken, miteinander in Verbindung zu kommen, zu planen und zu bauen. Eine neue Art, wissenschaftlich zu arbeiten, und neue Technologien, etwa bei der Erzeugung von Energie oder bei den Medien, halfen diese Wege ebnen. Dies machte die damalige Zeit ähnlich dynamisch wie die heutige.

Und die Menschen nutzten diese Wege gegen alle Widerstände der alten Mächte. Ein beispielloser Schub der Globalisierung folgte. Und so wie aus krummen Flüssen gerade wurden oder die Welt immer kleiner wurde, so lockerten sich fest geglaubte Bindungen und alte Gewissheiten wurden zuschanden. Nicht jeder genoss die Annehmlichkeiten, die der Fortschritt mit sich brachte. Denn er brachte ähnlich wie heute Angst vor dem Neuen, vor der Umstürzung der Verhältnisse, vor dem beschleunigten Wandel, vor dem ohnmächtigen Liegenbleiben am Weg hervor.

Bei den Geschwistern Grimm grundiert diese Sorge ihr Gefühlsleben, ihre Ansichten, ihr Verhalten und ihre Entscheidungen. Immer wieder nehmen sie Zuflucht in ihre Umwelt, die zu einer Quelle der Kraft und Inspiration wird: »Noch jetzt weiss ich nichts«, schreibt Wilhelm in seinen Lebenserinnerungen, »was so sicher die friedliche Stimmung der Seele, in welcher alles Glück beruht, hervorrufe, als ein einsamer Spaziergang, wo kein Gespräch und Unterhaltung uns an die Bemühungen des Lebens erinnert, und wir die Natur frei auf unsere Gedanken wirken lassen; ungesucht und unerwartet ist mir hier oft das beste eingefallen.« Und was die Geschwister Grimm als Kinder in der Natur, auf den Straßen, in den Häusern und an den Menschen beobachten, findet tausend Reflexe in ihren Werken. Nicht nur in den Märchen von Wilhelm und seinem ältesten Bruder Jacob. Aber auf dem Weg über diese Märchen hat das, was sie beobachteten und in sich aufnahmen, die Welt der inneren Bilder von Milliarden Menschen mitgeformt.

Die Stadt

Eine Stadt entsteht nicht zufällig, mal heute, mal morgen, mal hier oder mal dort. Dies gilt auch für die Städte der Grimms: Hanau, Steinau an der Straße, Kassel, Marburg, Göttingen, Berlin. Oft entstanden sie, wo das Militär unmittelbaren Schutz bot und mit Waren versorgt werden wollte: im Schatten der Kastelle oder Burgen. Später waren es Klöster, um die die Menschen sich zusammenballten wie die Dampfpartikel um Staubkörner, wenn es draußen nebelt. Die staufischen Kaiser lösten im Hochmittelalter ganze Wellen von Stadtgründungen planvoll aus, um die Macht der Territorialfürsten zu beschneiden und das Gewerbe zu fördern. Solche Städte legte man gern an Kreuzungspunkten zu Grunde: wo eine Furt den Übergang über einen Fluss erlaubte oder wo zwei Verkehrswege sich schnitten und den Handel erleichterten, der dann nach Schutz vor Raubrittern und Räuberbanden verlangte. So geschah es etwa in Steinau.

Die Stadt – das waren vor allem Handwerker und Kaufleute. Das waren viele Menschen auf engstem Raum. Waffenlose Menschen waren oft in Gefahr in Deutschland, bevor Kaiser Maximilian I., der »letzte Ritter«, und seine Nachfolger mit dem »Ewigen Landfrieden« den blutigen Fehden des Adels den Garaus machten. Schutz boten Mauern und Wassergräben, Türme und Tore. Die Dörfler mussten sich mit Ausguckwarten behelfen und mit Heckenverhauen, die zusätzlich gegen das Getier aus den Wäldern schützten. Da die Stadtmauern auch mit teuren Wachen bemannt werden mussten, hieß es sparsam verfahren. Daher war die Enge in den Städten meist drangvoll. Den etwa 2000 Einwohnern Steinaus, denen Amtmann Philipp Wilhelm Grimm vorstand, war ein Areal von etwa 800 Schritt in der Länge und 300 Schritt in der Breite verfügbar, auf dem sich neben den Wohnhäusern, Ställen und Hausgärten noch das mächtige landgräfliche Schloss und andere öffentliche Gebäude ballten.

Reisende taten gut daran, vor der Dunkelheit am Stadttor einzulangen und sich der Befragung über ihr Woher, Wohin und Warum sowie der Visitation ihres Gepäcks zu unterziehen. Denn andernfalls riskierten sie, die Nacht draußen in Gesellschaft ehrlosen, fahrenden Volks verbringen zu müssen. Auch manche braven Bürger wie Schinder und Scharfrichter duldeten die Städter nicht in ihren Mauern – eine Schutzgemeinschaft war die Stadt, aber keine Gemeinschaft unter Gleichen. Die wohlhabenden Patriziergeschlechter – vielfach Kaufleute mit Verbindungen zu Händlern, Bankiers, Bergwerks- und Gutsbesitzern im ganzen Reich – schanzten einander die einflussreichen Ämter zu und heirateten untereinander. So verschwammen allmählich die Unterschiede zum Adel. Das Handwerk war in Zünften organisiert, die den Markt streng regulierten. Sie bestimmten, wer die Handwerksgerechtigkeit erhielt – die Lizenz, eine Tätigkeit selbstständig auszuüben. Oft heiratete ein tüchtiger Geselle die Witwe seines

Meisters, um dessen Werkstatt zu übernehmen. Meister und Gesellen bildeten zusammen mit den »Buben«, den angelernten Handlangern, Hilfsarbeitern und Tagelöhnern, die Mehrheit der Arbeitenden. Jedem war sein Platz fest zugewiesen, die gegenseitige Kontrolle war engmaschig. Dafür sorgten nicht nur Verwandte und Nachbarn, sondern auch eine »Policey«, in der Fürsorge, Beobachtung, Ermittlung und Strafverfolgung zusammenliefen. Kaum eine Schandtat, kaum ein Fehltritt blieb lange verborgen. Auf dem Spiel stand die Ehre, wichtigstes soziales Kapital eines jeden in dieser Zeit ohne Rechtsanspruch auf Unterstützung in der Not. Denn Ehre bedeutete Angepasstheit und Berechenbarkeit. Ein impliziter oder ausgesprochener Bann beendete jede normale Existenz. Männer als rechtliche Vertreter ihrer Frauen und Kinder wachten über deren Tugend, denn Delikte und Sittenlosigkeit beschädigten die Familienehre.

Umgekehrt konnte der redliche, tugendhafte Mensch darauf hoffen, dass die Gemeinschaft ihn mittrug. Im Leben der Grimms gibt es dafür zahlreiche Beispiele: von der »Tante Zimmer«, der Kasseler Mutterschwester, die als Mutterersatz jahrelang für die früh verwaisten Geschwister Grimm da war, bis hin zu den Kasseler Bürgern, die für den Unterhalt der aus Göttingen verbannten und damit brotlosen Brüder Grimm aufkamen. Die Gesellschaft war durchdrungen von der Idee der Verantwortung durch Verwandtschaft und Nachbarschaft. Das funktionierte oft, denn die Familien waren größer als heute, das Bewusstsein einer gemeinsamen Herkunft reichte weiter. Wörter wie Cousin oder Nichte schlossen Cousins oder Nichten zweiten oder dritten Grades ein oder übersprangen Generationen. Heute sind die wenigsten Menschen ihren Nichten dritten Grades jemals begegnet – falls sie überhaupt eine haben.

»Verwandt« konnten sich die Menschen auch im übertragenen Sinn fühlen: als Landsleute in der Fremde, die immer mehr

Gemeinschaft mit Verantwortung. »Ländlicher Wirtschaftsgarten«. Ölgemälde von Anton Radl.

Menschen er*fuhren* oder zu Fuß kennenlernten, als Glaubensbrüder, als Kommilitonen, als Diener derselben künstlerischen oder gesellschaftlichen Anliegen oder derselben Herrschaft, als Zunftbrüder. Eine korporative Verfassung der deutschen Gesellschaft mit der Freiheit, sich zu gemeinsamen Zwecken zu verbrüdern, war eines der wichtigsten emanzipatorischen Anliegen des Bürgertums in der Zeit der Aufklärung und danach. Auch der Adel war nicht so unnahbar, wie es heute erscheint, sondern verkehrte fallweise mit bestimmten Klassen der Gesellschaft auf durchaus familiärem Fuß. Die Kehrseite: Auch der Zorn der Mächtigen konnte familiäre und manchmal lasterhafte Züge annehmen wie den der Rachsucht. Der Kurfürst von Hessen-Kassel hatte das Recht, jeden Untertanen persönlich zu schlagen. Und nach der Wiederherstellung seiner Herrschaft im Zuge der Befreiungskriege bestand eines der wichtigsten Anliegen des Kurfürsten darin, dieses beschämende Privileg wiederherzustellen, das die Franzosenherrschaft abgeschafft hatte.

Herrscher und Beherrschte wussten, was sie einander schuldeten, und in den Zeiten der Grimms entzündete sich viel politische Kritik an den Herrschenden daran, dass diese ihre Schuldigkeit nicht taten – und nicht primär daran, dass eine privilegierte Klasse über eine politisch rechtlose Mehrheit herrschte. Besonders bei den Brüdern Grimm werden wir diesem Gedanken noch begegnen.

Die Stadt als Residenzstadt war der Ort, wo alle Klassen auf enge Tuchfühlung kamen. Die Stadt als Freie, nur dem Kaiser untertane Reichsstadt dagegen war der Ort einer bürgerlichen Selbstverfasstheit. So erklangen die Reichsstädte – Frankfurt, Friedberg, Gelnhausen und viele andere – bis in die Zeit der Brüder Grimm als Schmieden der Moderne.

Der Brunnen

Der Stolz vieler Städte waren ihre Brunnen. Gesundes Wasser in ausreichender Menge zu fördern, kostete große, gut organisierte Anstrengung. Vier Brunnen auf dem Neustädter Markt von Hanau markierten nicht nur die Himmelsrichtungen, sondern auch den zentralen Lebensnerv der Stadt. Großstädte wie Augsburg verstanden es seit der Frühen Neuzeit, Trinkwasser über Meilen herbei- und bis in einzelne Hausbrunnen zu führen.

Die im Reich berühmten Augsburger Privatbrunnen sprudelten nur in den Häusern der Reichen, denn was jeder von ihnen kostete, verdiente ein Handwerksgeselle nicht in einem Jahr. Glücklich war, wer einen Brunnen in nächster Nähe wusste und jederzeit einen Trunk schöpfen konnte wie der berüchtigte Steinauer Schulmeister der Grimms, der Präzeptor Zinckhan. Anderenfalls mussten die einfachen Leute sich mit Eimern, Krügen und Kannen am nächsten öffentlichen Brunnen um Wasser anstellen. Nicht die Männer, verstand sich. Wasserholen war Pflicht der Kinder, der Dienstboten, der Mädchen und Frauen. War die Warteschlange lang, verspielten die Kinder die Zeit; die Erwachsenen nutzten sie zum Austausch von Neuigkeiten und Meinungen. So waren die Brunnen öffentliche Umschlagplätze von Nachrichten und Geschichten, die die Frauen betrafen und interessierten. So manche mag der volle Krug, den sie nach dem Zapfen mithilfe ihrer Nachbarinnen auf den Kopf hob, schwerer gedrückt haben als sonst, wenn sie von Teuerung und bevorstehenden Truppendurchzügen gehört hatte. Andere mögen sich trotz schwerer Last leichten Schrittes entfernt haben, wenn etwa von Frieden die Rede gewesen war – dem Frieden, der die heile Heimkunft eines Geliebten oder Verwandten in Aussicht stellte.

Doch der lebenspendende Brunnen konnte – etwa für kleine Kinder – auch den Tod bedeuten. Brunnen mussten bis zu einer verlässlich Grundwasser führenden Bodenschicht vorgetrieben werden. Je nach Lage des Brunnens bedeutete dies eine Tiefe von Hunderten von Fuß. An die 500 Fuß tief war der Brunnen der Hohenburg von Homberg südlich Kassel, den Landgraf Moritz von Hessen in den harten Basalt schlagen ließ. Da war Vorsicht am Platz, denn war »das Kind in den Brunnen gefallen«, half es nicht mehr, ihm nachzuspringen. Dies schärfte man den älteren Geschwistern ein, mit denen die Kleinsten meist mitliefen. Wieder waren es meist die Mädchen, auf denen diese Verantwortung ruhte.

Die Spindel

Die Aufgabenbereiche der Geschlechter waren nicht nur in der Öffentlichkeit strikter getrennt als heute. Auch innerhalb der eigenen vier Wände hatten Frauen andere Verpflichtungen als Männer. Nur sie verstanden es in der Regel, aus den käuflichen unverarbeiteten Lebensmitteln bekömmliches, wohlschmeckendes Essen zu bereiten oder die empfindlichen teuren Kleidungsstücke schonend zu reinigen. In bürgerlichen Haushalten organisierten sie die Vielzahl der Aufgaben, kontrollierten die privaten Finanzen und leiteten die Dienstboten an, zu denen Köchinnen, Kutscher, Dienstmägde, Hausdiener, Gärtner und andere gehören konnten.

Wo das Geld knapp und wo dies schicklich war, trugen Frauen durch Heimarbeit zum Familieneinkommen bei: als Wäscherinnen, Weißnäherinnen oder Korbflechterinnen oder indem sie Flachs und Vlies zu Garn spannen. Auch bei den Grimms spannen Dorothea und ihre Tochter Lotte abends Flachs, während die Magd Marie Werg (Faserreste) verarbeitete. Bevor Ende des 18. Jahrhunderts mechanische Spinnmaschinen sich langsam durchsetzten, musste jeder Fuß Garn vom Leibhemd bis zur Uniform von Hand gesponnen werden. Dies war möglich, weil fast jede Frau, fast jedes Mädchen pausenlos spann, sobald sie nur die Hände frei hatten – die eine Hand zum Halten des Rockens mit der Rohfaser, die andere, um die Spindel tanzen zu lassen, die die Faser verzwirbelte und das fertige Garn aufnahm. Das Spinnrad gehörte ins Haus, die Spindel konnten sie überall mitführen.[7] Spinnende Frauen waren auch beim Hüten des Viehs oder beim Warten auf Kundschaft am Markt zu sehen. Rocken und Spindeln stellte oft mitsamt der Faser der »Spinnerherr« und ließ bei Abnahme des Garns den Lohn auszahlen. In manchen Gegenden mussten Frauen einen Teil ihrer Abgaben in Form des »Zinsflachses« entrichten.

Spinnen war eine schlecht bezahlte Arbeit. Diese Arbeit allein zu verrichten war öde, und die Frauen taten dies meist nur, wenn sie keine Alternative hatten oder unter Zwang standen. Wir kennen dies aus den Märchen, wo Mädchen entweder in beschränkter Zeit gewaltige Mengen an Faser oder unangenehmes Material wie Brennnesseln verarbeiten oder aus Flachs Gold spinnen müssen, um ans Ziel ihrer Wünsche zu gelangen. In der Wirklichkeit ging es oft weniger märchenhaft zu: »Gefallene«, also außerehelich schwangere Frauen schaffte man oft aus den Augen der Öffentlichkeit, indem man sie in »Spinnhäuser« einsperrte. Mädchen, die gegen ihre Unterordnung aufbegehrten, drohte man mit der Frau Holle und ähnlichen Schreckgestalten wie in diesen Versen aus Schlesien: »Spinnt, Kindelein, spinnt!/ Die Spellalutsche kommt./ Sie guckt zu allen Löchlein rein,/ Euer Stränglein muss bald fertig sein!«

Wenn sich dagegen Frauen nach dem Martinstag, wenn auf den Äckern und in den Gärten nichts mehr zu arbeiten war, reihum in ihren Häusern zum gemeinsamen Spinnen einfanden, konnten sie, während sich die Räder drehten, der Flachs sichtbar ab- und das Garn zunahm, gemeinsam ihren Geist spazieren führen. Im Licht von Unschlitt- oder Kerzenlicht, Kienspänen oder später Petroleumlampen fingen die Bäuerinnen oft bereits um zwei oder drei Uhr an, frühstückten bei Tagesanbruch, versorgten die Tiere und spannen danach weiter.

Das blieb den Frauen der Grimms erspart: Arbeit in einem Maschinenwebsaal. Zeitgenössische Illustration.

Hier erzählte man, alt und doch immer wandelbar zugleich, das, was die Brüder Grimm und viele vor und nach ihnen suchten: Märchen und Sagen, Gruselgeschichten, Legenden, Fabeln und Schwänke, Rätsel und Scherzgeschichten, Reime, Sprüche und Lieder. Aber auch Dinge, die die bestehende Ordnung und Unterordnung der Geschlechter untergruben, was in der Generation der Geschwister Grimm wirkmächtig werden sollte. Sobald ein Mädchen konfirmiert war, durfte es zum ersten Mal mit. Zu ihrem ersten Spinntag gingen die Mädchen mit ihren neuen vom Drechsler gefertigten und bändergeschmückten Spinnrädern. Spätabends stellten sich die gleichaltrigen Burschen ein. Man plauderte und neckte sich, erzählte Räuber- und Geistergeschichten, sang, stellte schließlich die Spinnräder weg und tanzte zu Mund- oder Ziehharmonika, trank auch einmal Branntwein über den Durst und oblag in den Stubenecken dem Kartenspiel. Der weltlichen und kirchlichen Obrigkeit auch in Steinau war derlei unkontrollierte Geselligkeit ein Dorn im Auge; wiederholt verbot sie die Spinnstuben ganz, und wenn sie sie wieder genehmigte, durften keine Junggesellen teilnehmen. Die Tugendwächter führten Sprichwörter im Mund wie »Viel geschrey, wenig woll«, »Viel Geschwätz geht nit ohne sünd ab«, »Wo man viel schwätzt, da leugt man viel«, »Viel wort seind ein mordt«. Frauen galten ihnen als gefährlich, wo sie nicht unter Kontrolle standen.

Die Mühle

Waren es schlanke Finger und Feingefühl, die beim Spinnen halfen, so zählte an der Mühle rohe Kraft, gleich ob es um die Zerkleinerung der Ackerfrüchte, das Zurichten von Bauholz oder um die Aufbereitung von Erz für den Schmelzofen ging. Eine Mühle war die erste »Maschine«, die jedes Kind kennenlernte, die Müller die ersten »Industriellen«. In den Getreidemühlen übertrugen gewaltige hölzerne Wellen die Antriebskraft des Wasserrades oder Windrotors auf ebenso gewaltige Mahlsteine, und die Mühlknechte hatten schwere Getreidesäcke in die Mahltrichter auszuleeren und unterhalb derselben das Mahlgut aufzufangen. Handfest ging es zu auf den Mühlen, und die Müller waren als streitlustig verschrien – und als betrügerisch. Oft waren sie wohlhabend, und diesen Wohlstand hatten sie, glaubte man der Volksmeinung, nicht immer verdient. Wenn sie nicht mittels verborgener Vorrichtungen Mehl abzweigten oder ihr hungriges Vieh über fremdes Getreide ließen, dann machten sich manche unbeliebt, indem sie klammen Bauern in der herbstlichen Zeit des Überflusses deren Ernte für billiges Geld abkauften und ihnen, nachdem im Winter Menschen und Mäuse die Vorräte dezimiert hatten, das Notwendigste teuer zurückverkauften. Die Gerichtsakten sind voll von Streitigkeiten mit Müllern. Ihr Berufsstand galt als »unehrlich« und damit als nicht zunftfähig, ähnlich wie der des Türmers, Wanderschäfers oder Baders. Müller mussten daher unter sich bleiben, und ein »zünftiger« Handwerker gab seine Tochter ungern einem Müller zur Frau.

Müller im weiteren Sinn waren diejenigen, die die Elementarkräfte meisterten: Das waren neben den Mahl- und Sägmüllern die Loh- und Walkmüller, die sich auf das Gerben von Tierhäuten und das Verfilzen von Wollfasern verstanden, die Ölmüller, die pflanzliche Fette herstellten, die Hammermüller, die aufbereiteten, was die Bergknappen dem Fels entrissen hatten, und die Papiermüller, die aus schmutzigen Lumpen das edelste Material herstellten: den Stoff der Künstler, Dichter und Gelehrten. Da alle diese Gewerke mit Gestank oder Lärm verbunden waren, duldete man die Müller nicht innerhalb der Stadtmauern – so die Papiermühle aus der Steinauer Kindheit der Geschwister Grimm. Diese Absonderung der Müller von der Gemeinschaft förderte wiederum nicht gerade das Vertrauen in ihre Ehrlichkeit – zumal die abgelegenen Gebäude zu Recht oder zu Unrecht als konspirative Treffpunkte für verbrecherisches Gesindel galten.

Der Esel

Waren schon die Menschen manchmal unzuverlässig, so konnte man auf die Körperkraft der Tiere bauen. Ohne sie ging es weder in den Getreidemühlen, wo Esel das Korn zu- und das Mehl abführten, noch in der Landwirtschaft, wo Ochsen und Pferde vor dem Handpflug oder Erntewagen gingen, noch im Haus, wo Hunde oder Gänse wachten, noch im Handels- und Transportwesen, wo Zugtiere halfen, Gut und Menschen bequem über weite Strecken zu befördern. Auch zur Ernährung waren Tiere unentbehrlich, und ihre Häute, Federn, Haare, Knochen, Hörner erfüllten mangels künstlicher Alternativen ebenfalls essenzielle menschliche Bedürfnisse.

So begleiteten Tiere die Menschen unzertrennlich, und sie waren zahlreich – auch in Steinau, wo Viehwirtschaft wichtiger war als Ackerbau. Sie schufen »Umweltprobleme« eigener Art: Räderlärm und Pferdeäpfel, die die Lohnkutscher auf belebten Straßen hinterließen, Überweidungsschäden auf der Grasnarbe oder Ernteverluste, wo Hirten ihr Vieh nicht unter Kontrolle hatten oder es planvoll auf reife Äcker ließen, so wie es Friedrich Grimm dem Jüngeren einmal geschah.

Wer daher wo wann welche Tiere weidete, das war – wie so vieles – strengstens geregelt, auch in Steinau. Rinder, Pferde, Ziegen, Schafe, Schweine, Esel, Gänse, Enten in großer Zahl bevölkerten Fluren und abgeerntete Felder. Dort waren besonders die vielen Schafe hochwillkommen, denn sie düngten die Flächen für die nächste Saison. Ähnlich wie noch heute in Alpendörfern verbreitet, war das Großvieh in den Händen von hauptberuflichen Stadthirten, deren Einsatz zeitweise obligat war. Sie blieben Tag und Nacht bei der Herde und waren bewaffnet, um sie vor menschlichen und tierischen Räubern zu schützen, und waren daher von der Fronarbeit für die Herrschaft befreit. Ihnen stand ein eigenes Haus zur Verfügung. Jeder kümmerte sich auch um einen der städtischen Zuchtstiere. Die Hirten kannten sich aus mit Viehkrankheiten und hilfreichen Drogen wie dem Theriak, einer aus heutiger Sicht abenteuerlichen Mixtur aus Kräutern, Mineralien und Tierbestandteilen, und wendeten diese Kunst auch außerhalb der Weidesaison gegen Geld an – nicht nur bei den Tieren.

Da fast jeder Haushalt ein oder mehrere Schweine hatte, gab es in Steinau einen eigenen Schweinehirten. Auch er durfte Waffen tragen, denn er hatte ein riskantes Amt, das ihn leicht einmal mit Wölfen, Bären oder übelwollenden Menschen in Berührung brachte. Die Eichel- und Buchelmast im Wald war nämlich besonders wichtig für das Gedeihen der ebenfalls durchaus nicht ungefährlichen borstigen Gesellen, die man auf dem Teller schätzte, aber lebend verachtete – ähnlich wie man Esel geringschätzte. Tieren unterstellte man einen Willen und menschliche Charaktereigenschaften, und diese konnten mal gut und mal böse sein. Die Grauen sah man nahe der Stadt bei karger Weide ihren »Feierabend« genießen. Weitab von ihren natürlichen, wüstenhaft-staubigen Habitaten hatten sie ihr Leben in Nässe und Schlamm zu fristen, und viel zu schwere Lasten wurden auf ihre Rücken gepackt, die sich schmerzhaft unter ihnen durchbogen, bis nur noch der Schinder ihrer Misere abhelfen konnte. Anders als Pferde, die man zu Höchstleistungen prügeln kann, nehmen Esel sich ein »Streikrecht« heraus und bleiben stehen, sobald die Last zu groß oder die Lage unübersichtlich wird. Ungeduldige, eilige oder ahnungslose Menschen behandelten dann die grazilen

Tiere leicht wie kleine Pferde und droschen so erbarmungs- wie wirkungslos auf die vermeintlich »störrischen Teufel« ein. Die Grimms hatten in Steinau reichlich Gelegenheit, solche Gewaltszenen zu beobachten. Der schlechte Ruf dieser Tiere hat sich, nicht zuletzt durch Märchen tradiert, bis in heutige esellose Zeiten erhalten; und »Esel« war eine der bevorzugten Beschimpfungen in den Zeiten, als diese noch an der Gürtellinie haltmachten – zumindest dort, wo man auf die Ehre Rücksicht nahm – und bereits die Bezeichnung als »dumme Gans« eine Frau tief kränkte. Tierische Schimpfworte finden sich auch in der grimmschen Korrespondenz.

Kleintiere wie Geflügel und Ziegen durften die Menschen persönlich an Wegrändern und Hecken weiden. Das war Kinder- und vor allem Mädchenarbeit, denn sie war nötig, aber wenig angesehen. Wir finden in vielen Märchen, was geschehen konnte, wenn ein Kind dieser Aufgabe nicht gerecht wurde. Wenn es sich ablenken ließ durch die kleinen Naturwunder und -dramen, die sich dicht vor seinen Augen abspielten: durch jäh hochschießende bunte Heuschrecken und Vogelschwärme, durch metallisch glänzende Käfer, die sich schwer gepanzert durch hohes Gras und grundlosen Staub mühten – in den die Ameisenlöwen ihre Fangtrichter gruben, an deren Grund sie auf Beute lauerten und die ahnungslosen kleinen Krabbler mit Sand bewarfen, bis diese in Reichweite ihrer unentrinnbaren Zangen gerieten, durch Gottesanbeterinnen, die ihre Arme wie zur Andacht zum Himmel erhoben, in Wirklichkeit aber blitzschnell zuschlugen, wenn Beutetiere sie für Zweige oder Blätter hielten und ihnen arglos nahekamen.

Auch Dorothea Grimm dürfte ihre Kinder zum Gänsehüten geschickt haben. Diese erhielten also reichlich Gelegenheit, ihre scharfen Augen an den Wundern und Schätzen der Natur zu schulen. Jacob und Wilhelm bewiesen es in den wenigen präzisen Kinderzeichnungen, die von ihnen erhalten sind, und in den zahllosen poetischen Beschreibungen ihrer kindlichen Welt, an der sie zeitlebens hingen. Ihr jüngster Bruder Ludwig Emil – Lui oder Louis gerufen – machte die Beobachtung und eine innige Beziehung zum Sicht- und Darstellbaren gar zu seinem Lebensberuf als Zeichner und Maler. Damit wurde er nicht nur zum visuellen Chronisten der Familie und darüber hinaus zu dem der ganzen romantischen Generation, sondern lernte dadurch auch, ein und auszugehen und sich zu bewegen in den unterschiedlichsten Kreisen – von der kleinen Kate der Handleserin Lore aus Ungedanken und der Schlierseer Bauernstube über die Hörsäle und Stuben der führenden Gelehrten bis in die Schlösser der Fürsten.

*Gamswilderer und Musikant vom Schliersee.
Aquarell von Ludwig Emil Grimm, 1813.*

Das Schloss

Das Schloss stand im genauen Gegensatz zur Zwielichtigkeit armseliger Behausungen oder abgelegener Mühlen. Als Trutzburg oder als Palast dominierte es jede Stadt und viele Dörfer. Die Adelsgeschlechter wetteiferten um das größte, schönste, eleganteste Schloss – egal ob es sich um ihren Stammsitz handelte, ihr Jagdschloss oder ihr Palais in der Residenzstadt ihres Fürsten, das sie führten, um bei Hofe offiziell die ihrem Rang gebührenden Plätze einzunehmen, Einfluss auf allerhöchste Entscheidungen auszuüben und Posten und Karrieren für ihre Kinder zu erjagen. Der Adel war europaweit verzweigt und mobil. Rollte eine prächtige Kalesche unter Bedeckung livrierter Diener und Soldaten an den Bauern und Handwerkern vorbei, war es tunlich, Begeisterung und Verehrung zu demonstrieren, wenn der Grundherr sich gut gelaunt und landesväterlich grüßend aus dem Wagenfenster beugte. Neben diesen Zeichen der Loyalität schuldeten die Untertanen ihm Steuern sowie Hand- und Spanndienste für öffentliche oder fürstliche Bauten. Die Steuern wurden meist nicht in glänzenden Talern und Gulden abgeführt, sondern in Naturalien: Der Flachsbauer gab seinen Zehnten in Flachs, der Getreidebauer in Roggen, Hafer oder Braugerste. Anders als der Fiskus heute hatten die Grundherren beachtliche Volumina an materiellen Gütern zu lagern, zu transportieren und zu Geld zu machen. Davon zeugen die vielen Zehntscheuern und »Kellereien« in Schlössern, Städten und größeren Dörfern und die Bürokratien, die den Erntesegen verwalteten. Amtmännern wie Philipp Wilhelm Grimm oblag es unter anderem, für die ordnungsgemäße Einnahme und Bestandsführung zu sorgen. Die Zehntscheune lag dem Amtshaus gegenüber, so konnten er persönlich, seine Familie, sein Gesinde und seine Hofhunde sie bestens überwachen.

Aber auch der Grundherr hatte Verpflichtungen: vor allem die, das Gemeinwesen zu organisieren und zu verteidigen – sowohl militärisch wie juristisch. Er hatte die Gesetze zu machen, an denen das Zusammenleben sich orientierte, und das Recht zu sprechen und durchzusetzen. Gewaltenteilung wie heute und gegenseitige Kontrolle der Gewalten waren noch unvorstellbar. Die niedere Gerichtsbarkeit legte ein Fürst in die Hände von Amtmännern wie Philipp Wilhelm Grimm, die in Zivilsachen und bei kleineren Delikten entscheiden durften. Die Behandlung von Kapitalverbrechen und die Anwendung der Tortur oblagen den Juristen in den Residenzstädten. Als Philipp Wilhelm Grimm 1751 geboren wurde, war Folter die gängige Praxis zur Erzwingung von Geständnissen, ohne die kein Urteil gesprochen werden durfte – erst in den zwanziger Jahren des 19. Jahrhunderts wurde sie, nicht zuletzt französischem Vorbild folgend, in Deutschland offiziell abgeschafft und die Justiz aus finsteren Verliesen in städtische Gerichte überführt, so wie die Landesverteidigung nicht mehr von türmestarrenden Burgen ausging, sondern von Kriegskanzleien und Kasernen. Den Schlössern blieb ihre Rolle als kostbare, glanzvolle Wohnung der lichten Gestalten, die der Not des mühsamen Broterwerbs enthoben waren.

Die Prinzessin

Zu diesen Lichtgestalten gehören die Prinzessinnen. In den adeligen Fräulein kristallisieren sich bis heute bürgerliche Träume von Reichtum, Sorglosigkeit und Eleganz. Sie taten es auch schon in den Zeiten vor den Grimms. Je größer der Mangel, desto größer diese Träume. So auch in den Märchen der Brüder Grimm.

Es war nicht ganz leicht, einer Prinzessin zu begegnen, wenn man selbst nicht von Adel war. Eine Bäuerin oder Marktfrau konnte allenfalls einen Blick auf sie erhaschen, wenn sie ihr grüßend aus dem vorbeifahrenden Wagen zunickte oder, juwelenprunkend in raschelndem strahlendem Seidenkleid, von kräftigen Armen herausgehoben wurde, um am Arm eines Kavaliers im Schlosstor oder in der Herberge zu verschwinden.

Die einfache Frau wusste nicht, wie wenig sie versäumte. Das Leben einer Prinzessin konnte beneidenswert luxuriös sein, vor allem aber war es meist sehr langweilig. Denn ohne Menschen, die sie beobachteten und kontrollierten, konnte sie kaum einen Schritt machen. Von dieser bohrenden Langeweile machen sich auch heute diejenigen keinen Begriff, die die modernen Internet-Prinzessinnen anhimmeln und in eigentümlicher Umkehrung der Legitimation überhaupt erst zu dem machen, was sie sind. Die Bestimmung einer Prinzessin war die, möglichst vorteilhaft verheiratet zu werden und Knaben zu gebären. Vorteilhaft für das Ansehen und die Macht ihres Vaters, ihrer Familie und ihres Landes, mit dem ihr Vater sich selbst gleichsetzte. »Der Staat bin ich«, wird dem Franzosenkönig Ludwig XIV. in den Mund gelegt. Ich – nicht meine Frau, nicht meine Töchter. Ob diese bei der Begegnung mit ihrem Ehemann freundliche Gefühle oder Ekel verspürten – kam es etwa darauf an?

Die Prinzessin war also gedacht als willenloser Gegenstand dynastischer Handelsgeschäfte. Hatte sie ihre Pflichten erfüllt und überlebt – war also nicht unter den Händen ahnungsloser Leibärzte im Wochenbett gestorben –, war sie nicht mehr ganz so unfrei und konnte sich das eine oder andere vom Leben nehmen, sofern sie es nicht offen tat: einen Liebhaber zum Beispiel. Die Stimme ihres Herzens spielte sonst keine Rolle. Dass ein erbarmungsvoller Vater seine Tochter aus einer katastrophalen Ehe herauslöste, geschah so gut wie nie. Ungehorsam im Namen der Liebe konnte sich furchtbar rächen: Die braunschweigische Prinzessin Sophie Dorothea, Urahnin der englischen Königin Elizabeth, unglücklich verheiratet mit Herzog Georg Ludwig von Hannover und heimlich liiert mit dem sächsischen General Graf von Königsmarck, löste durch einen gescheiterten Fluchtversuch vom Hofe Ende des 17. Jahrhunderts eine Reichskrise aus. Königsmarck verschwand spurlos im hannoverschen Leineschloss – vermutlich umstandslos getötet und beiseitegeschafft in Auftrag des Herzogs. Der ließ Sophie in seiner Rachsucht lebenslang internieren und sich wegen »vorsätzlicher und böswilliger Desertation« und »Verweigerung der ehelichen Beiwohnung« scheiden, verbot ihr aber die Wiederverheiratung und entzog ihr ihre Kinder, während er sich mit seiner langjährigen Mätresse Melusine von der Schulenburg verlustierte. Dass Sophie bis dahin zu ihren Eltern in einer engen warmen Beziehung gestanden hatte, half ihr nicht – Vorrang hatte die Staatsraison.

Die Straße

»Staatsraison« hieß für Sophie Dorotheas Eltern und Schwiegereltern: durch diese Ehe alle welfischen Besitztümer zu vereinigen. Der Föderalismus des Reiches war, anders als heute, hochdynamisch. Zu Sophies Zeit war es in Hunderte von Einzelstaaten aufgesplittert – die einen größer, die anderen kleiner, die einen katholisch, die anderen protestantisch, die einen mit einem weltlichen, die anderen mit einem geistlichen Herrscher. Jeder suchte auf Kosten seiner Nachbarn zu wachsen, denn klein zu sein war wirtschaftlich ungünstig, schloss meist von lukrativen und schmeichelhaften höheren Rängen im Reich aus und konnte politisch gefährlich werden. Krieg als Mittel zum Gebietsgewinn verbot der Ewige Landfriede – eine von wenigen zentralen Institutionen, die verbindlich galten. Wem die Mittel zum Gebietskauf fehlten und wem das Erbglück nicht lächelte, der musste sich also sein Wachstum erheiraten.

Über Jahrhunderte blieb die zentrale ordnende Macht im Reich schwach, blieb Deutschland ein Land der »Ritter« – anders als etwa Frankreich, wo der Monarch die früheren Gebietsherren gezähmt hatte und das Land nach seinen Vorstellungen pflegte. Durch den Bau von Festungen zum Beispiel oder durch die Anlage von Straßen, über die Waren oder Truppen schnell von West nach Ost gelangen konnten. Deutschlands Straßennetz dagegen verwahrloste über die Jahrhunderte. Kleine Fuß- und Reitpfade dominierten; sie schlängelten sich um Häuser, Schlösser, Kirchen, Hügel, Moore, Wäldchen herum und waren so gut wie das Wetter und wie die Häufigkeit, mit der man sie nutzte. Bei Regen versumpften sie, bei Nichtbegehung verkrauteten sie. Bei anhaltender Trockenheit versanken die Reisenden mancherorts in Staub und Sand. Große Lasten packte man Eseln auf, kleine trug man auf dem Kopf. Karrenwege, nicht weniger prekär als die Pfade, verbanden die größeren Siedlungen. Hierher konnte sich schon einmal eine herrschaftliche Kutsche »verirren«. Solche Wege schufen den Anschluss an die Landstraßen, die die Städte und Residenzen miteinander verbanden. Über diese Straßen liefen Handel, Post, Truppen, Pilger, rollten die Kaleschen der Herren und die Karren der Knechte. Ihr Zustand hob sich meist nicht sehr von dem der Fahrwege ab. Die Fürsten, deren Territorien sie durchliefen, waren selten daran interessiert, sie gangbar zu halten und damit die Mobilität ihrer Untertanen zu fördern. In Süddeutschland, so weit das antike Imperium Romanum gereicht hatte, hielten noch die Überreste römischer Militärstraßen her. Deren Qualität begann Deutschland erst wieder zu erreichen, als Philipp Wilhelm ein kleiner Steinauer Junge war. Das Römerreich hatte in Hanau geendet, entsprechend »barbarisch« schlecht war stellenweise die Straße, die Steinau mit der Welt verband.

Trotz ihres Zustandes war sie eine der bedeutendsten Fernverbindungen Mitteleuropas, die schon im Hochmittelalter die spanischen Atlantikhäfen über den Jakobsweg und Paris mit Breslau, Wilna und Moskau verband. Via Regia oder Reichsstraße hieß diese Straße, denn sie stand unter allerhöchstem Schutz. Durchreisende waren gezwungen, sie zu benutzen und die damit verbundenen Wegzölle zu entrichten, die theoretisch dem Straßenunterhalt dienten. Sie profitierten aber auch von dem Geleitschutz, den Bewaffnete des Grundherrn ihnen dafür schuldeten. In Ortsdurchfahrten wie der durch Steinau saßen die Mautner trocken und warm in den vorkragenden Erkern der Zollhäuser und mussten nur den Arm ausstrecken nach dem Obolus, der aus der Hand des Kutschers in ihre rollte – vielleicht vermehrt durch ein »Schmiergeld«, das nur scheinbar dazu bestimmt war, dass ein Knecht die Wagenachsen gängiger machte, und in Wirklichkeit ein greif- und zählbarer Appell, die Visitation des Fahrzeugs schnell hinter sich zu bringen.

Für den raschen Transport von Briefen und Reisenden sorgte seit kurz vor dem Dreißigjährigen Krieg die Thurn- und Taxis'sche Reit- und Fahrpost, auch »Taxis'sche Ordinaripost« genannt. Anfang des 19. Jahrhunderts setzte sie regelmäßig fahrende Schnellposten oder »Diligencen« und Postreiter ein, die die Messestädte Frankfurt und Leipzig viermal wöchentlich verbanden. Wer es besonders eilig hatte, engagierte eine Extrapost, die notfalls, mit immer frischen Pferden bespannt, auch durch die Nacht fuhr – später romantisch verklärt, etwa in einem Gedicht Nikolaus Lenaus.[8] »Beim Schwager vorn« auf dem Kutschbock zu reisen, war übrigens kein Privileg, sondern am billigsten, da dem Reisenden bei Trockenheit Staub und Schotter, bei Nässe Regen, Hagel und Schnee um die Ohren flogen. Denn das Reisen war teuer: Die zehnstündige Extrapost von Schlüchtern nach Hanau schlug mit siebzehn Gulden plus »Trinkgeld« für den Postillon zu Buche.

Steinau war zwar keine Umspannstation wie das benachbarte Schlüchtern am Fuß des anstrengend zu überquerenden Distelrasens. Steinau wurde nur »angefahren« – der Apotheker sammelte und verteilte die Post in der Stadt –, aber es lebte von »der Straße«. So sehr, dass der Stadt dieser Beiname bis heute blieb. Reisende, die absteigen wollten, hatten die Wahl zwischen etwa dreißig Gasthöfen. Das Rathaus mit seinem gotischen Spitzbogenportal diente zuzeiten als Kaufhalle. Wer etwas anzubieten hatte, hielt es hier feil und erwarb damit ein Zubrot. Die Steinauer konnten hier ihre Erzeugnisse nah und fern anbieten, wovon seit dem späten 16. Jahrhundert der Tabakanbau profitierte. Dabei darf man sich nicht vorstellen, dass die Wagen sich jeden Tag stauten auf der Reichsstraße. Umso größer die Freude, wenn zur Zeit der Leipziger oder Frankfurter Messe die Gassen widerhallten vom Rumpeln eisenbeschlagener Räder und vom Knallen der Fuhrmannspeitschen, wenn an der Straße sich Bude an Bude reihte. Solch ein »fröhlicher Lärm« beleidigte keine empfindsamen Ohren, sondern versprach Geld und Brot.

Gefürchtet war allerdings der Lärm des Krieges, der von West bis Ost oft zu hören war auf der Via Regia, auf der die Heere der Frühen Neuzeit marschierten.[9] Die Straße – und ihre Anwohner, auch alle Generationen der Grimms – sahen das Sterben in Schlachten wie die von Breitenfeld, Lützen, Roßbach, Hochkirch, Bergen, Jena-Auerstedt, Bautzen, Großgörschen, Leipzig, Hanau.

Der Bettler

Die Straße zog aber nicht nur diejenigen an, die etwas zu bieten und zu verdienen hatten, sondern auch diejenigen, die sich von der christlichen Mildtätigkeit der Vorüberfahrenden ein Bröckchen Brot und Hoffnung, auch diesen Tag zu überstehen, erwarteten. Massenarmut vor allem in Krisenzeiten stach weithin ins Auge, gelindert allenfalls stellenweise durch wohltätige Stiftungen. Bis weit ins Bürgertum hinein lebten die Deutschen von der Hand in den Mund. Selbst das Allernotwendigste, das tägliche Brot, war viel teurer als heute.

So sehr auch das Betteln einen Menschen entehrte und der Willkür anderer unterwarf, so sehr war es den Wohlhabenden geboten, dort zu helfen, wo man Not sah. Jeder konnte hoffen, dass Gott dadurch seine Sünden barmherziger ansah – und jeder fühlte sich sündig.

Dass es an dankbaren Empfängern der Almosen nicht mangelte, dafür sorgten Lebensbedingungen, die erheblich riskanter waren, als wir sie uns heute vorstellen mögen. Unfälle und Krieg machten sie zu Invaliden, Stadtbrände ruinierten sie, Missernten oder die Münzverschlechterung fürstlicher »Kipper und Wipper« ließen sie verelenden. Und natürlich war nicht jeder innerlich robust genug, solche existenziellen Krisen seelisch unbeschädigt zu überstehen. Viele machte einfach ihr Elend verschroben. »Wunderlich« seien sie geworden, hieß es dann hinter vorgehaltener Hand.

Auch diese Menschen bevölkerten die Straße – zerlumpt, verkrümmt, vor sich hin murmelnd. Viele Kinder waren unter ihnen – ein Dorn im Auge aufgeklärter Herrschaften. Sie wollten produktive und nicht müßige Untertanen, die, wenn sie schon nicht arbeiteten, wenigstens beteten. Überhaupt ließ es die Obrigkeit nicht an Versuchen fehlen, die Bettelei einzudämmen – sei es, dass man Arme in Arbeitshäusern zusammentrieb, so 1780 alle Münchner Bettler nach einer Polizeirazzia, sei es, dass die »ehrbaren« Bürger sich zusammentaten, um Arme auf ihre Kosten zu nähren, zu behausen und zu bekleiden. Dabei unterschied man genau, ob Unglück oder Sünde einen Menschen in seine Notlage gebracht hatte, und nur die »braven« Armen durften auf Milde hoffen.

Das Feld

Arbeit immerhin gab es genug für die Menschen auf dem Land – Maschinen spielten nur in wenigen Gewerben eine Rolle. Allerdings konnte bei Weitem nicht jeder gut leben von seiner Arbeit. Drei von vier Deutschen waren Bauern. Sie gingen, abwechselnd schwitzend und frierend, hinter ihrem ochsen- oder pferdebespannten Pflug, warfen das Saatgetreide mit der Hand aus und sensten oder sichelten die Frucht vom Acker. Die Steinauer kultivierten Roggen, Weizen, Gerste, Hafer, Erbsen, Linsen, Wicken, Buchweizen, Dinkel und Tabak. Und vor allem Kartoffeln, die auch zu Brot verbacken wurden. Ohne diese hätte die Bevölkerung nicht überleben können. Das Land sah anders aus als heute: Die Fluren waren viel kleiner und von Wäldchen und Hecken unterbrochen, Herden weidender Tiere bevölkerten sie, und im Frühsommer lag weithin der lichtblaue Schimmer der Flachsblüte über dem Land. Deutschland war in fahlen Tönen in Leinen und Wolle gekleidet. Der prächtig eingefärbte importierte Baumwollkattun, der später das Massensterben der Leineweberzunft einleitete, war ein vergleichsweise luxuriöser Artikel. Allenfalls ein paar Schmucktüchlein besaß eine Kleinbäuerin, und gar von einem bunten Seidengewand konnte sie nur träumen. Das war der Stoff der verehrten Kirchenfürsten und Prinzessinnen.

Im Hessischen träumten die meisten Bauern von noch weit elementareren Dingen. Die meisten hatten schmale, verstreut liegende Fluren mühsam zu bestellen, denn die größten und ertragreichsten Flächen waren in Fürstenhand, und das übrige Land war sandig-steinig und roh, »auf 3 Morgen wird hier nicht so viel geerntet wie auf 1 Morgen in der Wetterau«, wie ein Pfarrer schrieb. So mussten die Steinauer in schlechten Erntejahren oder wenn Mäuse, Sperlinge oder Kornkäfer Ernte oder Vorräte zerstört hatten, Getreide zukaufen. Das Erbrecht erforderte im Todesfall die gerechte Verteilung des Grundbesitzes unter den Nachkommen. Dasselbe galt für die Hofstellen; man baute sie entweder zu mit immer engeren Häuschen oder stopfte ganze Familien in einzelne Zimmer. Diese altertümliche Erbregel war auch ein Hauptgrund für die Fragmentierung adeliger deutscher Territorien, die das Reich so lähmte.

*Landarbeit war Handarbeit. Bäuerliche Tätigkeiten
in einem Kinderbuch, um 1800.*

Mit wachsender Bevölkerung wurde das, was zu verteilen blieb, weniger und weniger. Die Zersplitterung des Besitzes minderte zusätzlich den Flächenertrag. Dass man neue Feldfrüchte wie die Kartoffel einführte[10], milderte das Problem nur vorübergehend. Zusätzliche Drangsal schuf der Adel, dem es zustand, die Steuern festzusetzen; der Bauer hatte kaum eine rechtliche Handhabe, gegen diese und gegen seine Verelendung vorzugehen, selbst wenn ihm Verluderung und Verschwendung öffentlicher Gelder ins Auge sprangen. Wie die Feudalherrschaft im benachbarten Großherzogtum Hessen misswirtschaftete, rechnen eine Generation später der junge Mediziner Georg Büchner und der Landpfarrer Friedrich Ludwig Weidig ihren Mitbürgern in ihrer Flugschrift »Der Hessische Landbote« auf Heller und Pfennig vor: »Für das Ministerium der Finanzen 1.551.502 Fl.«, das war fast ein Viertel des Staatshaushaltes von 6,4 Millionen Gulden. »Damit werden die Finanzräte, Obereinnehmer, Steuerboten, die Untererheber besoldet. Dafür wird der Ertrag eurer Äcker, berechnet und eure Köpfe gezählt. Der Boden unter euren Füßen, der Bissen zwischen euren Zähnen ist besteuert. Dafür sitzen die Herren in Fräcken beisammen, und das Volk steht nackt und gebückt vor ihnen; sie legen die Hände an seine Lenden und Schultern und rechnen aus, wie viel es noch tragen kann, und wenn sie barmherzig sind, so geschieht es nur, wie man ein Vieh schont, das man nicht so sehr angreifen will.«

Diese deutlichen Worte trugen Büchner lebenslanges Exil und Weidig zwei miserable letzte Lebensjahre als »persönliches« Folteropfer des alkoholkranken sadistischen Hofgerichtsrats Konrad Georgi und seiner Kollegen ein. »Es sieht aus, als hätte Gott die Bauern und Handwerker am fünften Tage«, resümieren die Autoren, »und die Fürsten und Vornehmen am sechsten gemacht, und als hätte der Herr zu diesen gesagt: ›Herrschet über alles Getier, das auf Erden kriecht‹, und hätte die Bauern und

Bürger zum Gewürm gezählt.« Kein Wunder, dass manchen Verelendeten das Leben im Wald lockte statt des Schuftens auf dem Feld.

Der Wald

Wo kein Feld, da ist Wald. Der Wald ist das schlechthin andere. Das, was dort ist, wo der Mensch nicht ist. Er gehört zu Deutschland. Seit das Inlandeis sich vor rund 20 000 Jahren in die Alpen und nach Nordeuropa zurückzog, ist der Wald da. Nur Wasser, Sumpf und Fels hemmen seinen Wuchs. Und der Mensch. Wäre der nicht da, würde der Wald alles überwuchern und zerstören – in tausend Jahren würden wohl nur im Wald herumliegender bröselnder Beton und die unverrostbaren edelstählernen Trommeln der Waschmaschinen an einstige menschliche Gegenwart erinnern. Ähnlich hatte der Wald sich Äcker und Wiesen wieder zurückgeholt, nachdem der Dreißigjährige Krieg Deutschland entvölkert hatte, in einigen Regionen Hessens waren fast siebzig Prozent der Bewohner vernichtet worden. Wie viel Raum zwischen den Siedlungen war, deutet der Umstand an, dass heute in Deutschland pro Quadratkilometer mehr als fünfmal so viele Menschen leben wie vor zweihundert Jahren.

In der Grimmzeit ging von diesem bewaldeten Raum noch übermächtige, manchmal beklemmende Präsenz aus. Der schwache Mensch »sah sich plötzlich zu seiner maßlosen Bestürzung in einen hohen, von jähen Bächen durchsprungenen Wald entrückt, und über ihm sausten und brausten die Wipfel, und rings waren raue Steintrümmer hingestreut, und geborstenes windfälliges Holz hemmte seinen Schritt«, wie ein neuromantischer Text, »Das Fichtelglas« des deutsch-böhmischen Erzählers Hans Watzlik, den »Waldesschauer« beschreibt.

Heillos verirren konnten sich Menschen darin. Gefährliche Tiere und nicht weniger gefährliche Menschen verbargen sich in ihm. Die Menschen nutzten den Wald intensiv und unter Beachtung detaillierter obrigkeitlicher Regeln – zum Sammeln von Brennreisig, Viehstreu, frischem »Geißlaub« für die Ziegen, Rinde fürs Gerben, Kräutern, Nahrung und Bauholz, zur Gewinnung von Rohstoffen wie Holzkohle, Pech oder Rindenbast, zur Viehweide. Jedes Holz wurde bewusst mit Blick auf seine bestimmten Zwecke bewirtschaftet, zum Beispiel die Kiefer, da man aus ihren Stämmen gut Brunnenröhren fertigen konnte.

Und die Menschen nutzten ihn zur Jagd. Diese behielt sich der Adel als überkommenes Privileg vor, dessen Nichtachtung furchtbare Strafen nach sich ziehen konnte – ein bevorzugtes Kampffeld für zivilen Ungehorsam und Gegenstand zahlloser Sagen, Märchen und Lieder. Wie sehr auch der Wald also zum Menschen gehörte: Furcht gehörte mit dazu – und der Wunsch, ihn sicherer zu machen durch Straßen, die seine schnelle Durchquerung erlaubten. Oder diese Furcht zu bannen in Ritual und Beschwörung, durch Wegkapellen, in denen der Gläubige kurze innere Ruhe fand vor den erlebten oder eingebildeten Schrecknissen und Gott und die Heiligen um weiteren Schutz anflehen konnte. Durch Wirtshäuser mit hohen Mauern und bohlenbewehrten Toren, die wenigstens nachts das abhielten, was draußen lauern mochte oder tatsächlich lauerte. Durch Wallfahrten oder durch Einsiedeleien, an deren unerschrockenen Bewohnern der schwache, geängstigte Mensch sich aufrichten konnte. Durch Forsthäuser, wo Respektspersonen amteten und tierischen oder menschlichen Angreifern notfalls mit der Schrotflinte eins überbrieten.

Zur Zeit Philipp Wilhelm Grimms allerdings war der Wald – heute kaum vorstellbar – in der Landgrafschaft Hessen knapp und übernutzt. Verbiss durch Weidetiere führte zu Schäden in der Holzwirtschaft. Der Bedarf an Papier-, Bau- und Möbelholz sowie Holzkohle war so gewachsen, dass die Umwandlung der letzten wilden Urwälder zu Forsten und ihre systematische Bewirtschaftung, Zerschneisung und Verjüngung mit standortfremden Bäumen in vollem Gang war. Waldfrevler, die unerlaubt einschlugen oder kohlten, wurden daher mit Pfändung des Geräts bestraft, worüber es zu Schlägereien kam.

Hundert Jahre später waren, wo immer sie wuchsen, aus den alten Misch- und Laubwäldern hölzerne Spargeläcker aus Fichten geworden. Aber im selben Maß, wie Menschen den Wald kontrollierten, romantisierten sie ihn. Auch die Grimms hatten ein an Besessenheit grenzendes enges Verhältnis zum Wald. In den Märchen, in Jacobs und Wilhelms wissenschaftlichen Schriften und in Luis Bildern ist er immer dabei. Die Märchen formten die Vorstellung späterer Menschen, wie ein »richtiger Wald« aussieht. Die Brüder Grimm nannten eine Zeitschrift, die sie begründeten, »Altdeutsche Wälder«. Da spielten sie mit der überraschenden Mehrdeutigkeit des Begriffs, der bereits bei antiken römischen Dichtern für »Fülle, Menge, reichen Vorrat« stand und in barocken Werktiteln wie »poetische wälder«, »poetischer rosen-wälder vorschmack« oder »poetisches spazierwäldlein« auflebte. Der Weimarer Johann Gottfried Herder, Vorläufer und theoretischer Begründer der Romantik, hatte ihn eine Generation zuvor in seiner Schrift »Kritische Wälder« erneut ins Gespräch gebracht, indem er von »gesammelten materien ohne plan und ordnung« schrieb.

Dass die Brüder Grimm sich auch als Wissenschaftler mehr dem Sammeln als dem Ordnen verschrieben, ist ihnen vielfach vorgeworfen worden. Ihr Anliegen war es aber, durch Sammeln das zu retten, was wie der alte deutsche Wald im Verschwinden war.

Der Wolf

Wer allein und unbewaffnet im Wald unterwegs war, der riskierte noch zur Zeit der Brüder Grimm sein Leben. Ihren eindringlichsten und vieldeutigsten Ausdruck fand die Warnung vor »abwegigen« Touren in ungezähmter Natur im Rotkäppchen-Märchen. Schon eine Viertel Gehstunde vom Dorf entfernt lauert da ein tierischer Jäger auf seine menschliche Beute, schlägt und frisst sie.

Die Mahnung, sich nicht im Wald zu verlieren und sich beizeiten wieder »auf offener Straße« und unter Menschen in Sicherheit zu bringen, war auch im wirklichen Leben angebracht. Durch das Vieh, das in Waldrandnähe weidete, angelockt, streiften Wölfe, Luchse und Braunbären beutehungrig durchs Holz. Bis ins 17. Jahrhundert fielen Wölfe regelmäßig Jungvieh, Schafe und Gänse an, daher hatten Hirten zumindest Spieße und oft Flinten und führten scharfe Hunde mit sich. Vor allem Tiere, die den Anblick von Menschen gewohnt waren, wurden auch diesen gefährlich und kamen auf die Abschussliste fürstlicher Jäger – eine archaische Weise, den schlecht bewaffneten Dörflern den Schutz zu geben, den der »Wehrstand« nach dem Herkommen zu leisten hatte. Der letzte Wolf wurde 1860 in Thüringen erlegt, der letzte Bär 1835 am oberbayerischen Alpenrand. Sogar den Namen des Jägers hielt ein penibler Beamter fest: Forstamtsaktuar Ferdl Klein. Nur noch verdächtige Menschen konnten nun den romantischen Waldfrieden stören.

Die Räuber

Verdächtig, von Respektspersonen abgesehen, war jeder, der im und vom Wald seinen Lebensunterhalt bestritt – und noch mehr der, der sich ohne Geschäft im Wald herumdrückte. Der Siebenjährige Krieg und das ihm folgende Massenelend hatten viele Menschen entwurzelt, die sich im entstandenen Vakuum ihre eigenen Gesetze gaben und sich nach Art der untergegangenen Raubritter parasitär von Land und Leuten nährten: Deserteure, Verarmte, Geächtete, flüchtige oder verurteilte »Spitzbuben«. Auch der Mangel an herrschaftlicher Kontrolle, durch die fortlebende Kleinstaaterei bedingt, begünstigte kopfstarke Banden von Räubern und Dieben, die in vielen Gegenden gerade Mitteldeutschlands zur Landplage wurden. Sie hausten in Höhlen, nagelten in abgelegenen Schluchten ihre Unterstände zusammen, bedrohten oder bestachen Köhler, Waldarbeiter oder Förster. Überfielen und töteten im Bedarfsfall jeden, der sich in ihr »Königreich«, den Wald, wagte und von dem vermutlich etwas zu rauben war. Nutzten dazu ihre überlegene Kenntnis des Geländes und der Hohlwege oder Steigungen, in denen Flucht oder Verteidigung schwierig waren und die Opfer in der Falle saßen. Wo Staatsmacht wich, wurden sie dreist und waren allgegenwärtig. Überfielen Dörfer, Städte gar. Plünderten Kirchen. Versorgten sich in Zeughäusern mit Munition und Waffen. Trieben das Vieh in ihre Schlupfwinkel. Machten sich beritten. Lieferten sich Feuergefechte. Steckten unter einer Decke mit ortsansässigen Spießgesellen, die ihnen Unterschlupf gewährten und ihr Raubgut abkauften.

So auch im Hessen der Grimms die Eckardtrother Räuberbande oder die Vogelsberger Bande. Die Via Regia mit ihren Beutechancen zog sie an. 1805 überfielen sie nach der Frankfurter Herbstmesse Kaufleute und nahmen ihnen Geld und Wertsachen; 1808 mussten achtzehn jüdische Händler daran glauben, die vom Jahrmarkt kamen. Raub war eine ernste Bedrohung. In der Landgrafschaft gab es für Überfälle berüchtigte Gegenden, zum Beispiel den »Mordgraben« genannten langen Einschnitt am Landrücken zwischen Schlüchtern und Flieden und

Schlupfwinkel wie den Krugbau bei Steinau, in dem sich der berüchtigte »Schinderhannes« Johannes Bückler zeitweise versteckt haben soll. Andere Räuber suchten sich Engstellen zwischen Kinzig und Berghängen aus, von wo aus sie über Reisende herabkamen. Und erst in der zweiten Hälfte des 18. Jahrhunderts, in der Zeit Friedrichs des Jüngeren und Philipp Wilhelms, nahmen aufgeklärte Fürsten die Not ihrer Untertanen so ernst, dass sie begannen, das Bandenunwesen energisch zu bekämpfen. Den bedrohten Handel zum Nutzen auch der Staatsschatulle sicherzustellen, wurde nun Bestandteil fürstlicher »Policey«. Die Obrigkeit suchte sie durch streifende bewaffnete Bürgermilizen, Gendarmen oder gar Kavallerie ihren drakonischen Strafen zuzuführen. Eine Zeit lang ließ der Landgraf Husaren in Steinau stationieren und dafür vier Kreuzer Sicherheitssteuer von den Einwohnern erheben, stellte sie aber frei von der Pflicht zur Verfolgung der Banden. Fahrendes Volk wies man im 18. Jahrhundert aus der Grafschaft aus, vertrieb die Menschen gewaltsam und brandmarkte sie. Aber erst weit im 19. Jahrhundert war das Übel beseitigt. Berüchtigte Bandenführer wie der Schinderhannes oder der Hessen-Heinrich gerieten durch die Prozesse, nach denen man sie exekutierte, erst ins Rampenlicht einer sensationslüsternen Öffentlichkeit. Gleichzeitig verklärten Autoren wie Goethes Schwager Christian August Vulpius mit seinem Erfolgsroman »Rinaldo Rinaldini« oder, auf sublimere Weise, Schiller mit seinem Räuberdrama die Gesetzlosen der Wälder. In den Erzählungen der Menschen hatten sie bereits ihren festen Platz und haben ihn bis heute behalten – bis hinein ins »Vermischte« der Tageszeitungen.

Die Handwerksburschen

Wenn einer so allein und waffenlos bis auf seinen Knotenstock unterwegs war in Wald und Heide, wie sollte der sicher sein vor dieser Bedrohung?

Indem er nichts bei sich trug, das des Raubes wert war. Der Arme ging manchmal unbekümmerter hinaus ins Leben als der Reiche, der so viel zu verlieren hatte. Und tatsächlich waren viele Menschen ohne Geld, aber gesunden Leibes zu Fuß unterwegs auf den Straßen. Es waren Handwerksburschen, die bei ihrem Meister ausgelernt hatten und von denen es die zünftige Ehre verlangte, dass sie sich dem Spiel des Zufalls und den Herausforderungen des Fremdseins aussetzten und dazu das Wissen ihres Gewerks verbreiterten und verbreiteten. Erst wer als »fremder

Handwerk in vorindustrieller Zeit: Seiler um 1800.

Freiheitsbruder« einige Jahre auf der Walz gewesen war, durfte sich überhaupt Hoffnungen auf einen Meistertitel machen: »Den soll man G'sell erkennen oder gar ein'n Meister nennen, der noch nirgends ist gewest, nur gesessen in sein'm Nest?« heißt es in einem Burschenlied. Einem jener Lieder, wie sie einem müßigen Hirn auf tagelanger Wanderung durch eintönige Gegend einfallen, ähnlich den »Wegkürzern«, die Reisende einander erzählten und von denen manche zu Märchen werden. Die Romantik in ihrer Sehnsucht nach Aufbruch, Ungebundenheit und neuen Chancen eignete sich die Figur des Handwerksburschen in seinem legitimierten befristeten Ausbruch aus der umfassenden bürgerlichen Kontrolle an. Dasselbe galt für die anderen Fahrenden: Sinti, Roma, Jenische. Selbst Studenten haben seit alters her und bis heute den Nimbus des Nomaden auf Zeit.

War ein Geselle angekommen in einem fremden Nest, führte sein Weg ihn zum Schaumeister oder Schaugesellen, der dazu bestimmt war, sich mit ihm umzuschauen nach einem Meister, der für wenigstens ein halbes Jahr Arbeit für ihn hatte. Im günstigen Fall blieb er – nach seinem Geselleneid auf die Zunftlade und oft einem Gelage im Gesellenkreis mit derben und unmäßigen Trinkscherzen. Ging es ungünstig aus für ihn, schied er, vielleicht mit dem obligaten kleinen Zehrgeld aus der Zunftkasse versehen. Blieb er im Wirtshaus Zechgeld schuldig, prangerte der Wirt ihn auf seiner »Schwarzen Tafel« an. Drei Jahre und einen Tag mindestens dauerte die Walz, immer kenntlich an der zünftigen »Kluft« seines Gewerks, die der Wanderbursche am Leibe zu tragen hatte und die heute nur noch bei den Zimmerleuten Brauch ist. Das wenige, das er außerdem mit sich führte, hatte Platz in seinem ledernen »Felleisen« (Rucksack) oder im »Charlottenburger«, einem bunten Tuch, durch dessen Schlaufen er sein Werkzeug schob, um es auf der Schulter zu tragen.

Viel war da nicht zu holen, und leicht war es hergegeben – bis auf das Wanderbuch, das Kostbarste, was ein Bursche auf Walz besaß. Hier sammelte er neben seinen Notizen und Erinnerungen die wichtigen »Kundschaften«, seine Arbeits- und Führungszeugnisse. Für den Handwerker ein Schatz – für jeden anderen ein Bündel Papier. Ein solcher Habenichts konnte selbst einem Räuber leidtun. Im »besten« Fall war er gar brauchbar als Zielgeber für einen künftigen Anschlag. Oder ließ er sich, weil zukunftslos und überschuldet, überreden, auf die dunkle Seite zu wechseln?

Die Zwerge

Eine andere dunkle Seite lag noch jenseits der Menschen: die der Geister. Trotz eines runden Jahrtausends Christianisierung war ein Aberglaube verbreitet, der sich die Welt jenseits des im Alltag Wahrnehmbaren als von Geistern und Mischgestalten bevölkert ausmalte: Feen und Hexen – die letzte »Hexe« wurde im Allgäuer Memmingen zum Tode verurteilt, während Philipp Wilhelm Grimm in Marburg studierte –, Elfen und Gnome, Wassermänner und Nixen, Riesen und Zwerge. Sie konnten antiker Überlieferung entsprungen sein, reiner Fantasie oder sie waren Verfremdungen tatsächlicher Beobachtungen – so die italienischen »Strahler« oder Edelsteinsucher, die auch in den deutschen Gebirgen ihr heimliches Wesen trieben und Holzknechte erschreckten, wie sie, kleinwüchsig und mit tief ins Gesicht gezogener Kapuze, im Fels herumkletterten, ihren eisernen Strahlstock – der auch eine furchtbare Verteidigungswaffe sein konnte – an den Klüften ansetzten oder vorsichtig durchs Unterholz huschten, stets auf der Hut vor begehrlichen Menschen, denn sie trugen Schätze bei sich, die einen Mord lohnten. »Deutschland ist blind, aber Venedig sieht mit beiden Augen«, hieß es neidvoll, denn man schrieb ihnen die Fähigkeit zu, Edelmetalle durchs taube Gestein hindurch zu erspähen.

Geister konnten böse sein – oft waren sie es –, dem Menschen gleichgültig gegenüberstehen oder ihm helfen. Auf solchen guten Geistern, Feen, Zwergen ruhten halb bewusst die Hoffnungen vieler Menschen, wenn nichts mehr half. Vielleicht entdeckte die Romantik sie und mit ihnen alles, was im Schatten der Vernunft lag, gerade deswegen. Denn immer mehr Menschen fanden sich nicht mehr zurecht in einer Welt, die sich veränderte und in der vieles nicht mehr galt, was zuvor unwidersprochen hingenommen wurde.

Auch durch die Familie Grimm zieht sich ein Riss. Philipp Wilhelm war gläubig, aber eben doch orthodox, belesen, aber aber eben doch literarisch. Die Märchen, die seine Söhne berühmt machten, spielten dementsprechend bei ihm keine wahrnehmbare Rolle.

KAPITEL 3
FÜNF HANAUER BUBEN UND IHRE STEINAUER SCHWESTER
(1785–1798)

Der Wille zum Idyll

Der jungen Hanauer Familie Grimm kam die eheliche Eintracht der Eltern sicherlich zugute, als sie kurz nach Wilhelms Geburt 1786 in die Lange Gasse 41 umzog, direkt hinter dem fünfzig Jahre zuvor vollendeten Neustädter Rathaus. Ein kleiner Durchschlupf zwischen den Häusern führte direkt auf den großzügigen Marktplatz mit seinen vier Brunnen und seinem Baumbewuchs, in dessen Schatten die Gärtner der Stadt und die Bauern der Umgebung ihre frischen Lebensmittel feilhielten.

Zu eigenem Haus- und Grundbesitz haben die Grimms es nie gebracht, sie wohnten auch dort zur Miete, aber immerhin auf mehreren Etagen. Es galt neben den Kindern Gesinde unterzubringen, so die Amme Gretchen und ein Malchen Gießer, die wohl als Magd fungierte. Parterre lag das Besuchszimmer, die in hessischer Tradition gewöhnlich leer stehende »gute Stube«, »mit Jägern auf der Tapete«, wie sich Jacob später erinnert. »Wenn man die Treppe hinaufkam, ging es links in die Wohnstube, wo die Mutter war. Dem Vater seine Stube muß entweder rechts oder hinter der Wohnstube gewesen seyn. Die Kinderstube war hinten auf (über) dem Hof.« Im engen Hof, den die Kinder von ihrer

Stube aus überblicken, liegt eine eigene Waschküche und erleichtert Dorothea und ihrem Gesinde das Leben. Die Wäscherin füttert den kleinen Jacob mit schwarzem Brot, auf das sie Branntwein träufelt. Wilhelm weiß viel später noch: »Der eine Flügel des Fensters stand auf, die Sonne lag auf den Dächern, und die Stühle des Strumpfwirkers schnurrten beständig.« Auch ein Handschuhmacher übt in der Nachbarschaft sein Gewerbe aus und schenkt den Kindern ab und zu »Fetzen Leder oder Bälle« zum Spielen. Die Grimms erinnern sich auch an ihre bunt bemalten Bleisoldaten, »bunte Papierbogen mit goldnen Thieren« und eine Puppenküche. Beobachtung und Nachahmungstrieb und das, was sie von ihren kindlichen Streifzügen mitbrachten, mussten für die weitere Unterhaltung sorgen.

Haus »Zur Grünen Linde«, das Hanauer Geburtshaus der Brüder Grimm. Auch dies ein Opfer nationalistischer Irrwege. Koloriertes Foto.

In diesem reichhaltigen Lebensraum wuchs die Familie Grimm rasch: um Carl Friedrich, geboren am 24. April 1787, Ferdinand Philipp, geboren am 18. Dezember 1788, und den am 14. März 1790 geborenen Ludwig Emil. Fünf Knaben im Altersabstand von jeweils nur wenig mehr als einem Jahr – die Aufmerksamkeit der Eltern für jedes einzelne Mitglied dieser kleinen Mannschaft dürfte überschaubar gewesen sein. Offensichtlich konzentrierte sie sich auf die zwillingsgleichen Ältesten Jacob und Wilhelm. Gut, dass es die alte verwitwete Vaterschwester Juliane Charlotte gab, die »Tante Schlemmer«, die gleich um die Ecke in der Fahrgasse wohnte.

Früh lernten die Buben, die wenigen Schritte zu Tante Schlemmers Haus allein zu gehen – »Hand in Hand«, erinnert sich Wilhelm später – und sich dabei vor den Fuhrwerken zu hüten, die hochbeladen auf ihrem Weg zwischen den Messestädten Frankfurt und Leipzig durch die Fahrgasse rollten. Und den Weg zu Großvater Zimmer, an dessen Mittagstisch am Altstädter Johanneskirchplatz die jungen Grimms des Öfteren zu Gast waren und an den sich Jacob besonders eng attachierte. An dieser hofmännischen Tafel gab es neben einem korrekten Benehmen einiges zu lernen und Eindruck auf andere Gäste zu machen.

Vom Großvater haben sich einige außergewöhnlich liebevolle Briefe an den Enkel erhalten. Zeichen familiärer Zuneigung waren demnach zwar strikt an die Bedingung des kindlichen Wohlverhaltens geknüpft, aber offenbar spielten das Gefühl und konstante Aufmerksamkeit füreinander eine große Rolle in beiden Zweigen der Familie. Denn mit der Aufklärung begann das Bürgertum zu lernen, dass es nicht allein darauf ankam, was man den Kindern ins Leben mitgab, sondern genauso, auf welche Weise man dies tat. Auch gesellschaftlich passten die Familien des reformierten Pfarrerssohns und die der Beamtentochter ausgezeichnet zusammen. So hatte Johann Hermann Zimmer gern nicht nur den rechtlich erforderlichen Heiratskonsens gegeben, sondern unterstützte die Laufbahn seines Schwiegersohnes mithilfe seiner guten Verbindungen nach Kräften. So etwa, indem er Landgraf Friedrich II. – dem in Kassel residierenden Vater des Hanauer Erbprinzen und späteren Kurfürsten Wilhelm – brieflich versicherte, sein »Tochtermann« werde sich zuverlässig »des höchsten gnädigsten Beyfalls, und damit auch der fortwährenden Herrschaftlichen Gnade« würdig erweisen.

Die Hanauer Jahre der Grimms prägen geräuschloser Fleiß und geräuschloses Gelingen, dazu vermutlich ebenso geräuschlose familiäre Harmonie. Dieser leistete allerdings die Rute einen gewissen Vorschub. Sie kam zwar – so beteuert der knapp dreißigjährige Jacob Grimm 1814 in seinen autobiografischen »Besinnungen aus meinem Leben« – trotz mancher brüderlicher Streiche nie zum handgreiflichen Einsatz, sie steckte aber stets schlagbereit hinter dem Spiegel. Vielleicht auch unterfielen elterliche Gewaltakte dem Vergessen, weil sie dem Wunsch nach Verklärung der Kindheit entgegenstanden.

Die »Besinnungen« und andere Selbstzeugnisse der Brüder Jacob, Wilhelm und Ludwig Emil geben über das Familienleben anschaulichen Aufschluss. Schon früh zeigen sich Interessen und Begabungen in den Knaben – die für Lesen und Schreiben und Zeichnen – und eine grundlegende Neugier auf die Dinge, die es in der Welt gab, auch und gerade für die kleinen Dinge, die viele übersahen. Nicht besonders geläufig, aber fast fehlerfrei gratuliert Jacob mit viereinhalb Jahren, mitunterzeichnet von Wilhelm: »Mein lieber Vatter, zu Ihrem heutigen Geburtstage wünsche ich Ihnen Glück und bitte Gott, das er Ihnen, mein bester Vatter, mit der lieben Mutter noch ville, ville Jahre uns, Ihren gehorsamen Söhnen erhalte wolle. Jacob und Wilhelm Grimm.« Ein Wunsch, den Gott ihnen ihren Bitten zum Trotz nicht erfüllen sollte.

Hinter dieser frühkindlichen Tüchtigkeit steckten auch Menschen wie die Tante Schlemmer. Ihr Haus stand den Knaben offen, aber hier konnten sie sich auch vor der Welt verkriechen. Durch die Fenster die lärmenden Wagen und Kaufleute in der Fahrgasse und die Tauben und Dohlen über dem Rathausturm mit dem Wappentier des Schwans und dem steilen Doppeldach der niederländisch-wallonischen Kirche beobachten. In Büchern und anderen Papieren stöbern und den regelmäßigen vorschulischen Unterweisungen folgen, auf die die Tante besonderen Wert legte und in denen sie eine ihrer Hauptaufgaben sah. An diese Lektionen erinnert sich Wilhelm Grimm in seinen Memoiren: »Die Tante war eine verständige, wohlmeinende, aber ernste Frau, die uns den ersten Unterricht gab und einen großen Einfluss ausübte, da ihre Autorität unbedingt galt.« Mühelos wirkt dieses Lernen nicht, vor allem Jacob gilt nicht als Wunderkind. Im Gegenteil tut er sich schwer mit dem Schreiben. Sein großer Fleiß ermöglicht es ihm dennoch, mit vier Jahren selbstständig vorzulesen – ein kleines Schaustück im Freundeskreis.

Autorität und Vaterersatz im Hause Grimm:
Juliane »Tante Schlemmer«. Scherenschnitt.

Mit den Eltern erkunden die Geschwister die Grafschaft. So fahren sie im Herbst 1790 im Wagen die zwei Meilen nach Bergen, um ein fürstliches Spektakel mit anzusehen: Landgraf Wilhelm lässt 6000 Mann Infanterie dort wochenlang exerzieren und manövrieren, denn er will den deutschen Ständen signalisieren, dass er die Kaiserkrönung Leopolds II. in Frankfurt vor der Französischen Revolution zu schützen versteht, die in Mainz, eine halbe Tagereise entfernt, vielleicht schon auf der Lauer lag. Dort nämlich waren wenige Wochen zuvor im »Knotenaufstand« Handwerker und bürgerliche Studenten aneinandergeraten, und im Zuge der Eskalation von Agitation und Gewalt wurden die Trikolore geschwenkt und revolutionäre Lieder gesungen.

Nicht im Hause Grimm – im Gegenteil: Hier wurde monarchistisch gedacht. Schließlich hatte der Hof im Jahr nach Wilhelms Geburt der doppelten Würde und Verantwortung Philipp Wilhelms Rechnung getragen und ihn als Stadtsekretär tituliert. 1791 erreicht der Vierzigjährige den Kulminationspunkt seiner Laufbahn als Staatsdiener: die Bestellung zum Amtmann der hanauischen Ämter Schlüchtern und Steinau mit Amtssitz in Steinau eine gute halbe Tagereise östlich der Residenzstadt. Der nicht mehr junge Mann kann mit seiner Familie zurückkehren in seine Vaterstadt. Tante Schlemmer zieht ihrem Bruder nach – auch sie zurück also an die Stätten ihrer Kindheit. Die geschwisterliche Ordnung von Philipps frühen Tagen stellt sich wieder her, wenn auch in kleineren Dimensionen: Die übrigen acht Geschwister sind bereits verstorben, die hinterlassenen Familien leben woanders.

Das Amtshaus, in einem engen Hof zwischen Via Regia und Kinzig gelegen, wird für fünf Jahre zu Philipp Wilhelms Dienst- und Wohnsitz, in den die Familie mit all ihrer Habe an einem regnerischen Tag umzieht – und mit fünf kleinen Buben, von denen einer noch gestillt werden muss. Fünf Jahre in Steinau – für Dorothea ein flüchtiger Lebensabschnitt und der letzte, in dem sie Komfort genießen durfte, für die Kinder sicherlich eine endlos scheinende Zeit.

Das Amtshaus ist die einzige Lebensstätte der Brüder Grimm, die bis heute unzerstört besehen werden kann. Der wuchtige, komplexe Renaissancebau mit den grotesken Fratzen an seinem Fachwerk ist umschlossen von einer stattlichen Mauer, in die ein großes Tor eingelassen ist, das auch hochbeladene Wagen mit den Naturalabgaben der Bauern passieren konnten. Jenseits der Mauer rauschte die »Kinz«, die Kinzig, durch ein Wehr. Die Grimms wohnten im Erdgeschoss, das sie über einige Treppenstufen aus körnigem rotem Sandstein erreichten. Diese waren ausgetreten, denn das Amtshaus stand bereits über zweihundert Jahre. Wenn die Brüder sich über die Wendeltreppe des spitzdachigen Treppenturmes in die im ersten Stock gelegenen Amtsräume schlichen, hörten sie das Wehr nicht nur, sondern sahen es. Sie sahen benachbarte Hofstellen und Wiesen und über den Bäumen auch die Türme der reformierten Katharinen- und der lutherischen Reinhardskirche und den Turm des huttenschen Schlosses, das der landgräflichen Familie mehrfach als Witwensitz diente. Wenn sie sich höher auf den zweigeschossigen Dachboden wagten, sahen sie weiter: das ganze sanfte grüne Tal mit dem Fluss und der Straße, die sich in die Ferne verloren, darüber den Weinberg und die endlosen Hügel des Waldes mit seinen im Licht und in den Jahreszeiten wechselnden Farben, immer neu, immer geheimnisvoll, der schon früh lockte und an ihrer Seele zog.

In Steinau soll Philipp nicht nur als oberster Verwaltungsbeamter fungieren, sondern gleichzeitig auch als Vertreter der niederen Gerichtsbarkeit und als Notar. Niedere Gerichtsbarkeit, das schloss Zivilstreitigkeiten in Grenz-, Erb- und Familienstandsachen ebenso ein wie leichte Delikte, für die ein Dorfrichter allenfalls Vermögens- oder Leib- und Ehrenstrafen verhängen durfte. Das war zum Beispiel der Pranger, an dem derjenige landete, den man bei kleinen Felddiebstählen ertappt oder der Diebesgut versteckt hatte, der andere verleumdet, Gott gelästert oder der Nachbarin – oder dem Nachbarn – nachgestellt hatte. Kleinigkeiten aus moderner Sicht – aber Delikte, die in der allgemeinen Enge und Ärmlichkeit des damaligen Lebens hohe Wellen schlagen konnten. Die angemessene Strafe für den, der einen solchen Verdacht nicht entkräften konnte, war es, am Markttag oder Sonntag für einige Stunden am Halseisen festgekettet allen Vorübergehenden schandbar zur Schau gestellt zu werden.

Über derlei Strafen nun sollte Philipp Wilhelm Grimm Herr sein – er war zur Respektsperson ausersehen, die man je nach eigener Position in der Gesellschaft devot grüßte oder vor der man sich verdrückte, sobald man sie sah.

Was nicht alles verboten war! Philipps Amtsvorgänger Zaunschliffer hatte es fünfundzwanzig Jahre zuvor in einer städtischen Verordnung festgehalten, die an Gerichtstagen verlesen werden musste. An Sonn-, Feier- und Bettagen durften Arbeiten nur mit Erlaubnis der Obrigkeit und in den nötigsten Fällen verrichtet werden. Einen Gulden Geldstrafe zahlte der, der dennoch seinem Vieh Futtergras mähte. In der Zeit der Gottesdienste hatte alles unnütze Geschwätz auf den Gassen zu unterbleiben, »Suff-Zechen«, Karten- und Kegelspiel und selbst der »Unfug mit Herumspazieren« waren verboten – kein Theokrat oder Fundamentalist von heute hätte es sich ärger ausdenken können. Einen Gulden zahlte auch der, der sich nicht mit seinem Gewehr bewaffnet zum Appell meldete, seinen Hund nicht anleinte oder seine Obstbäume im Frühjahr nicht von Schädlingsraupen freihielt. Zwei Gulden musste ein »Landknecht« zahlen, weil er einem einsitzenden Verdächtigen statt Wasser und Brot eine warme Mahlzeit gereicht hatte. Drei Gulden, wer in der Nacht Flachs brannte oder wer Ziegen hielt, obwohl er eine Kuh hätte halten können. Fünf Gulden, wer Unrat in die Mühlgräben warf. Zehn Gulden, wer ohne Lizenz Holzkohle brannte oder Bäume schälte, um aus der Rinde Pigmente für die Färberei zu gewinnen.

In seinem Amt und als Familienvater dem Stil der Zeit entsprechend streng, ließ Philipp es sich angelegen sein, jeden Morgen, noch im Schlafrock aus »Polackenkattun«, ein Gebet zu lesen. Kutscher Müller hatte ihm anschließend den steifen Zopf zu flechten und mit Reismehl weiß zu pudern – »senior« musste eine Respektsperson damals aussehen. Nach dem Morgentee empfing Philipp die ersten Besucher: Boten, Bittsteller, Beschwerdeführer. Gern fertigte er sie bei Schönwetter auf den Steinsitzen vor dem Amtshaus oder unter der Hoflinde ab. Oder er suchte sie auf; Jacob begleitete ihn einmal in ein Haus, »wo er leute zu verhören hatte, die stube war voller bauern, tabaksdampf und trüber lichter«. Gericht hielt er im ersten Stock des Amtshauses, wohin eine Wendeltreppe führte. Wenn er nicht zu reisen hatte, gehörte der Nachmittag seiner Landwirtschaft, seinem »Biengarten« genannten Obst- und Gemüsegarten oder den anderen Fluren, die der Amtmann nutzen durfte. Deren Bestellung oblag den Gärtnern Fink und Johannes Amend, genannt »'s Männche«, sowie einer Reihe von Tagelöhnern, gern Verwandte der vertrauten Dienstboten.

Oder der Nachmittag gehörte Philipps Studien, denn anders als die meisten seiner Kollegen sammelte dieser nicht nur juristische Bücher. In seiner »sauber gehaltenen« (Jacob Grimm) Bibliothek standen etwa Werke des jungen Goethe, Klopstocks »Messias«, empfindsame englische Romane wie Richardsons »Clarissa« und »Pamela«, Theodor Gottlieb von Hippels feministisches »Über die Ehe«, Bücher von Hagedorn, Gellert, Homberg oder Guarini oder »Teutschlands galante Poetinnen«, Georg Christian Raffs überaus erfolgreiche »Naturgeschichte für Kinder«, die vor allem Lui durch und durch studiert. Und seine Fachbücher sowie natürlich die Familienbibel, 1701 in Amsterdam gedruckt, frommen Lesern erschlossen »mit jeder Capitel kurtzen Summarien und dero richtigen Abtheilungen; auch Unterscheidungen der Versickel samt angefügtem vollständigen Gesang=Buch und D. Joh. Habermans Gebeten«, verziert mit einem in Kupfer gestochenen Propheten Mose, dessen rechte Hand ungeschickt die Tafeln des göttlichen Gesetzes, die Waage der Gerechtigkeit und die Rute der Züchtigung umklammert, während seine Linke ein schlagbereites Schwert über dem Betrachter schwingt. So bedrohlich also sah eines der ersten Bilder aus, die die Geschwister Grimm sich gründlich ansehen durften. Schließlich haufenweise alte, kaum jemals zur Hand genommene Schriften aus der Großvaterzeit, die die Familie ehrfürchtigerweise mit sich herumgeschleppt haben mag – und sogar noch mitschleppte, bis die Geschwister Grimm erwachsen waren, denn selbst diese noch trennten sich aus Pietät nicht leicht von ihnen.

Auch Dorothea verlangte nach dieser Art Geistesnahrung, wie ihre Kinder früh bemerkten. Sie gab ihren Gelüsten vermutlich öfter nach als ihr durch Dienstpflichten auswärts gebundener Mann. Die Freuden des Büchersammelns, -habens und -lesens lernten die Geschwister Grimm auch bei ihrer Mutter schätzen, und aus allen sechs wurden fleißige Leser, Autoren oder beides zusammen.

Es war also ein großer Haushalt, der da jeden Tag am Esstisch – und, wie es der Brauch verlangte, zum Nachtgebet – zusammenkam: Mutter und Vater Grimm, Tante Schlemmer, die fünf Knaben von Jacob bis Lui, innerhalb von fünf Jahren geboren und vermutlich wie die Orgelpfeifen in Großvaters Katharinenkirche, die Jüngste Lotte, drei Jahre nach Lui geboren, und fünf Dienstboten, insgesamt also vierzehn Personen. Die Eltern tranken ihren Tee aus weißblauen »Dresdner Tassen«, den Kindern wurde eine Suppe hingestellt, Mehlsuppe, Birnweinsuppe oder »Heidensuppe«, die nicht infolge einer zweifelhaften Provenienz so hieß, sondern weil sie aus Heidekorn – Buchweizen – bestand. Das Sonntagsfrühstück vor dem Kirchgang bestand, spartanisch, aus eingelegten Walnüssen, und erst nach vollbrachter Christenpflicht wurde es barock-üppig und deftig mit »Fleischbrühsuppe mit Eiern, Rindfleisch mit Pfefferkraut und Essig und Wirsingkraut« und Weintrauben, die Philipp persönlich vorlegte, oder gekochten Quitten zum Nachtisch.

Wir dürfen unterstellen, dass es an der grimmschen Familientafel entsprechend lebhaft zuging: Wenn der Vater nicht dozierte oder Beifall heischend Anekdoten aus seinem Amt ausbreitete, dürften Kinder und Gesinde sich den Themen gewidmet haben, die ihnen am Herzen lagen – in ihrem hessisch-fränkischen Idiom, für das Bruder Ferdinand ein besonders scharfes Ohr bewies: »Im gedichten (dichten) Wahld düben nach Hennerstähne (Hintersteinau) enüh (hinüber) gitts e Lohch in der Ehre (Erde), da sei Quehrche (Zwerge) dänn gewahst (drin gewesen).« Bäuerlich ging es zu im Hause Grimm, das ließ man später die Geschwister im mondänen Kassel deutlich spüren. Diese Zurücksetzung mag das lebenslange Hängen an der Steinauer Heimat ebenso erklären wie den Reflex des Zusammenhaltens und der Abwehr des Unbekannten, den sie wiederholt erkennen lassen.

Auch Mutter Dorothea gebot über eine natürliche Autorität, wenn wir dem ersten Grimm-Biografen Bernhard Denhard, dem Sohn Wilhelm Theodor Denhards, eines Steinauer Kindheitsgefährten der Grimms, glauben dürfen. Denn sie übte »durch stets sich gleichbleibende Milde und die Geistes- und Herzensbildung, die sich in ihrem ganzen Wesen aussprach, einen mächtigen Einfluß auf alle, die ihr nahe kamen, aus«. So konnte sie aus dem Hintergrund das Hauswesen und dessen Mitglieder lenken und dennoch die Fäden in der Hand behalten – am Tisch und überall. Diese Autorität beweist auch die Tatkraft, mit der Dorothea später die Familie durch die wiederholten Katastrophen hindurchsteuerte und zusammenhielt und in feindseligem Umfeld ihre Interessen durchsetzte. Das gesellschaftliche Revier bürgerlicher Ehefrauen war allerdings eng und verengte sich für die Generation der Geschwister Grimm zusehends.

Auch ihr war kein langes Leben beschieden: Mutter Dorothea Grimm. Ölgemälde von K. G. Urlaub.

Das Steinau, das die jungen Geschwister Grimm sich auf ihren kindlichen Streifzügen bald erschlossen, entsprach nahezu der Idealform einer altdeutschen Stadt. An der Kinzig gelegen, die hier zwar nicht schiffbar war, aber verschiedenste Mühlwerke von der Getreide- bis zur Papier- und Lohmühle[11] trieb, war sie von einer mandelförmigen Stadtmauer umschlossen. Zwei von eigenen »Cirkelmännern« verwaltete Vorstädte, oder besser: -städtchen – in ganz Steinau wohnten gerade einmal 3000 Seelen –, waren ebenfalls ummauert. Drinnen herrschte drangvolle Enge, die die Baumänner auf eigentümliche Raumlösungen brachte, wie etwa die, Löcher in der Stadtmauer auszusparen, durch die die Fuhrleute die Deichseln ihrer Wagen ins Freie schoben. So konnten sie diese näher zusammenrücken, und in der Nacht, die mangels Straßenbeleuchtung manchmal stockdunkel war, konnte wenigstens niemand über die Holzstangen stolpern.

Innerhalb dieser lang gestreckten Stadt lagen zu beiden Seiten der Reichsstraße, die Frankfurt und Leipzig verband, eng aneinandergedrängt die Wohnhäuser der Bürger, die Gasthöfe, die von den Reisenden lebten, die Werkstätten der Schmiede, Wagner und Sattler und eng hinter diesen die Hofreiten der Bauern mit ihren Ställen und Scheunen. An diese grenzten Gemüse- und Obstgärten an, die in Bauern- oder Bürgerhand sein konnten. Auch den Grimms standen als Bestandteile von Philipps Besoldung drei Gärten zu, die sie zusammen mit ihren Dienstboten bebauten. Außerhalb der Mauern breiteten sich weitere Gärten, Äcker und Wiesen aus – die zur Kinzig hin gelegenen waren nass und wurden regelmäßig überflutet –, und schließlich, am Fuß der Hügel, nahm ein Wald aus Buchen und Eichen den Wanderer auf. Einer der Südhänge war als Weinberg gerodet. Die Weinanbauflächen waren damals in Deutschland größer als heute, obgleich es im Durchschnitt kälter war; der Wein dürfte entsprechend geschmeckt haben.

Zwischen Hof, Garten, Wiese und Wald, in dieser Zone zwischen der Kontrolle durch Eltern, Tante Schlemmer, Dienstpersonal, Nachbarn, Lehrer und Pfarrer einerseits und der damals noch überwältigenden, bedrohlichen Natur andererseits, war der Lieblingsaufenthalt der Geschwister Grimm. Ihr Leben lang konnten sie zu dieser Kraftquelle ihre Zuflucht nehmen oder wenigstens davon tagträumen. Wir erkennen dies an den Zeichnungen, die sie schon früh anfertigten, von Hirschkäfern, Schmetterlingen, Blumen und all dem anderen Lebendigen, das sie auf Schritt und Tritt umgab. Wir erkennen es auch an den sprachlichen Miniaturen, die sie in ihre Briefe, Reden, Bücher und Aufsätze einbauten, hundertfach, privat und öffentlich, bis ins hohe Alter. Wie gut sie beobachtet haben, und wie genau sie sich ihre Beobachtungen merkten, etwa Jacob, wenn ihm noch als Siebenundsiebzigjähriger in einer sprachwissenschaftlichen Arbeit das Bild einfällt, »dass gleich die eben ausgeschloffenen, nur mit gelbem Flaum bedeckten Gänslein und Entlein unter den plumpen, federlosen Flügel ihr Köpfchen legen, wenn sie einschlafen, was ihnen weder Schutz noch Wärme gewähren kann; sie tun das ihnen Eingeprägte.« Botanik statt des juristischen Brotberufs hätte er gern gelernt, bekannte Jacob einmal.

Auch im Amtshaus und darum herum wimmelt es von Leben. Neben dem erwähnten Geflügel hielten die Grimms Hühner. Der Schwarm ihrer Tauben belebte mit klatschendem Flügelschlag den Himmel über dem Hof. »Seidenhasen« und Kaninchen, Philipps Lieblingstiere, hoppelten durchs Kraut. Rinder und Schafe standen im Stall oder grasten auf der Weide und vermutlich Ziegen und Schweine; fast jeder hielt welche – dazu mehrere Pferde. »Gravus« hieß das Kätzchen – der lateinisch-bedeutsame Name vielleicht eine Verballhornung von »gravis« – »würdevoll, ernst«, so wie entspannte Katzen oft wirken. Munter, Fuchs und Milor – ein verballhornter »Mylord« – hießen die Hunde; zwar war Philipp Wilhelm Grimm kein begeisterter Jäger, aber zu bewachen gab es allerlei. Denn wer herausschaute aus den Fenstern im Salon des Amtshauses, dort wo über tannenen Dielen Porträts der Familienahnen von den Wänden blickten, sah auf der gegenüberliegenden Seite des Hofes die Zehntscheune, wo die Ernteabgaben der Bauern auf ihre Abholung durch die landgräflichen Fuhrleute warteten. Sobald die Petenten und Armensünder, die

Steuerschuldner und hochmögenden Herren aus Hanau oder Kassel von der Bildfläche verschwunden waren, sah Philipp nach den Tieren und fütterte sie.

Die Geschwister Grimm wuchsen also nicht viel anders auf als die Handwerker und Bauern in ihrer Nachbarschaft. Sie wurden dazu erzogen, auch die einfachen Leute zu respektieren. Jacob erinnert sich, wie er dem Gärtner Fink in den Garten folgt, um ihm seinen Kaffee zu bringen. Sie trugen ähnliche Kleider wie die anderen Kinder – statt einschnürender Erwachsenenmode noch bequeme Kinderkleider[12] wie den Skeleton-Anzug mit angeknöpfter Hose oder das Chemisenkleidchen – und ohne jeden erkennbaren Dünkel mischten sie sich unter diese, drückten dieselbe Schulbank, spielten den Erwachsenen und einander dieselben Streiche. Was sie mit ihren Freunden spielten? Das erzählten sie nie, wir sind auf Vermutungen angewiesen. »Ein Kinderspiel fing plötzlich wie auf Kommando an, dauerte eine gewisse Zeit und wurde ebenso plötzlich von einem anderen Spiele abgelöst. Wenn heute das Drachensteigen an der Reihe war, kam morgen das Bogenschießen, übermorgen das Marmelspiel, daraus das Stockspiel, das Tauspringen, Hüpfen, Trilleband und so fort«, so schildern bürgerliche Memoirenschreiber, wie etwa Johannes Thiessen in »Das Marmelspiel«, das kindliche »Paradies auf Zeit«. Dazu sicherlich die üblichen Spiele rund um die Nachahmung der Erwachsenen und ihrer Welt von den häuslichen Tätigkeiten bis hin zum Soldatenspiel – das auch der gemeinsamen Bewältigung bedrohlicher Alltagsbeobachtungen in dieser kriegerischen Zeit gedient haben mag. Manche Freundschaft und gemeinsame Erinnerung hielt ein Leben lang – auch an die, die keine Karriere gemacht hatten und die ihrem Handwerk und ihrer Stadt treu geblieben waren, wie den Töpfer Nikolaus Velt, »Kläschen« genannt. Keine Spur von Herablassung – dies bezeugen spätere Begegnungen mit Steinauern.

Unterschiede des Standes gab es dennoch, und sie waren dem keineswegs gemütlichen Amt des Vaters als ständigem Vertreter der landgräflichen Obrigkeit geschuldet. Der Strafvollzug gehörte zu diesen distanzierenden Amtspflichten, die Eintreibung überfälliger Abgaben von klammen oder widerständigen Untertanen – notfalls mit dem Nachdruck, den eine robuste Begleitung dem zart gebauten Amtmann verlieh. Vertrauten Umgang mit den Bessergestellten in Steinau andererseits, etwa der Gutsbesitzerfamilie Rose, die das Staatsgut Hundsrück bewirtschaftete. Hauspersonal gehörte dazu, ohne das der komplexe, aufwendige Haushalt nicht hätte bewältigt werden können.

Die Körperkraft der Menschen war billig zu bekommen; ein Dienstbote ver*diente* vielleicht ein Zwanzigstel dessen, was seiner Herrschaft zustand. Und selbst deren Einkünfte waren, wie wir bereits sahen, nicht himmelstürmend, sondern reichten nur dadurch zu einem materiell erträglichen Leben hin, dass Mägde und Knechte den teuren existenziellen Bedarf an Lebensmitteln, Futter und Brennholz in Eigenarbeit decken halfen. Dass Philipp Wilhelm Grimm persönlich hinter dem Pflug herging oder die Sense schwang, davon schweigen die reichen Kindheitserinnerungen der Geschwister. Und auch die Knaben selbst scheinen zu häuslichen Verrichtungen nicht regelmäßig herangezogen worden zu sein. Nicht ihre Körperkraft war gefragt, sondern ihre Willenskraft und ihre Bereitschaft, beharrlich an sich zu arbeiten und besser zu werden – besser als andere, besser als sie selbst es gestern noch gewesen waren. Sie waren dazu ausersehen, den Status der Familie in der Gesellschaft zu behaupten und nach Möglichkeit – und durch Gottes Gnade und mit dem erforderlichen Glück – zu heben. So wollte es die bürgerlich-christliche Moral. Aufstieg und Wohlstand waren angenehm, aber nach calvinistischem Glauben nur die Vorboten höherer Belohnung im Jenseits, denn sie zeigten, dass man zu den wenigen Auserwählten

Gottes gehörte. Irdisches Misslingen dagegen bewies, dass man zu den Verdammten zählte und zu ewiger Qual ausersehen war. Ein Lebensprogramm, das in einem intelligenten und empfindsamen Kind je nach Temperament den Ehrgeiz anstacheln und gleichzeitig tiefe Ängste einpflanzen konnte.

Denn bürgerliche Knaben wie die Geschwister Grimm trugen die Hauptlast der Ablösung einer Privilegiengesellschaft, in der die Abstammung fast alles und die persönliche Leistung wenig zählte, durch eine Meritokratie, in der jeder jederzeit zu beweisen hatte, dass er tüchtig genug war, um einen hervorgehobenen Platz in der Gesellschaft fordern zu dürfen – sei es im Maschinenwerk der alltäglichen menschlichen Händel und Verhältnisse, sei es auf dem intellektuellen Spielfeld der Wissenschaften, der Literatur oder der Künste.

Zu den Mitteln der Ertüchtigung gehörte zunächst die elterliche Erziehung, die »dem sich öffnenden und entfaltenden Verständnis und Fassungsvermögen des Kindes von Eltern und Hausgenossen unvermerkt und ungesucht dargeboten« wurde. So erinnerte sich Jacob – was er wiederholt tat – einmal vor seinen Studenten in einer Vorlesung. »Die schönste, leichteste und sicherste Erziehung« hätten sie genossen, stellte er noch fest. Die kurze Zeitspanne, die den Geschwistern Grimm an der Seite ihres Vater beschieden war, erinnert er als intim. Sie lebten unter demselben Dach, unter dem der Vater arbeitete – ein Zusammenleben, das an altdeutsche feudale Verhältnisse erinnert und in der beginnenden Moderne mit ihrer Arbeitsteilung bald nicht mehr der Norm entsprach. Dies darf nicht zu dem Irrtum verführen, dass jeden Tag Kuscheln auf dem Programm stand – Kuschen schon eher. Das geltende bürgerliche Distanzgebot verlangte, den Eltern ehrerbietig die Hände zu küssen, sie mit »Sie« anzureden und Briefe nicht mit »liebender Sohn«, sondern mit »gehorsamer Sohn« zu unterzeichnen. Dieses Schema der Unterordnung wurde im Zeichen der aufklärerischen Pädagogik nach und nach ergänzt durch elterliche Aufmerksamkeit, liebevolle körperliche Pflege, Vorlesen oder gemeinsame Lektüre von Kinderbüchern, darunter den nach und nach aufgekommenen belehrenden Sach- und Geschichtenbüchern, und zuletzt durch bewusste Förderung individueller Begabungen. Dies alles – das Füttern, das Saubermachen, das Herrichten, das Trösten, das Streitschlichten, das Intime, Zärtliche, Gefühlsbeladene, Monotone, Feuchte, Schmutzige – war vorwiegend Frauenarbeit, wie es Jacob beschreibt: »Am Ofen wurde ich angezogen von der Mutter und gewaschen, oft mit warmem Waßer und Wein, welches süßlich roch, das ärgerlichste war, wenn es an die Ohren kam, weil es immer weh that. Auch genau weiß ich, daß ich wund war und mit feinem Wurmmehl bestreut wurde, aus einem Glas, worüber ein Papier mit Stecknadellöchern, welches allemal kühlte und gut that. Bei dem Nägelbeschneiden hatte ich immer eine Art Grauen, und litt es nicht gern. Das Kämmen und Lausen litt ich schon lieber, ich legte mich mit dem Gesicht an den Leib der Mutter und es that immer wohl, wenn eine Laus knickte, der Langenweile wegen sagte die Mutter, das wäre eine gemeine, nun müßte auch der Fähnrich gesucht werden, worauf man geduldig wurde, auch wurden die jedesmal Getödteten gezählt, um zu wißen, ob man sich beßere oder schlimmere.«

Zwar galt es nicht mehr als sündig, seine Kinder zärtlich zu lieben, zu streicheln und zu pflegen, wie noch hundert Jahre zuvor. Aber der Drill bestand fort – auch im Bürgertum. Es galt den Kindern »Schliff« zu verleihen, damit sie auch auf adeligem Parkett die erforderliche gute Figur machten. Haltung, Tischmanieren, Etikette sollten sich Bürgerkinder wie die Geschwister Grimm nicht von ihren bäuerlichen Spielgefährten abschauen, sondern von ihren Eltern lernen. Gelungene Lektionen in höfischem Anstand – wer auch immer sie erteilte – könnten es gewesen sein, die in Jacob die lebenslange Leidenschaft fürs Tanzen entzündeten – überraschend für den strengen, zurückgezogenen Menschen, zu dem er sich entwickeln sollte.

Auch die Rute als Mittel und Symbol der körperlichen Züchtigung hatte wie erwähnt nicht ausgedient. Sie unterstrich den Anspruch der Eltern, Unterordnung auch schmerzhaft fühlbar zu machen und durchzusetzen.

Das Prinzip »Lernen durch Schmerzen« galt nicht nur drinnen im Haus und in der Familie. Es durchzog die spätfeudale Gesellschaft. Die Tortur wurde zwar in den meisten deutschen Fürstentümern nur noch gelegentlich angewendet, aber Amtmann Philipp Wilhelm Grimm hatte für bestimmte Delikte Körperstrafen zu verhängen und deren Vollstreckung zu beaufsichtigen. Zu diesen gehörte der »Staupenstreich«, das öffentliche Verprügeln der am Pranger aufgespannten Delinquenten mit Ruten oder Peitschen, mit dem Diebe zu rechnen hatten – aber auch Frauen, die man unerträglicher sexueller Freizügigkeit bezichtigte (von der vielleicht dieselben Männer profitiert hatten, die sich hinterher an der Exekution weideten). Im Militär war das Prügeln – spontan oder nach Verurteilung – an der Tagesordnung, und jeder Lakai oder Bauer musste damit rechnen, dass ein ungeduldiger oder ungnädiger Fürst persönlich ihm mit seinem Stock eins überbriet.

Gewalt war das Disziplinierungsmittel der Wahl auch in der Schule – dem nächsten wichtigen Institut zur Zurichtung für eine Gesellschaft, die immer höhere und oft widersprüchliche Forderungen an junge Menschen stellte. Für die schulische Gewalt stand der bereits Philipp bekannte Präzeptor Zinckhan, der die Kinder zunächst im Amtshaus und später in der Schule unterrichtete. Alle sechs Geschwister »genossen« Zinckhans alternativlose Pädagogik. Glaubt man ihren Erinnerungen, war Zinckhan ein Totalversager, der nicht einmal in seiner Spezialdisziplin, der

Durchsetzung von Ruhe im Schulzimmer, reüssierte. Luis an Legasthenie erinnernde Rechtschreibschwäche jedenfalls konnte Zinckhan nicht beheben.

Erziehung zur Grimmzeit: Manchmal ging ein Auge drauf – oder mehr.
»Ein prügelnder Lehrer«. Lithografie von Theodor Hosemann.

Zinckhan empfahlen weniger seine pädagogischen als seine musikalischen Qualifikationen. Ihm wird bescheinigt, dass er »den Choral gut inne hat und ziemlich präludiert (also ein akzeptabler Organist ist), im Singen aber nicht allein, was den Choral angeht, sondern auch im Figuralwesen so fertig ist, daß er eine Arie und selbst ein nicht allzuschweres Recitativ ohne viel anstand richtig abzusingen vermöge«. Derartige Fertigkeiten in Blattsingen, Vortrag und Improvisation waren unerlässlich, da der Lehrer die Gottesdienste musikalisch mitzugestalten hatte. Zu seinen weiteren dienstlichen Verpflichtungen zählte auch die, die Spinnweben in den Kirchen zu entfernen. So wollte es eine umfangreiche Dienstanweisung, die von einem seiner Vorgesetzten erhalten blieb.

Die Eltern kannten Zinckhans Mängel, denn sie holten sich Aushilfe ins Haus, nachdem Tante Schlemmers Wissensquellen ausgeschöpft waren. Ein Jochiel Kiefe kam, um einem Teil der Kinder etwas Hebräisch beizubringen. Um die juristische Grundbildung kümmerte sich der Vater selbst, um die politische auch Großvater Zimmer: Bereits mit seinem neunjährigen Lieblingsenkel Jacob Grimm besprach er die revolutionären Vorgänge in Frankreich, schilderte ihm den »Terreur« der Jakobiner – Massentötungen unter der Guillotine und die Hinrichtung einst gefeierter Staatsmänner mit inbegriffen.

Noch vier Jahre nach der Hinrichtung des Königs Ludwig XVI. beschäftigt diese die Brüder Grimm, wie ihre Zeichnung der grausigen Szene beweist. Jacob erinnerte sich an diese Gespräche, aber was genau hat er gehört, was verstanden? Nur wenige Jahre später, als Steinau in die Hände französischer Soldateska geriet, musste er blutige Gewalt mitansehen, beim Blick aus einem der oberen Fenster auf marodierendes Militär oder im Haus versteckt hinter einer halb geöffneten Stubentür, den Vater

Zwei Kriegskinder und der Horror ihrer Zeit: So stellten Jacob und Wilhelm Grimm sich die Enthauptung König Ludwigs XVI. vor.

vielleicht, der besoffen schwankenden stieräugigen Soldaten Paroli bieten musste. Mord und Totschlag auf den Straßen Steinaus. Die Welt, in die er da hineinwuchs, drohte aus den Fugen zu geraten. Das dürfte Jacob gespürt und wenigstens halb verstanden haben. Und gerade weil er es verstand, weil er nicht nur Gewalt sah, sondern auch wusste, dass diese Gewalt darauf abzielte, die Throne zu stürzen und vielleicht seine Familie an den Bettelstab zu bringen, schien es umso bedrohlicher. Mit dem Tod des Vaters nur Monate später sollte diese Welt völlig aus den Fugen gehen, Jacob sich hineinkatapultiert finden in eine Rolle, die ihm Außerordentliches abverlangte und ihn zwang, fortgesetzt all seine Kräfte anzuspannen.

Diese Anspannung wurde zur inneren Getriebenheit, Kopfweh wurde sein anhänglicher Begleiter. Infektionskrankheiten wie die Masern nahmen ihn mit. Eine Pockenerkrankung entstellte sein Gesicht und ließ ihn fast eine Woche lang erblinden; auch die Geschwister, mit Ausnahme Wilhelms (seine Herzerkrankung, die ihn und seinen großen Bruder lebenslang schwer belasten sollte, sollte sich erst später zeigen), blieben nicht verschont. Lui musste man die Hände festbinden, um ihn daran zu hindern, sich durch Kratzen an den Eiterbläschen selbst zu entstellen.

Trotz alledem zögerten die Geschwister Grimm nie, ihre Kindheit glücklich zu nennen. Sie erinnerten sich bis ins Alter der kleinen Steinauer Welt: in ihren autobiografischen Notizen, ihrer Korrespondenz und selbst in ihren öffentlichen Reden und Vorlesungen. Lui zeigte seiner ersten Frau seine Stadt Steinau und die Spielplätze seiner Kindheit, und er zeigte sie viel später seiner zweiten Frau, seiner erwachsenen Tochter und seiner Nichte. Sie alle sollten dieses Paradies seines Herzens kennenlernen. Nicht anders Wilhelms Frau Dorothea; wenn auch Wilhelm zu diesem Zeitpunkt schon fast ein alter Mann war. Auch die übrigen Geschwister suchten ihr Leben lang den Anschluss an die »Maingegenden«, kamen immer wieder – nach Möglichkeit bis ins Greisenalter. Auch Jacob, obwohl er zeitlebens genauso gern in den Büchern wie in der Wirklichkeit reiste.

Seine eigene Kindheit zu verherrlichen – das war bis in diese Zeit, wenn nicht tabu, so doch neu und noch nicht allgemein üblich. Kindheit als eigener Seinszustand und als eigene Entwicklungsstufe war überhaupt erst mit der Aufklärung, vor allem der eines Rousseau, definiert worden. Bis zu diesem Punkt galt der Naturzustand des Menschen als schlecht, und erst die Zivilisierung und die elterliche Zucht machten den Menschen gut. Bis dahin wurden Kinder als kleine unfertige Erwachsene gedacht – im schlimmsten Fall als kleine »Teufelchen«, denen ihre Schlechtigkeit ausgetrieben werden musste, damit aus ihnen angepasste Glieder der Gesellschaft und fromme Christen würden. Der Gedanke, dass die Gesellschaft einen von Anfang an guten Menschen verderben könnte, war noch kaum einmal gedacht. Die Väter der Memoirenliteratur, nicht zuletzt Goethe mit seiner dichterischen Autobiografie »Aus meinem Leben. Dichtung und Wahrheit«, gaben ihrer Kindheit manchmal Raum, doch versachlichten sie sie oder schilderten nüchtern das Elend, das diese Lebensphase oft mit sich brachte.[13] Der grimmsche Schwärmerton kam erst mit der literarischen Romantik ins Spiel. Erst der romantische Mensch, der sich aller Begrenzungen des Standes, der Religion und selbst der Vernunft ledig sah, wurde gleichzeitig seiner Ausgesetztheit gewahr und suchte nach Rückbindung an alles, was es ihm erlaubte, sich seelisch zu Hause zu fühlen. Sich zu bergen »in jugendlichstem Schleier«, den der alte Goethe den vom Übermaß des Lebens Betroffenen empfiehlt – in selbst gewählter Beschränkung und Aufbruchshoffnung.

Dieser »jugendlichste Schleier« war auch das kulturelle und künstlerische Erbe; das alte Deutschland mit seinen Burgen, Fachwerkstädten und Butzenscheiben, eine archaische Ordnung des menschlichen Zusammenlebens mit fleißigen Handwerkern und Bauersleuten, Rittern, die ihre Ehre und Liebe bis aufs Blut verteidigten, wohlwollenden Herrschern, die ihre Pflichten ernst nahmen, die Kirchen mit ihrer Ancienität und Pracht – und eben auch die Kindheit, genauer das, was diese positiv bedeutet: Glück in der Beschränkung, eine als schier endlos wahrgenommene Zeit, die verlässlich wiederkehrenden Jahreszeiten mit ihren Freuden und Plagen, stabile Beziehungen zu den Mitmenschen, die intimen Stunden mit den Eltern, die Spannung der Feste und Rituale, die gemeinsam erfolgreich bewältigten oder zumindest überstandenen Gefahren und Ängstigungen, die allmähliche, expansive Entdeckung und Aneignung der Welt. So ist auch die erinnerte Kindheit der Geschwister Grimm. Viel Klitterung steckt nicht darin, das zeigt der Vergleich der geschwisterlichen Stimmen. Aber sie bagatellisieren das Hässliche in ihr, der Wille zum Idyll triumphiert, und er wird zur Beschwörung angesichts einer bedrohlichen Gegenwart.

Und was sie beschworen, das war der Vierklang von Natur, Familie, Tradition und Gelehrsamkeit. Die Natur und deren Beobachtung spielten eine große Rolle in dieser Beschwörung – »weil sie kein Urteil über uns hat«, wie Nietzsche die romantische Naturseligkeit später entlarvte? Weil nur in der Natur die Geschwister Grimm sich frei fühlen konnten von den Urteilen, die jederzeit über sie gesprochen werden konnten – von Eltern, Lehrern, Pfarrern, Nachbarn, Obrigkeiten? Weil nur dort nicht der Druck auf ihnen lastete, besser und immer besser zu werden?

Hier in der Natur nicht. Und nicht in Momenten der Ergriffenheit vor Gott und den Vorausgegangenen. Als der fünfundvierzigjährige Jacob in seiner Selbstbiografie an glückliche Tage zurückdenkt, fällt ihm zuerst die »leere und schmucklose« Katharinenkirche ein, besonders der Moment, als »ich an meinem Konfirmationstage nach zuerst empfangenem heil. Abendmahl auch meine Mutter um den Altar der Kirche gehen sah, in welcher einst mein Großvater auf der Kanzel gestanden hatte«. Von der Religion war zu Hause wohl nicht oft die Rede – eher schon von den religiösen Vorfahren –, aber es genügte »durch That und Beispiel streng reformirt erzogen« zu sein. Der Anblick von Katholiken in ihren Trachten, die bunter sind als das gewohnte protestantische Schwarz-Weiß, löst »scheue, seltsame« Empfindungen aus in Jacob, dem seine Fantasie helfen muss, die sinnliche Kargheit zu beleben. Es ist zu bezweifeln, dass die Grimms in der Gemeinde engagiert waren. Aber in Briefen und Schriften beschwören sie ihr Gottvertrauen und ihre individuelle Religiosität, der man unterstellen darf, dass sie sie nicht weniger erdete als ihr Bewusstsein einer hessisch-deutschen und abendländischen Identität.

Der Stolz auf ihr Land macht sich schon früh bemerkbar bei den Geschwistern. Auch dies findet Jacob so fundamental, dass er es auf der ersten Seite seiner Erinnerungen erwähnt: »Liebe zum Vaterland war uns, ich weiß nicht wie, tief eingeprägt, denn gesprochen wurde eben auch nicht davon, aber es war bei den Aeltern nie etwas vor, aus dem eine andere Gesinnung hervorgeleuchtet hätte; wir hielten unsern Fürsten für den besten, den es geben könnte, unser Land für das gesegnetste unter allen.« Lui malt »auf der hessischen Landkarte alle Städte größer und alle Flüsse dicker«, die zu ihrem Hessen-Kassel gehören, und »mit einer Art von Geringschätzung sahen wir z. B. auf Darmstädter herab«. Das war nicht der aggressive Chauvinismus der romantischen Ära, der die Beziehungen zwischen den Völkern bis in den Untergang Deutschlands hinein vergiften sollte, sondern ein patriotisches Selbstbewusstsein, das die Härten der Existenz abzuwettern und den Grimms zu leben half. Sie waren überzeugt, dass ihr Steinau der schönste Ort der Welt sei: »Wunderland meiner Kinderträume« nennt es Lui einmal.

Hier auch kamen sie in erste Berührung mit dem Schatz der Überlieferung, der ihrem Leben die entscheidenden Anstöße geben sollte: Märchen, Sagen, Spuk- und Geistergeschichten, wie sie das Gesinde aus seinen abgelegenen Heimatdörfern des Vogelsbergs und Spessarts mitbrachte und in der dämmerigen Amtshausküche erzählte: das Märchen vom Schlachten etwa, das es in das grimmsche Märchenbuch schaffte. Oder die Geschichte eines Amtsvorgängers von Philipp, der Gelder veruntreut hatte und früher nachts im Amtshaus umging. Hörten die Kinder abends diese Geschichte, dürften sie beim Zubettgehen die Wendeltreppe zum Dachboden, die sich im Dunkel verlor, mit gemischten Gefühlen beäugt haben. Gut, wenn da der Vater in der Nähe ist, besser, wenn die Mutter sie fest an ihre trockene warme Hand nimmt, die vielleicht schmerzhaft zu strafen, aber sicher zu liebkosen verstand. Das »liebste Gefühl von Gutheit« bewahrt Jacob Grimm mit der Erinnerung daran, wie ihn seine Mutter, wenn er im Bett lag, die Haare streichelte.

Dieser reichlichen Mischung von Gefühltem, Gesehenem, Gehörtem, Erlebtem und Gelesenem mit ihrer eigentümlichen Rezeptur aus genauer Beobachtung, emotionaler Aneignung und redlicher Analyse zu Leibe zu rücken, das wird zum Lebensprogramm der Geschwister Grimm. In Steinau probieren sie es spielerisch aus, bis sich ihnen das Leben unerwartet von seiner bitterernsten Seite zeigt.

Tod eines Amtmanns

Denn mit dem Ersten Koalitionskrieg Frankreichs gegen die deutschen Stände nimmt die französische Bedrohung Gestalt an und wird auch für die Sinne der Kinder erfahrbar. Jahrzehnte später erzählt Wilhelm seinem Sohn Herman, wie sie ihr »Ohr auf den Erdboden gelegt« hätten, »um das Dröhnen der Kanonen zu hören, mit denen Mainz beschossen wurde«. Im November 1792 hören die Steinauer, darunter die Grimms, die seit dem Vorjahr im Ort leben, auch ohne die Ohren an den Boden zu legen, den ersten Gefechtsdonner, die älteren unter ihnen werden an den Siebenjährigen Krieg zurückgedacht und das Kommende geahnt haben. Der Amtmann Philipp Wilhelm Grimm ist einer von denen, die ihn erlebt hatten und wussten, dass Prüfungen auf ihn und seine Amtsführung zukommen würden. Etwa eine halbe Million Soldaten wird in den kommenden drei Jahren das Tal durchziehen, nicht gerechnet die Kriegsgefangenen und Verwundeten sowie die Soldatenfrauen und -kinder, die damals nicht selten im Tross mitreisten.

Gründe und Anlässe genug gab es also auch für die Geschwister Grimm, ihre Ohren angstvoll auf den Erdboden zu legen. Denn widersprüchliche Neuigkeiten vom Sieg der Franzosen oder der Revolutionsgegner lösten einander ab, und die Nachrichtenlage war meist unsicher. Unsicher waren manchmal auch die Straßen für die schutz- und waffenlosen Zivilisten. »Vom Lauf des bösen Krieges« hänge es ab, ob Jacob von Steinau aus den Großvater wie geplant werde besuchen können, schreibt er nach Hanau, und der große Mann antwortet dem kleinen Mann mit martialischen Durchhalteparolen: »Der Sache muß doch einmahl ein Ende gemacht werden, es gehe auch so hart wieder, als es wolle.«

Doch die Härten enden so schnell nicht. Und wie das Kriegsglück sich hin und her wendet, so müssen Amtmann Grimm und die Seinen sich den Verhältnissen anpassen – erschütternde Erfahrungen für alle Kinder, und an Jacob werden sie ein Leben lang hängen bleiben. Wenigstens die große und verzweigte Familie und ihr Zusammenhalt versprechen da Schutz und Sicherheit. Trügerische Sicherheit.

Zur Bürde des väterlichen Amtes in diesen gefährlichen Zeiten gehört es, die Auswirkungen des kämpferischen Geschehens auf seine Steinauer so gut wie möglich abzuwettern und die zivile Ordnung aufrechtzuerhalten, während draußen auf den Schlachtfeldern die Gewalt regiert. Seinen Bürgern Schutz und Ausgleich für erlittene Verluste zu erstreiten und gleichzeitig sicherzustellen, dass sie weiter ihre Abgaben leisteten. Es gilt ein Auge auf die Armen zu haben, damit ihnen weder Unrecht geschieht noch revolutionäre Gelüste in ihnen aufsteigen. Er dürfte derartige Gelüste nicht minder verabscheut haben als sein Schwiegervater und später seine Söhne.

Ende 1795 schließt der Landgraf einen Sonderfrieden mit Frankreich, Hessen scheidet aus der Koalition aus. Zur selben Zeit erkrankt Philipp an einer Lungenentzündung. Es ist Winter, und eine seiner strapaziösen Obliegenheiten mag ihn bei unfreundlichem Wetter zu Pferd über Land geführt haben. Vierundvierzig Jahre ist er da. Noch vor dem Jahreswechsel legt er sich zu Bett, um nie mehr gesund aufzustehen. Jacob ist gerade elf geworden, Wilhelm ist noch nicht zehn.

Fünf Tage vor Philipps Tod noch schreibt Jacob an den Großonkel Heilmann: Des Vaters Entkräftung sei groß, »da ihm in wenigen Tagen fünfmal zur Ader gelassen und drei große Blasen auf der Brust gezogen worden sind«. Philipp wurde also blutig geschröpft. Besseres war nicht zur Hand zu dieser Zeit. »Die heftigsten Schmerzen vom Stich«, fährt Jacob fort, »die so bei jedem Atemzug empfunden, und da er in acht Tagen nichts als Medizin und dienliche Tränke zu sich genommen, haben ihm vollends seine Kräfte erschöpft, auch der Jammer über uns hat ihm sein Leiden vermehrt.« Der Familienfreund Hofrat und Stadtchirurg Dr. Wagner, aus Wächtersbach geholt mit »der Chaise«, dem leichten Sommerwagen – mitten im Winter! –, habe das Leiden nur kurzfristig lindern können.

Mit Vaters Bestattung, ausgerechnet damit, beginnt Jacob Grimm seine Lebenserinnerungen. Aus einer Rückschau von über dreißig Jahren lässt er seine Memoiren mit einem Schnappschuss der ersten grimmschen Familienkatastrophe beginnen: »Ich sehe den schwarzen Sarg, die Träger mit gelben Zitronen und Rosmarin in der Hand, seitwärts aus dem Fenster, noch im Geist vorüberziehen.« Wie gut sich dieser Moment ihm eingeprägt hat; er markiert nicht nur eine Familienkatastrophe, sondern die ganz persönliche Katastrophe des Ältesten, der offenbar zum Vater eine innige Beziehung aufgebaut und seine Hoffnung auf ihn gesetzt hatte.

Zwei Tage später liegt Philipps Sarg unter der eisigen Erde des Steinauer Friedhofs. Ein neuer Alltag beginnt für die Grimms – ein gnadenloser Alltag. Steinau braucht einen neuen Amtmann, besonders in diesen gefährlichen Zeiten, in denen Truppendurchzüge oder Gefechte die Region jeden Tag ins Chaos stürzen konnten. Noch wenige Tage zuvor hatten Franzosen und Österreicher in der Pfalz und im Hunsrück gekämpft und geblutet, und der weihnachtliche Waffenstillstand, würde er bestehen? (Er hält nicht.) Philipps Nachfolger Gerlach tritt sein Amt an, und er bedrängt Dorothea massiv, mit ihren Kindern das Amtshaus zu räumen, macht ihr sogar ihr zustehende Einkünfte streitig, verwehrt ihr den Zutritt zum Haus. Er nutzt die Notlage der Witwe aus, und Dorothea wird noch einen langen unwürdigen Kleinkrieg um ihre Rechte und die Früchte ihrer Arbeit führen müssen.[14] Lottchen, das jüngste Kind, ist noch keine drei. Wohin mit ihnen, mit dem geliebten Familienhausrat, mit der Trauer, der Angst vor der Zukunft? Der Landgraf und seine Beamten haben es nicht sonderlich eilig, all diese Fragen zu beantworten, die sich Dorothea, Tante Schlemmer und zweifellos auch Jacob stellen. Vermögen fehlt, die Tante kann zum Lebensunterhalt nur wenig aufbringen, eine Witwenpension für Dorothea steht nicht in sicherer Aussicht, so gut sorgt der Souverän nicht für die Seinen. Alles hängt nun ab von fürstlicher Gnade und vom Zusammenhalt der Familie. Großvater Zimmer, von Rechts wegen nun Vormund, sucht von Hanau aus seine Hand über die Grimms zu halten. Sein Steinauer Stellvertreter: Jacob Grimm. Ein Elfjähriger!

Es heißt nun bitten und betteln gehen für Dorothea und die Ihren. Beim Landgrafen und seiner Gattin Wilhelmine Karoline von Dänemark: »Mit 6 allesamt noch ohnerzogenen Kindern, worunter 5 hoffnungsvolle Knaben, sehe ich mich leyder in den betrübtesten Wittwen- und Waysenstand versetzt.« Sie appelliert an den Eigennutz: Wenn »jenen lehrbegierigen Knaben« ein Unterricht vermittelt werden solle, »der sie dem Vaterlande dereinst brauchbar mache«, müsse der Fürst gnädiglich einspringen. Sonst bleibe den Grimms nur die »kummervollste Aussicht in die Zukunft«.

Bei Tante Zimmer, Dorotheas sieben Jahre älterer Schwester Henriette Philippine. Vielleicht soll es etwas bedeuten, dass sie den Namen ihres früh verstorbenen Schwagers trägt, vielleicht gibt dieser Umstand ihr eine besondere Verpflichtung. Gleichviel – sie wird zur verlässlichsten Stütze der Grimms, bis zu ihrem Tod fast zwanzig Jahre später. Sie war unverheiratet in Kassel geblieben, als der Landgraf ihren Vater nach Hanau gerufen hatte. Und auch sie hatte Karriere gemacht, so wie es eine Frau konnte: als Erste Kammerfrau Landgräfin Wilhelmines. Kammerfrauen standen zwar im rigiden nachbarocken Hofzeremoniell unter den Hofdamen. Aber als Leibdienerin, die rund um die Uhr dienstbereit zu sein hat, ist Henriette buchstäblich die nächste Vertraute der Dänenprinzessin, die zwar im Luxus eines der reichsten deutschen Höfe, aber in einer unglücklichen Ehe lebt. Wie vertraut die beiden sind, das zeigt Henriettes späterer Aufstieg zu Wilhelmines Hofdame – ein Amt, das ihr als bürgerlicher Frau eigentlich nicht zusteht. Wie oft mag sie Zeugin nächtlicher Gefühlsausbrüche ihrer Herrin geworden sein in Salon

»Tante Zimmer«, Kammerfrau der hessischen Kurfürstin
und Wohltäterin der Geschwister Grimm, 1808.
Radierung von Ludwig Emil Grimm.

und Boudoir? Da konnten die Grimms zumindest hoffen, dass Wilhelmine für die Sorgen Henriettes und ihrer Familie ihrerseits ein geneigtes Ohr haben mochte.

So intensiviert der eloquente Jacob seinen Briefverkehr ins Kasseler Stadtschloss: »Ach! Beste Jungfer Tante, jetzo empfehle ich mich Ihnen mit meinen fünf vaterlosen Geschwistern Ihrer Liebe und Vorsorge und bin überzeugt, daß ich keine Fehlbitte tue ... Könnte ich doch auf eine Stunde die Ehre haben ... mündlich Ihnen so recht meines Herzens Angelegenheiten zu erzählen.« Den modernen empfindsamen Ton der besseren Gesellschaft trifft Jacob schon: »Wie viel hätte ich Ihnen von meiner lieben leidenden Mutter zu sagen. Gewiß würden Sie mich trösten und mir guten Rat erteilen.« Von Dorothea gingen zweifellos deutlichere Briefe nach Kassel. Sie wirken, denn drei Tage nach Jacobs ehrerbietigem Brandbrief weist Wilhelmine »eine järliche Pension von Einhundert Gulden Frankfurter Währung« an – zwar rückwirkend vom Neujahrstag an, aber nur gut ein Sechstel dessen, worüber Dorothea noch im Vorjahr verfügen konnte. Und alle Accidenzien sind verloren, da sie dem Amt und nicht den Personen zustehen. Rundum flammt die Gewalt des Koalitionskriegs – wann würde er wieder auf Hessen überspringen, Teuerung in seinem Gefolge? Erst im Vorjahr hatten die Getreidepreise fürchterliche Sprünge gemacht. Und für einen Gulden bekam man gerade einmal 120 Pfund Kartoffeln. Der Schrecken über die klägliche Summe dürfte groß gewesen sein bei Dorothea, Tante und Jacob.

Also hinaus aus dem Amtshaus mit seinen sicheren Hofmauern, dem Schatten unter der Linde dort, wo die ausgetretenen Sandsteinstufen ins Innere führen, in den dämmerigen Flur, in die Küche, in der es an nichts fehlt. Aus den Zimmern, wo seit Jahren die Betten der Kinder stehen. Lotte hat noch nie woanders geschlafen, Carl, Ferdinand und Lui kennen es auch nicht mehr anders, und Jacob und Wilhelm teilen hier wie schon in Hanau dasselbe Bett. Eine Gewohnheit, die sie noch lange beibehalten werden. Die Aussicht auf Not schweißt die Grimms stärker als je zusammen. Vor allem Jacob sieht sich zeitlebens in heiliger, harter Pflicht, diejenigen zu unterstützen, die bei der Familie Schutz suchen, auch gegen sein inneres Widerstreben, wie sich in späteren, manchmal erbitterten geschwisterlichen Auseinandersetzungen zeigen wird. Hat er es dem Vater schwören müssen, am Sterbebett? Es der Mutter versprechen, während er in einer ihrer zahlreichen Krankheiten an ihrem Bett saß? Es der Tante Schlemmer zusagen in Nachahmung ihres Vorbildes? Er war ihr Vorzugskind, davon ist Wilhelm neidlos überzeugt, der den Grund dafür in Jacobs Ähnlichkeit mit dem Urgroßvater vermutet.

Tante und Mutter organisieren einen hastigen Umzug aus dem Amtshaus ins Huttische Spital, das im späten Mittelalter von

Philipps Amtsvorgänger Friedrich von Hutten zu Steckelberg gestiftete frühere Krankenhaus. Ein Notbehelf, eng und laut, da direkt an der Via Regia gelegen. Wenigstens muss man sich nur einmal umdrehen, um hinzugelangen, und braucht keinen teuren Frächter, um den Hausrat hinüberzuschaffen. Wer sich aus dem Fenster lehnt, sieht die Rückmauer des Amtshauses, und wenn abends der Lärm der Menschen verebbt ist, rauscht dasselbe Wehr, das die Kinder seit jeher in den Schlaf rauschte. Das tut weh und ist tröstlich zugleich. Dorothea findet beim Aufräumen der nachgelassenen Papiere einen Zettel mit einem geistlichen Lied von der Hand ihres Mannes: »Herr Jesu, du hast mich geführt / Als meiner Seelen bester Freund ...« Nun muss Gott die Grimms umso mehr trösten und führen.

Eiserne Sparsamkeit erlaubt es Dorothea später, die Alte Kellerei am Brückentor zur Hälfte zu kaufen. Sparen haben die Grimms spätestens jetzt gelernt. Vermutlich können sie es seit jeher, denn Selbstkontrolle ist das verbindende Tugendmuster des Bürgertums – gleich was man glaubt und hofft. Damit setzt es sich vom Adel ab und sogar über diesen, denn der ist moralisch weithin verlottert. Genügsamkeit wird zum wichtigen Erbteil, das sich besonders in Jacob und Wilhelm zeigen – und die Geschwister auseinandertreiben – wird.

Diese Genügsamkeit ist bitter nötig. Tante Schlemmers plötzlicher Tod nur wenige Monate nach dem ihres Bruders Philipp verschärft die Lage. Ihre Pension fehlt – gleichzeitig aber auch der Druck, den die dominante Dame seit jeher auf die Grimms ausübte. Philipp hat sehr auf sie gehört – für Dorothea kein immer angenehmes Leben. Lui hatte Angst vor ihr. Jacob und Wilhelm allerdings verlieren einen weiteren Menschen, der durch ihre Kindheit eine leuchtende Spur gezogen hat.

Es mag bis weit ins Folgejahr gedauert haben, bis die Grimms sich neu ordneten und arrangierten mit den beengten Verhältnissen. Wenigstens war noch der Hanauer Großvater am Leben, der allerdings auf die neunzig zuging. Es ist nicht anzunehmen, dass man einander häufig sah, zumal auch er zwei Jahre nach Tante Schlemmers Tod verstarb. Seine Anna war ihm sechs Jahre vorausgestorben.

Es wird damit leer um Dorothea und ihre Familie – bedrohlich leer. Aber auch und vor allem für Jacob sind die letzten drei Jahre eine Aneinanderreihung von Katastrophen, die ihn mit der Ausnahme seiner Mutter aller wichtigen Vertrauenspersonen und möglichen Stützen in praktischen und rechtlichen Angelegenheiten berauben. Faktisch, und mit seiner Volljährigkeit juristisch, ist er das Familienoberhaupt. Es gab ja keine nahen männlichen Verwandten mehr, sondern nur die angeheirateten Onkel Amtskeller Heinrich Ernst Poppelmann, Rat beim Fürsten von Isenburg[15] in Birstein, von der Vaterseite und Pfarrer Johann Philipp Höne in Hochstadt von der Mutterseite.

Und mit der Ausnahme seines Lieblingsbruders Wilhelm. Auch diese Beziehung verändert sich. Kinderspiele werden nach und nach öd, längst sind die zwei, getrieben von dem Wunsch nach Distinktion und Erfolg, mit dem Virus des Wissenwollens infiziert, studieren die elterliche Bibliothek von vorn nach hinten und wieder zurück. Wer soll ihnen nun erklären, was sie nur halb verstanden haben in den Büchern? Etwa Präzeptor Zinckhan? Wer ihrer Ambition Ansporn geben?

Aber vor allen Dingen: Wie sollte Dorothea nun ihren beiden begabten ältesten Knaben Wind unter die Flügel blasen?

KAPITEL 4
FRÜHE NÖTE UND CHANCEN
(1798-1812)

Eine intellektuelle Welt

Die Lösung heißt Kassel. Dort, in der, wenn auch stark dezimierten, mütterlichen Familie, ist nun der beste Verlass. Mit ihren etwa 20 000 Bewohnern war Kassel für die Brüder Grimm eine Großstadt – dennoch konnten sie sich hier vielleicht ein wenig zu Hause fühlen. Denn völlig allein standen sie ja nicht. Dorotheas Schwester Henriette war die besondere Vertraute der Landgräfin Wilhelmine am Kasseler Hof. Sie genoss Residenzrecht (und -pflicht) im landgräflichen Schloss. Für die Geschwister Grimm war sie im Gegensatz zur Hanauer Vaterschwester Tante Schlemmer die Tante Zimmer und verkörperte mit ihrem täglichen Umgang und ihren Verbindungen die glamouröse Seite der Landeshauptstadt. Auf ihr ruhten nun Dorotheas Hoffnungen für ihre Kinder. Präzeptor Zinckhan hatte bei Jacob und Wilhelm das wenige getan, was er konnte, Hilfslehrer waren in die Breschen gesprungen, manches hatten sie sich selbst beigebracht. Die Verbindungen zu Hanau waren zu schwach und das Geld zu knapp, als dass sie die beiden unzertrennlichen Knaben in Pension und in die Hohe Landesschule hätte geben können. Aber Tante Zimmer hatte – bis auf tägliche mütterliche Wärme – alles Nötige an der Hand. Dass Haushalte Kinder tauschten, war damals nicht ungewöhnlich. In vielen

Biografien finden wir, dass junge Menschen sich an Ersatzeltern gewöhnen mussten.

Und so machen sich die Brüder Grimm im Oktober 1798 auf die dreitägige Reise in die Hauptstadt. Jacob ist dreizehn, Wilhelm zwölf, Dorothea hat sie noch in Steinau konfirmieren lassen. Was hatten sie wohl in ihrem Gepäck? Neben ihrem Proviant ihre Wechselkleidung – besonders reichhaltig dürfte sie nicht gewesen sein. Die »Instrumente«, mit denen sie ihre kleinen Forschungen in der Natur betrieben, Schreibfedern, ihren Malkasten mit Nürnberger »Muschelfarben« und sicherlich ein paar Bücher – ihre besondere »Nahrung«, ohne die sie vermutlich schon damals das Leben nicht lebenswert fanden. Großvater Zimmer nimmt sie in Hanau in Empfang, setzt sie in den Postwagen nach Frankfurt und empfiehlt sie dem dortigen Postmeister, der es sich nicht nehmen lässt, die Knaben in eine Schau wilder Tiere (»Elefanten, Tiger, Papageien, Affen«) zu schleppen und anschließend zum Kaffee einzuladen, wie Jacob seiner Mutter aufgeregt brieflich berichtet. Ein verheißungsvoller Beginn des neuen Lebensabschnitts. Aber was würde diese frühe Selbstständigkeit aus den beiden Kindern machen? Waren sie ihr gewachsen?

Ein Schloss ist keine Pension, und Tante Zimmer bringt die Brüder beim Dritten Landgräflichen Mundkoch, Abraham Vollbrecht, unter – »Am Sack«, einem winzigen Straßenstümpfchen, kaum zwei Gehminuten entfernt von ihren eigenen Räumen im Nordflügel des Schlosses, mit Kost in einem benachbarten Haus. In diesem Haus stand für sieben Jahre das Bett, in dem die beiden Schulter an Schulter schliefen. Es ist ebenso verschwunden wie die gesamte Straße, ausradiert aus dem Kasseler Stadtplan in einer Bombennacht des Jahres 1943 und danach, als Bulldozer ein komplett neues Straßenraster herausfrästen aus dem Hügel aus mittelalterlichen und barocken Gebäudetrümmern, der einst eine der stolzesten deutschen Städte gewesen war. (Seitdem dominiert

*Grimm'sches Wohnhaus in der
Kasseler Wildemannsgasse/Marktgasse.
Ölgemälde von Georg Burmester, 1914.*

die Rechtwinkligkeit nicht nur in der hugenottischen Oberneustadt jenseits des Friedrichsplatzes, sondern auch im historischen Kern der Stadt.)

Durch diese Nähe konnte Tante Zimmer den vaterlosen Knaben das Familienähnlichste bieten, dessen sie mächtig war, und sie gleichzeitig ein wenig im Auge behalten. Man wusste bei halbwüchsigen Buben nie, was ihnen einfiel und in welche Gesellschaft sie geraten konnten. Schüler und Handwerksburschen liefen bis spät in der Nacht in der Stadt herum, heißt es einmal von der »Fürstlichen Policey-Commission«; sie seien auf Krawall aus, lärmten und schrien und betrieben allerlei »unanständige Handlungen«, die die Obrigkeit mit einer Ausgangssperre, Peitschenhieben und Verhaftungen ahndete. Paramilitärisch organisierte Massenschlägereien sind auch unter Schülern an der Tagesordnung.

Auch wenn Wilhelm einmal andeutet, dass Jacob sich gelegentlich nachts herumtreibt und in Raufhändel verwickelt, was seine spätere Streitlust voraussahen lässt: In Kassel bleibt wenig Zeit für Jugenddummheiten. Es galt für Jacob und den deutlich ruhigeren Wilhelm, sich radikal umzustellen. Aus Präzeptor Zinckhans harter, aber unproduktiver Schule wechseln sie in die härtere des Lyceum Fridericianum, des späteren Friedrichsgymnasiums, das Landgraf Friedrich II. zwanzig Jahre zuvor auf der Grundlage einer Lateinschule aus der Reformationszeit neu gegründet hatte. Das Lyceum, das später ihre Brüder Ferdinand und Lui, aber auch Persönlichkeiten wie den Religionshistoriker Franz Rosenzweig und den späteren Kaiser Wilhelm II. aufnehmen sollte, richtete die Brüder Grimm auf ein Leben in der Verwaltungselite Hessen-Kassels aus. Daneben hatten sie beim Pagenhofmeister Stöhr Privatstunden in den Sprachen – auch lebenden Sprachen wie der französischen. Diese Sprache zu gebrauchen, sollte vor allem Jacob noch reichlich Gelegenheit erhalten.

Erstmals macht sich der Altersunterschied der Brüder bemerkbar: Wilhelm muss der Privatunterricht erst noch für das Lyceum qualifizieren, während Jacob gleich in die Unterquarta, die niedrigste Stufe, einrücken darf.[16] Fortan folgt der Jüngere dem Älteren mit sichtbarem Abstand durchs Leben. Aus der impliziten Unterordnung wird eine öffentlich wahrnehmbare. Von 6 Uhr morgens bis 12 Uhr mittags und von 1 Uhr nachmittags bis 6 Uhr abends, also elf Stunden am Tag, sechs Tage die Woche, klemmen sie in den Schulbänken. Vergleichsweise hoch aufgeschossen, denn »wir hatten ... Vater und Mutter ... überwachsen«, dürften die kräftigen Landburschen wohlmeinenden Lehrern einen erfreulichen Anblick geboten haben. Daneben müssen sie in ihrem einsamen Pensionszimmer stundenlang repetieren und präparieren, also Stoff wiederholen und die nächste Unterrichtsstunde vorbereiten. Der Kontrast könnte nicht schärfer sein: von der dörflichen Idylle im Familienkreis zur Anonymität einer Häuserwüste, von der unproduktiven Routine eines Zinckhan zur grausigen Disziplin einer Achtzigstundenwoche.

Nun sind Professoren statt Präzeptoren ihr täglicher Umgang – und natürlich andere Knaben und Burschen ihres Alters. Schon in der Unterquarta ist Jacob der Primus und hält diese Position »wohl fast immer«, wie er sich dreißig Jahre später erinnert. Dabei muss er nebenbei Stoff der Unterstufe nachholen, »so sehr war ich noch zurück, aber nicht«, setzt er vorsichtshalber hinzu, »durch meine Schuld, sondern durch bloßen Mangel an Unterricht, denn ich hatte von Jugend auf eine ungeduldige, anhaltende Lernbegierde«. Lernbegierde, die ihn so sehr unter Spannung setzt, dass er auf dem Dielenboden umhergekrochen ist zu Hause in Steinau.

Begabt und ziemlich angepasst ist er – glücklich ist er dennoch nicht. Der Rektor: herzlich, aber senil, der Konrektor: ein Hypochonder und als Pädagoge eine vollständige Fehlbesetzung, der eine Kollaborator (Hilfslehrer) bringt keinen roten Faden in seine Stunden hinein, und der andere Kollaborator und spätere Rektor Cäsar ärgert ihn, indem er ihn als einzigen der Klasse wie einen Dienstboten mit »Er« anredet – vermutlich, weil Jacob vom Land kommt, wie dieser vermutet. Und Jacob vermisst den intensiven philologischen und historischen Unterricht, nach dem als »Seele aller Jugenderziehung auf den Gymnasien« er sich sehnt, wie er später schreibt.

Immerhin attestiert ihm gleich 1799 das Kollegium »vorzügliche Fähigkeiten, großen Fleiß und ein sehr anrührendes gesittetes Betragen«, und auch Wilhelm gibt durch »seinen Fleiß und sein sittlich gutes Betragen seinen Mitschülern ein Muster«.

Einfach war es nicht, solche Positionen zu behaupten. Die Brüder Grimm waren keine werdenden Fürsten von Gottes Gnaden, und sie waren praktisch mittellos und auf die Mildtätigkeit anderer angewiesen. Sie konnten es sich also nicht leisten, Wohlwollen durch Aufsässigkeit, Faulheit oder Schuleschwänzen zu verspielen. Kein Wunder, dass Jacob dieser Druck noch gut vor dem Gedächtnis stand, als er »die Samstags-Morgen, in denen durch ein Exerzitium zertiert (also geprüft) wurde«, als »wichtige, heiße Tage« bezeichnete. Wir dürfen ihn uns an solchen Tagen als hochnervösen, vielleicht nägelbeißenden Jüngling vorstellen.

In ihrer knappen Freizeit sind die Knaben, die weiterhin wie gewohnt im selben Bett schlafen, auf sich und aufeinander gestellt: »Wir hatten mit wenigen Leuten Umgang und verwendeten beinahe alle Muße, die uns noch von der Schularbeit übrig blieb, auf Zeichnen, worin wir es auch ohne Lehrer ziemlich weit brachten.« Ihr Vorbild inspirierte später den jüngsten Bruder Lui dazu, aus dem grimmschen visuellen Talent das Beste zu machen und sich auf die Malerei zu werfen. Einige wenige Freundschaften entstanden dennoch aus dieser Einsamkeit und hielten für den längsten Teil ihres Lebens. Diejenige zu Otto von der Malsburg war allerdings bitter tingiert durch die Beobachtung, dass dieser als Adelsspross selbstverständlich auf Kosten des Staats – und damit der steuerzahlenden Bauern und Bürger – auf die Universität geschickt wurde, während die Brüder Grimm eine besondere Genehmigung brauchten und zusätzlich sehen mussten, woher sie das zum Studium benötigte Geld zusammenbettelten. Noch Jahrzehnte später erinnert sich der Abgeordnete Jacob Grimm grollend vor der Nationalversammlung in der Frankfurter Paulskirche in seiner eigentümlichen Mischung des Öffentlichen mit dem Privaten: »Meine gute mutter hatte acht söhne dem vaterland geboren und sollte ihm fünfe grosz ziehen. Es war mir sauer und schwer in meiner jugend, ich hatte endlich die schule durchgemacht, und war vielleicht der beste in der ganzen classe; da sasz mit mir auf einer bank ein adeliger, sohn des reichsten edelmanns im lande; als es sich nun handelte um ein stipendium, und allen die verhältnisse genau bekannt waren, bekam ich das stipendium nicht, sondern jener reiche edelmann, der mein freund war und bis zu seinem tod geblieben ist.«

Jacob widerstand der Einsamkeit und dem Leistungsdruck, wuchs an ihm. Seine Disziplin, sein Stehvermögen und seine Produktivität setzten Zeitgenossen und setzen auch uns heute in Erstaunen. Wilhelm hielt zwar stand, aber seine Gesundheit litt Schaden, der später nicht mehr zu kurieren war. 1802 schließt Jacob seine Gymnasiallaufbahn vorzeitig ab. Eine förmliche Abschlussprüfung existiert nicht. Jacob macht reichlich Gebrauch von der Möglichkeit, Stufen zu überspringen. Andere benötigten mindestens sechs Jahre, wofür er drei braucht. 1803 folgt Wilhelm, den »lange und gefährliche« Krankheit ein halbes Jahr völlig zu pausieren zwang.

Welche Sorgen Schreckensnachrichten aus Kassel im fernen Steinau auslösten, ist leicht vorstellbar. Dass der Bildungsweg der beiden nicht im Lyzeum enden würde, war vorgezeichnet. Aber ein Grimm musste in der kürzesten Zeit fertig werden, damit die Mittel möglichst lang reichten. Und diese Mittel waren knapper als knapp, wenn wir Jacob glauben dürfen: »Es galt, der geliebten Mutter, deren Vermögen fast zusammengeschmolzen war, durch eine zeitige Beendigung meiner Studien und den Erfolg einer gewünschten Anstellung einen Theil ihrer Sorge abzunehmen.« Dass ein zugesagtes Stipendium nicht gewährt wurde, war angesichts dieser Klemme besonders bitter, tat aber anscheinend seiner Loyalität dem Fürsten gegenüber keinerlei Abbruch. Im Gegenteil zieht er Selbstvertrauen daraus, dass die Familie sich alles, was sie erreicht hatte, selbst erkämpft oder abgespart hatte.

Selbstvertrauen war die eine Seite der Medaille – Härte die andere, ungesündere. Ungesund nicht so sehr für ihn selbst wie für die Menschen, die ihm nahestanden. »Wer hart gegen sich ist, der erkauft sich das Recht, hart auch gegen andere zu sein, und rächt sich für den Schmerz, dessen Regungen er nicht zeigen durfte«, stellt Theodor W. Adorno fest. Vielleicht in seinem Bestreben, weiteren Katastrophen zuvorzukommen, vor denen es Jacob als Familienvorstand sicherlich graute, kehrte er solche Härte gegen alle, die nicht in seinem Sinne »spurten« – seien es seine Geschwister, seien es literarische oder wissenschaftliche Weggenossen, seien es Gegner.

Es liegt nahe, Wilhelms künftig wiederkehrende bedrohliche Gesundheitskrisen und die bis an die Selbstzerstörung reichende Renitenz unter den Geschwistern auch in den Zusammenhang dieser Rücksichtslosigkeit zu stellen, selbst wenn Jacob diese nicht beabsichtigte. Aber die frühreife gelehrte Fast-Klausur verlief nicht ohne greifbaren Kollateralschaden, wie Jacob selbst die damalige Not in seinen Erinnerungen resümiert – so unterkühlt, wie er sich meist über hochemotionale Erfahrungen äußert: »Im ganzen hatte man uns doch zuviel aufgelastet; ein paar freistunden hätten uns wol gethan.« Wilhelm redet Tacheles in seiner Selbstbiografie: »Der Uebergang zu dieser sitzenden Lebensweise, denn der ganze Tag war mit Lehrstunden besetzt, wirkte nachteilig auf meine bisher so feste Gesundheit. Nach einem an sich gar nicht heftigen, glücklich überstandenen Anfall des Scharlachfiebers, fieng ich an über beschwerten Athem zu klagen, wozu sich bald Schmerzen in der Brust gesellten ... Die Lehrstunden hatten dabei ihren Fortgang, und der Weg nach dem Lyzeum ward mir oft sehr sauer, wenn mir der kalte Wind, der über den Friedrichsplatz oft herzieht, entgegenblies.« Kassel konnte einen in mancher Hinsicht seine Kälte spüren lassen.

Wilhelm widerstand im Ganzen, denn er war seelisch zäh und durfte immer Liebe und Teilnahme seines großen Bruders über sich fühlen, derer so viele Briefe ihn und uns heutige Leser versichern. Bei seinen Geschwistern dürfen wir nicht so sicher sein, dass die Geißel der Disziplin und Produktivität, die Jacob zeitlebens über ihnen schwang, für ihre Katastrophen nicht mit ursächlich war. Besonders gilt dies für Ferdinand, der bis zu seinem elend einsamen frühen Tod die Rolle eines »Idioten der Familie« zu spielen hatte.

Juristen-, Lehrer- und Arztfamilien sind in der Wahl ihrer Studienfächer oft recht fantasielos – nicht anders die Grimms. So verwundert es nicht, dass die Wahl der Brüder auf die Rechtswissenschaft fiel, »weil mein seel. Vater ein Jurist gewesen war und es die Mutter so am liebsten hatte«. Der spätere begeisterte Philologe und Sprachhistoriker Jacob Grimm schickte sich also 1802 an, nach Marburg zu gehen und sich an der dortigen Universität in Pandekten und Digesten zu vergraben, um der Mutter »einen kleinen Theil der großen Liebe, die sie uns mit der standhaftesten Selbstverleugnung bewies, ersetzen zu können«. Zarter könnte Aufopferung nicht ausgedrückt werden, und ähnliche Rück- und Vorsicht spricht aus der Begründung, die Jacob nachreicht: »Es liegt in diesem Haften beim Stande des Vaters an sich etwas Natürliches, Unschädliches und sogar Ratsames.«

Ende April 1802 besteigt Jacob den Wagen nach Marburg. Die Stadt hat den greifbaren Vorteil, dass sie nahe und dass das Leben dort billig ist. Was allerdings schmerzte, das war die vorübergehende Trennung von seinem Bruder Wilhelm, mit dem er aufgewachsen war wie ein Zwilling mit dem anderen; der mit ihm alles geteilt hatte: die Bücher, die sie sich gemeinsam buchstäblich vom Munde abgespart hatten, den Kasten mit den Muschelfarben, das Bett, den Tisch, die Leidenschaften und Interessen, wohl die Sorge über die Zukunft mit ihren unvorhersehbaren Herausforderungen und Gefahren. Die Fahrt führt Jacob auf der Frankfurter Straße über Zwehren und eine lange Steige empor nach Baunatal. Der Wagen überholt die schwer beladenen Ochsenkarren der Fuhrleute mit ihren knallenden Peitschen. Das Wirtshaus

»Knallhütte« bleibt links liegen; nicht weiter beachtenswert für Jacob, dabei werden diese Örtlichkeiten lebensentscheidend für ihn werden.

Wir müssen annehmen, dass Jacob recht behielt, wenn er sich sorgte und sehnte, wenigstens bis zu dem Moment, als Wilhelm ihm ein Jahr später nach Marburg folgte. Die Studentenzeit beginnt für Jacob mit einem ungemütlichen Logis, mit Einschränkungen und viel Arbeit.[17] Nicht mit absoluter Einsamkeit, denn der privilegierte Malsburg und einige vertraute Freunde sind an seiner Seite. Aber die barocke Burschenherrlichkeit vergangener Zeiten mit Wein, Weib und Gesang ist bereits entschwunden und ihre Neubelebung durch patriotische Studentenkorporationen steht noch ganz an ihrem Beginn. Die geldlosen Brüder Grimm können sich Wein und vermutlich Weib nur in geringer Dosis leisten, und nach Gesang steht zumindest Jacob der Sinn nicht. Zur tiefgehenden Unterhaltung und zur innigen Freundschaft fähig, geht er unverbindlicher Konversation am liebsten aus dem Weg und kann bloße »Bekannte« nicht leiden. Erst Wilhelm holt ihn gelegentlich aus seinem Schneckenhaus heraus und besucht mit ihm einen der studentischen Tanztees, auf deren Parkett der vorzügliche Tänzer Jacob glänzen kann.

Engeren Anhalt suchen die Brüder aneinander, an den Büchern und an ihrer Wissenschaft. Sie hören Logik, Naturrecht, Staatsrecht, Kirchenrecht, Lehnrecht, Privatrecht, »Criminale« (Strafrecht) und vieles mehr, bis sie der rechtsgeschichtliche Vortrag des blutjungen und hochbegabten Professors Friedrich Carl von Savigny nachhaltig in seinen Bann zieht. Savigny, gerade einmal fünf Jahre älter als sein nachmals berühmtester Student Jacob Grimm, ist kein stumpfer Kathedergelehrter, sondern bringt mit seiner Berufung eine ganze intellektuelle Welt aus Frankfurt mit sich nach Marburg. Er teilt sie wie auch sein juristisches Wissen in seinen Privatkollegien in seinem Domizil freigebig mit den begabten unter seinen Studenten – so mit Jacob, der sich dankbar erinnert, »daß sie mich auf's gewaltigste ergriffen und auf mein ganzes Leben und Studieren entschiedensten Einfluß erlangten«. Wilhelm, der sich später anschließt, lässt sich nicht minder von Savignys Brillanz, von dessen Freunden und Büchern begeistern. Für Savigny wiederum ist Jacob ein Glücksfall: Sein erster Schüler und gleich eine solche Begabung und Begeisterung!

Der Beifall dieses hochgestellten Gelehrten macht Jacob sichtlich stolz; er erinnert sich später gern, wie er Savignys erste Aufgabe perfekt löste und wie dieser ihn, wie es seine Art war, in einer Art öffentlicher Disputation belobigte. Für einen Grimm der Auftakt zu einem jahrzehntelangen Loyalitätsverhältnis: »Welche unbeschreibliche Freude mir das machte und welchen neuen Eifer das meinen Studien gab, wäre zu bemerken unnöthig. Das Ueberbringen dieser Ausarbeitungen veranlaßte nun öftere Besuche bei Savigny« und mündete in den intellektuellen »Urknall« in Jacob Grimms Biografie: »In seiner schon damals reichen und auserwählten Bibliothek bekam ich dann auch andere nicht juristische Bücher zu sehen, z. B. die Bodmer'sche Ausgabe der deutschen Minnesinger, die ich später so oft in die Hand nehmen sollte.«

Von der Rechtsgeschichte zur Literaturgeschichte also führte in Marburg der grimmsche Weg und stand erkennbar am Beginn ihrer Entscheidung, ihre Begeisterung für Bücher und das deutsche geistige Erbe, wenn schon nicht gleich zum Hauptberuf, so doch zur leidenschaftlich betriebenen Lebensaufgabe zu machen. Denn immer wieder logieren gleichgesinnte junge Leute bei Savigny im alten Forsthof, etwas außerhalb der Stadt direkt unter dem Landgrafenschloss gelegen, deren Namen später berühmt werden sollten: Clemens, Bettine, Magdalena und Kunigunde aus der großen Geschwisterschar der Frankfurter Bankiers- und Kaufmannsfamilie Brentano, der Märker Achim von Arnim, Clemens engster

Freund und Kollege, Clemens' Frau Sophie Mereau, die literarisch hochbegabte, verarmte Hanauerin Karoline von Günderrode, die hoffnungslos in Savigny verliebt war, und andere. Fast alle sind sie ambitionierte Schriftstellerinnen und Schriftsteller, lesen laut aus ihren Produktionen, streiten, spintisieren, berauschen sich an ihrem Genie.

Was mögen die Brüder beigetragen haben zum Gespräch? Das wenige, das sie wussten und kannten, das kannten sie gut. Sie konnten ausgezeichnet beobachten und hatten eine Liebe zum Detail, die sie ausgezeichnet qualifizierte, wenn es um die Entdeckung neuer Möglichkeiten des Forschens ging, um das Ausgraben und die Interpretation von Quellen, um das Einordnen und Vergleichen. Savigny fand sie, wie sich schnell zeigte, sehr brauchbar für sein Fach. Aber auch die schriftstellernden Genossen interessierten sich für sie – besonders Clemens Brentano und Arnim, die schon heftig in der Öffentlichkeit diskutierte Werke vorgelegt hatten: Brentano die ersten Teile des Romans »Godwi«, an dem er immer noch saß, ohne ihn je zu vollenden, sowie einige Theaterstücke, einen Teil derer die halbwüchsige Bettine mitgeschrieben hatte, Arnim einen Roman mit dem eigenartigen Titel »Hollin's Liebeleben«, eine wild zusammengewürfelte Mischung aus illegitimer Liebe, Verrat, Missverstehen, Geheimbündelei und Tod, verspottet von der Kritik als »Hollin's Jammerleben«.

Was all diese jungen Leute den Grimms zeigten, war die Möglichkeit, eine Existenz abseits von Kanzleien, Kathedern, Kontoren und Kanzeln zu führen: zu einer größeren Öffentlichkeit zu sprechen, mit dem Schreiben Geld zu verdienen, sich unabhängig zu machen von der Gunst wankelmütiger Fürsten und vielleicht sogar berühmt zu werden! Die Schriftstellergeneration vor ihnen mit ihren Goethes, Schillers, Lessings oder der Brentano'schen Großmutter Sophie von La Roche hatte dem Bürgertum den Weg zur Literatur geebnet, und neue Autoren mussten einfach nur weiter vordringen auf diesem Weg. Die Zeiten waren günstig, denn das Publikum war versessen auf Neues, Maschinen leiteten auch im Buchgewerbe die Industrialisierung ein, Verleger wie Cotta, Campe, Brockhaus, Reimer oder Dieterich agierten mutig und erfolgreich, kurzlebige Zeitschriften schossen aus dem Boden wie Pilze nach dem Sommerregen, um auch den kurzen literarischen Formaten oder verkaufsfördernden Vorabdrucken Raum zu geben.

Ein geistig produktives Leben ohne Beamtenuniform oder Talar – diese Vision dürfte den Brüdern Grimm in der Marburger Studentenzeit erstmals greifbar erschienen sein. Und die sozial sehr unterschiedlich begabten jungen Männer schlossen Freundschaften für ein Leben.

Wenn jemand den Brüdern Grimm zeigen konnte, was Unabhängigkeit wirklich war, dann Savigny. Aus lothringischem Altadel stammend, war sein Vater geheimer Regierungsrat, also Minister des Fürsten von Isenburg und lebte später in Frankfurt am Main. Ohnehin reich begütert, erbte der alte Herr das Hofgut Trages, eine knappe halbe Tagereise östlich von Frankfurt im sogenannten Freigericht gelegen, einem hanauisch-mainzischen Kondominium. Eine romantische Ideallandschaft lag um den Trages und qualifizierte ihn nicht nur als Altersitz und Landgut des alten isenburgischen Beamten, sondern auch als geheimen Ort der jungen Leute zum Denken, Diskutieren und Spintisieren fern jeder Beobachtung durch spießbürgerliche Hauswirte, neidische Kommilitonen, konservative Professoren und die argwöhnischen Bürokraten von der Marburger Universität.

Wer es hierher schaffte und bei dem generösen Freiherrn und Rechtsprofessor Gastrecht genießen durfte, trug die höheren Weihen intellektueller Disziplin und Brillanz. So Clemens Brentano, der den Anfang machte, im Sommer 1800 auf dem Trages an seinem Roman »Godwi« und später an seinem berühmtesten

Märchen »Gockel, Hinkel und Gackeleia« schrieb und darin das Gut beschrieb: »In Deutschland in einem wilden Wald, zwischen Gelnhausen und Hanau, lebte ein ehrenfester bejahrter Mann ...« Über Jahrzehnte durfte er sich wiederholt zum Schreiben auf den Trages zurückziehen, sogar ein Zimmer im Herrenhaus war für ihn reserviert.

Auch die Brüder Grimm erhielten diese intellektuellen Weihen, vermutlich bereits sehr bald nach ihrer Marburger wissenschaftlich-literarischen Initiation. Für Jacob, der jede Semesterferien im roten Studentenfrack nach Steinau kam, war der Weg zum Trages nur ein kurzer Abstecher. Belegt ist sein Aufenthalt im Oktober 1805, am Ende einer Reise, die das Weltbild des Zwanzigjährigen prägen sollte: Savigny, der in Paris an einer großen »Geschichte des Römischen Rechts im Mittelalter« forschte und den der Diebstahl eines Koffers mit unersetzlichen Dokumenten zurückgeworfen hatte, beorderte ihn als Forschungsassistenten nach Frankreich. Das passt ausgezeichnet in die Planung, denn Jacob und Wilhelm hatten sich entschlossen, die Universität baldmöglichst zu verlassen.

Das kaiserlich-napoleonische Paris war damals der europaweit größte Stapelplatz geraubter europäischer, afrikanischer und asiatischer Kultur- und Kunstschätze und ein nur mit London und Rom vergleichbarer Verdichtungspunkt des Menschheitswissens. Wie einen Wald durchwandle man die »ungeheuern Büchersäle«, schwärmt der Theaterdichter August von Kotzebue. Zu dieser Zeit waren die Brüder Grimm längst mit dem Bazillus der Bücher infiziert, und dem Ruf Savignys zu folgen, war für Jacob, der sich eigentlich auf sein Abschlussexamen vorzubereiten hatte, sicherlich eine Aufhaltung auf dem Weg zu einer gut besoldeten Stellung, aber kein Opfer. Eloquentestens beseitigt er den Widerstand der in Steinau schwer krank und depressiv liegenden Mutter, indem er brieflich nicht nur auf die ausgezeichneten Savigny'schen Verbindungen hinweist – diese könnten ihm auch ohne bestandenes Examen einen Posten verschaffen –, sondern auch auf den entlastenden Umstand, dass Savigny für alle Kosten aufkommen wolle. Zudem stehe Wilhelm in seiner Abwesenheit als stellvertretender Familienvorstand zur Verfügung.

Friedrich Carl von Savigny, gesehen von Ludwig Emil Grimm bei seinem Landshut-Aufenthalt, 1809.

Die Savignys leben in Paris in Saus und Braus, und durchaus anders als andere Brotherren der damaligen Zeit lassen sie den jungen Studenten an ihrem Luxus teilhaben. Dies unterstreicht zwar die freundschaftliche Nähe der Reisegesellschaft, löst aber auch soziales Unbehagen in dem bäuerlich-kantigen Jacob aus: »Wir trinken Morgens 10 Uhr Thee, Mittags 3 Uhr frühstükken wir, Abends 5 oder 6 Uhr wird zu Mittag gegessen, u. 10, 11, auch 12 Uhr zu Abend«, schreibt er an die Mutter, und: »Übrigens erhalte ich hier sehr gutes Eßen, wie ich es noch nie gehabt habe. Wir sind schon einigemal zum Diner bei einem Restaurateur (so heißen sie hier die Gastköche) gewesen, wo zwar stets auf Silber in prächtigen Sälen serviert wird, wo es aber auch für eine Person jedesmal 6 Livres d. i. ein Laubthaler, kostet. Im Ganzen ist man freilich genirt, man muß z. B. immer gut gekleidet sein.« Unverkennbar schon hier Jacobs Neigung zu bequemem intellektuellem Rückzug im »schlumpichten Gewande«, den Nietzsche später als unentbehrliches Accessoire des deutschen Gelehrten und seiner geistigen Emanzipation bedichtete. Wie muss er am Anfang seiner Karriere unter seinen unbequemen, teuren Dienstuniformen gelitten haben – zumal er sie selbst bezahlen musste.

Auch Wilhelm erkennt die Chancen, die sich durch Jacobs Reise bieten. Chancen auf unvermutete Quellenfunde in den Riesenbeständen der Bibliothèque Nationale und auf Entdeckermeriten als Philologen und Herausgeber: »Ich habe daran gedacht ob du nicht in Paris einmal unter den Manuss. (Manuskripten) nach alten deutschen Gedichten u Poesien suchen könntest, vielleicht fändest du etwas das merkwürdig und unbekannt«, versucht er Jacobs Entdeckerlust anzustacheln. Den Freiraum dazu besitzt Jacob – seine erstaunlich effektive Arbeit an den alten Quellen hat Savignys Dokumentenverluste bereits nach wenigen Wochen kompensiert, wie dieser bemerkt. Und die Stadt selbst interessiert Jacob nicht die Bohne, er fällt im Gegenteil sein Urteil schnell: »In Paris gefällt es mir weiter gar nicht u. ich mögte nicht für lange Zeit hier wohnen.« Das verwinkelte mittelalterliche Paris, das noch nicht das Paris der Haussmann'schen Boulevards der Belle Époque war, stößt ihn mit seiner Enge und seinem Schmutz ab, und mit Grauen denkt er an die Blutspur zurück, die die Revolution durch diese Gassen gezogen hat.

Zum ersten Mal wird in Jacob ein antifranzösischer Reflex spürbar, als er das intellektuelle Paris als oberflächlich und das populäre Paris als vulgär aburteilt. Offenbar fehlt ihm zu dieser Zeit auch der innere Zugang zu den reichen Kunstschätzen im »Museé central des arts«, nun »Musée Napoléon«, die er – ein Verdienst der Revolution – jederzeit besichtigen darf, ganz anders als die deutschen Kunstsammlungen, die meist von spätfeudalen Fürsten unter Verschluss gehalten wurden.

»Laß dir lieber etwas von unserer vortrefflichen Bibliothek vorsagen«, wechselt Jacob abrupt in seinem ersten Brief an Wilhelm das Thema und schwenkt um zu seinem Lieblingsgegenstand: ihren Büchern. Die später legendäre gemeinsame Bibliothek existiert erst rudimentär, denn bislang fehlt es am nötigen Geld, die teuren Objekte der Begierde in großer Zahl zu erwerben. Ein neuer Band kostete ungefähr den Monatslohn eines niederen Dienstboten. Aber Jacob fühlt sich sichtbar angestachelt durch die Unsummen, die Savigny – unterstützt von seiner klugen Frau Gunda, die ihrerseits auch als wissenschaftliche Assistentin fungierte – für Literatur aufwendet. Das Projekt einer brüderlichen gemeinsamen Bibliothek verschmilzt in diesen Pariser Monaten mit dem Projekt eines gemeinsamen Lebens und Forschens, denn gerade diese erste Trennung über lange Zeit und große Entfernung ließ die Brüder ihre gegenseitige Abhängigkeit erstmals schmerzlich spüren. »Ich denke, wenn wir auf diese Art fortfahren«, philosophiert Jacob brieflich über seine Leidenschaft, »denn daß es auf einen Plan ankommt ist gewiß wahr u. Savigny hat es schon längst gesagt, so werden wir uns einmal hübsche Werke sammeln, es versteht sich, daß wir in Zukunft etwas mehr dran wenden können u. immer zusammen vereinigt, denn lieber Wilhelm wir wollen uns einmal nie trennen ... Wir sind nun diese Gemeinschaft so gewohnt, daß mich schon das Vereinzeln zum Tod betrüben könnte. – Doch«, (und hier ironisiert der Schreiber den schwer erträglichen Trennungsschmerz) »damit das nicht zu rührend wird, will ich dir nur sagen, daß wir uns recht um Aukzionskataloge bemühen wollen, denn ohne das ist es unmöglich mit wenigem etwas zu leisten.« Sie hoffen demnach auf gebrauchte Trouvaillen, bekanntlich die beste Art, Entlegenes und Vergessenes zu entdecken – und idealerweise intellektuelle Konkurrenten auszustechen auf dem Weg zum wissenschaftlich-literarischen Ruhm.

Zurück aus Frankreich, wartete auf die beiden frischgebackenen Absolventen und ihre Familie eine neue Wohnung in der Wildemannsgasse Ecke Marktgasse am Rand der Kasseler Altstadt – in unmittelbarer Nähe der Sonnenapotheke, deren Besitzerfamilie im Leben der Brüder Grimm – ganz entscheidend im Leben Wilhelms – noch eine große Rolle spielen sollte.

Und in dieser Wohnung wartete schon eine neu-alte Kasselanerin: Dorothea Grimm – freudig, sicherlich auch bange vor dem, was Jacob ihr von seinen Reisen und Plänen berichten würde.

Die Bangigkeit war eine gemeinsame: Jacob war zweifellos bewusst, dass er seiner Mutter einiges zumuten würde mit seinem Ausbruch aus der auf Loyalität basierenden Familiendisziplin. Mit seinen ernsthaften Gedankenexperimenten rund um eine nicht ganz so bürgerlich-sichere Existenz, wie sie Dorothea für ihn vorschwebte – und für sich selbst und die unselbstständigen jüngeren Kinder. Dass neben seinem Verantwortungsbewusstsein und seinem Pflichtgefühl tiefe gegenseitige Zuneigung im Spiel war und völlige Unklarheit darüber bestand, wann und ob überhaupt jemals der kränkliche Wilhelm zum Einkommen der Familie beitragen würde, konnte die Angelegenheit nicht einfacher machen.

Wie auch immer die fälligen Aussprachen verlaufen sein mögen – es siegte die normative Macht des Faktischen. Es gab keine materielle Alternative zu einer Karriere als Regierungsbeamter. Jacob war kein Mann einsamer ichsüchtiger Ausbrüche. Für die einzwängende Hofuniform sprach nicht nur die Familienloyalität, sondern auch Jacobs Bedürfnis nach Sicherheit. Und die Hoffnung, dass ihm genug Zeit blieb, neben den dienstlichen und geschwisterlichen Verpflichtungen zusammen mit Wilhelm seine eigentlichen tiefen Neigungen verfolgen zu können, zu denen ihn Savigny und die romantischen Freunde inspirierten.

Hohe Ambitionen und stockende Karrieren

Während noch die jungen Geschwister Grimm ausgiebig Kasseler Großstadtluft schnuppern und bis auf ihre Mundart ihren bäurischen Habitus nach und nach ablegen, suchen sie mit unterschiedlichem Erfolg Anschluss an die führenden intellektuellen Kreise Deutschlands. Jacob und Wilhelm gehören, durch Savigny vermittelt, zweifellos bald zu ihnen. Und ausgerechnet der jüngste Bruder, der halbwüchsige Lui, hält sich zu den beiden und findet Anklang kraft seiner zugewandten, selbstbewussten Art und seiner seltenen Begabung im Zeichnen. Viele Romantiker dilettieren im Zeichnen. Und hier ist einer, der es einfach von Natur aus kann.

Ferdinand läuft beiseite mit; er ist ambitioniert, aber er hat sich alles selbst beizubringen, denn für eine gründliche Bildung reicht das Geld nicht – und, wie es scheint, die Intensität seines Strebens danach. Immerhin lässt er sich zu kleineren philologischen Hilfsarbeiten wie Reinschriften heranziehen. Mag sein, dass seit seinen Jugendjahren Groll über die Zurücksetzung den großen Brüdern gegenüber an ihm nagte. Aber offener Widerstand dürfte schwierig gewesen sein, sobald Jacob, einig mit Wilhelm, seine Anordnungen traf. Carl hält sich aus dem intellektuellen Wettspiel heraus. Von herausragenden Interessen ist bei ihm nichts überliefert. Es scheint, dass er die Maingegenden als Letzter verlässt, da er in Hanau eine kaufmännische Ausbildung durchlaufen hat. Die Beziehungen der Brüder Grimm verschaffen ihm seine erste Stelle bei Clemens Brentanos Schwager Carl Jordis, einem engen Geschäftspartner des Bankhauses Brentano. Eine zwar glanzlose, aber solide Existenz scheint Carl bevorzustehen, in der er immerhin sofort zum knappen Familieneinkommen beitragen kann.

Auch Lottes Weg ist vorgezeichnet: Bis sie zum Vorteil der Familie – und nach Möglichkeit zu ihrem eigenen Vorteil – verheiratet wird, tut sie das, was sie bereits in Steinau getan hat: Hausarbeiten erledigen bis zum Umfallen. Sie ist nicht die Robusteste, ihr früher Tod deutet in diese Richtung. Und während die Grimms nicht müde werden, in ihren Briefen ihre Liebe zu ihrer einzigen Schwester herauszustreichen, schleicht sich in der Kasseler Zeit allmählich ein neuer Tonfall aggressiver Kritik ein. Besonders Jacob missfällt das, was er als Faulheit und Renitenz interpretiert. Kein Zweifel: Lotte »funktioniert« nicht in seinem Sinne.

Vielleicht sieht Jacob sich zu solcher Kritik berechtigt, da er selbst sich geradezu gewaltsam nach der Decke strecken muss. Denn Tante Zimmer ist während seiner Abwesenheit in Paris nicht müßig gewesen. Einen von Jacobs Briefen an sie hat sie an die Kurfürstin durchgestochen. Er hat Eindruck gemacht. Die Fürstin hat ihren Gatten für die Neffen interessiert. Der Weg in eine Karriere stehe ihnen offen.

Aber was für eine Karriere! Die wohltätige Hofdame wusste, dass sie den Brüdern ein vergiftetes Geschenk in den Schoß legte. Sie kannte Jacobs Bekennerbrief aus Paris, den sie ihrer Herrin zweifellos nicht vorgelegt hatte. »Meine innern Neigungen«, heißt es darin, »d. h. die Studien, die ich mit Lust und Liebe ergreifen könnte, stehen mit meinen äußern Verbindungen, Familien- und andern Verhältnissen in ziemlichem Widerspruch, meine Verwandten fesseln mich an mein Vaterland, ohne sie würde ich im Ausland nicht glücklich sein können« – obwohl, so ist er überzeugt, seine Aussichten in Bayern oder Baden viel besser wären. Sicherlich denkt er dabei auch an die frisch aufgeblühte Heidelberger Universität, denn ein Professor wäre er am liebsten, »da praktische Geschäfte meinen Neigungen ziemlich entgegen sind« (hier dürfte Tante Zimmer geseufzt haben). Gleichviel, »mein Entschluß ist fest, ich bleibe in Hessen u. wünsche da meine Anstellung«, einen Dienst nämlich, »der mir nicht den ganzen Tag wegnimmt, sondern Zeit läßt meine Lieblingsstudien fortzusezzen, denn ich gestehe es, ohne dieses, würde ich ziemlich unglüklich sein ... Advokat mögte ich schon um deswillen nicht sein, weil die Arbeiten dabei so unbestimmt sind.« Einen untergeordneten Posten stellt er sich demnach vor, in dem er nach Anweisung arbeiten kann, denn die Freude an juristischer Gestaltung geht ihm ab. Über seine Chancen im Rattenrennen der vielen jungen Kandidaten – von denen die Adeligen die Überholspur gepachtet haben – macht er sich wenig Illusionen, hofft aber, dass sein Paris-Aufenthalt ihm »zu Empfehlungen gereichen möge«.

Doch die allerhöchste Protektion fruchtet. Drei Monate nach seiner Rückkehr hat er es schriftlich, von Ihrer Durchlaucht persönlich unterzeichnet: »Nachdem Wir dem Candidato Juris« – er ist ja genau genommen ein Studienabbrecher – »Jacob Ludwig Carl Grimm den Acczeß bei dem Sekretariat des zweiten Departements Unseres Kriegs-Collegii dergestalt gnädigst zugestanden haben: daß er dabei zu den vorfallenden Expeditionen und sonstigen Geschäften sich gebrauchen laßen soll; So befehlen ersagtem Departement denselben, nach gewöhnlichermasen geschehener Verpflichtung, zur treuen Wahrnehmung seiner Obliegenheiten weiter gehörig anzuweisen.«

In diesem Kriegs-Collegium als einer Art Verteidigungsministerium wird das bedeutende hessen-kasselische Heer verwaltet. Das klingt ganz nach »bestimmten« Arbeiten nach Anweisung, nach hirnschonender Subalternität. Die Unbequemlichkeit eines streng geregelten Arbeitsalltags und der militärischen »steifen Uniform mit Puder und Zopf« samt Degen (Jacob in seinen Erinnerungen) gilt es, um des höheren Ziels willen zu ertragen. Überschaubare hundert Reichstaler im Jahr beträgt sein »Schmerzensgeld« für die Plage – in der Wildemannsgasse mit ihren sieben gefräßigen Wohngenossen dürfte dies selbst zusammen mit dem Gehalt des kleinen Bankbeamten Carl hinten und vorn nicht gereicht haben. Wilhelm legt – anders als Jacob – ein juristisches

Examen ab; etwas glanzlos gelingt es wenige Monate nach Jacobs Bestellung. Danach sitzt Wilhelm zu Hause, denn er fühlt sich ganz und gar nicht gesund, und eine Position ist für ihn nicht in Sicht. Jacobs Brotberuf dagegen bringt in diesen unruhigen Zeiten größere Herausforderungen als ursprünglich erwartet. Nur die gemeinsamen Studien mittelalterlicher Literatur hellen den tristen Alltag auf. »Die viele und geistlose Arbeit wollte mir wenig schmecken, wenn ich sie mit der verglich, die ich ein Vierteljahr vorher zu Paris verrichtete«, erinnert sich Jacob zurück.

Im Spätherbst 1806 endet jäh die Routine des Nachwuchsbeamten – doch was da kommt, das ist nicht besser. Der Krieg ist zurückgekehrt. Zurückgekehrt direkt nach Kassel. Preußen hatte sich, verbündet mit Russland, auf einen Waffengang mit der Grande Armée eingelassen, der bei Jena und Auerstedt endet. Der hessische Kurfürst Wilhelm verkalkuliert sich mit einer verunglückten Schaukelpolitik zwischen den Großmächten, worauf Napoleon Hessen besetzen lässt und unter französische Verwaltung stellt. Auch die Grimms erleben eine private »Besetzung«: Sie haben die Einquartierung französischer Offiziere in ihrer Wohnung zu dulden. Und aus dem Kriegs-Collegium wird unter der wohlwollenden Leitung des französischen Militärgouverneur General Lagrange eine Behörde zur Versorgung der Truppe.

Die Grimms sind schockiert: »Jener Tag des Zusammenbruchs aller bisherigen Verhältnisse wird mir immer vor Augen stehen. Ich hatte am letzten Oktober Abends die französischen Wachfeuer in der Ferne mit einiger Bangigkeit gesehen, aber daß Hessen unter fremde Herrschaft gerathen sollte, konnte ich nicht eher glauben, als bis ich am andern Morgen die französischen Regimenter bei dem alten, jetzt niedergerissenen Schlosse in vollem militärischen Glanze einziehen sah. Bald änderte sich alles von Grund aus: fremde Menschen, fremde Sitten, auf den Strassen und den Spaziergängen eine fremde, laut geredete Sprache.« So erinnert sich Wilhelm an diesen historischen Moment, und in Briefen an Savigny deuten Jacob und Wilhelm die »beweinungswürdigsten Dinge« nur an, die sie »voll Bitterkeit« erleben müssen.

Ludwig Emil Grimms Blick aus dem Fenster der Wohnung Wildemannsgasse/Marktgasse. Aquarell.

Zwar tut sich der sprachgewandte Jacob mit den neuen Herren leichter als die meisten seiner Kollegen. Aber nun jagt eine Dauersitzung die andere, und man überschüttet ihn mit Aufgaben, »so daß ich ein halbes Jahr lang weder Tag noch Abend Ruhe hatte« und die Wissenschaft derweil pausieren muss. Und vor allem hat er so gar keine Lust, sich nun auch noch mit dem französischen Recht herumzuschlagen, während anderswo die philologische Konkurrenz – und als Philologen sehen sich Jacob und Wilhelm – nicht schläft und ihnen, den Brüdern Grimm, die interessantesten Themen und spektakulärsten Texteditionen vielleicht vor der Nase wegschnappt.

Kassel wird im Sommer des Folgejahrs zur Hauptstadt des neu gegründeten Königreiches Westphalen, das vom Main bis zur Elbe und zur Ems reicht. Zum König macht Bonaparte in napoleonischer Tradition ein Mitglied seiner Großfamilie: seinen jüngsten Bruder Jérôme. Jérôme zieht glanzvoll ins Kasseler Stadtschloss ein, das der Kurfürst und seine Familie beim Herannahen der Truppe fluchtartig geräumt hatten. Tante Zimmer muss ihre Herrin ins Exil nach Gotha begleiten, während der Kurfürst samt Entourage nach Itzehoe geht. Erneut wankt ein nicht nur wirtschaftlicher Grundpfeiler der Grimms.

Mit der württembergischen Prinzessin Katharina an seiner Seite und eng abgestimmt mit seinem mächtigen Bruder macht der zweiundzwanzigjährige Jérôme sich an die Regierungsgeschäfte. Außenpolitisch löst er Westphalen aus dem heraus, was einmal das Heilige Römische Reich gewesen war, und schließt es dem Rheinbund an – einem Kordon mittelgroßer souveräner Staaten unter französischem Einfluss, der die mitteleuropäischen Großmächte außerhalb der Schlagdistanz zu Frankreich halten sollte. Innenpolitisch soll aus dem Land ein Modellstaat nach französischem Vorbild entstehen. Amtmänner nach Art eines Philipp Wilhelm Grimm haben darin keinen Platz mehr, sie werden durch Subpräfekten ersetzt. Die Namen der alten Feudalterritorien verschwinden von der Landkarte, aus dem alten Hessen-Kassel wird das »Departement der Fulda«. Ein umfangreiches Bündel rechtlicher und sozialer Reformen greift tief in jedermanns Leben ein: die Abschaffung der feudalen Gutsherrengerichte, die

Aufhebung der Leibeigenschaft, die Besteuerung des Adels, Gewerbefreiheit, Standesamtswesen, Judenemanzipation. Der französische Code Civil regelt nun die Rechtsbeziehungen. Von einem Tag auf den anderen ist das gelernte juristische Wissen der Brüder Grimm keinen Pfifferling mehr wert.

Längst ist da in Jacob der Entschluss herangereift, seinen Dienst im Ministerium zu kündigen. Als er es Mitte 1807 tut – nicht ohne sich in einem langen Schreiben vor Savigny zu rechtfertigen –, obwohl er keinen anderen Posten in Aussicht hat, dürfte Dorothea entsetzt über diesen vermeintlich selbstmörderischen Schritt gewesen sein.

Mag sein, dass die Ungebundenheit Arnims und der allerdings wohlhabenden Brentano-Geschwister Jacobs Selbstvertrauen und Ehrgeiz anstachelt. Die Freunde sind durch ihre altdeutschen Studien zusammengewachsen. Clemens Brentano taucht nach seiner irrlichternden Art in Kassel auf. Er geht auf Freiersfüßen – die minderjährige Frankfurter Bankierstochter Auguste Bußmann ist mit ihm durchgebrannt und Schwager Jordis, Jérôme Bonapartes erfolgreicher Bankier, hat dem Liebespaar Unterschlupf in Kassel gewährt. Brentano arbeitet auch auf eine Schaffensgemeinschaft mit den Grimms hin, holt nicht nur seine große Bibliothek, sondern auch Arnim und die Schwestern Bettine und Meline nach, während seine Ehe mit Auguste schon ihren katastrophalen Lauf nimmt. Band 2 und 3 von »Des Knaben Wunderhorn« – der berühmten Sammlung von Volkspoesie, von Arnim und Brentano gemeinsam herausgegeben – werden ebenso in Angriff genommen wie die Sammlung von Märchen. Die Brüder Grimm sind aus Brentanos Sicht genaue und fleißige Lieferanten von Stoffen, die er nach dem Muster des »Wunderhorns« poetisch stilisiert veröffentlichen will. Jacob und Wilhelm spielen mit, denn sie beabsichtigen etwas völlig anderes: eine möglichst wortgetreue Wiedergabe der überlieferten Texte, also keinesfalls ein Konkurrenzwerk. Sie erwarten, dass der Markt reichlich Raum für beides bietet.

So fließen Poesie und Philologie ineinander in dieser Arbeitsgemeinschaft unterschiedlicher Charaktere, wie sie wechselweise zusammentreffen mag – mal in Jordis' Schloss Schönfeld, mal in der Wildemannsgasse unter dem bürgerlichen Dach der Dorothea, an der die überstandenen Strapazen sich zu rächen begannen.

»Unser Leben währet siebenzig Jahre, und wenn's hoch kommt, so sind's achtzig Jahre.« Wie oft mögen die Geschwister Grimm diesen Psalmvers gehört haben – von der Kanzel im Gottesdienst, von Präzeptor Zinckhan in der Schule, am Grab oder bei der Aussegnung eines Verwandten oder Freundes. Ihrem Vater hatten diese siebzig Jahre nicht zugestanden. Mit vierundvierzig war er abberufen worden; die erste Existenzkrise der Grimms hatte damals ihren Lauf genommen und hatte die Mutter Dorothea schwer geprüft: mit materieller Unsicherheit, mit der Angst vor gesellschaftlicher Deklassierung, mit der Sorge, dass alle Hoffnungen für und auf ihre begabten Kinder enttäuscht werden und diese verelenden könnten, mit der Demütigung, dass sie nun auf die ungeliebte Schwägerin Tante Schlemmer angewiesen war, und nicht zuletzt mit noch mehr Arbeit.

Im Zusammenwirken mit den schwierigen Zeitläuften konnte diese Sorgenlast auch die Substanz starker Naturen untergraben – und Dorothea war keine so starke Natur. Dass ihr rasch und früh diejenigen wegstarben, bei denen sie mit praktischer Unterstützung rechnen konnte – erst ihr Mann, dann ihre Schwägerin, dann ihr Vater –, nahm sie sich schwer zu Herzen, litt an Depression und wütendem Kopfschmerz.

In Briefen an die exilierte Tante Zimmer beschreibt Wilhelm, selbst seiner Gesundheit alles andere als sicher, genau den Krankheitsverlauf seiner Mutter. Dieser begann mit Kopfschmerzen, dem alten Leiden, denen Brechanfälle folgten. Kein Anlass zur

Besorgnis, befindet der Arzt. Allerdings bleibt seine Heilkunst wirkungslos, zumal neue Symptome hinzukommen: Seitenstechen und Kurzatmigkeit. Aderlass und Blutegel, die klassischen Maßnahmen der hilflosen Medizin dieser Zeit, wenden das Blatt nicht, sondern entkräften Dorothea – wie ihren Philipp damals – zusätzlich. Ihre Kinder stärken sie mit Wein und Kaffee, wärmen ihr die Hände. Ihr bleibt gerade noch Zeit, bewusst Abschied zu nehmen. Dann stirbt sie: »Um ½ 7 Uhr ging noch der Atem, sie kannte aber niemand mehr, und um ¾ 7 Uhr hörte er leise auf, und sie war bei Gott.«

Zweiundfünfzig Jahre hatte Dorotheas Leben »gewähret«, nach den Maßstäben des 21. Jahrhunderts gerade einmal ein halbes Leben, und, um den Psalmvers fortzusetzen, war »es Mühe und Arbeit« gewesen. Auch auf ihren Erstgeborenen, den dreiundzwanzigjährigen Familienvorstand Jacob, wartet Mühe – Mühe und Verantwortung. Alle nahen Verwandten sind tot, Tante Zimmer mit der Kurfürstin im gothaischen Exil. Aber Jacob weiß auch, wie der Psalmist fortfährt: »Unsere Tage zu zählen, das lehre uns!« Seine Zeit als etwas Kostbares zu hüten also und aufzusparen für das, was im Leben wirklich werthaltig ist.

Das sind nun die Grimms in der Nacht von Dorotheas Tod: Der Familienvorstand Jacob, kräftig und durchsetzungsstark bis fast zur Brutalität, aber empfindsamer, als ihm vermutlich selbst recht ist, und ohne Einkommen. Beinahe-Zwilling Wilhelm, mehr als nur kränklich auch er. Der zwei Jahre jüngere Carl, zwar am Körper gesund, aber charakterlich völlig unfertig, der nach seiner Kaufmannslehre immerhin eine bescheidene Anstellung bei Jordis hat. Der vierte, Ferdinand, mangels guter Bildung – für mehr als zwei Jahre am Lyceum Fridericianum hatte das Geld nicht gereicht – noch weit entfernt von einer gesicherten Existenz. Der halbwüchsige Lui, der sich als Illustrator das Interesse Brentanos und Arnims verdient hatte und so karrierefördernd wie kostenschonend bei den beiden in Heidelberg zwischengelagert werden kann: Er soll eine Zeit lang ihre Bleibe teilen und bei Görres essen, Brentanos Ex-Schulkollegen, der an der Universität lehrt. Die zwei Monate zuvor fünfzehn gewordene Lotte, deren Belastbarkeitsgrenzen sich bereits des Öfteren gezeigt hatten. Dies ist die heterogene Wohngemeinschaft, die in der Wildemannsgasse zurechtkommen muss, ohne Dorotheas Witwenpension, materiell vermutlich zusammengehalten lediglich durch Carls überschaubares Gehalt, durch Reste des grimmschen Familienerbes, durch vereinzelte Zuwendungen der exilierten Tante Zimmer, die bei freier Kost und Station vermutlich mit einem Hungerlohn rechnen muss[18], oder der wohlhabenden Brentanos, so etwa vonseiten von Lulu Brentano, die mit Jordis verheiratet ist.

Und er, Jacob Grimm, Amtmannssohn aus Hanau, will dafür sorgen, dass sie alle zusammenhalten. Er dürfte im Wort gestanden haben dafür: bei seinem Vater, seinem Großvater Zimmer, Tante Schlemmer, seiner Mutter, Tante Zimmer. Und Jacob hat die dazu notwendige Autorität. Nach ihm haben alle Geschwister sich zu richten, zu deren eigenem Besten. Die Rollen sind bald verteilt: Wilhelm soll Partner des Gelehrtendaseins und aller großen Projekte sein. Carl kann einstweilen mitlaufen, der ist versorgt. Ferdinand, der das Lyceum verlassen hatte, »um sich vom Schreiben zu nähren« (so lautet sein Zeugnis)[19] und sich wie seine älteren Brüder für Märchen und Sagen interessiert, ist brauchbar als Zuträger von Quellen und Texten, bis er eine Anstellung gefunden hat. Lui hat zwar kein Geld und wird wie jeder junge Künstler auf absehbare Zeit keines heimbringen, aber sein Talent wird anerkannt, und er gefällt in Gesellschaft. Intellektueller Neigungen unverdächtig, kennt er seinen Platz unter den Geschwistern Grimm. Lotte würde man beizeiten vorteilhaft verheiraten müssen und bis dahin ist ihre Bestimmung sonnenklar: Ein fünfköpfiger Männerhaushalt wartet auf ihre Tätigkeit.

Jacob hat tatsächlich das Glück des Tüchtigen. Die Brüder Grimm reflektieren seit Langem auf Bibliothekarsposten. Am liebsten möchten sie in Kassel bei der Familie bleiben, aber sie halten auch reputationsfördernden Kontakt ins Ausland, zum Beispiel zum Freiherrn von Aretin, der in München die »Königliche Hof- und Zentralbibliothek« leitet und den einflussreichen »Neuen literarischen Anzeiger« herausgibt. Um sich als Experten auszuweisen, schicken sie einige Aufsätze nach Bayern und gefallen trotz ihrer Jugend mit ihren Kenntnissen und Thesen so gut, dass diese Beiträge tatsächlich gedruckt werden. So beginnt die Autorenkarriere der beiden. Sie aspirieren auch auf das Hauptarchiv und die Kasseler Hofbibliothek, deren Leitung vakant wird. Jacob bewirbt sich, wird aber übergangen, was ihm eine neue Kränkung zufügt. Immerhin kann er Savigny seine Niederlage begründen: »Indessen ist es sehr natürlich, daß ich als ein simpler Secretair bei dem Minister durchgefallen bin, da ich durchaus keine andere Connexion hatte als den Joh. Müller, und dieser bestimmt in der Sache keinen Vortrag gehabt hat.« Der Schweizer Historiker und spätere Goethe-Freund Johannes von Müller ist Jérômes persönlicher Berater – eine brillante, schillernde Figur, da er sich vom Opponenten gegen Napoleon zu dessen Parteigänger gewandelt hatte. Im heimatlichen Schaffhausen kann er sich nicht mehr sehen lassen, nachdem eine Art homosexueller »Heiratsschwindler« ihn ausgenommen und fast ruiniert hatte.

Die Bonapartes haben erkannt, dass es der Staatsraison dient, sich mit Gelehrten und Dichtern gut zu stellen. Auch Jérôme, ein Pragmatiker und kein Intellektueller, sucht eine Aura der Bildung und gute Köpfe. Aktuell braucht er zusätzlich einen Gelehrten, der sich um seine private Bibliothek kümmert. Diese steht hoch über der Stadt in Schloss Napoleonshöhe, der früheren Wilhelmshöhe – verwahrlost und schlecht sortiert, wie sich später herausstellt. Jérômes Wahl fällt – geleitet durch seinen Schweizer Berater – auf

Jacob Grimm. Wenige Wochen nach dem Tod der Mutter hält dieser die Bestellungsurkunde in Händen – »Wo aber Gefahr ist, wächst das Rettende auch«, Hölderlins romantisch vertrauensvoller Vers bewährt sich an Jacob. Der deutsch und ständisch empfindende Bürger Jacob Grimm verdankt seine erste passende Stelle ausgerechnet der französischen bürgerlichen Revolution.

Jacob Grimms Laufbahn beginnt nicht gerade wie im Bilderbuch, aber doch beinahe so zuverlässig, wie es die Zeitläufte eben erlauben. Er packt zu, wenn er Chancen wittert, und scheut die Verantwortung nicht. Vor allem auf ihm als ältestem Bruder und Vormund lastet der existenzielle Druck. Er ist ihm gewachsen. Das persönliche Kreuz, das er schon als Knabe tragen musste, lässt ihn eine eiserne Lebensphilosophie des Mangels entwickeln und sogar Freude und Bestätigung daraus ziehen: »Dürftigkeit spornt zu Fleiss und Arbeit an, bewahrt vor mancher Zerstreuung und flösst einen nicht unedlen Stolz ein, den das Bewusstseyn des Selbstverdienstes gegenüber dem, was andern Stand und Reichtum gewähren, aufrechterhält.« Wilhelm war aus weicherem Holz geschnitzt. Seine erste fest bezahlte Stelle trat er erst mit 28 Jahren an. Einen sichtbaren Eindruck von der brüderlichen Beziehung gibt das Brüder-Grimm-Nationaldenkmal auf dem Hanauer Neustädter Marktplatz. Über den Blumen- und Gemüseständen ragt es mehr als zwanzig Fuß hoch auf und zeigt Jacob und Wilhelm als Souveräne ihres Reiches: des Reiches der Bücher. Während aber Wilhelm, die linke Wange in die Hand gestützt, auf einem Holzstuhl sitzt, steht Jacob in lockerer Positur und beugt sich wie schützend über den Jüngeren.

Denn Wilhelm leidet. Vermutlich konstitutionell an Tachykardie, einer Herzrhythmusstörung – nicht bedrohlich für das Leben eines Betroffenen (was man damals noch nicht wusste), aber oft höchst belastend. Er selbst bezeichnet sich einmal als »armen Menschen deßen Herz zu geschwind und deßen Schritt

*Wilhelminisch-nationaler Kultort der Deutschen:
Brüder-Grimm-Denkmal in Hanau.*

zu langsam ist, als daß er weit kommen würde« – womit er sich täuschen sollte. Zum Krankheitsbild gehören unerwartet auftretende Beklemmungen, die sich bis zur Todesangst steigern können. In den Kasseler Lyceumsjahren zeigte sich, dass seine Konstitution den Strapazen des fast pausenlosen Unterrichts und stubenhockenden Büffelns nicht gewachsen war. Wilhelm brauchte für die Schule ein Jahr länger – was immer noch phänomenal war –, denn anfallsweise auftretende erstickende Atemnot und damit verbundene Angst warfen ihn zurück. »Der Schmerz«, erinnerte sich Wilhelm Grimm später, »den ich mit nichts vergleichen konnte, als dem Gefühl, es fahre von Zeit zu Zeit ein glühender Pfeil durch das Herz, war mit beständiger Beängstigung verbunden. Manchmal brach er in ein heftiges Herzklopfen aus, das ohne äussere Veranlassung auf einmal kam und eben so mit einem Schlag endigte; einigemahl hat es ununterbrochen zwanzig Stunden gedauert und mich in dem höchsten Grade der Erschöpfung verlassen; ein Gefühl, ich sei dann dem Tode sehr nahe, war gewiss nicht ungegründet.« Begleitet wurden derartige Anfälle von Beschwerden, die sich auch als »Angst vor der Angst« deuten lassen: von Schmerzen zum Beispiel und »Nervenanfällen« – ein Symptom, dessen Beschreibung wir heute in diagnostischen Werken vergebens suchen.

Und sie grundierten sein Wesen mit einer Neigung zur Selbstbeobachtung, die ihn später beispielsweise dazu anregte, ein Traumtagebuch zu führen. Auch Jacob interessierte sich für diese Träume und für detaillierte Berichte von Wilhelms Krankenbett. Jacobs manchmal unerbittliche Härte sich selbst gegenüber brachte Wilhelm nicht auf. Wiederholt hatte er selbst diese Härte leidvoll zu spüren bekommen – und sei es nur mittelbar durch Jacobs Drängen auf ein Ende der finanziellen Unmündigkeit, wie sie die Abhängigkeit von Tante Zimmers Zuwendungen verursachte.

Es fehlte nicht an Versuchen der Selbstheilung, und man suchte Zuflucht zu teuren Ärzten und teureren Kuren. Ein Arzt verordnete sechs Monate strengste Ruhe, nicht einmal sein Zimmer verlassen durfte Wilhelm. Wir dürfen unterstellen, dass er nicht müßig war in diesem halben Jahr – im Nacken saß ihm Jacob, auch ohne ihn mit Worten antreiben zu müssen. Seine Ideen und Projekte, sein Fleiß und seine Produktivität, seine mahnende und erschreckende Selbstverleugnung waren Antreiber genug.

Ein knappes Jahr nach dem Tod der Mutter ergab sich eine gute Gelegenheit, das Übel an der Wurzel zu packen, und Wilhelm verabschiedete sich zu einer Heilkur ins anhaltinische Halle. Hier zog seit Neuestem nicht so sehr die bescheidene Hallenser Medizinalsole illustre Patienten an – auch Goethe gehörte zu ihnen –, sondern der legendäre Professor Johann Christian Reil: ein erfahrener und dabei hochinnovativer Wissenschaftler, der sich durch die Begründung der Zeitschrift »Beyträge zur Beförderung einer Kurmethode auf psychischem Wege« und die mehrbändigen »Rhapsodieen über die Anwendung der psychischen Curmethode auf Geisteszerrüttungen« als Spezialist für komplexe Fälle empfohlen hatte. Reil setzte unter anderem auf die Hypnosetechnik des umstrittenen Franz Anton Mesmer, gilt als Pionier der Psychosomatik und gebrauchte als erster Arzt das Wort »Psychiatrie«. Dies wirft ein Schlaglicht auf den »Fall« Wilhelm Grimm.

Ein anderer, handfesterer Grund für die Wahl Halles war das »Kästnersche Kossätengut« im nahe gelegenen Giebichenstein. Seinen Besitzer, den Komponisten, Theatermann und Musikschriftsteller Johann Friedrich Reichardt, kennen die Grimms aus seinem kurzen, unglücklichen Engagement als Theaterdirektor in Kassel von Jérôme Bonapartes Gnaden, das eben zu Ende gegangen ist. Zusammen mit Wilhelm und Clemens Brentano, der in diesen Tagen bei den Grimms zu Gast war, macht Reichardt sich auf die Rückreise nach Halle. Im Kästner'schen Gut mit seinem bis heute herrlichen Landschaftspark führt er ein großes Haus, das er in seiner Gastfreundlichkeit zu einer »Herberge der Romantik« gemacht hatte. Er empfing dort unter anderem Tieck, Eichendorff, Novalis, Arnim, Jean Paul, Wackenroder, Schleiermacher oder auch Goethes Komponistenfreund Carl Friedrich Zelter. Goethe – dessen Werke Reichardt vertonte – war längere Zeit in Giebichenstein zu Gast, als er das Theater im nahe gelegenen Lauchstädt zum weimarischen Sommertheater und zu einer reinen Verkörperung seiner ästhetischen Konzepte umgestaltete. Der Preußenprinz Louis Ferdinand kam gelegentlich von seinem nahe gelegenen Wohnsitz auf der frühmittelalterlichen sächsischen Stammburg Wettin herüber, um Proben seiner pianistischen und sängerischen Begabung hören zu lassen.

Eine weitere Reichardt'sche Attraktion erwähnen Hausgäste dezenter, aber auch Wilhelm ist von ihr nicht ganz unbeeindruckt: Reichardts Töchter Luise, Wilhelmine, Johanna, Friederike und Sophie, die in Giebichenstein vor Gästen in privaten Konzerten unter freiem Himmel mehrstimmig singen, begleitet etwa von Reichardts Kutscher, der im Lauf der Zeit das Waldhorn meistern lernte. Man pflegte ihn zur Steigerung des Effekts im Gebüsch zu verstecken.

Daneben bewohnt Reichardt eine Stadtwohnung im Haus seiner Schwester, wo der Kurgast Wilhelm privilegiert unterkommt und mit dem täglichen Bedarf versorgt wird. Eine nicht ganz so romantische, aber eine auch aus finanziellen Gründen hochwillkommene Herberge für den aus Not sparsamen Wilhelm. Denn Kuren konnten damals Monate dauern. Bei Wilhelm kommt diesmal ein halbes Jahr zusammen. Professor Reils Balsame, Salben und Pulver sollen derweil Wilhelms abnormal erschlafften Herzmuskel stärken. Als die zuweilen quälende Behandlung nicht recht anschlägt, wechselt Reil zu spektakuläreren Behandlungsverfahren, bei denen der Patient unter anderem Bekanntschaft mit modernster Technik macht. Erstaunt erstattet er Jacob brieflichen Bericht: »Nach dem Bade geh ich auf das Clinikum, wo ich electrisirt werde, eine prächtige große Maschine von Mahagoni Holz, wird da gedreht, auf einen Tisch mit Glasbeinen worauf ein armen Sünder Stühlgen, muß ich mich setzen, und mit Ketten werd ich dann in Verbindung gebracht, und die Electricität strömt durch mich. Ich empfinde davon nichts, als ein Misbehagen, rührt mich aber jemand, oder auch nur meinen Rock an, so fahren starke Funken heraus die knistern und durch mich schlagen.« Immerhin ergeht es ihm damit besser als anderen Leidenden, die unter der Elektrisierung »entsetzlich schreien«.

Um den Kostendruck nicht höher zu machen, als er ohnehin war, zieht Wilhelm in ein Zimmerchen um, wie es sonst Studenten mieten, und schränkt seinen persönlichen Verbrauch radikal ein – in unzumutbarer Weise, wie selbst Jacob findet, weshalb er ihn brieflich ausdrücklich ermuntert, nicht aus Sparsamkeit auf seinen gewohnten Wein zu verzichten. Wie sehr Jacob sich nicht nur während dieser Monate, sondern zeitlebens um ihn sorgte, deuten neben seinen Briefen seine Tagebuchaufzeichnungen an, in denen es viele Jahre später etwa heißt: »Wilhelm auf der Bibliothek an heftigem Kopfweh krank, blieb 14 Tage bettlägerig« – mit dem Nötigen versorgt durch Jacob. Oder, schockiert, ein Jahr später: »Diesen Freitag beim Essen hatte Wilhelm einen heftigen Nervenanfall.«

Auch eine folgenreiche Begegnung bringt der Kuraufenthalt in der Reil'schen Klinik: die mit dem ostwestfälischen Edelmann Werner von Haxthausen, der in Göttingen Orientalistik studiert und nach Halle zu wechseln beabsichtigt. Mit Haxthausen lernt Wilhelm einen ähnlich denkenden und interessierten Menschen kennen. Der Landedelmann hasst Frankreich und interessiert sich für literarische Zeugnisse der deutschen Vergangenheit.

Vielleicht waren es Reils innovative Methoden, vielleicht war es Reichardts Gastfreundschaft samt seinem Landschaftsgarten, dessen Schönheit zu preisen Wilhelm nicht müde wird. Vielleicht war es auch nur die Möglichkeit, in seinem eigenen Tempo arbeiten zu können und in seinen Arbeitspausen nicht dem in höchster Geschwindigkeit und Anspannung schuftenden Jacob zusehen zu müssen. Echten Müßiggang gönnt sich Wilhelm auch hier nicht.

Warum auch immer, Wilhelms Befinden bessert sich allmählich. Er krönt seinen Kurerfolg, indem er im direkten Anschluss mit Brentano, der ihn abzuholen angeboten hatte, für zwei Monate nach Berlin reist. Arnim, vor wenigen Monaten aus Heidelberg zurückgekehrt, gewährt den beiden seine ärmliche, aber inspirierende Gastfreundschaft. In den drei Zimmern in der Mauerstraße 34 zwischen Gendarmenmarkt und Tiergarten, die er von seinem früheren Kommilitonen, dem Telegrafiepionier Carl Pistor, angemietet hatte, entsteht eine Schriftsteller-Wohngemeinschaft auf Zeit. Personal gibt es nicht, und das Chaos, in dem Wilhelm arbeiten muss, strapaziert seine Nerven ebenso, wie es ihn fasziniert: »Die Commode war mit Röcken, Wäsche, Büchern pyramidenförmig aufgehäuft, alle Schubladen waren herausgezogen, in den Ecken waren Gewehre aller Art aufgepflanzt, die zwei vorhandenen Stühle waren besetzt mit Büchern, Briefschaften, Hausgeräth, z. B. Gläsern, Messern, wozwischen rothe Tücher als Friedensfahnen heraushingen und Ruhe unter dem verschiednen Zeug hielten. Der einzige Tisch war auf dieselbe Art versorgt, Arnim sitzt nie und schreibt an einem Pult, auf einem Brett, auf dem nichts liegen konnte, aber hier schreibt er mitten in dieser Unordnung die herrlichsten und göttlichsten Dinge.«

Berlin ist ein Moloch, verglichen mit Kassel, das damals durchaus kein Nest war. Es erholt sich langsam von den Strapazen einer zweijährigen napoleonischen Besatzung. Zeitweise lagen 30 000 Mann französischen Militärs in der Stadt und mussten beherbergt und verpflegt werden. Systematische Plünderung der Kunstschätze hatte Berlin seiner schönsten Schmuckstücke beraubt – Schadows Quadriga, bis heute das Wahrzeichen der Preußenhauptstadt, steht im Louvre, statt das Brandenburger Tor zu bekrönen. Nackt ragt das Befestigungseisen über das Mauerwerk hinaus – für viele Berliner ein Schandmal der Knechtschaft. Gleichzeitig wirken sich die Reformen, die die Franzosen durchgesetzt haben, segensreich auf das wirtschaftliche und kulturelle Leben aus.

Die Stadt begeistert Wilhelm nachhaltig, auch wenn er in seinen zahlreichen Briefen an Jacob viel auszusetzen hat an der hypermodernen Metropole und ihren Verhältnissen, die zahlreiche Intellektuelle faszinieren und anziehen – um die Ecke wohnen unter anderem Fichte und Schleiermacher. Vermutlich führt auch Zartgefühl Jacob gegenüber Wilhelm dabei die Feder, denn er weiß, dass dieser von großstädtischen Entzückungen nicht einmal träumt und froh sein darf, wenn er seine Rechnungen und die seiner Geschwister bezahlen kann. Auch Wilhelm muss sich als Überlebenskünstler bewähren: Weil seine Hosen absolut nicht mehr präsentabel sind, bittet er Jacob brieflich um ein Paar von dessen abgelegten Stücken.

In Berlin stürzt sich Wilhelm einerseits in die philologische Arbeit, andererseits in die Geselligkeit. Karrierefördernd trifft er unter anderem die Salonnière Henriette Herz oder die Verleger Julius Hitzig und Georg Andreas Reimer, der später für die Grimms so wichtig werden wird. Er knüpft weitere Kontakte, die sich für den brüderlichen Lebensplan auszahlen sollen – so zu Friedrich Heinrich von der Hagen. Auch dieser hat sich, ausgebildeter Jurist wie die Grimms, auf die Erforschung mittelalterlicher deutscher Literatur geworfen, ist den Brüdern allerdings um einige Jahre voraus. Ein zugänglicher Konkurrent – aber ein Konkurrent. Die Brüder Grimm beschließen, ihn zu bekämpfen.

Die Rückreise Ende November führt einen einsamen, vor Kälte trostlos bibbernden Wilhelm im offenen Wagen über Weimar, wo Goethe ihn empfängt, ein Empfehlungsschreiben von Arnim in Händen. Die Geschwister Grimm sind dem Geheimen Rat keine Unbekannten. Arnim hat schon zwei Jahre zuvor für die jungen Philologen geworben, als er seinerseits mit dem »Wunderhorn«-Projekt hausierte – und das offenbar wirksam, wie Goethes Sekretär Riemer damals notierte. Auch Lui, der jüngste Grimm-Bruder, ist für sein Porträt der Frankfurter Goethe-Anbeterin Bettine Brentano in lebhafter Erinnerung. Zwar erbringt der Besuch keine greifbaren Ergebnisse – vergebens versucht Wilhelm Goethe zur Zusage eines Vorworts zu seinen in Arbeit befindlichen »Altdänischen Heldenliedern« zu bewegen. Aber

Wilhelm entspannt in der Gegenwart des Dichterfürsten, der so berühmt ist, dass sogar der Eroberer Napoleon im Vorjahr mit ihm zum Frühstück gespeist hat.

Denn genau so, wie die Brüder Grimm zeitlebens hörbar südhessisch sprechen, legt auch Goethe sein Frankfurter Idiom nie ganz ab. Im Gegenteil reimt er ungeniert »steigen« auf »reichen« und »Tugend« auf »versuchend«. Er nimmt sich diese volkstümliche Freiheit, denn »der Dialekt ist doch eigentlich das Element, in welchem die Seele ihren Atem schöpft« – ein Satz, der den Brüdern Grimm aus dem Herzen gesprochen sein dürfte. Wir dürfen also davon ausgehen, dass am Weimarer Mittagstisch, der sich nicht nur auf fast drei Stunden ausdehnte, sondern auch kulinarisch »ungemein splendid«, wie Wilhelm brieflich staunt, und ziemlich weinselig ausfällt, recht lässig hessisch »gebabbelt« wurde. Bis Weihnachten bleibt Wilhelm in Weimar. Am ersten Weihnachtsfeiertag bricht Wilhelm auf; für die Brüder Grimm ein normaler Reisetag, so fromm sind sie nicht. In Gotha besucht er noch die Tante Zimmer, bevor er sich am 4. Januar 1810 wieder mit seinen Geschwistern vereint. Nie wieder wird er sich so lange von dem älteren Bruder trennen.

Selbst wenn also die Heilkur offenbar »angegangen« war – die gesundheitliche Schwachstelle bleibt und zwingt die Brüder zu stetiger Aufmerksamkeit. Es ist sicher nicht förderlich, dass infolge der Steuerlast, die Napoleon den von Frankreich beherrschten Gebieten auferlegt hatte, im Hause Grimm bald erneut der Mangel zu Gast ist, den auch Tante Zimmer nicht durchgreifend lindern kann oder mag. Die Teuerung dürfte die mit nunmehr Anfang sechzig recht betagte Dame in ihrem Gothaer Exil genauso betroffen haben wie die Kasseler Verwandtschaft, deren finanzielle Sicherheit dadurch zusätzlich leidet, dass Jordis den Bruder Carl gefeuert hat. Vor allem Wilhelm unterrichtet die Gönnerin regelmäßig brieflich von der Lage in der Residenzstadt, die die

Tante in ihrem Exil ja weiterhin anging: »selbst in Paris« sei das Leben wohlfeiler.

Die Grimms sparen am Wein, auf den sie nicht verzichten können, ersetzen ihn schließlich durch Bier – nicht eben ihr Lieblingsgetränk. Butter lassen sie sich aus dem ländlichen Steinau kommen. Gut, dass sie dort noch Beziehungen haben. Brennholz wird knapp. Lotte schneidet den Brüdern Halstücher aus Abgelegtem. Jacob hat in vollem Wichs zu den Kabinettssitzungen zu erscheinen, die kostspielige Pflege der gehassten Hofuniform ist ein unverzichtbares Überlebensmittel. Nicht so drei regelmäßige Mahlzeiten am Tag. Sie streichen eine von ihnen. Ein zweites sicheres Einkommen müsste her, doch das lässt auf sich warten. Man spart dennoch Geld für außergewöhnliche Anlässe, zu denen man die festlichen Gelegenheiten zählt, sich die Krise vorübergehend aus dem Sinn zu schlagen und sich ins Gedächtnis von Freunden und Familie einzuschreiben.

Erst nach der Vertreibung der Franzosen mit dem Frieden und der Restauration der alten Adelsherrschaft naht die erste berufliche Chance für den mittlerweile achtundzwanzigjährigen Wilhelm. Nachdem die »Kasseler Zeitung« ihn als Redakteur abgelehnt hatte, kommt er als Bibliothekssekretär an der Kurfürstlichen Bibliothek unter – zum mehr als bescheidenen Jahresgehalt von hundert Reichstalern. Neben den vorgesetzten Bibliothekaren, die auf die »rühmlichen Proben von Wissenschaft« verweisen, die der Supplikant bereits abgelegt habe, half auch Tante Zimmers schützende Hand. Wie würden die Grimms einst ohne sie auskommen?

KAPITEL 5
WIE FIGUREN EINES SCHACHSPIELS
(1803-1822)

Der widerborstige Ferdinand

Weihnachtsfeste im Familienkreis können es in sich haben. Was bis heute Stoff für Hunderte von Satiren und Komödien liefert, führt im Jahr 1810 im Kreis der Familie Grimm zu einer Eruption von ungeahnter Heftigkeit und zu jahrzehntelangen Verwerfungen in der Familientektonik. So heftig ist diese Eruption, dass Jacob und Wilhelm, die »Schriftführer« der Grimms, sich in der Folge nur dazu geäußert haben, was sie in ihnen auslöste – aber nie anders als in Andeutungen darüber sprachen, was der Treibsatz eigentlich war. Es war eine Sprengung mit Ansage.

Der »Feuerwerker«, der die Lunte zündete, war der vierte Bruder, Träger des geehrten Vaternamens sowie des Namens der hochrespektierten Tante Zimmer: Ferdinand Philipp Grimm. 1788 in Hanau geboren, am 18. Dezember, dem »Schicksalstag« der Grimms[20], war ihm die erste von vielen Entwurzelungen beschieden, kaum dass seine Sinne sich entfaltet hatten: Mit der Berufung seines Vaters und Namensvetters nach Steinau war auch ein Umzug verbunden. Das tage- und wochenlange scheinbare Chaos eines solchen Umzuges dürfte an kaum einer kindlichen Seele völlig spurlos vorbeigegangen sein, und Ferdinand dürfte keine Ausnahme gemacht haben.

In den Erinnerungen der Brüder Grimm und Ludwigs Autobiografie ist es still um Ferdinands Steinauer Zeit. Lief er so mit? Im buchstäblichen Sinn des Wortes, wenn er zusammen mit seinem Lieblingsbruder Lui, den anderen Geschwistern oder den Nachbarskindern im Städtchen, in den Gärten und Feldern oder an der Kinzig herumstromerte und -stöberte? Oder im übertragenen Sinn, weil er sich schwertat, sich innig mit anderen Menschen zu verbinden, weil er still im Hintergrund blieb, lieber beobachtete und für sich blieb, wenn andere ihn nach Bubenart übervorteilten, kränkten oder verhöhnten? Oder vermieden die Geschwister es am liebsten, sich in Gedanken mit ihm zu befassen oder ihn auch nur zu erwähnen?

Der »fremde Ferdinand«: Sein Eigenwille setzte den Familienfrieden aufs Spiel und ließ ihn elend enden. Zeichnung von Ludwig Emil Grimm.

Sehen wir uns das einzige Bild an, das von ihm erhalten geblieben ist – ein in Bleistift ausgeführtes Profil von 1807, das von der Hand des »Bildchronisten« der Familie, von Lui stammt, dann nehmen wir ihm gern eine hohe Sensibilität ab: ein hübsches Gesicht mit großen, ausdrucksstarken Augen und vollen Lippen, überwölbt von einem lockigen blonden Schopf – Ferdinand war auch insofern aus der Art geschlagen, als er seine blonden Knabenhaare bis ins Erwachsenenalter behielt.

Wie sein um anderthalb Jahre älterer Bruder Carl hatte Ferdinand das Pech, dass die Mittel der Familie nicht ausreichten, ihm die großen Chancen auf Bildung und Aufstieg einzuräumen, die die großen Brüder Jacob und Wilhelm in Anspruch nahmen. Wie Jacob und Wilhelm gingen auch Carl und Ferdinand durch Zinckhans harte Steinauer Dorfschule, wie diese lernte auch die »zweite Brüdergarnitur« nichts beim Präzeptor, und wie bei diesen hieß es 1803 auch für Ferdinand: »ab nach Cassel!«. Platz genug ist in Abraham Vollbrechts Bleibe, denn die Großen weilen zum Studium der Rechte in Marburg. Allem Anschein nach ist der vierzehnjährige Ferdinand mutterseelenallein. Wie die Großen durchläuft Ferdinand die Kuratel der Tante Zimmer, auch das Lyceum Fridericianum – allerdings bedeutend glanzloser als Jacob und Wilhelm. Die Härte gegen sich selbst und andere, die Jacob für große Aufgaben auszeichnete, fehlt Ferdinand offenbar. Die Schulzeugnisse, die von »Unachtsamkeit«, »Mutwillen« und vor allem mangelndem Fleiß und »Talent« sprechen, belegen dies. Daher ist nach zwei Lyceumsjahren Schluss mit der Schule für Ferdinand. Zum selben Zeitpunkt kommt Jacob als weitgereister angehender Diplomat aus Paris zurück nach Kassel und übernimmt wie selbstverständlich die Vormundschaft für seine Geschwister. Während Wilhelm es offenbar leicht fand, sich diesem Vormund unterzuordnen, denn er konnte nicht nur durch seine körperliche Schwäche

Einfluss auf diesen ausüben, hatten die übrigen Geschwister es aus den verschiedensten Gründen und unterschiedlich schwer, die geforderte Anpassungsleistung an Jacobs Erwartungen zu bringen.

Besonders gilt dies für Ferdinand. Die folgenden vierzig Jahre werden zum immer wieder aufgenommenen Kampf der Geschwister Grimm um festigende Strukturen in Ferdinands Leben – und schließlich zum Kampf um dessen nackte körperliche Existenz, den sie tragisch verlieren. Diese Kämpfe trugen sie mit Ferdinand ebenso aus wie gegen ihn. Seine Adoleszenzjahre zwischen 1805 und 1812 müssen wir als eskalierendes Psychodrama bilanzieren. In diesem Drama kristallisierte die ganze Disparität der grimmschen Charaktere, Ansprüche, Rollen und Lebensentwürfe aus und trat offen und zuweilen beschämend zutage. Ferdinand – der übrigens von den Brüdern, die das Erwachsenenalter überhaupt erreichten, als Erster starb – ist das »Skelett im Keller« der Grimms, der »dunkle Punkt« in der so zielstrebigen, tugendhaft strahlenden, rücksichtslos verfolgten Familienlaufbahn.

Waren Jacob und Wilhelm gefühlig und spontan, so waren sie es doch auf eine kontrollierte und disziplinierte Weise. Solche Selbstkontrolle und Disziplin erhob sie über den größten Teil ihrer Zeitgenossen. Erst Generationen später wurde dieser Zug zum Gemeingut in einer Bevölkerung, die sich nach und nach in ihrem Charakter an das Maschinenzeitalter anpasste. Jacobs innere Autonomie und Wilhelms souveräne soziale Zugewandtheit vermissen wir bei Ferdinand – ihre Neigungen und Talente finden wir durchaus in ihm. Wie sie liebte er schon als Jüngling Vögel und Blumen, Kunst und Theater, wie sie interessiert er sich für Dichtung – Goethes Schauspiel »Claudine von Villa Bella« fand er in Vaters Steinauer Bibliothek und las es mit anhaltendem Interesse. Und wie seine nachmals dafür so berühmten Brüder konnte er sich exzellent ausdrücken und begeisterte sich für Literatur und für das Märchen- und Sagengut der Deutschen. Zeitlebens las, exzerpierte und schrieb er beharrlich – wenn auch nicht unaufhörlich. Dies Letztere reichte aus, ihn in den Augen seiner meinungsführenden großen Brüder als »faul« zu disqualifizieren. Was ihn aus heutiger Sicht von ihnen unterscheidet, ist das Fehlen ihrer Härte.

Einer Härte, die er neben zahllosen Wohltaten aus ihrer Hand mehr als einmal zu spüren bekam und die – mag sein – schon früh ein trotziges Gefühl ungerechtfertigter Benachteiligung bei doch ähnlichen Begabungen und Vorlieben in ihm erwachsen ließ. Clemens Brentano findet den achtzehnjährigen Schulversager bereits 1807 kategorisiert und angeordnet als Figur auf dem grimmschen Karriere-Schachbrett: als Wasserträger. Von seinem Aufenthalt in Kassel bei den aufstrebenden, bedeutend jüngeren Nachwuchsphilologen schreibt der Dichter an seinen Freund und Kollegen Achim von Arnim: »Ich habe hier zwei sehr liebe, liebe altdeutsche vertraute Freunde, Grimm genannt, welche ich früher für die alte Poesie interessirt hatte.« – »Lieb« hieß für den geschickten Menschenfischer Brentano sicherlich auch »brauchbar«. Und »brauchbar« war demnach auch Ferdinand. Allerdings war nicht Ferdinands Denkerstirn gefragt, nicht bei Brentano, nicht bei Jacob und Wilhelm: »Ihr jüngerer Bruder, der sehr schön schreibt, wird uns die Lieder abschreiben«, die die Älteren gesammelt haben – als Vorlage für den Drucker.

Ferdinand schrieb tatsächlich – wie schon sein Zeugnis ihm schriftlich gegeben hatte – und zeigte sich damit erkenntlich dafür, dass Jacob ihn, den unentschlossenen Träumer, einstweilen durchzog. Wilhelm verdiente zu dieser Zeit noch nichts. Einige Blätter von Ferdinands Hand blieben erhalten. Jacob nutzte sie für seine erste, 1811 erschienene Publikation »Über den altdeutschen Meistergesang« und bedankte sich warm darin bei seinen »lieben Brüdern Wilhelm und Ferdinand«.

Ferdinand hatte aber auch eigene Bücher im Sinn. Die Handschriften zu ihnen sind verloren, denn wenn ein Autor nicht auf der Rückgabe der gelieferten Vorlagen bestand, zogen die Drucker es damals vor, sie zu vernichten, um Streitigkeiten um ihre Texttreue keinen Vorschub zu leisten. Die begonnene Arbeitsgemeinschaft unter Ungleichen sollte später fortgesetzt werden – allerdings nicht zu allseitiger Zufriedenheit. An dieser Unzufriedenheit trug, wie wir hören werden, allerdings Ferdinand die geringste Schuld.

Der Druck, der durch die familiäre Verantwortung und durch das selbstgesetzte wissenschaftlich-publizistische Programm auf Jacob lastete, muss enorm gewesen sein. Schon jede einzelne dieser Aufgaben für sich genommen hätte in den damaligen wirtschaftlich und politisch unsicheren Zeiten auch einen Stärkeren als Jacob Grimm zerreißen können. Der harte Jacob reagierte – mit Verhärtung. Mittelbar bekamen Gegner diese Härte als gnadenlose öffentliche Polemik zu spüren, Partner als kompromiss- und floskellose Sachlichkeit. An seine Geschwister – Wilhelm keineswegs ausgenommen, der dennoch immer seine Sonderstellung als Lieblingsbruder und Vorzugspartner behielt – teilte er neben seiner aufopferungsvollen Fürsorge rücksichtslose Kritik aus. Damit trieb er sie vor sich her, bis sie auf seinem Schachbrett dort standen, wo sie zu stehen hatten, damit er beruhigt in die Zukunft sehen konnte. Mit dem obstruktiven Widerstand, den vor allem Ferdinand leistete, wurde er allerdings nicht fertig – wohl, weil Jacob nicht als kalter Stratege agierte, sondern weil ihn die Leidenschaft für seine eigentliche, publizistisch-wissenschaftliche Sache durchglühte. Ob er auch nur ahnte, dass er mit seiner intellektuellen Schärfe und Geschwindigkeit nicht minder als mit seiner Antreiberei Ferdinand nicht nur einschüchterte, sondern schmerzhaft ängstigte?

Ferdinand flüchtete in Marotten und Leistungsverweigerung oder flüchtete physisch, indem er sich der Familie entzog. Der

Mutter vertraute er sich, solange diese noch lebte, gelegentlich an – und Lotte, die ihm offensichtlich besonders nahe stand in ihrer Sorglosigkeit und ihrem Wunsch nach einem beschaulichen Leben, von dem sie bislang herzlich wenig genossen hatte. Für ihre großen Brüder war sie – wir ahnen es – vor allem dann »die liebe Lotte«, wenn sie gehorchte und in Wohnung und Küche auf gut hessisch gesagt »schaffte«. Bei Jacob hört sich das in einem Brief an Wilhelm so an: »Die Lotte und Ferdinand betreffend, habe ich die feste Überzeugung, dass es in unserem Haus nicht gut geht, wie es sollte, als bis sie heraus sind. Sie tun nichts Böses, aber auch nichts Gutes, wenigstens nicht gegen uns andere, und erliegen unbeschreiblicher Faulheit.«

Nach purer geschwisterlicher Harmonie klingt dieses »sie« gegen »uns andere« nicht; eher schon nach abqualifizierendem Lagerdenken – und nach tiefer Enttäuschung. Jacob fühlt sich ausgenommen und ausgeschlossen, spielt zeitweise mit dem Gedanken, seinerseits auszuziehen, »dass mich die anderen lieber bekämen«. Dass deswegen die Sympathie nicht erkaltet war und zumindest der Fürsorgeimpuls fortdauerte, beweisen spätere Zeugnisse. Aber selbst wenn die Brüder Grimm den bergenden Hafen der familiären Wohngemeinschaft als Basis brauchten, waren sie längst in See gestochen in ihrem, zumindest für Jacob gesprochen, atemberaubenden Tempo und hatten die kleinen Barkassen und Kutter, die im Hafenbecken dümpeln mochten, hinter sich gelassen.

Nicht dass diese unterschiedlichen Tempi und Temperamente sie kalt gelassen hätten. »Mit dem Ferdinand wird es täglich ängstlicher«, schrieb 1809 Jacob nach Berlin an Wilhelm. Was aber meinte er mit »ängstlich«? Bei Goethe, dem zeitlebens in »ängstlicher« Selbstsorge Befangenen, werden wir fündig. Das Wort gehörte zu seinem engen Wortschatz. In diesem Fall wollte Jacob dem fernen Vertrauten gegenüber ausdrücken, dass die Situation täglich angespannter, er selbst immer besorgter würde. Während er nach seinem Dienst auch den größten Teil seiner Abende arbeitend am Schreibtisch verbrachte, musste er mitansehen, wie sich Ferdinand müßig von einer Sitzgelegenheit auf die nächste rollte, überheblich schwadronierend über Dinge, die er nur halb verstand, und mit seinem komödiantischen Talent Menschen karikierend, denen er – durch Jacobs Brille betrachtet – in puncto Intellekt, Tüchtigkeit und Charakter nicht entfernt das Wasser reichen konnte. Jacob hilflos weiter: »Wenn wir doch auf irgendeine Art in der Welt einige Macht über ihn hätten.« Nein, die hatte er nicht. Die haben – wie zahllose Eltern und Ehepartner bestätigen könnten – Angehörige fast nie, sie müssen im Gegenteil meist hilf- und ratlos zusehen, wie ihre Liebsten den Abgründen entgegentaumeln, die ihr Schicksal ihnen bereitet hat. »Gott weiß, dass ich nicht kann, aus der Ferne könnte ich eher.« Denn aus der Nähe gesehen, setzt ihm der hübsche Jüngling zu, mit seinem ziellosen Müßiggang, mit der nervtötenden Art, wie er pfeifend aus dem Fenster glotzt, mit dem machtvollen Appell des Zukurzgekommenen an die Loyalität und das Schuldgefühl des Durchsetzungsstärkeren.

Wilhelm hatte ein Traumgesicht beizusteuern; es wirft – wahrhaftig erzählt oder nicht – ein weiteres Schlaglicht auf den jüngeren Bruder, »wie er mit mir auf einer Brücke stand und mir drei harte Thaler als seine letzten zeigte und darnach einen nach dem andern fröhlich ins Wasser warf«. Nicht einmal mit dem Geld weiß Ferdinand umzugehen, könnte dies heißen – was definitiv zutraf und die Grimms wiederholt in schwierige und peinliche Situationen bringen sollte. Neben Ferdinands »Faulheit« dürfen wir seinen »Leichtsinn« in Finanzdingen als zweite Todsünde im Katechismus der Grimms anstreichen.

Weihnachten 1810 endlich entzog Ferdinand jeder Rücksichtnahme vorläufig den Boden. »Den Christtag waren wir noch fröhlich beisammen, es kam erst Tag nachher«, so Jacob vier Wochen nach dem Fest brieflich an Arnim – sichtlich noch schockiert von dem Ereignis. Was immer es war, das Ferdinand ihnen eröffnete oder bei dem sie ihn ertappten, es erschütterte die Familie bis in ihre Grundfesten und die ältesten Brüder persönlich derart nachhaltig, dass sie noch Monate später um Worte rangen; Wilhelm etwa im Frühjahr 1811 gegenüber Savigny, dem er fast alles erzählt – nur eben das Eigentliche nicht: »Seit drei Monaten nun haben wir an unserm vierten Bruder das größte Unglück erlebt, was noch jetzt ebenso hoffnungs- und hilflos ist, wie am Anfang.«

Was könnte es gewesen sein? Unstreitig hätte sein Bekanntwerden Ehrverlust nach sich gezogen. Anderenfalls hätten die Brüder Grimm wohl wenigstens mit einem ihrer engsten Freunde Tacheles geredet oder es untereinander einmal schriftlich beim Namen genannt. Es war also hochnotpeinlich. Unstreitig hat Wilhelm in Verkehrung der üblichen Rollenverteilung erheblich schärfer darauf reagiert als Jacob. Unstreitig auch hat es Geld gekostet, und nicht ganz wenig: Jacob erwähnte später in einem Brief an Carl, dass »manche in unsern Augen unnöthige Ausgabe mit seinem Unglück zusammen« hänge. Ferdinand habe zweimal »auf meine Rechnung 4 und 3 Luidor geborgt«, was 35 Reichstalern entsprach.[21] Auffällig ist der wiederholte Gebrauch des Wortes »Unglück«, nicht selten verbunden mit Bekundungen der Zuneigung zu demjenigen, den dieses Unglück geschlagen hatte – ganz so, als ob Ferdinand nicht die volle Schuld für das Vorgefallene treffe. Wörter wie »Unnatur« und »verkehrt« fallen in der Korrespondenz auf. Jacob und Wilhelm unternahmen die verschiedensten Heilungsversuche für diese »Verkehrtheit« und gingen dabei so weit, dass sie ihn in die Landwehr stecken wollten oder in eine Ehe – mit wem auch immer, eine mögliche Braut ist nicht in Sicht.

Was also war es? Der Verdacht, Ferdinand habe sich der durch Wilhelm bereits damals fest als künftige Gattin disponierten Henriette Dorothea Wild, genannt Dortchen, unziemlich genähert, ihr besser gefallen als Wilhelm, bereits ein geheimes Verhältnis mit ihr unterhalten, habe am Weihnachtstag 1810 quasi öffentlich Anspruch auf sie erhoben oder sei gar in flagranti ertappt worden, erklärt vieles – nur nicht die Tatsache, dass die Grimms dafür zahlen mussten. Reichlich Stoff für die Vermutung einer heimlichen erotischen Neigung liefert er selbst im August 1809 in einem langen, verwickelten Brief an Lotte: »Den Dienstag war ich auf der Wilhelmshöhe, u. war da mit wer das brauche ich dir gar nicht zu sagen, – genug es war den Abend ein Feuerwerk zu sehen ... Auf einmal gieng es los, u. da lief alles durcheinander den hohen Berg vor dem Schloße hinauf – Dortchen, Nettchen u. – ich wir liefen auch hinauf ... Die vielen Menschen die da waren die saßen alle, u. da legte ich mein Tuch hin, auseinander, u da setzten sich die zwey drauf, ich aber hatte mich zu ihren Füßen gesetzt ... Lotte, es hat mir noch kein Feuerwerk so viel Freude gemacht ... besonders gefiel dem Dortchen so die vielen Raketten, wenn sie alle in die Nacht stießen, zusammen ... die vielen Raketten machten so schön hell; daß man sich wie am lichten Tag besehen konnte, u. wie ich das so sehe, daß man sich wie am lichten Tag besehen konnte, so sah ich gar nicht mehr den Weg der Feuerraketen, sondern ich sah einen andern schönern Weg.«

Die zahllosen Fehler dieses Briefes sprechen für den gehobenen oder verwirrten Gemütszustand, unter dem Ferdinand geschrieben hatte. War der Auslöser für dieses sprachliche Wirrsal ein Liebesgeständnis, das in seiner Erzählung durchscheint? Die ihr folgende hochromantisch stilisierte Passage liest sich wie eine Vorahnung der brüderlichen Nemesis oder kommenden Unheils: »Gestern war eine schöne Nacht, u. da war ich lange drin, es blitzte unaufhörlich. Der Himmel war mit seinem ganzen Sternenheere versammelt, aber es ward bald drauf trüb, da versteckten sich die Sternchen, wie Feinde, vor kommendem Gewitter, u. bald wieder dieses vor den Sternen, bis endlich das Gewitter blieb.«

Falls dieser vermeintliche »Minus-Grimm« Ferdinand tatsächlich im Revier des »Beta-Hirsches« Wilhelm auf Brautschau war, so war dieser nicht völlig unvorbereitet, sondern wusste sehr konkret Bescheid. Wie schwer mag auf dem kranken, in Halle kurenden Wilhelm der Familienklatsch gelastet haben, den Jacob ihm Anfang Mai desselben Jahres bereits brieflich anvertraut hatte: »Die Lis. hat mir übrigens letzt von eigenen Stücken den Verdacht bestätigt, den ich vom Ferdinand hatte u. wovon ich dir gesagt.« Die Lis, das ist Elisabeth, eines der sechs Wild-Mädchen und also Wilhelms künftige Schwägerin – zweifellos eine Kennerin von Dorotheas Herz. Jacob hat die menschenreiche Wild'sche Apotheke bereits als »konspirative Wohnung« identifiziert, in der der Widerstand gegen sein Familienregime sich formiert: »Wenn man mäßig u. still lebt, wie wir, so ist Ordnung und Reinlichkeit das erste, u. insofern ist mir die Apotheke manchmal zuwider, worin der F. (Ferdinand) u. die L. (Lotte) täglich stecken«, legt er im September an Wilhelms Adresse brieflich nach. Dieser zeitweise Widerwille gegen die Wild'schen hindert Jacob im Übrigen keineswegs daran, sie auf seinem Schachbrett passend anzuordnen. Lis denkt er die Aufgabe zu, dafür zu sorgen, dass Ferdinand bei deren Verlobtem, dem Förster von Eschwege, als Jäger unterkommt – ein Plan, der scheitert wie andere von Jacob oktroyierte Karrierepläne.

Sollte sich Ferdinand tatsächlich halb öffentlich als Wilhelms Nebenbuhler aufgestellt haben, so wäre dies im grimmschen Schachspiel einem frechen »Gardez!« gleichgekommen. Dorothea war dort vermutlich bereits gesetzt als Versorgerin der fleißigen

Brüder mit dem täglich Notwendigen nach dem künftigen unvermeidlichen Abgang des ungeliebten Lottchens in die Ehe mit einem geachteten, solventen Bürger. Lottes Abgang und Wilhelms Hochzeit sollten sich zwar bis 1822 bzw. 1825 verzögern, aber ein Schachmeister plant seine Züge langfristig. Ferdinands »Gardez!« könnte denn auch die Tatsache erklären, dass Wilhelm dem Bruder in der Folgezeit und bis zu dessen Tod in Elend und Einsamkeit unversöhnlicher begegnete als der sonst bis zur Brutalität abgegrenzte Jacob.

Eine andere, durch die Wortwahl der Brüder naheliegende Vermutung, Ferdinand habe an jenem Weihnachtstag 1810 eine homosexuelle Neigung zu wem auch immer geoffenbart, ist ebenfalls unaufgeklärt. Hatte dieses unerhörte und bis zur Einführung des französischen Code Pénal noch mit der Todesstrafe bewehrte Verlangen Ferdinand zu einem Fehltritt mit Folgen veranlasst? Gab es jemanden, der ihn ausnahm, so wie es Johannes von Müller in Schaffhausen ergangen war, oder erpresste ihn gar jemand? Diese immer noch unwahrscheinliche Deutung der mysteriösen Vorgänge erscheint als die am wenigsten unwahrscheinliche und muss bis zu weiterer Aufklärung unserem Verständnis der Entschiedenheit dienen, mit der die grimmschen »Familienoffiziere« von da an daran arbeiteten, den unqualifizierten »Leichtmatrosen« Ferdinand vom »Deck« des Familienschiffs zu entfernen.

Tatsächlich empfahl Ferdinand sich im Sommer 1812 »mit freiwilligem Entschluss«, wie Wilhelm dem Freund Arnim gegenüber brieflich klarstellt – nach München, wohin Lui ihm zum Akademiestudium bereits 1809 vorausgezogen war. Und Jacob legt unverzüglich nach, eine seiner obligaten formelhaften Ergebenheitsadressen an den Erwähnten nicht vergessend: »Du weißt nicht, was wir ausgestanden haben, wir haben wie lang nicht mit fröhlicher Miene am Tisch essen gekonnt. Das Einzige, was er hier mit Liebe pflegte, einen Taubenschlag … haben wir wenige

Tage nachher um ein Spottgeld ... verkaufen müssen, weil die Tauben wirklich nicht mehr fressen wollten.«

So stark hatte demnach seine liebevolle Zuwendung die Tiere auf Ferdinand geprägt. Auch bei ihm begegnen wir also dem grimmschen Genius im Umgang mit der Natur – ein ähnlicher Satz hätte auch über Lui fallen können. Und wir lesen aus dieser Passage Jacobs Groll heraus, dass dem Bruder die Tauben näher gingen als die Geschwister. So sehr hatte die Parteienbildung in der grimmschen Wohngemeinschaft die Beziehungen vergiftet. Eine Unterströmung von Hass trieb aber nicht nur die großen Brüder, sondern auch den jüngeren Ferdinand: Jahrzehnte später sollte er sein »Talent« zum Nachtreten eindrucksvoll und öffentlich unter Beweis stellen.

Genaueren Aufschluss darüber, wie Ferdinand nach München gelangte, verdanken wir vermutlich Luis Korrespondenz mit den großen Brüdern, denn Jacob weiß Arnim zu berichten: »Er ist sehr langsam gereist und hat jedermann besucht ..., welches mich sehr wunderte, da er sonst immer so blöd war.« Ferdinands »Blödigkeit« – der zeitgenössische Ausdruck für Schüchternheit – fiel demnach von ihm ab, kaum dass er frei war von der Kuratel seiner übermächtigen Brüder – vielleicht auch von der übermächtigen Erinnerung an sein Kasseler »Unglück«.

Doch anders als Lui hat Ferdinand keinen konkreten Plan, was er mit seinem Münchner Leben anfangen will – in grimmschen Augen vermutlich eine weitere Hauptsünde. Sorglos und auf wessen Kosten auch immer[22], scheint er sein Leben genossen zu haben mit Theater, Musik und geistvollen Leuten: die angenehmen Seiten des sorglosen Lebens eines Bohemien – die unangenehmen Seiten kennenzulernen, sollte ihm dank der Bemühungen seiner Geschwister einstweilen erspart bleiben, bis seine unreife Verantwortungslosigkeit ihn umbrachte. Falls Lui – übrigens ebenfalls kein Kind von Traurigkeit – ihn jemals fragte, wovon er lebte und was er vorhatte, scheinen Ferdinands Antworten derart unbestimmt ausgefallen zu sein, dass er es bald aufgab.

Luis Schilderung des Münchner Zusammenlebens – fragmentarisch und aus weiter Rückschau von mehr als dreißig Jahren – ist aufschlussreich in dem, was sie sagt, und nicht minder in dem, was zwischen den Zeilen zu lesen steht. Demnach suchte Ferdinand gezielt in Bibliotheken – etwa der »Bibliotheca Regia Monacensis«, der späteren Bayerischen Staatsbibliothek – Anschluss an die Forschung.

Welche Forschung? Zum Beispiel an die des Bernhard Joseph Docen, des Bibliothekars der königlichen Hofbibliothek, der seine Riesenbestände – allein die Aufhebung der bayerischen Klöster hatte sie um mehr als eine halbe Million Bände bereichert – durchforstet nach wertvollen mittelalterlichen Handschriften, um sie zeitgenössischen Lesern zugänglich zu machen – Lesern wie Jacob Grimm, der in seiner »Meistergesang«-Studie grob gegen Docen polemisierte. Dass Ferdinand sich mit dem vielkritisierten Docen einlässt, sieht nach einem entschiedenen Lagerwechsel aus. Das Schönschreiben von Gnaden Jacobs, der zu dieser Zeit mit Wilhelm letzte Hand an den ersten Band des gemeinsamen »Schicksalsbuches« der Kinder- und Hausmärchen legte, genügt Ferdinand Grimm demnach nicht. Er stellt sich eine andere Art von kreativer Partnerschaft vor, was auch immer diese Vorstellung ist. Da er diese – aus welchen Gründen auch immer – nicht erreichte, schwamm er sich, wie wir noch sehen werden, literarisch frei von den Brüdern, wenn auch unter Aufopferung seines materiellen Wohls.

Was wir weiter aus Luis Erinnerungen lesen, das ist, dass er offenbar mit Ferdinand nicht schlecht auskam. Es fehlen die Stoßseufzer, die wir von den älteren Brüdern kennen. Es fehlen die Hinweise auf unsolide Finanzen und peinliche Wege der Mittelbeschaffung. Und Lui hat neben dem Tadel an Ferdinands Verschrobenheit, Unzugänglichkeit und zielloser Antriebslosigkeit viel Lob für den »Unglücklichen« übrig – wie gesagt aus dreißigjähriger Rückschau und damit womöglich abgeklärter, als es frisch erlebt geklungen hätte: »Es ist jammerschade, dass er nie mit Ernst eine Beschäftigung getrieben hat. Er hatte ausgezeichnetes Talent für Musik, Malerei und ein seltenes Nachahmungstalent. Er konnte mit seinem Gesicht und Körper machen, was er wollte.« Lui konnte die Stärken des Bruders neidlos anerkennen. In seiner entspannten Art war er ihm ähnlicher, und ihre Beziehung war nicht durch Vormundschaft und Sorge belastet wie die zwischen Ferdinand und Jacob.

Der »trostlose« Carl

»Familiarity breeds contempt«, sagt eine englische Redensart, Vertrautheit erzeugt Verachtung. Umgekehrt entspannte Ferdinands Entfernung vom Kasseler »Wolfsrudel« allmählich sein Verhältnis zu den Brüdern Grimm. Dies bedeutete allerdings noch lange nicht das Ende aller Sorgen, die die Geschwister miteinander hatten. In mancher Hinsicht bedeutete es erst deren Anfang. Und in Kassel saß noch ein weiteres Sorgenkind, das vergebens nach einem Anschluss ans Erwachsenenleben tastete: Carl Friedrich, Ferdinands knapp zwei Jahre älterer Bruder. Die Beziehungen zu ihm waren und blieben weit weniger konflikthaft, und in der beschriebenen hochkritischen Phase stellte er die Solidarität der Geschwister nicht derart radikal auf die Probe, wie es Ferdinand tat.

Was fehlte Carl, dem hübschen Jungen, als den die Darstellungen von Luis Hand ihn zeigen? Hauptsächlich dies: »Am Carl wird sich der innerliche Mangel an Trost immer auf eine solche

Art offenbaren; weil er an nichts festhält, greift er fast blind nach allem, wo er Stütze hoffen kann«, wie 1809 Wilhelm an Jacob schreibt. Die Mutter, der der erkennbar bedrohte Carl besonders eng verbunden war, ist im Vorjahr verstorben. Dieser Verlust schlägt noch in Carls Adoleszenzzeit hinein. Das Wort »Trost« meinte der Schreiber nicht in seiner heutigen Bedeutung. Im »Deutschen Wörterbuch« finden wir, was er ausdrücken wollte und worüber offensichtlich aus zahlreichen brüderlichen Gesprächen Einigkeit mit Jacob besteht: Carl fehlt es an der Zuversicht und dem Selbst- und Weltvertrauen, der inneren Robustheit mithin, die erforderlich ist, um das Herz in die Hände zu nehmen und das Leben mit seinen Herausforderungen entschieden anzugreifen. An »mildernden Umständen« lässt sich aus Wilhelms Sicht für ihn geltend machen, dass er sich beharrlich bemüht, sich unabhängig vom Familiengeld zu machen – worin er allerdings wiederholt tragisch scheitert.

Im Schachspiel der Brüder Grimm war Carl eine Randposition zugedacht. Dies braucht uns nicht zu überraschen. Seine Neigungen – soweit wir überhaupt von solchen sprechen können – lagen nicht in den intellektuellen Spielfeldern der großen Brüder oder Ferdinands. Er konnte somit weder als Wasserträger noch als möglicher Wettbewerber figurieren. Kaufmännisch sollten diese Neigungen sein – sein weiterer Lebensweg erlaubt Zweifel daran, dass sie mehr waren als eine bittere Einsicht in die Notwendigkeit, sein Brot irgendwie verdienen zu müssen. Jedenfalls steckt Dorothea ihn vermutlich in Hanau in eine Handelslehre, die der »durchaus begabte«, aber in sich gekehrte und »etwas schwerfällige«[23] Junge tatsächlich absolviert zu haben scheint, bevor er bei Jordis in dessen Kasseler Bank in Arbeit genommen wird.

Doch die Sorge kehrt zurück. Der schöne Plan geht nicht auf, und der erste von vielen äußerlich sichtbaren Brüchen in Carls Lebenslinie tut sich auf. 1809 trennt sich Jordis von seinem Mitarbeiter – Jacob überbringt Wilhelm die Hiobsbotschaft brieflich nach Berlin, einen Eklat zwischen Chef und Untergebenem andeutend und stellvertretend für Carl die Hauptschuld auf sich nehmend. Er schließt mitfühlend: »Sonst dauert mich der Carl, weil er manchmal zu viel zu arbeiten hat und es leider nicht gern thut.« Da scheint sie wieder hervor, neben mangelnder »Treue« oder Loyalität die Hauptsünde in Jacobs Katalog. Immerhin zeigt die Stelle, dass der Schreiber imstande ist, ein Normalmaß an Arbeit als solches zu erkennen und fallweise anderen zuzubilligen, die eben keine Jacob Grimms sind.

Carl lebt nun über ein Jahr lang ohne ernsthafte Beschäftigung mit in der Wildemannsgasse. Ein schwerer Rückschlag für die Grimms und ihre Pläne und vor allem für den Fast-Alleinverdiener Jacob. Tante Zimmer, die noch immer bei der Kurfürstin im Exil weilt, ist nun auch bereits einundsechzig Jahre alt – wie lange noch wird sie die Geschwister unterstützen können? In ihrem Alter waren ihre eigenen Geschwister bis auf eines längst tot – Dorothea eingeschlossen. Das Schreckgespenst einer Juristenkarriere aus finanzieller Bedürftigkeit steht in diesen Monaten vermutlich greifbar vor Jacobs Augen. Erstaunlich, dass er unermüdlich um Ausgleich und Toleranz ringt und sich dabei sogar langmütiger gibt als Wilhelm.

In diesem Jahr 1810, das mit dem »Silvesterfeuerwerk« des Ferdinand'schen Unglücks zu Ende gehen sollte, kulminiert die grimmsche Finanz-, Sorgen- und Familienkrise. Sie hat alle Geschwister – soweit es aus den Briefen und Aufzeichnungen lesbar wird – geprägt. Sie hat Jacob in seinem furchterregenden Arbeitsethos gefestigt und gleichzeitig seine unerschütterliche Entschlossenheit fundiert, seine disparate Schar von Individualisten irgendwie durchzubringen. Carl dankt es ihm, indem er – das neue Jahr ist nur einige Tage alt – nach Hamburg aufbricht, um sich auf eigene Faust eine kaufmännische Stelle zu suchen.

Vielleicht auch hat er die Spannungen in der Wohngemeinschaft nicht länger ertragen. Nun also verlässt er das Nest und die brüderliche Vormundschaft.

Jacob Grimm ist diese als Bevormundung vorgeworfen worden. Aber er übernahm in einer für Deutschland sehr schweren Zeit politischer und materieller Bedrohung die Sorge um eine große, manchmal widerborstige Familie. Diese fordernde, mag sein oftmals überfordernde Verantwortung hat Jacob zu einem ernsten, manchmal bierernsten Mann heranreifen lassen. In der Universitätszeit und unmittelbar danach dürfte sein und Wilhelms persönliches Lebensprogramm sich formiert haben: Sie wollten schreiben, publizieren und bescheiden, aber geachtet und sicher davon leben.

Die damals geltenden Vorbedingungen schriftstellerischer Produktivität kannte Jacob: Es musste genug Geld im Haus sein, um alle hungrigen Mäuler zu stopfen, allen Brüdern ihre Karrierewege zu ebnen und eine Frau zu unterhalten, die sich um die Hauswirtschaft kümmerte. Und als Voraussetzung für kreative Konzentration musste Ruhe im Hause herrschen. Jacobs Leben und Verhalten neben seinem Schreiben darf als stetes Ringen um diese Bedingungen verstanden werden und erklärt einerseits den Mangel an Konsequenz, mit der er den Geschwistern begegnete, andererseits seine schroffe, abgegrenzte Manier, die die Besucher der Grimms so oft befremdete.

Korrespondierend mit seiner eher generalistischen Ausrichtung war Wilhelm menschlich zugänglicher. Anders als Jacob, interessierte er sich erkennbar für Frauen und interessierte seinerseits Frauen für sich. Er liebte Musik, die in der Romantik zur Lieblingsschwester der Poesie wurde. Zwischen ihm und Jacob spielte sich im Lauf der Jahre eine gesellschaftliche Arbeitsteilung ein: Wilhelm war zuständig für den stilgerechten Empfang der Besucher – zunächst vorwiegend aus dem Freundes- und Familienkreis, aber mit wachsendem Ruhm kam eine wachsende Anzahl von Wissenschaftlern, Autoren und schlicht Neugierigen hinzu. Wilhelm figurierte als Salonlöwe, Jacob leistete sich meist die Rolle des zurückgezogenen Brummbären, der sich auch mal aus seiner finsteren Bücherhöhle trollte, um sich in der Gesellschaft ein wenig zu sonnen.

Beide Brüder Grimm blieben allerdings trotz dieser Aufgabenteilung Wissenschaftler und Intellektuelle – ein Wort, das für Menschen ihres Typs erst noch erfunden werden musste. Völlig anders ihr jüngster Bruder Ludwig Emil, oder wie seine Familie ihn damals nannte: Lui.

Der schneidige Lui

Lui, lange Zeit von der Kritik herablassend-beiläufig als bloßer »Malerbruder« betätschelt, war kein Intellektueller. Mit geisteswissenschaftlichen Theorien hatte er nichts im Sinn. Die im Bürgertum jener Zeit überaus beliebten Dichterlesungen langweilten ihn buchstäblich in den Schlaf, wie er einmal unumwunden und ohne jegliche Anzeichen von Scham oder auch antiintellektuellem Ressentiment einräumt. Das Gebiet, auf dem er seinen Lebensunterhalt sicherte und Bedeutend-Haltbares leistete, war das visuelle: Als Zeichner, Druckgrafiker, Aquarellist und Maler lieferte er nicht nur genaue Notate der Welt, wie sie vor zweihundert Jahren aussah. Sondern vor allem mit seinen sorgfältig beobachteten und ausgeführten Porträts und Menschenstudien avancierte er zum führenden visuellen Chronisten der deutschen Romantik. Wir dürfen ihn uns seit seinen Kindertagen als vom Zeichnen besessenen Menschen vorstellen. Der fünf Jahre ältere Jacob und der vier Jahre ältere Wilhelm haben mit ihren beharrlichen, aber unambitionierten grafischen Versuchen vielleicht den Wunsch in ihn gepflanzt, es besser zu können als sie und sich so von den intellektuell überragenden Brüdern abzusetzen, die er als jüngster Bruder ohne Aussicht auf höhere Bildung ohnehin niemals hätte einholen können.

Ebenso evident ist es, dass die gelehrte Abgeschiedenheit einer Bibliothek oder Arbeitsstube als Lebensraum eines Autors – ganz zu schweigen von den Kanzleien der Verwaltungs- oder Kirchenjuristen – Luis Naturell komplett widersprach. Dies soll nicht bedeuten, dass er ungebildet blieb oder den Gänsekiel nur zum Zeichnen hervorgeholt hätte. Im Gegenteil liegen im Vergleich der Geschwister Grimm von Lui die umfangreichsten Memoiren vor. Anders als Jacobs und Wilhelms »Selberlebensbeschreibungen«, wie Jean Paul das französische Wort schön verdeutscht, waren allerdings Luis Lebenserinnerungen nie zur Veröffentlichung bestimmt. Im Zeichen des grimmschen Weltruhms wurden sie dennoch gedruckt, fast fünfzig Jahre nach seinem Tod, und sie umfassen über sechshundert Buchseiten.

Aber sind sie deswegen auch wahrhaftig und verlässlich? Nun – der Autor, der vermutlich in den Jahren 1835 bis 1850 seine Erinnerungen in ein Buch eintrug, hatte bereits für sich und die Seinen gesorgt. Er verfolgte keinen erkennbaren Zweck mit seinen Aufzeichnungen. Er musste sich anderen gegenüber nicht in einem günstigen Licht darstellen. Seine Geschwister – bis auf Lotte waren damals alle noch am Leben – forderte er implizit dazu auf, damit nach ihrem Ermessen zu verfahren und es sogar bei Bedarf zu vernichten. Mangels anderslautender Einsichten können wir vermuten, dass es Lui darum ging, zur eigenen Selbstvergewisserung dasjenige festzuhalten, das sich in seiner Kunst nicht leicht fixieren ließ: das Wie und Warum, die genaue Abfolge der Ereignisse und Eindrücke, die Beziehungen der Hunderten von Menschen, mit denen er im Lauf der Jahrzehnte in enge Berührung kam.

*Gefällig und selbstbewusst: Ludwig Emil Grimm,
wie er sich mit achtzehn sah.*

Dies soll nun nicht heißen, dass wir Lui alles unbesehen glauben sollten, was er schrieb. Die Erlebnisse sind nicht nur aus der Rückschau über viele Jahre aufgezeichnet und nachweisbar voller Irrtümer, sondern auch an kritischen Stellen lückenhaft. Eine spätere »Durchsicht« des vollendeten Konvoluts – von wem auch immer – hat zum Verlust von Dutzenden Seiten und vielen kleineren Abschnitten geführt. Irgendjemandem – vielleicht gar dem Autor selbst? – war an einem tadellosen Nachruf gelegen. Besonders an seinem Nachruf in amourösen Angelegenheiten und betreffs seines Umgangs mit Fürsten, wie die noch erhaltenen Anschlussstellen erkennen lassen.

Aber eine kritisch-freundliche Bewertung kann uns – neben dem Vergleich mit seiner Korrespondenz und den Einlassungen seiner Familie – helfen bei der Einschätzung, wie weit und wohin wir ihm folgen wollen. Und unter dieser Vorbedingung sind Ludwig Emil Grimms Lebenserinnerungen eine unschätzbar genaue, detailreiche und sprachmächtige Fundgrube grimmscher

Familien- und Lebensbezüge – und nicht zuletzt ein in sich konsistenter Schlüssel zur Persönlichkeit des Autobiografen und dessen leuchtender Lebensspur.

Warum überhaupt blieb Ludwig Emil Grimm so lang unbeachtet? Er stand doch mitten in einer an hochrangigen Künstlern reichen Epoche: der deutschen Romantik. Seine Generation war die zwischen der Frühromantik eines Caspar David Friedrich und Philipp Otto Runge und der Spätromantik eines Ludwig Richter oder Moritz von Schwind. Seine Freunde, Alters- und Schicksalsgenossen waren die Nazarener, deren Neigung zum Katholizismus auch Lui beeinflusste, selbst wenn er vom reformierten Glauben seiner Familie nicht abwich: die Overbeck und Cornelius, die Schadow und Schnorr von Carolsfeld. Sie lernte er während seines Münchner Kunststudiums kennen, mit ihnen traf er auf seiner Italienreise – die ihn tief prägte – zusammen, mit ihnen ging er Freundschaften ein, die er brieflich und besuchsweise ein langes Leben lang nährte und pflegte. Warum also unterfällt Lui als »Bruder der Brüder« und als »der Malerbruder« bis auf wenige Ausnahmen einer weitgehenden Vernachlässigung?

Ein Hauptgrund dürfte der sein, dass Ludwig Emil Grimms Domäne nicht die ruhmbringende – und lukrativere – Ölmalerei, sondern die Grafik war. Ein anderer, dass das Genre, in dem er sehr vielen seiner Malerfreunde und -kollegen voraus war, das eher private der figürlichen Darstellung und des Porträts war. So zeigen die meisten seiner etwa sechzig Ölgemälde keine Schlachten, Historien, Heiligen oder dürftig bekleideten mythologischen Gestalten und eigneten sich daher weder für das Museum noch für die Galerie, sondern hingen in den Salons ihrer Auftraggeber, die sie als hochwertige Erinnerungsstücke ihren Nachkommen vererbten. Was Lui tatsächlich veröffentlichte, das waren Mappen mit Radierungen seiner bevorzugten Themen: vor allem meisterhafte Menschen- und Naturdarstellungen. Sie brachten ihm später ein Zubrot zu seinem sehr bescheidenen Kasseler Kunstprofessorengehalt, jedoch nicht den Ruhm, den sie etwa seinem Kollegen Francisco de Goya schenkten. Denn bei dem spanischen Pionier der Romantik ergänzt und konturiert die Druckgrafik das »eigentliche«, malerische Werk – bei Grimm ist sie die Hauptsache. Auch seine Aquarelle unterfallen der Geringschätzung, die diese anspruchsvolle Technik außerhalb des Kreises der Experten »genießt«. Und seine Tausende von Handzeichnungen brauchten viele, viele Jahre, bis sie ihren Status als »Archivmaterial« hinter sich ließen und von Kunsthistorikern und Sammlern die verdiente Wertschätzung erhielten.

Einzigartig im Kontext der deutschen Geistesgeschichte ist Ludwig Grimms Werk durch seine enge Verknüpfung mit dem literarischen – und weit mehr als nur literarischen – Aufbruch der romantischen Bewegung. Auch wenn Bücher ihn nicht so faszinierten wie seine Brüder und wenn er fast nur über die Kunst theoretisierte, so gelang es ihm doch, sich mit vielen wichtigen Vertretern der literarisch-wissenschaftlichen Romantik (und deren Familien) nachhaltig zu verbinden und ihren Respekt und ihr Vertrauen zu erlangen. Sicherlich nicht ohne die tatkräftige Unterstützung durch seine großen »Bücherbrüder«, vor allem den fünf Jahre älteren Familienvorstand Jacob, auf dem die Last der Versorgung seiner reichen Geschwisterschar lag und der bald einsehen musste, dass Gott seinen jüngsten Bruder absolut nicht zum Kanzlei- oder Kontordienst geschaffen hatte. Aber während der kränkliche Wilhelm sich noch ins berufliche Leben hineintastete und Carl und Ferdinand weder klare Konturen und Begabungen noch einen prägenden Willen zeigten, trat Luis Leidenschaft überdeutlich hervor: die zum Künstlerberuf. Diese Leidenschaft mag in Jacob und Wilhelm eine verwandtschaftliche Resonanz ausgelöst haben, denn auch sie hielten bereits früh die Ergebnisse ihrer genauen Inspektionen der Welt in Zeichnungen und Aquarellen fest, besaßen Papier, Federn, Stifte und ihren Wasserfarbkasten.

Luis Talent konnte sich nicht entwickeln im ländlich-stumpfen Steinau, »wo nur der Weißbinder den Leuten ein paar Tulipanen über die Haustüre malte, die schon bewundert wurden«, wie Lui in seinen Erinnerungen selbst einmal schreibt. Wo die Kirche in reformierter Tradition bilderleer war. Wo sich die Geschwister in Zeiten des Mangels gemeinsam selbst behelfen mussten: »Aus Blumen wurden Farben gekocht, Lacretius und Kaffee zu Braun, Asche zu Grau, Kreide zu Weiß gebraucht – aus der Apotheke wurden Gummigutt und Grünspan, Zinnober und allerlei Farben angeschafft.«

Als Lui 1803 mit Ferdinand in die Residenzstadt Kassel kommt, findet er, neben dem Leid des öden Lyceum Fridericianum sowie end- und fruchtloser Privatlektionen beim Pagenhofmeister Stöhr, endlich die Objekte seiner Leidenschaft: eine Vielfalt von Bildern, Menschen und Ansichten – und die Fülle des Materials, das notwendig ist, damit er das genau Beobachtete festhalten konnte. Wie in jeder großen europäischen Residenzstadt waren in Kassel bedeutende Malerschulen zu Hause, gab es auch eine Kunstakademie. Namentlich die seit Mitte des 18. Jahrhunderts in mehrerlei Hinsicht enorm produktive Familie Tischbein – sie brachte nicht weniger als einundvierzig bedeutende Künstlerinnen und Künstler hervor – hatte sich hierher verzweigt. Hatte Lui bis dahin vermutlich in der elterlichen Bibliothek geradezu verzweifelt nach Bildern, Bildern, Bildern gesucht und Familienbibel und Ahnenporträts endlos zerpflückt, so lebte er nun in einem Paradies der Kunst mit seinen Ausstellungen und seinen Museen, in denen wir heute zum Beispiel die größte Rembrandt-Sammlung Deutschlands finden und die sich nach und nach dem Publikum öffneten. Wen wundert es, dass er sich angesichts solcher Fülle an visuellen An- und Aufregungen weder auf die Sprachen noch auf die Wissenschaften konzentrieren mochte. Nur in der Naturgeschichte, resümiert er selbst, war er allen seinen Mitschülern über. Bereits in Steinau hatte er Raffs »Naturgeschichte für Kinder« mehrfach durchgearbeitet – kein Wunder bei der erzählerischen und visuellen Anschaulichkeit dieses berühmten Lehrwerks. Hier lag das geistige Zuhause der Grimms mit ihrer spirituell anmutenden Passion für das Konkrete, für das Detail, für das Kleine und Kleinwinzige, für das Lebende und produktiv Fortwuchernde.

Wie gelang es nun Lui, sich Anerkennung und Vertrauen der geistig führenden Persönlichkeiten seiner Zeit zu erwerben? Neben seiner künstlerischen Meisterschaft trug zweifellos sein Wesen entscheidend dazu bei. Selbst ein Fehlversuch wie der von 1808, als der noch tastende Jüngling von achtzehn Jahren ein halbes Jahr als Wohngenosse der Großautoren Clemens Brentano und Achim von Arnim heimwehkrank durchlitt, konnte die Sympathien solcher von Hause aus großrahmig lebenden und wohlhabenden Menschen nicht von Lui abwenden. »Schneidig« möchte man ihn am liebsten nennen, mit diesem Dialektwort, das man früher überall gebrauchte, wo man Deutsch verstand. Wir ziehen dazu das monumentale Wörterbuch seiner großen Brüder Jacob und Wilhelm heran und lesen unter diesem Eintrag: »mutig, entschlossen, rasch und kräftig im handeln«. Diese »mutige Entschlossenheit, rasch und kräftig zu handeln«, ließ Lui schon in seiner frühen Steinauer Kindheit zum Schrecken des Dorfschullehrers Zinckhan, seiner Mutter und vermutlich auch seiner besonneneren älteren Brüder Jacob und Wilhelm werden. Denn mangels anderer Wirkmöglichkeiten manifestierte sie sich darin, dass er seinen Mitmenschen gemeinsam mit seinen kleinen Spießgesellen mit seinen Streichen erbarmungslos auf die Nerven ging: mit Raufen, Scheibeneinwerfen, Schlüssellöcherverstopfen, mit mangelnder Andacht beim Gottesdienst und

Ärgern der Haustiere, um nur einige der »Klassiker« aufzuführen. Dabei wetteiferte er vor allem mit seinem drei Jahre älteren Bruder Carl. Unausbleibliche Folge: »Wir bekamen oft Schläge, ich beinahe alle Tage.« Und vor Tante Schlemmer lebte er anders als die Großen »in Furcht und in der Flucht«. In der Schule hatten sie es besonders auf den pedantischen Präzeptor Zinckhan abgesehen, und die grausame Strenge des ärmlichen alten Mannes, die sie in einer Art Angstlust immer wieder herausforderten, mag zum Teil dessen Selbstschutz gedient haben.

Zinckhans Strategie ging allerdings nicht auf, wenn wir Luis Erinnerungen folgen: »Ein ziemlich alter steifer Kerl, den wir nur den ›Läuthannes‹ nannten, mußte auch die Bälge zur Orgel ziehen. An einem Auge sah er gar nicht, am anderen sehr wenig; es war nun sehr komisch anzusehen, wenn er nach den Seilen tappte, um sie aufzuziehen, und wohl 5–6 Mal vergebens griff. Wir schleuderten oft die Seile herum, und er tappte nun in der Luft herum, unwillig brummend, daß manchmal die Luft der Orgel ausging und die Töne steckenblieben.« Dies vom Sohn des allseits geachteten Amtmanns und vom Enkel des nicht minder geachteten Pfarrers dieser selben Kirche, an den sich fast jeder noch gut erinnerte! Aber weiter mit Lui: »Einige Male warf der Carl ein Seil auf die Orgel, und er (der Läuthannes) konnte es gar nicht bekommen, und um das zu bekommen, hatte er vergessen, den anderen Balg (Blasebalg) aufzuziehen, und die Orgel gab auf einmal gar keinen Ton von sich, und die Gemeinde sang noch eine Minute ohne Orgelton. Zinckhan kam mit einem roten Kopf hinter die Orgel gestürzt und war wütend, wir alle in der größten Angst, stellte sich auf einen Stuhl und holte das Seil wieder herunter und sagte zu uns: ›Nach der Kirche kommt ihr alle in die Schulstube.‹ Wir waren in einer Höllenangst« (die durchaus ihre Berechtigung hatte angesichts eines Steinauer Schulkinds, dem einmal Zinckhan in seiner Rage ein Auge ausgeschlagen hatte), »und wie wir uns nun versammelt hatten, frug er jeden einzelnen: ›Hast du das Seil auf die Orgel geworfen?‹ Aber jeder sagte nein. Da bekam jeder eine Tracht Schläge.«

Gegenseitiger Verrat, so die unausgesprochene Botschaft dieser Textstelle, kam nicht infrage, und so entstand eine Dynamik des schier willenlosen Einanderhochschaukelns, in dem Geltungsdrang, Mutwille und Angst einander die Waage hielten, von Lui wiederholt einlässlich geschildert. Auch die Mutter Dorothea Grimm, die nach allem, was wir wissen, ähnlich sanftmütig war wie der Vater, gelangte an ihre Grenzen. Der verwitweten Frau in ihrem Wirrsal von Sorgen blieben nur end- und fruchtlose Ermahnungen der »entsetzlich wilden und mutwilligen« jüngeren Buben, die zusammen mit dem altersmäßig zwischen Carl und Lui liegenden Ferdinand ein echtes Steinauer Trio infernale gebildet haben müssen.

Luis Kindheitsidyll endet mit dem Umzug nach Kassel gemeinsam mit dem fünfzehn Monate älteren Ferdinand. Zwar ist das Lyceum Fridericianum nicht seine Welt. Er lernt schlecht, beobachtet aber umso vorzüglicher. Was viele gebildete, kreative Zeitgenossen wie etwa Clemens Brentano oder E.T.A. Hoffmann, aber auch seine älteren Brüder, geschickt und gern, aber nebenbei betreiben, wird zu seinem Lebensinhalt: das Zeichnen. Über all diese hinaus hebt bereits den Halbwüchsigen seine frappante Fähigkeit, Familienähnlichkeiten in Gesichtern und Gestalten zu erkennen und selbst in der sparsamsten Gestaltung wiederzugeben.

Es ist nicht der Königsweg zu Ehre, Status und Wohlstand, den Lui da unter die Füße nimmt. Im Gegenteil. Aber es ist ein Weg, und die druckvolle Konsequenz, mit der er sich aufmacht, scheint ihn in den Augen der ältesten Brüder, wenn vielleicht auch nur bedingt, als einen der Ihren zu qualifizieren. Jedenfalls fehlen ihre schriftlichen Äußerungen von existenzieller Sorge, persönlicher Last und Vorwurf, die sie den übrigen Geschwistern widmen. Es hilft, dass sie beizeiten entdecken, dass der jüngste Bruder, der sich im Übrigen willig unter die brüderliche Autorität fügt, sich sehr gut für ihren eigenen Lebensplan einspannen lässt: als Illustrator dessen, was ihre Texte nicht sagen können, oder dessen, was bildlich für sie wirbt. Ein talentierter, sozial begabter Porträt- und Figurenzeichner in der Familie, der nebenbei sehr gut bei der Pflege der freundschaftlichen Beziehungen hilft, auf die die Brüder Grimm sich angewiesen sehen. Als möglicher Wettbewerber in den Spielfeldern der Brüder Grimm scheidet er vorteilhafterweise mangels eines Sinnes für schriftliche Archivschätze und deren Analyse und sprachliche Gestaltung aus. So wird nach und nach aus der Duldung des Bruders seine Förderung und sein Einbezug in die grimmschen Projekte und romantischen Netzwerke. Dieser Einbezug sollte sich nach und nach für alle auszahlen und Lui nicht nur Aufträge bringen, sondern sein Inventar an künstlerischen Techniken beeinflussen und sein Gesamtwerk so profilieren, wie es uns heute erscheint: Ludwig Emil Grimm wird zum Bildchronisten und -propagandisten der Heidelberg-Frankfurter literarischen Romantik und darüber hinaus einer ganzen Generation.

Diese frühe Prägung ist umso wertvoller für den jungen Mann, als seine formale künstlerische Ausbildung als Hindernislauf beginnt: Zwar gibt es in Kassel eine Kunstakademie, und er gewinnt die praktische Zulassungsprüfung, »was war da aber zu lernen?«, schreibt er später. Der Königsweg zur Meisterschaft würde über eine Lehrstelle bei Hofmaler Böttner führen, aber der nimmt, bei aller Sympathie, nicht jeden. Erst muss Lui richtig zeichnen lernen. So muss er Privatunterricht bei verschiedenen Künstlern nehmen und zu Hause zeichnen, zeichnen, zeichnen. Hunderte Bleistift- und Tuscharbeiten entstehen, von denen einige erhalten sind – und, besonders bedeutsam für seine künstlerische Karriere, eine Anzahl Radierungen. Unterdessen stirbt

Böttner und mit ihm die Perspektive der Malerlehre. Der Umgang mit dessen Familie wird sich in unerwarteter Weise später entscheidend auf sein Leben auswirken.

Als Schöpfer kommt Lui zum Zuge gleich bei der für die Brüder Grimm folgenreichen epochalen Programmschrift, der Poesiesammlung »Des Knaben Wunderhorn«, von Arnim und Brentano in mehreren Bänden zwischen 1805 und 1808 bei Mohr & Zimmer – dem »Hausverlag« der Heidelberger Romantik – herausgegeben. Die Freunde beauftragen den Halbwüchsigen mit einem Teil der zu stechenden »Titelkupfer«, also der Illustrationen der Titelblätter, und mit Bildern, die sie in ihrer »Zeitung für Einsiedler« zur werbenden Veranschaulichung und Verschönerung des Textes vorgesehen haben – Luis erster Auftrag.

Vorbild von Grimms Märchen, Programmschrift der Romantik: Titelblatt der Poesiesammlung »Des Knaben Wunderhorn«. Stich nach Ludwig Emil Grimm.

Der Begriff der Radierung bezeichnet eine Reihe von Tiefdruckverfahren, bei denen der Grafiker eine Metallplatte mit Stahlwerkzeugen bearbeitet. Die Druckfarbe arbeitet er in die entstandenen Vertiefungen ein. Beim Drucken saugt das angefeuchtete Papier diese Farbe heraus. Ein Radierer konnte nach eigenen Entwürfen arbeiten, aber nach Art eines Handwerkers auch fremde realisieren. Schon als Jugendlicher befasste Lui sich mit dieser Technik. Dass er dies tat, war vielleicht gleichzeitig eine Art Rückversicherung für den Fall, dass die riskante Künstlerkarriere scheitern sollte. Zusätzlich öffnete sie ihm den zukunftsträchtigen Weg in die künstlerisch-industrielle Reproduktion.

Waren bis ins späte 18. Jahrhundert Buchillustrationen allein aus Gründen des Preises wissenschaftlichen Werken und Prachtausgaben oder Massenware wie Bibeln vorbehalten, so kündigten sich um die Jahrhundertwende technologische Neuerungen an, die aus dem Handwerksprodukt Buch und selbst aus illustrierten Büchern innerhalb von zwei Generationen massentaugliche Industrieware machen sollten: 1797 die Lithografie, die erste Methode der großauflagigen Farbbildreproduktion, 1798 die Papiermaschine, deren langbahnige Erzeugnisse die handgeschöpften und -getrockneten Einzelbögen ablösten, wie sie traditionell zum Beispiel aus der Steinauer Papiermühle kamen, 1810 die erste Druck- und 1822 die erste Setzmaschine. Eine Koenig'sche Zylinderdruckpresse konnte 1818 zehnmal so schnell drucken wie die Gutenberg'sche Handpresse. 1802 kostete die Gesamtausgabe von Novalis' Schriften in zwei Bänden drei Taler, den Gegenwert von 58 Kilo Roggenbrot oder 28 Kilo Rindfleisch und mehr als den Monatslohn so manches Dienstboten. 1868 konnte man für einen Taler fünfzehn Taschenbücher des Reclam Verlags kaufen. Zwischen 1770 und 1800 stieg die Zahl der pro Jahr in Deutschland neu erscheinenden Titel um 125 Prozent. Bis 1843 verfünffachte sie sich nochmals auf über 13 000. Davon waren 900 Romane – ein Genre, das 1770 fast nicht existierte. Das Bürgertum, besonders Frauen, entdeckte seine Welt damit.

Technisierung ebnete also dem Buch seinen Weg als Leitmedium des Jahrhunderts, und Lui scheint schnell begriffen zu haben, welche Chancen sich dem Kunstwerk im Zeichen seiner technischen Reproduzierbarkeit öffneten. Arnim und Brentano dachten ähnlich, denn in ganz Europa experimentierten Schöpfer und Unternehmer mit Kunst und mit neuen Wegen zu deren Vermittlung und Veröffentlichung. Auch mit multisensorischen ästhetischen Erlebnissen – ob in Wien in Graf Deym von Stritetz-Müllers Wachsfigurenkabinett, für dessen dreidimensionale Illusionen die größten Komponisten wie Mozart und Beethoven die Musik schrieben, ob in Italien, wo der Maler und Goethefreund Jakob Philipp Hackert Kunst im wahren Sinn des Wortes transparent zu machen versuchte, ob später in Dresden, wo Caspar David Friedrich an bewegten, mit Klängen untermalten Kunstprojektionen werkte. Auch die Brüder Grimm trugen dem Zeitgeist Rechnung, als sie Jahrzehnte nach der Erstausgabe den Erfolg einer von George Cruikshank illustrierten Edition ihrer Märchen sahen. Sie ließen die erste Kleine Ausgabe bebildern – von Ludwig Emil Grimm. Diese illustrierte Ausgabe legte den Grundstein zu ihrem Welterfolg – und ihr jüngster Bruder war daran beteiligt.

Was der achtzehnjährige Lui trotz seines bisherigen Mangels an Ausbildung den »Wunderhorn«-Herausgebern liefert, scheint diese für ihn eingenommen zu haben. Sie fördern ihn weiter, indem sie ihn nach Heidelberg holen, wo sie in einer Wohnung im Schatten des Schlosses auf großem Fuße leben. Dort soll er bei Adam Weise Zeichenunterricht erhalten. Nebenbei suchen sie ihm so ein wenig über den Tod der Mutter hinwegzuhelfen, der ihn schwer getroffen hatte. »Die Einsiedelei« haben sie ihre

Bleibe getauft. Ob dies der beste Aufenthaltsort für einen frisch verwaisten Jüngling ist? Aber sie geben sich Mühe, den Jungen aus seinem Kummer zu lösen, machen Ausflüge mit ihm, in die Natur, zu Galerien und anderen Kunststätten. Sogar zu verkuppeln versuchen sie ihn: »Manchmal nahm mich der Arnim zu der C. Rudolph, die ein großes Erziehungsinstitut hatte und junge schöne Mädchen aus allen Ländern da zu sehn waren.« Aber zur Trauer kommt das Heimweh, und die anspruchsvolle Gesellschaft überfordert ihn: »Mein einziges Vergnügen war ein Eichhörnchen, und manchmal ging ich auf den Markt, um die Bauerngesichter zu sehn.« Oder er geht zu Joseph Görres, der an der Universität Philosophie lehrt und mit Arnim, Brentano und den Grimms auf vertrautem Fuße steht. Lui sitzt bei Görres mit am Mittagstisch; spielt anschließend »mit den Kindern, wenn ich aufgelegt war«. Und dazu war er offensichtlich zeitlebens aufgelegt: Hunderte von Kinderdarstellungen wird er im Laufe seines Lebens fertigen. Vom Unterricht des Malers Weise profitiert er nach eigener Aussage nicht. Und das Intellektuelle interessiert ihn nur, soweit es sich mit Sinnlich-Visuellem verbinden lässt.

Lui verbucht diese Zeit später als verloren: »Heidelberg kam mir vor wie ein Gefängnis.« Immerhin bringt sie ihn einstweilen ab von der Militärkarriere, die er auch im Sinn hatte, gegen die die Familie aber aufs Heftigste opponierte – die Erfahrungen der Kindheit hatten überdeutlich gezeigt, dass Krieg tödlich sein kann. Und sie legt den Grundstein für eine lebenslange Freundschaft mit der Familie Brentano. Ihre Wege werden sich immer wieder kreuzen, jahrzehntelang. Gleich im folgenden Dezember ist Lui, auf Zwischenstation nach München, zu Gast bei Savignys in Landshut. Savigny ist neu dort zugezogen, um an der Universität zu lehren, die Kurfürst Max Joseph – nun von Napoleons Gnaden bayerischer König – auf dem Höhepunkt der französischen Bedrohung von Ingolstadt in die alte wittelsbachische Herzogsstadt verlegt hatte. Savigny und seine Frau Gundel, geborene Kunigunde Brentano, befassen sich so gern mit ihm wie Schwägerin Bettine, die ihm vorliest, »oft Abends spät« – von welchem Eros auch immer getrieben. Nach einem Salzburg-Ausflug schenkt Bettine zum Abschied jedem der begleitenden Herren einen Stein aus einem ihrer Schmuckstücke, »mir aber den größten«. Bettines Interesse an Lui bleibt nicht verborgen, wie Luis Erinnerungen selbst verraten: »In Mosburg betrachteten wir das alte byzantinische Kirchenportal, dann über Freising, wo man schon München in der blauen Ferne liegen sieht, umkränzt von den fernen, mit Schnee bedeckten tyroler Gebirgen. Abends gegen 8 Uhr kamen wir an. Unterwegs wurden mir vielerlei Ratschläge erteilt. Unter andern: sagte die Frau v. Savigny: ›Hören Sie, lieber Ludwig, verlieben Sie sich nur recht bald! Ein Maler, überhaupt ein Künstler, muß immer verliebt sein, wenn seine Arbeiten gut werden sollen.‹«

Dieses Zündeln bleibt offensichtlich nicht ohne Wirkung auf Lui: »Die Bettine blieb in München, wohnte bei Moys in der Rosengasse, und ich kam alle Tage zu ihr. Abends kochte sie an einem alten Kamin Chocolade oder sie prutzelte sonst was zu essen; ich machte Zeichnungen und Skizzen. Dann wurde mit einem allerliebsten Kätzchen gespielt.« Sie hat selbst als Minderjährige ein Jahr in München gelebt und kann nachfühlen, wie einsam er sich fühlt. Bettines anarchisches Ungestüm zieht Lui unwiderstehlich an: »Am schönsten war es, wenn der alte kolossale Kapellmeister Winter kam und ihr Singunterricht gab. Wenn er kam, sagte sie ihm so viel Artigkeiten, daß der alte Riese ganz freundlich wurde, sich ans Klavier setzte und nun anfing, auf dem Klavier herumzuschlagen und mit den großen Händen darauf loszuhämmern, daß jedesmal nachher der Flügel verstimmt, oft auch die Saiten gesprungen waren. Wenn sie nun neben ihm stand und sang, so sah sie aus wie ein klein Kind, da stellte sie sich einen Stuhl hinter ihn und stieg hinauf und schlug mit einer Rolle Noten den Takt auf seinem großen Kopf, der reichlich mit weißen Haaren bedeckt war, die aber abstanden wie bei einem Stachelschwein und auch so hart wie Schweineborsten waren.«

Bettine, die selbst zeichnet, genießt die Nähe zu Lui und revanchiert sich, indem sie Goethe brieflich auf ihn aufmerksam macht: »Ludwig Grimm, der Zeichner, machte schon vor zwei Jahren, da er noch gar wenig Übung hatte, aber viel stillen vergrabnen Sinn, ein Bildgen von mir, was für mich ... sehr viel Bedeutung hat.« Allerdings, so Bettine weiter, ist er »so blöde, daß man sich wunderte, wie ich ihn nach und nach so zahm gemacht ... ich gewann ihn dadurch, daß ich mit Lust ebenso Kind war wie er.« Fast unverändert kann er 25 Jahre später diese privaten Enthüllungen in Bettines erstem Bestseller »Goethes Briefwechsel mit einem Kinde« lesen.

Wichtige Lebensbegleiterin dreier Geschwister Grimm:
Bettine von Arnim, geb. Brentano.
Radierung von Ludwig Emil Grimm.

Lui revanchiert sich mit einer radierten Darstellung seiner Gönnerin, einem der schönsten Bettine-Bildnisse, die wir kennen, und mit einigen anderen sorgfältig ausgeführten Porträts, die Bettine und seine anderen Modelle als begeisterte Buchleserinnen zeigen. Zeitlebens wird er die außergewöhnliche Frau künstlerisch umkreisen. Dann reist er seinem eigentlichen Bestimmungsort entgegen: dem dank Napoleon zur Königsstadt geadelten München.

Die »liebe Lotte«

Während Lui in Bayern Blick und Hand schult, ist in Kassel die drei Jahre jüngere Lotte mit einer erheblich prosaischeren Wirklichkeit konfrontiert. Hinter den formelhaften Beschwörungen geschwisterlicher Zuneigung bleibt die »liebe Lotte« als Person ohne deutliche Kontur. Von ihr persönlich haben sich kaum schriftliche Äußerungen erhalten. Die Bildnisse, die Lui von ihr angefertigt hat, zeigen sie – ähnlich wie ihre Mutter, deren Schicksal eines zu frühen Todes sie teilen sollte – manchmal lesend, sonst aber überwiegend in Arbeits- oder Demutshaltung oder als abgehärmte, abgeschaffte strenge Frau. Der Vergleich mit der ruhig-selbstbewussten Haltung, die ihre Schwägerin Dorothea auf Luis Porträts einnimmt, fällt zu Lottes Ungunsten aus.

Lottes Lebensleistung lässt sich zumindest in materieller Hinsicht aus den Zeugnissen der Familie ermessen. Mit nicht einmal drei Jahren Halbwaise, treffen sozialer Abstieg und Not der Familie sie schutzlos. Wenige Monate später stirbt die zuverlässige Tante Schlemmer, wieder zwei Jahre später der Großvater und Vormund – der Einzige, der in Hanau irgendetwas bewirken kann für die Grimms. Geliebte Zufluchtsorte wie das Amtshaus oder der Biengarten gehen unter – ob unter den kameralistisch-aggressiven Schriftsätzen Amtmann Gerlachs oder unter den Stiefeln marodierender Militärs. Die Höllenarbeit zweier Umzüge innerhalb Steinaus und eines Umzugs nach Kassel muss bewältigt werden – und nicht nur die körperliche Arbeit, sondern auch die der seelischen Meisterung. Es wäre unrealistisch anzunehmen, dass das Mädchen dabei besonders geschont wurde.

Die Lotte, mal nicht schuftend oder schlafend.
Radierung von Ludwig Emil Grimm, ca. 1808.

Immerhin aber richtet die Mutter sie nicht ausschließlich für manuelle Arbeit zu: Sie erhält etwas Unterricht, zu Hause, durch Präzeptor Zinckhan. Mädchen haben laut damaliger Meinung in der Schule nichts zu suchen. Und neben dem Interesse an Büchern teilt Lotte eine grimmsche Begabung, die sie – vor lauter Arbeit, vermuten wir – nicht weiterentwickelt: Sie zeichnet schön. Und sie hat gelernt, Gitarre zu spielen.

Mehr ist allerdings nicht vorgesehen für sie – nicht in Steinau, nicht in Kassel. Mit fünfzehn muss sie nicht nur den Tod ihrer Mutter verkraften, sondern zusätzlich die Arbeit im sechsköpfigen grimmschen Haushalt in der Wildemannsgasse, der sich so viel Personal wie damals im Amtshaus nicht leisten kann: Zeitweise kommt nur alle vier Wochen eine Zugehfrau. So schuftet sie – lustlos, wie sie Tante Zimmer, der einzigen Frau in der näheren Verwandtschaft, brieflich gesteht – bis an den Rand der Erschöpfung. Und vermutlich darüber hinaus: Eine Zeichnung von Luis Hand zeigt sie über einem geöffneten Brief zusammengesackt am Tisch. So sieht jemand aus, der einfach nicht mehr kann. Tante Zimmer teilt für sieben Jahre das Gothaer Exil ihrer Brotherrin Kurfürstin Wilhelmine, mehr als eine Tagesreise von Kassel entfernt. Sie scheidet also als greifbare Helferin und Ratgeberin in Sachen Lebenspraxis und als mögliche Stütze gegen die Ansprüche der männlichen Mehrheit in der Familie aus. Im Gegenteil mahnt sie Lotte: »Du bist ja kein Kind mehr ... u kanst schon Viel leisten in der Haußhaldung ohne deinen Körber anzugreiffen ... Thätig seyn auf alles acht geben das nichts zu Schaden komt, u zu lernen waß zum Kogen (Kochen) gebrauch wird u im einkauffen waß am Nützlig ist auf dieses must du doch acht geben.«

Und »ihre« Männer waren anspruchsvoll. Haushaltsvorstand Jacob dürfte für sie alle sprechen, wenn er 1809 an den in Halle kurenden Wilhelm schreibt: »Ach, wenn die Mutter noch lebte! Seit ihrem Tod ist unser Haushalt unangenehm geworden, weil sich keins an das andre bindet und keine Ordnung mehr, weder beim Essen noch sonst ist.« Später wird er grundsätzlicher: »Die Lotte«, klagt er, »wollte sich nicht so recht zum Haushalt schicken.« Und noch 1814, ganz nach Art eines häuslichen Napoleon: »Die Lotte ist mir zu Hause wie eine sich sträubende Provinz.« Eine deftige Breitseite gegen Bruder Ferdinand vom Sommer 1809 wegen dessen »unbeschreiblicher Faulheit« ist gleichermaßen gegen die Schwester gerichtet. Selbst die Freunde Clemens und Achim lassen sich untereinander herablassend über die grimmsche Menage und über Lotte aus: »Sie nimt sich der Wirtschaft gar wenig an, was doch zu ihrem Vermögen nicht passt.« Haben sie dies selbst beobachtet, oder haben die Brüder sich sogar bei ihnen beklagt?

Besondere Liebe für die »liebe Lotte« lässt sich aus alledem nicht heraushören. Lotte – gerade Lotte – hat zu funktionieren und das komplexe Hauswesen mit wechselnden Bewohnern und deren unterschiedlichen Lebensrhythmen, Bedürfnissen und Marotten sowie deren zeitweise recht zahlreichen Gästen mit wechselndem, aber immer geringem Budget erfolgreich zu organisieren. Für die Finanzen und die praktischen Aspekte des Lebens zeichnete Wilhelm verantwortlich, und wenn wir in Betracht ziehen, dass er in der Praxis weniger nachgiebig war als Jacob, können wir uns leicht vorstellen, dass Wilhelm nicht immer ein angenehmer »Vize-Chef« für Lotte war.

Es waren anstrengende Jahre für Lotte: Jacob, persönlich immerhin einigermaßen anspruchslos, dachte fast nur an seine Arbeit. Wilhelm war kränklich, Carl hypochondrisch-depressiv, Ferdinand freundlich, aber exzentrisch. Lui, der einzige umgängliche Bruder, kam und ging, ganz wie es seine Bemühungen um Broterwerb und feste Anstellung erforderten. Wenn er allerdings aus der Ferne sehnsüchtig an Kassel und an die Familie dachte, dann dachte er in erster Linie an Lotte. Die gegenseitige Bindung muss jenseits der von den Brüdern bekannten vorgestanzten Ergebenheitsformeln tatsächlich intensiv gewesen sein: Einmal klagt Lui, 120 Stunden lang sei er von Lotte schon getrennt. Aus Italien bringt er ihr ein Fläschchen seltenen Parfüms mit. Wiederholt beschenkt er sie mit Rosen – ihren und seinen Lieblingsblumen. Und Lotte ist sein einziges Geschwister, das er würdig befindet, in Öl allein porträtiert zu werden.

Die Aneignung von Lottes Arbeitskraft durch die Geschwister geht nicht so weit, dass sie die hübsche brünette Frau für immer im Haushalt festhalten. Der Heiratskandidat, der den Zuschlag erhält – vierzehn Jahre nach Dorotheas Tod, Lotte ist fast dreißig –, erfüllt alle denkbaren Kriterien der Sicherheit und Solidität. Es ist ein alter Bekannter aus Jugend-, wohl gar aus Kindertagen: der gebürtige Hanauer Ludwig Hassenpflug, mütterlicherseits Sohn einer alten Hugenottenfamilie, in der privat noch Französisch gesprochen wird. Sein Elternhaus steht, wenige Schritte vom grimmschen Domizil in der Langgasse entfernt, schräg gegenüber dem Neustädter Rathaus an der Ecke Lindenstraße. Parterre betreibt der Hausbesitzer, der Hofkonditormeister und Kaufmann Lossow, eine »Specereyhandlung«, einen Lebensmittel-, Gewürz- und Delikatessenladen. »Das Beste an der Hanauer Luft ist Lossows Kaffeeduft«, pflegte man in Hanau zu sagen, und dieser Duft

*Altdeutsch-romantische Pose: Ludwig Hassenpflug,
Schwager der Brüder Grimm und hessischer Minister.
Gemälde von Ludwig Emil Grimm.*

mag oft in den ersten Stock aufgestiegen sein, wo Ludwig, wenige Monate jünger als seine spätere Braut, als einziger Sohn des Schultheißen der Hanauer Neustadt, Johannes Hassenpflug, seine Kleinkinderzeit verlebte. Schultheiß Hassenpflug war direkter Kollege und in kommunalen Angelegenheiten Ansprechpartner seines späteren Gegenschwiegervaters Philipp Wilhelm Grimm und machte später Karriere als Regierungspräsident von Kassel. Die Grimms und die Hassenpflugs kennen einander demnach genau – nicht zuletzt vom gemeinsamen Pochspiel, einem Vorläufer des Pokerns –, und Ludwig ist ein berechenbarer Bräutigam.

Ludwig war von seinen Eltern als Stammhalter nach drei Mädchengeburten sicherlich heiß ersehnt. Und nachdem er der einzige männliche Nachkomme der Hassenpflugs blieb, ist es leicht vorstellbar, dass die weibliche Mehrheit des Hauses ihn auf Händen trug. Unterstellt man, dass die Persönlichkeit eines Menschen sich in seinen Gesichtszügen ausdrücken kann, so lassen Ludwigs Porträtdarstellungen – wir verdanken Lui einige von ihnen – auf ein überbordendes Selbstbewusstsein als Ergebnis einer solchen familiären Vorzugsstellung schließen. Dieses Selbstbewusstsein zeigt sich in Ludwigs beruflicher Karriere und privatem Leben und ließ ihn wiederholt über Kreuz kommen mit seinen fürstlichen Dienstherren einerseits und mit den Grimms andererseits, mit denen ihn zwar seine romantisch geprägte monarchistische Grundeinstellung verband, von denen ihn aber sein zunehmend antiliberales Sentiment trennte.

Zwischen allen Stühlen saß Lotte. Sie fehlte im Hause Grimm – auch ihre Arbeitskraft fehlte. Dies warf eine Frage auf, die die Grimms bislang erfolgreich umschifft hatten: Einer musste heiraten! Jacob oder Wilhelm?

KAPITEL 6
ZWEI BRÜDER, RECHTS- UND SPRACHGELEHRTE
(1807-1821)

Ein Leben zwischen Büchern und Papier

Nicht dass etwa Jacobs kindliche Neigungen zum Pastorenstand wieder aufgeflammt wären. Was er und mit ihm Wilhelm will, kristallisiert sich in den ersten Kasseler Jahren heraus. Es ist nicht die Juristerei, nicht die gut dotierte, anerkannte Stellung im Dienst des Hofes oder der Landstände – also der Vertretung von Adel und Klerus gegenüber dem Souverän –, nicht die Karriere, die sie wie im Aufzug hinaufbefördert in immer höhere Positionen innerhalb der höfischen Hierarchie, die sie nutzen, um ihre Machtbasis zu verbreitern, andere mit sich zu ziehen und mit diesen oder jenen Mitteln ihren eigenen Wohlstand zu mehren, um daraus noch mehr Macht zu gewinnen.

Nein, Forscher wollen sie sein, und der Gegenstand, den sie erforschen wollen, wäre noch vor wenigen Jahren undenkbar und unwürdig gewesen: das Eigene, das kulturelle Erbe der Deutschen. Die beginnende Moderne aber hat den Boden dafür bereitet. Sie selbst konnten wiederholt beobachten, wie bedroht das Kulturerbe der Deutschen ist: Sie sahen Kirchen, Schlösser und Städte brennen, sahen wahllos und in großer Zahl verschleppte Kunstgegenstände und geplünderte Bibliotheken, wo zuvor seltene Wiegendrucke und mittelalterliche Handschriften, unwiederbringliche

Unikate gehütet worden waren. Sie konnten sehen, wie Napoleon, ein moderner Alexander der Große, nach Belieben Grenzen und Völker auf seinem geopolitischen Spielbrett verschob und nach seinem Ermessen vernichtete mit allem, was diesen wert und heilig war.

Die Deutschen waren für Napoleon nach Goethe eines jener »stillen Völker, die er mit den andern / Zwingend rütteln möchte fort und fort«. Und was bei diesem Gerüttel durchs Sieb und auf die Abfallhalde der Weltgeschichte zu fallen drohte, das war das Eigentliche – das, was Deutsche zu Deutschen machte. Was nicht nur Identität verlieh, sondern auch Widerstandskraft. Was nicht nur widerstehen ließ, sondern auch den Weg in eine politische Zukunft der Deutschen im Einklang mit sich selbst wies.

Dieses Eigentliche steckte in den Köpfen der Menschen. Aber es stand auch in den Büchermagazinen der Bibliotheken: als mittelalterliche Handschrift oder als frühneuzeitlicher Druck. Wie grausam die Moderne mit diesen seltenen Zeugnissen verfuhr, das beobachtete der Bibliothekar Jacob: Kostbare Bestände aus aufgelösten Bibliotheken wurden achtlos hin und her gekarrt und verschimmelten unbeachtet in feuchten Kellern, da niemand sie angemessen unterbringen und durch Katalogisieren erschließen konnte. Und Frankreich betrieb neben systematischem Kunstraub auch Bücherraub.

Diese Zeugnisse vor dem Vergessen retten, konnten nur die schriftliche Fixierung, die interpretierende Erschließung und die Publikation für breitere Schichten der Gesellschaft. Die Möglichkeiten, auf diesem Feld Aufmerksamkeit zu erregen, waren nie günstiger: einerseits die französische Besatzung, die tolerant war und überkommene Hemmnisse niederriss und zugleich in den Deutschen den Impuls zur Selbstbehauptung und Selbstvergewisserung setzte; andererseits der Aufschwung der Verlagswirtschaft. Nun müssen Forschungsgegenstände an die Hand: vergessene

Handschriften und Frühdrucke, an denen ein Philologe seine Sachkunde und stilistische Brillanz eindrucksvoll beweisen kann. Deshalb korrespondieren die Brüder Grimm mit Dutzenden der wichtigsten Bibliothekare und nutzen jede Möglichkeit zu kleinen Fluchten aus Kassel, die sie möglichst als Dienstreisen bemänteln: nach Marburg, Hersfeld, Fulda, Weimar, Jena, Leipzig oder Dresden oder nach Gotha, wo sie nebenbei ihren Kontakt zur exilierten Tante Zimmer intensivieren. Besonders fruchtbar ist der »fleißige stille Ort« Göttingen, der nach Jacobs Empfinden »recht lebhaft« gegen das »nichtsnutzige Leben« in Kassel absticht. Ersatzweise nehmen sie brieflichen Kontakt zu all jenen auf, die sich mit alten Quellen befassen. Sie setzen darauf, dass ihnen aus diesem Netzwerk spektakuläre Fundstücke zufließen. Wilhelm gesteht in seiner Autobiografie, dass das Sichvergraben in den alten Schriften auch eine Art Selbsttherapie war: »Das Drückende jener Zeiten zu überwinden half denn auch der Eifer, womit die altdeutschen Studien getrieben wurden.« Der Eifer, nicht der Gegenstand der Studien selbst, das scheint verräterisch durch diese Worte hindurch.

Bei den Brüdern Grimm wird Philologie zu einer Vorstufe der Politik, und in diesem Sinn beanspruchen sie eine öffentliche geistige Führungsposition, die es mit allen Mitteln zu erlangen und zu behaupten gilt. Nicht nur ihre Fähigkeit, genau hinzusehen, qualifiziert sie dazu, sondern auch ihr Vertrauen in ihre brüderliche Einigkeit. Sie kennen die in der Romantik gar nicht so seltenen schöpferischen Brüder- und Freundespaare wie die Schlegels oder Tieck und Wackenroder, und mit einem sind sie befreundet: Brentano und Arnim.

Die Volkslieder faszinieren sie zunächst, diesen Impuls verdanken sie Brentano und Arnim. Dort geht es nicht nur treuherzig-sittig, sondern oft gewalttätig oder erotisch-derb zu. Darf so etwas gedruckt überliefert werden? Nein, findet Brentano. Ja, meint Jacob. Denn was aus der Seele des Volkes entspringt, ist unschuldig und auf seine eigene Weise rein wie Quellwasser. Zwei grundlegende Gegenpositionen, an denen sich bis hin zu den »Kinder- und Hausmärchen« noch viel Streit entzünden wird. Wilhelm, der zu Brentano und Arnim den engeren Kontakt unterhält, neigt zu deren Position und setzt sich langfristig mit seiner Ansicht gegenüber Jacob durch, wie sich an der Editionsgeschichte der Märchen zeigen wird. Die Deutschen sollen das Edle, Reine lesen und von sich selbst glauben.

Eine selbstständige Veröffentlichung von Liedern wird nicht aus der grimmschen Sammlung. Die Brüder begnügen sich damit, den »Wunderhorn«-Meistern Texte zuzuliefern – übrigens ohne jede öffentliche Anerkennung durch diese. Bei den Märchen und Sagen jedoch wollen sie besser werden als jeder andere, auch als Brentano und Arnim. Eines der ersten selbstgestellten Arbeitsprogramme, bereits während Jacobs Paris-Aufenthalt erstmals angedeutet, soll darin bestehen, mittelalterliche und vor allem frühneuzeitliche deutsche Texte als kulturgeschichtliche Quellen auszuwerten. Da gab es viele: die Volksbücher wie das Faust-Buch oder den »Tyl Ulenspiegel«, Jörg Wickrams »Goldtfaden«, Johann Fischarts »Uncalvinisch Gegen Badstüblein« oder das anonyme »Der alte Teutsche Zahnbrecher«. Savignys Methode der Analyse alter Rechtsquellen wollen die Brüder Grimm auf die Literatur übertragen. Das gesammelte Material geht in Einzeleditionen und in die »Deutschen Sagen« ein. Die Sagen werden zumindest Jacob nachhaltiger beschäftigen als die Märchen. Im Lauf der Jahrzehnte nach den Grimms tragen Philologen eine gigantische vergleichende internationale Motivsammlung zusammen; damit kann der Leser einzelne Motive durch Raum und Zeit verfolgen.

Aber um durch Raum und Zeit wandern zu können, muss eine Sage oder ein sonstiges volkspoetisches Motiv ja schließlich irgendwo entsprungen sein – und dem Volk, das sie erdacht hat, dem muss sie schließlich »gehören«. Muss Aussagen erlauben über dessen Einzigartiges, dessen »Seele«. Für die Forscher der Grimmzeit gilt es, in der anonymen Volksdichtung nationale Claims abzustecken; ganz anders als bei der Literatur, die einerseits Einzelnen – den Autoren – gehört, andererseits allen Menschen.

Aber auch persönliche Claims. Bevor der blaue Ozean der deutschen Philologie sich blutrot färbt von den Kämpfen der Konkurrenten, wollen die Brüder Grimm bekannt sein – am liebsten berühmt. Jacobs manische Produktivität arbeitet diesem Ziel zu. Schnell ist er, aber nicht besonders gründlich. Er setzt auf Verfeinerung der Forschungsergebnisse in der nächsten Auflage, in der nächsten Publikation. Wilhelm arbeitet bedächtiger, ist stärker auf Absicherung bedacht. Die großen Formen interessieren ihn stärker, das Philologische, das im eigentlichen Sinn Erzählerische. Jacobs mikroskopischer Blick richtet sich auch auf die einzelnen Motive, auf die kleinen Elemente, auf die Grammatik, also die Lehre von den Lauten, Wörtern, Sätzen und deren Bedeutungen. Fast 3000 Seiten wird seine »Deutsche Grammatik« einst umfassen, vier Bände, die von den einzelnen Buchstaben bis hin zur Satzbildungslehre führen. Allein der erste, über tausend Seiten dick, wird Setzer, Drucker und Korrektor vierzehn Monate lang beschäftigen.

Nicht die erste, aber die bis dahin gründlichste deutsche Grammatik. Keine Anleitung zum richtigen Schreiben und Sprechen. Denn auch hier sucht und findet Jacob, »wie das wesen und die geschichte unseres volks in den eigenschaften und schicksalen unserer sprache sich abspiegeln«. Für die zwei Lautverschiebungen, die aus der germanischen Ursprache die heutige gewaltige Vielfalt neuhochdeutscher Dialekte und Varietäten machten, hat er eine Erklärung: dass im Verlauf historischer Verwerfungen »die deutsche sprache zweimal aus ihrer fuge geriet«. Gemeint mit diesen Verwerfungen sind bronzezeitliche und spätantike Völkerwanderungen. Das Griechische kenne derartige Phasen von Umformung und Konsolidierung nicht, »weil ihr ebner ungehemmter fortschritt verwilderungen nicht ausgesetzt wurde«. Weil es sich anders als die Sprache der Germanen in seinem Gebiet über zwei Jahrtausende ungestört von Invasionen fortentwickeln durfte. Die napoleonische Invasion ist zu dem Zeitpunkt, als Jacob dies schreibt, Gott sei dank erfolgreich abgewettert.

Jacobs Bezugnahme aufs Griechische zeigt auch: Aussagen über das, was deutsch ist, sind nur möglich, wenn sie den Blick über die Grenzen des Deutschen richten. Absolut neu ist dies nicht – die vergleichende Suche nach den Urgründen beschäftigt die deutschen Intellektuellen seit Herder. Friedrich Schlegel, seit 1803 auf der Suche nach der europäischen Ursprache, will diese ausgerechnet in Indien gefunden haben, dessen Gegenwart als englische Kolonie seine glorreiche klassische Vergangenheit ebenso verdeckt wie die des osmanischen Griechenlands die antike Welt. Das dreitausend Jahre alte Sanskrit, in unzähligen heiligen Büchern kodifiziert, soll die Sprache sein, von der Deutsch, die skandinavischen Sprachen, das Englische, aber auch die romanischen Sprachen und selbst das Griechische und Persische abstammen. Wie er das herausgefunden hat? Durch Sprachvergleichung Wort für Wort und Sprache für Sprache. Publiziert im Romantiker-Verlag Mohr & Zimmer als »Ueber die Sprache und Weisheit der Indier«. Ein genialischer Wurf, dem Schlegel kein gleichwertiges zweites Werk folgen lässt. Anders der Mainzer Franz Bopp. Er entwickelt im Kontakt mit Schlegel und anderen Orientalisten eine stringente Methode für solche Massenvergleiche, veröffentlicht sie acht Jahre nach Schlegel unter dem Titel »Über das Conjugationssystem der Sanskritsprache in Vergleichung mit jenem der griechischen, lateinischen, persischen und germanischen Sprache«.

Bopps Beispiel zeigt: Die Zeit genialer Amateure vom Typus eines Friedrich Schlegel ist in den Geisteswissenschaften abgelaufen, das Wort führen ab jetzt die Profis. Profis wie die Brüder Grimm, deren Besonderes es ist, sprachliche Zeugnisse aller Art vergleichend unter die Lupe zu nehmen. Wilhelms erste selbstständige Veröffentlichung befasst sich mit den altdänischen Heldenliedern, Balladen und Märchen. In der »Deutschen Mythologie« wird später Jacob belegen, wie ähnlich die altnordischen Göttergestalten den altgermanischen sind – ja, wie frappierend selbst die Übereinstimmungen mit der griechisch-römischen Götterwelt sind, dem Edelsten, das die Generation vor den Brüdern Grimm anerkannte. An dieser geistigen Nobilitierung nimmt nun auch das zuvor gering geschätzte Germanisch-Deutsche gleichberechtigt teil und muss sich vor der romanischen Welt der Franzosen nicht verstecken.

Obwohl die Brüder Grimm sich – anders als zum Beispiel Jordis – nicht zu den Gewinnern der napoleonischen Modernisierung zählten, kamen sie nach und nach in einem bürgerlichen Leben an. Jacob etwas früher; seine offensichtliche Tüchtigkeit drängt sich auf und macht ihn vielseitig einsetzbar, und er ergreift seine Chancen unabhängig davon, welchen Herren er dient. Man kann es Opportunismus nennen – der Juristenstand hat seit jeher eine gewisse unselige Neigung dazu –, aber Jacob hatte schließlich eine große Familie zu versorgen, da waren moralische Höchststandards nicht leicht einzuhalten.

Jacob Grimm war kein Karrierist. Weitaus wichtiger als Wahlkriterium – wenn es jemals eine Wahl gab – war die Passung einer beruflichen Aufgabe zu seinen eigentlichen Interessen – den Interessen eines Geschichts- und Sprachforschers. Gehalt und Status waren Mittel – wichtige Mittel – zu diesem Zweck: die Voraussetzungen zu, natürlich auch materiell produktivem, wissenschaftlichem Arbeiten zu sichern. Allein dies zählte: den schriftlichen

Relikten der fernen Vergangenheit deren Botschaften zu entlocken und zu entreißen, bevor sie im Mahlstrom der gewaltsamen Moderne zu Pulpe würden. Botschaften, die verlauten ließen, wie es einst gewesen und wie es jetzt und künftig sein sollte: das Verhältnis von Mensch zu Mensch, von Fürst zu Untertan, von Nation zu Nation. Diesem Zweck zu leben war es wert. Auf fast jedem Gebiet, das sie betraten, war noch Pionierarbeit zu leisten. Jacob und Wilhelm Grimm müssen vor sich einen unabsehbar weiten Ozean der Möglichkeiten und der Notwendigkeiten gesehen haben. Ein paar »Kapitäne« erst waren dabei, in See zu stechen: Friedrich Heinrich von der Hagen an der kürzlich durch Wilhelm von Humboldt gegründeten Universität; Georg Friedrich Benecke in Göttingen; Karl Lachmann in Leipzig. Und ein solcher Kolumbus wollte auch Jacob mit seinem Bruder sein.

Dass Jérôme Bonaparte ihm seine private Bibliothek anvertraut hatte, war in diesem Zusammenhang eine sehr gute Fügung. Jacobs dienstliche Verpflichtungen lasten nicht allzu schwer – nur am Vormittag muss er anwesend sein, und wenn die Arbeit erledigt ist, kann er sich um Philologica kümmern: Antiquariatskataloge und Verlagswerbung sichten, Bücher exzerpieren oder Briefe schreiben. Da Jérômes Bibliothek bescheidener ausgestattet ist als die kurfürstliche und eigentlich uninteressant, dürfte er selten »Besuch« von Nutzern erhalten haben. Der eifrigste Nutzer ist Jérôme selbst, Jacob insofern dessen persönlicher Wissensadjutant; und wenn ihn dies interessiert hätte, hätte er aus der Literatur, die der König vorzulegen anordnete, auf dessen politische Pläne schließen können. Es interessierte ihn nicht erkennbar. Aber wenn die Brüder Grimm in ihren Märchenbüchern Könige auftreten lassen, dann vor dem Hintergrund ihrer persönlichen Vertrautheit mit ihnen und ihren Machtgesten, Gewohnheiten und Marotten. Anders als andere Märchen- und Sagensammler erfahren sie aus erster Hand, wie ein König ist – selbst wenn dieser nicht durch eine lange Ahnenreihe legitimiert, sondern vielmehr ein pompöser französischer »gestiefelter Kater« ist; selbst wenn seine eleganten »neuen Kleider« die dynastische Nacktheit der jungen Monarchie nur unzureichend verhüllen.

Auch für eines lässt die Dienstroutine Jacob hinreichend Zeit und Freiraum: für die Pflege des Bibliotheksprogramms, also für die Auswahl neuer Erwerbungen, für Recherchen und Reisen, die sie zwanglos und unkontrolliert den persönlichen wissenschaftlichen Interessen nutzbar machen können. Jacob ist angekommen in seiner Welt: in der Welt des Kodex gewordenen Menschheitswissens, und Wilhelm folgt ihm mit einigen Jahren Abstand in diese Welt.

So verbringen die beiden lesend und schreibend ihre Tage. Greifen zurück auf dieselben Bücher. Zanken gelegentlich um deren Besitz. Lesen und exzerpieren sie; exzerpieren sogar Schriften

Wilhelm Grimm als Bibliothekssekretär. Lithografie von Ludwig Emil Grimm, um 1815.

Jacob Grimm als kurhessischer Legationssekretär. Radierung von Ludwig Emil Grimm, 1815.

des jeweils anderen. Wieso nur? Sie könnten sie doch jederzeit zur Hand nehmen oder den Bruder bitten, ihrem Gedächtnis nachzuhelfen. Jacob ist gerührt, als Wilhelm einen Band seiner Grammatik »ausgezogen« hat, wie sie es nennen. Ist es ein Opferakt auf dem Altar brüderlicher Verbundenheit? Sie beschreiben Unmengen teuren Papiers mit kratzenden Federkielen, die sie laufend nachschneiden müssen. Jeder hat ein ganzes Bündel davon einsatzbereit auf dem Schreibtisch, damit nichts den Fluss von Tinte und Ideen hemmt. Korrespondieren europaweit; eintausendsechshundert Briefpartner sind belegt, die Fürsprache einlegen, rezensieren, zuliefern sollen – nicht nur Märchen, sondern alles, was die Brüder beschäftigt. Sie weisen einander auf bemerkenswerte, unentdeckte oder falsch interpretierte Textstellen hin. Korrigieren Manuskripte und Druckfahnen. Erbitten sich von ihren fertig gebundenen Schriften Handexemplare mit besonders breiten Rändern, auf denen sie Errata für die mögliche zweite Auflage eintragen.

Totes und Totgeglaubtes lebendig machen, das wollen die Brüder. Nicht nur nach Bibliothekarsart den vermeintlich »alten Kram« konservieren, sondern zeigen, wie er in die Gegenwart hineinwirkt und der Zukunft dienen kann. Politisch werden. Befreien. Denn, wie Wilhelm in dieser Zeit höchst freimütig einer seiner Schriften vorausschickt: »Überhaupt ist nichts misslicher, als wenn die Cultur einer Nation nicht in ihrer eignen Natur gegründet, sondern durch eine fremde gewaltsam fortgetrieben wird.« Hört die neue Obrigkeit, hört das Volk der Franzosen diese Signale? Oder ist es taub und blind in seiner Ideologie der gewaltsamen Menschheitsbeglückung durch Herrschaft erstarrt? Warum schreitet die Zensur nicht ein, warum nicht die Geheimpolizei?

Wenn wir heute »die Brüder Grimm« sagen, meinen wir Jacob und Wilhelm und schließen über dieser Betrachtungsweise wie selbstverständlich die übrigen drei Brüder aus, von der Schwester ganz zu schweigen. Aber mehr noch: Wir setzen Jacob und Wilhelm in eins und verschleifen die Unterschiede und manchmal handfesten Differenzen, die sie trennten. Zum Bruch führen diese Differenzen nie. Dazu ist das Verbindende viel zu stark, aber auch die gegenseitige Abhängigkeit. Jacob als der Älteste gibt den Ton an in der Geschwisterreihe. Nach dem Tod des Großvaters – erst dreizehn war Jacob da – wachsen ihm früh auch rechtliche Vertretungs- und Entscheidungsverpflichtungen bei den Grimms zu. Es gab ja keine nahen männlichen Verwandten mehr. Die Tüchtigkeit, mit der er sich dieser Verpflichtungen entledigt, spielt ihm vermehrte Autorität zu der Dominanz hinzu, die aus seiner rechtlich hervorgehobenen Position ohnehin folgt. Im Allgemeinen sachlich und zielbewusst, weist er den Weg, den alle einzuschlagen haben. Ein Übermaß an Gefühlen konnte nur riskant sein für den Kurs sowohl des Familienschiffs als auch der wissenschaftlichen Expedition, zu der er Segel gesetzt hatte.

Folgerichtigerweise bleibt Jacob unverheiratet. Dies soll nicht heißen, dass er sich für das weibliche Geschlecht nicht interessiert hätte. Er liebt den Tanz seit seiner Knabenzeit – nur schnell und ekstatisch soll er sein: In Hanau, lobt er einmal, wird »sehr geschwind gewalzt, was mir sehr gefällt« – »anders als in Kassel oder Marburg«. Überhaupt hat der damals in Mode kommende Walzer es ihm angetan, dieser aus dem Volk entspringende erzromantische Paartanz des atemlosen Schwindels, der Männern und den Frauen in ihren Armen buchstäblich den Kopf verdreht und sie, vom Rand der Tanzfläche betrachtet, fast zu einem einzigen Körper verschmelzen lässt. So sollten die freien Deutschen, sonst Könige, Bauern, Gelehrte, im Vollbewusstsein ihrer gemeinsamen »Natur« zu einem Ganzen verschmelzen. Kein Zufall, dass Novalis seinen mittelalterlichen Minnesänger Heinrich von Ofterdingen in geschichtsvergessener Weise mit seiner Geliebten »walzen« lässt.

Dem jungen Marburger Studenten fällt das Sichloslassen in die unkomplizierte Geselligkeit der Bälle leicht. Da muss er wenigstens nicht viel reden über Belanglosigkeiten, Standesunterschiede nicht überspielen, kann glänzen in seiner anerkannten körperlichen Virtuosität und die an seine Brust ziehen, die ihm gefällt. Später interessieren Jacob aber eben viele Dinge – wie die Bücher – weitaus mehr als Gesellschaften. Gleichzeitig gibt es Aspekte des praktischen Lebens, bei denen ein »Hagestolz« im Nachteil ist. Zwar waren zu dieser Zeit weniger Menschen verheiratet als hundert Jahre später. Aber wer allein lebte, war gesellschaftlich suspekt. Offensichtliche Bindungslosigkeit und Freiheit macht Menschen schwieriger berechenbar, und Berechenbarkeit war vor zweihundert Jahre wichtiger als heute.

Jacobs Mangel an Zugewandtheit kompensiert die Familie und insbesondere der seinerseits zwar ebenfalls bücherversessene, aber gleichzeitig sozial begabte Wilhelm. Er musiziert. Er plaudert. Er erzählt. Er gefällt. Er wirbt um Menschen und lässt sich umwerben. Auch von Frauen, sogar von adeligen Fräulein. Wenn Jacob der Kopf der Familie Grimm war, dann war Wilhelm ihr Herz. Seine weichen, ebenmäßigen Gesichtszüge stehen in auffälligem Gegensatz zu den kantig-trotzigen des im Umgang oft genauso kantigen älteren Bruders. Auch die Physiognomien also drücken diesen Unterschied aus. Mit seiner Zugänglichkeit kann Wilhelm seine Mitmenschen auf einer nicht intellektuellen Ebene für sich einnehmen. Ihm sollte es gelingen, seinerseits eine Familie zu gründen und dem alternden Jacob damit fortdauernde familiäre Geborgenheit – und nebenbei praktisch erforderliche häusliche Dienstleistungen – zu gewährleisten. Über Einkaufen, Kochen, Putzen oder Wäschewaschen musste Jacob sich sein Leben lang keine Gedanken machen und konnte sich umso intensiver dem aus seiner Sicht Eigentlichen widmen – seinem hinsichtlich des Umfangs und der gedanklichen Breite enormen wissenschaftlichen Lebenswerk. Seine Produktivität forderte Opfer, die nicht nur er zu bringen hatte, sondern auch andere. Für die trivialen Details des Alltags waren Frauen zuständig. Und am liebsten nur für Trivialitäten: Mehrfach äußern die Brüder Grimm sich kritisch über Frauen mit intellektuellen Ambitionen, etwa über Annette von Droste-Hülshoff und deren Schwester Jenny. Weder sie noch die Mehrheit ihrer Mitmenschen hinterfragten damals diese unausgewogene »Ordnung« der Dinge.

Bis es allerdings so weit war, galt es sich zu arrangieren mit unbefriedigenden Verhältnissen. Sich zu arrangieren vor allem mit dem Mangel an Geld. Wilhelm ist seit Februar 1814 Bibliothekssekretär, von neun bis zwölf Uhr nur dauert sein Dienst, was reichlich Zeit für die Studien lässt. Dafür ist das Gehalt knapp

Wenn Lui Wilhelm bei der Arbeit über die Schulter sah: der Blick aus der Wohnung im Wilhelmshöher Tor, 1815.

und reicht nicht aus, »die Kosten der Wohnung und unaufhörlichen Einquartierung zu bestreiten«. Ein Umzug aus der Wildemannsgasse in eine günstigere Wohnung im nördlichen Gebäude des Wilhelmshöher Tors soll das Budget entlasten. Es fehlt ihr am Komfort einer eigenen Küche, Wilhelm lobt dennoch das »Bequemliche« an ihr, denn sie bietet mehr Platz und gilt als feuersicher; endlich können sie ein Bibliothekszimmer einrichten wie im Schloss. Und die Aussicht geht, wie in Steinau, über freie Felder, Wald und Hügel hinaus. Lotte schläft in einer Dachkammer neben dem Mädchenzimmer und erhält einen eigenen Salon, wir kennen ihn von Luis Aquarell. Hauswirt ist der Fürst, inzwischen aus dem Exil zurück.

Und der Fürst ist es auch, der den Geschwistern das Leben schwer macht, denn Jacob, Wilhelm und Lui gehen vertraut mit seiner Frau um, mit der er bis zur Gewalttätigkeit zerstritten ist. Die Ehe besteht nur noch auf dem Papier, und bald annulliert ein neues Papier sie ganz. Die Grimms fliegen aus der Wohnung am Wilhelmshöher Tor, müssen sich mit einer erheblich engeren Wohnung in der Fünffensterstraße mitten in der Stadt begnügen; mit 95 Talern pro Jahr ist sie noch dazu viel teurer als die vorherige Bleibe. Sie müssen sie sich für vier Jahre leisten. Jacob bezieht inzwischen als zweiter Bibliothekar an der kurfürstlichen Bibliothek 600 Taler. Dennoch ist das Geld oft knapp. Jacob notiert einmal: »Seit 2. Dezember 1820 bei Tisch keinen Wein mehr getrunken, bis zum Juli 1821, von da zuweilen.«

Aber wenn Mangel die Grimms je bedrückte, so waren ihnen die Mittel gegeben, diesen Druck von sich wegzuschieben. Die Studien und die dazu nötigen Bücher sowie das Eintauchen in die Natur waren die bewährten Mittel hierzu. Die Korrespondenz half, die mit ihr verbundene, stetige relativierende Einordnung der aktuellen Verhältnisse. Zum selben Zweck diente die Geselligkeit. Sie konnte in den Familien- und Abschiedsfesten fast bacchantische Züge annehmen. Weihnachten bei den Grimms, das waren keine Choräle unterm Lichterbaum, das waren offene Türen und Musikanten. Sie konnte mit den gelehrten und schriftstellernden Freunden, die oft und oft von weither kamen, in intellektueller Leichtigkeit schwelgen. (Die Last solcher Besuche trug vor allem Lotte. Und manchmal zerrten sie an Jacobs Nerven.) Und sie konnte mit den Nachbarn und befreundeten Familien wie den Wilds oder Hassenpflugs sehr auf dem Boden bleiben mit abendlichem Kartenspiel, Geschichtenerzählen, entspannter Zeitungslektüre oder dem »altdeutschen Lesekränzchen«, wo sie über Christian Reuters barocke »Schelmuffsky«-Satire lachten und seine grobianischen »der Tebel hohlmer« und »ey sapperment« in ihre Alltagskonversation herüberholten. Lui saß unter ihnen mit seinem unvermeidlichen Zeichenbuch und dürfte damit zufrieden gewesen sein, zu beobachten und das Gesehene aufzuspießen und seinem guten Freund, dem Bildhauer Werner Henschel, vorzuführen, der mit dabei war.

Doch dies waren nur die Entspannungspausen in den beschäftigten Gelehrtenleben der Brüder Grimm, denn sie hatten ja eine Mission, die Opfer und Kampfesmut verlangte.

Was macht die Deutschen aus?

Auch wenn die unerschlossenen Bestände der Bibliotheken, die vor allem aus den aufgelassenen Klöstern in den Zugriff einer zumeist bürgerlichen gelehrten Schicht gerieten, unendlich viele Entdeckungen versprachen: Die Grimms standen nicht allein. Eine ganze Generation junger Feuerköpfe wünschte sich, dass die Öffentlichkeit mit ihren Namen spektakuläre Funde und Editionen verband. Freie Schriftsteller und Enthusiasten die einen, die die alten Bücher und Handschriften als »Steinbrüche« für neue literarische Ideen nutzten und im steilen Aufschwung der Verlegerei auf lukrativen Publikumserfolg hofften. Pfarrer oder Bibliothekare die anderen, denen ihre festen Gehälter den Freiraum schenkten, den ihre Forschungen erforderten. Dabei griffen sie wie willkürlich nach ihren Gegenständen – wie August Wilhelm Schlegel, der nicht nur dichtete, sondern auch alte Autoren wie Shakespeare, Cervantes oder Calderón wiederentdeckte, übersetzte und herausgab. Wenn altdeutsche Schriftdenkmäler im Mittelpunkt standen, dann weil es so viele von ihnen gab und weil die Öffentlichkeit sich für sie besonders interessierte. Auch boten sie sich für die Suche nach Gemeinsamkeiten zwischen den deutschen Stämmen und Traditionen an, und diese Suche fanden nicht nur die Grimms besonders wichtig, sondern mit fortschreitender Unterwerfung unter die französische Fremdherrschaft mehr und mehr Deutsche.

Die Aufklärung hatte den Boden für solche Tätigkeiten insofern bereitet, als sie eine Generation gebildeter und einsichtiger Fürsten hervorgebracht hatte. Diese wussten, dass es sich lohnte, große Geister an sich zu binden – vor allem dann, wenn mangelnde Geldmittel es verboten, auf anderen Feldern vor ihren adeligen Cousins zu glänzen oder gar mit militärischen Mitteln auf deren Kosten Gebietsgewinne zu erzielen. Die Weimarer Herzogin Anna Amalia mit ihrem Sohn Carl August machte die prächtigsten Fänge mit den Schriftstellern Wieland, Herder, Goethe und Schiller, mit Schauspielern, Musikern und Künstlern. Aufgeklärte Fürsten sahen aber auch, dass die heraufziehende Moderne mit ihren Staatsunternehmen und Manufakturen und mit der komplexer werdenden Verwaltung immer größerer Territorien einen neuen Typus von Führungspersönlichkeiten brauchte, der sich vor allem durch Kompetenz auszeichnete, und sei es zu Lasten der Loyalität.

In der Familie Grimm finden wir beide erwähnten Arten von gelehrten Entdeckern: Ferdinand verkörperte den Amateur, Jacob den Beamten. Dem kränklichen Wilhelm gelang es, aus dem einen in das andere Fach zu wechseln. Seine ersten Veröffentlichungen, so die »Altdänischen Heldenlieder, Balladen und Märchen«, verantwortete er noch als Privatgelehrter. Auch die »Kinder- und Hausmärchen« sammelte noch ein gemischtes Team. Dies dürfte ein Grund dafür sein, dass die Brüder bei der Gestaltung der Märchentexte kontroverse Positionen einnahmen: Während Wilhelm sie glätten und gefällig machen wollte, zog Jacob einen philologisch überzeugenden, aber rauen Originalton vor. Jacob setzte sich weitgehend durch – zumindest bei der ersten Auflage. Ihrem Titel zum Trotz war diese keineswegs kindgerecht und wie Blei lag sie in den Regalen des Verlages. Wilhelms Verdienst ist es, an dem Projekt festgehalten zu haben. Graduell schliff er die folgenden Neuausgaben der Märchen so ein, wie wir sie heute kennen. Jacob hatte längst das Interesse an ihnen verloren und sich in seiner Rastlosigkeit neuen Forschungsgebieten zugewandt. In einer Geschwindigkeit, die seine Zeitgenossen verstörte – so beispielsweise Heine, der Jacob im Bund mit dem Teufel sah –, warf er seine Ergebnisse aus. Wie ein Napoleon des Geistes wollte er blitzschnell strategisch günstige Positionen im wissenschaftlichen Diskurs besetzen. Die Verteidigung dieser Positionen geriet manchmal schwierig, denn Konkurrenten erspähten die Lücken in seiner Argumentation und in seinen Belegen oder die Irrtümer aus Flüchtigkeit.

Tatsächlich begann die Welt der eben entstehenden Philologie sich zu einer Kampfzone zu entwickeln und manche Publikation geriet zum Hauen und Stechen um den Ruf der Kompetenz und Priorität. Die Brüder Grimm führten auf diesem Gefechtsfeld keine elegante, aber eine wirksame Klinge, teilten deftig aus und mussten schmerzhaft einstecken. Sie folgten damit wie viele andere Intellektuelle der buchstäblich militanten akademischen Tradition – schließlich war es noch gar nicht so lange her, dass man den Studenten mit dem Waffentragen das hemmungslose Raufen und Duellieren ausgetrieben hatte. Schlichter Futterneid gab ein naheliegendes Motiv für Kontroversen – aber auch die schiere hassvolle Lust an der Vernichtung.

Öffentliche und private Kontroversen begleiten bereits die ersten publizistischen Schritte der Brüder Grimm in Aretins Münchner »Neuem literarischen Anzeiger«. Ausgerechnet am Nibelungenlied, dieser germanisch-deutschen Ikone, entzünden sie sich. Erst fünfzig Jahre zuvor hatte der Arzt Obereit eine Handschrift des Gesanges in einer Vorarlberger Schlossbibliothek aufgestöbert.[24] Die Entdeckung eines Schatzes von solchem Rang war der Wunschtraum eines jeden Philologen – zweifellos auch der Brüder Grimm, weshalb sie sich bei jeder sich bietenden Gelegenheit in abgelegenen Bibliotheken herumtrieben und zahllose Briefe in der Hoffnung schrieben, dass ihnen einmal ein ähnliches Prachtstück zugespielt würde.

Enthusiastische Urteile von Schlegel oder Goethe zum Nibelungenlied inspirieren den Berliner Kammergerichtsreferendar Friedrich Heinrich von der Hagen zu einer neuen Herausgabe des mittelhochdeutschen Textes im modernen Deutsch. Als studierter Jurist und dilettierender Germanist ist von der Hagen ein direkter Fachkollege der Brüder Grimm. Fünf Jahre älter als Jacob, hat er bereits einen auskömmlichen Posten ergattert und durch die öffentliche Ankündigung verschiedener in Arbeit befindlicher Forschungen publikumswirksam einen großen »Claim« im jungen Feld der deutschen Philologie abgesteckt – ein ernst zu nehmender »Fressfeind« im publizistischen »Haifischbecken«. Zusätzlich scheidet ihn von den Grimms seine Herkunft als adeliger Gutsbesitzerssohn[25], und dass zufällig sein Name mit dem des mittelalterlichen Erzbösewichts Hagen gleichlautet, sorgte vielleicht für zusätzliche Störgefühle. Mit von der Hagen sich erfolgreich zu messen, ist das wichtigste Etappenziel. Und Jacob holt aus – in den »Heidelberger Jahrbücher der Literatur«.

Ihm zufolge drückt sich in Texten wie dem Nibelungenlied – das er übrigens mit Stolz früher datiert als ähnliche Stücke des Rivalen Frankreich – die deutsche Volksseele ohne verfälschende Überformung durch literarische Individualismen aus. Jacob glaubt an keinen personalen Autor. Daher haben Bearbeiter gefälligst die Finger von solchen ehrwürdigen Monumenten zu lassen – vor allem dann, wenn sie mangels Kenntnissen und mangels detailfreudiger Sorgfalt keine einheitlichen Kriterien anwenden und dadurch Missverständnissen weniger kompetenter Leser Vorschub leisten: »Man sieht, wie schwankend die regeln sind, die er (gemeint ist von der Hagen) sich aufstellt … Es bleibt allzeit ein zerstörender contrast zwischen den alten und neuen ausdrücken … Das original übertroffen zu haben, wird er sich ohnehin nicht einbilden, und am ende hätte er nur denen, die zu träg waren, das original zu lesen, einige mühe erspart.« Wilhelm sekundiert im »Anzeiger« neben weniger kontroversen Proben seiner intellektuellen Gewalt über altdeutsche Themen seinem Bruder im Duell gegen von der Hagen: Dessen Ausgabe sei »eine Modernisierung, die schlechter ist als das Original, und doch nicht modern.«

Für die Brüder Grimm ist dies keine rein philologische, sondern eine hochpolitische Auseinandersetzung, denn wenn hinter der Bearbeitung das genuin Deutsche verschwindet, ist eine Schrift praktisch unbrauchbar für die Beurteilung dessen, was – im Gegensatz zum französischen Nationalcharakter – eigentlich das Urdeutsche ausmacht. Und nach diesem Urdeutschen sind sie schließlich auf der Suche. Dafür wollen sie bekannt werden.

Folgsam springt der angegriffene von der Hagen über das Stöckchen, das die beiden Niemande ihm hinhalten, sondiert aber zunächst beim westphälischen Staatsminister Johannes von

Müller das Terrain: »Ein gewisser Grimm, ich glaube zu Kassel, hat kürzlich in den Heidelberger Jahrbüchern angefangen meine Nibelungen sehr schnöde anzulassen; ich werde ihm gelegentlich das Maul stopfen.« Dieser Schlagabtausch gibt den Auftakt zu jahrelangen Reibereien zwischen den Brüdern und von der Hagen. Jede Publikation des arrivierten Forschers begleiten sie mit polemischem Störfeuer oder setzen ihre philologischen Helfershelfer wie den alten Freund Wigand dafür ein. Zu ihrem Vokabular gehören Formeln wie »albern«, »vernagelt« oder »geradezu dumm«. Ihre eigenen Veröffentlichungen lassen sie von Freunden öffentlich loben und zahlen mit Gegenlob zurück. Und sie helfen, wo es möglich ist, mit anonymen Selbstrezensionen nach. In Zeiten der Zensur druckten Redakteure auch anonyme Beiträge, sofern diese fundiert waren. Ein Abendempfang von der Hagens in Berlin endet mit einem Streit Wilhelms – er ist gerade von seiner Hallenser Kur genesen – mit dem Gastgeber. Bei den geschmeidigen Berlinern kommt Wilhelms Temperament nicht gut an: Für Friedrich Schlegel sind die Grimms »ziemlich rohe Teppen«. Der Verleger Hitzig nennt sie »grimmige, daher fletschende Bestien«. Wilhelm revanchiert sich mit einem »Buchhändlerjude«. Auch im halbprivaten und privaten Kreis macht man also Stimmung gegeneinander, versucht die andere Seite in schlechtem Licht darzustellen und zielt dabei durchaus unter die Gürtellinie – so Wilhelm, als er moralinsauer von der Hagen vorwirft, dass dieser im Konkubinat mit einer früheren Prostituierten lebt.

Eine andere Fehde »gönnt« Jacob sich mit dem Münchner Bibliothekar und Germanisten Bernhard Joseph Docen. Sind die hoch- und spätmittelalterlichen lyrischen Formen des Minne- und Meistergesanges Ausdruck einer zivilisatorischen Hochblüte, wie Docen meint, oder Phänomene des Niedergangs der deutschen Volkspoesie, wovon Jacob überzeugt ist? Docen glaubt den unmittelbaren, individuellen Seelenausdruck der namentlich bekannten

Dichterpersönlichkeiten zu spüren, Jacob sieht vor allem das formelhaft Gestanzte, das Gekünstelte. Publizistisches Gefechtsfeld ist Aretins »Neuer literarischer Anzeiger«. Docen nützt seine Nähe zum Herausgeber, um Jacobs Thesen in zwischengeschobenen Kommentaren zu demontieren, und weist Jacob unzulängliche Kenntnisse des Gegenstands nach. Jacob tritt daraufhin einen Schritt zurück vom Zeitschriftenkrieg und nimmt sich Zeit für eine gründliche Erörterung: sein erstes Buch »Über den altdeutschen Meistergesang«. Schlag auf Schlag folgen weitere Bücher: Allein im Folgejahr bringt er »Hildebrandslied« und »Wessobrunner Gebet« heraus, Wilhelm seine »Altdänischen Heldenlieder«. Die Brüder sind dabei getrieben durch den Wunsch, das Bedrohte vor dem Raub durch die Moderne zu bewahren, und durch Jacobs schier gewalttätige Arbeitsdisziplin, die auch vor Großwerken nicht zurückscheut. Eines von diesen Monumentalwerken wird selbst sie überfordern und Generationen von Gelehrten nach ihnen beschäftigen.

Bei aller Liebe zum deutschen kulturellen Erbe halten sie sich nicht auf mit sentimentaler Oberflächlichkeit, sondern denken funktional. Ab 1822 lässt Jacob – revolutionär für diese Zeit – in Antiqua drucken, denn die Fraktur ist für ihn nur deren Verhunzung. Er schreibt die Substantive klein, denn deren Großschreibung tut einer Sprache Gewalt an, in der andere Wortklassen nicht weniger wichtig sind als Hauptwörter; er nennt es die »wieder hergestellte naturgemäße schreibweise«.

Die Leidenschaft und Rabiatheit, mit der die Brüder Grimm gelehrte Kontroversen austragen, hat auch einen handfesten materiellen Hintergrund. Es zog das gebildete Bürgertum an die »Futtertröge« der Höfe und der Hochschulen und der übrigen wissenschaftlichen Institutionen. Solche gut dotierten Positionen aber waren bis dato reserviert für Adelige – ob diese qualifiziert für sie waren oder nicht, war keineswegs sicher. So litten oft hochgebildete Bürger unter ihren inkompetenten adeligen Vorgesetzten. Doch diese gerieten zunehmend unter Druck, statt der blaublütigsten die fähigsten Kandidaten in Positionen in ihren Zuständigkeitsbereichen zu bringen – aber wie sollte ihnen dies gelingen, wenn sie selbst von Tuten und Blasen keine Ahnung hatten? Mangels vergleichbarer Hochschulen, Ausbildungen und Zeugnisse standen ihnen keinerlei Mittel zu Gebot, Bewerber miteinander zu vergleichen. In dieser Zeit, deren florierender Publikationsmarkt jedem die Chance auf eine öffentliche Stimme gab, der meinte, etwas zu sagen zu haben, wird erstmals das öffentliche Profil und Renommee eines Menschen zu einem Vehikel, um sich in eine günstige Ausgangslage für das Rattenrennen nach prestigeträchtigen und auskömmlichen Anstellungen zu bringen. Bewusst und geschickt entscheiden sich die Brüder Grimm, dieses Vehikel zu nutzen.

Mit Erfolg – zumindest für die Wissenschaft. Sie und ihre Verbündeten setzen in diesen Geburtsjahren der deutschen Philologie einen gewissen methodischen Rigorismus als wissenschaftliches Standardverfahren durch. Die Partei, die zulasten der editorischen Sorgfalt und Transparenz auf gefällige Breitenwirksamkeit abzielt, unterliegt. Aber selbst die Brüder Grimm müssen erst lernen, ihre Methoden rigoros auf ihr eigenes Schaffen anzuwenden; just ihr berühmtestes Werk, die »Kinder- und Hausmärchen«, reiht, wie wir noch sehen werden, in dieser Hinsicht Sündenfall an Sündenfall.

Objektiv besser und drei Jahre früher als Jacob und Wilhelm gelingt dem nicht mit der Familie verwandten Nordbadener Theologen und Pädagogiumsrektor Albert Ludwig Grimm eine Sammlung von »Kindermärchen«. Er ist ein besonderer Vertreter der Partei derjenigen, die die überlieferten Erzählungen glätten, denn als Lehrer denkt er sehr modern, dass »gute« Märchen als Leseund Vorlesestoff einen guten Einfluss auf Kinder haben. Märchen als Besserungsinstitute für die Kleinen – das passt so gar nicht zu Jacobs philologischem Ernst. Die Brüder fühlen sich daher zu einer Klarstellung herausgefordert, die im Vorwort des ersten Bandes ihrer Märchensammlung folgt: »Ausdrücklich aber muss noch bemerkt werden, dass eine von einem Namensverwandten herausgekommene Sammlung mit uns und der unsrigen gar nichts gemein hat.« Anderenorts schmähen sie sie als »nicht wohlgeraten«. Albert Ludwig schießt zurück: Die Sammlung der »Herren Namensverwandten« mit ihren expliziten und grausamen Stellen sehe er »immer nur mit dem größten Missfallen in Kinderhänden«. Authentisch erzählt sei nicht gleichbedeutend mit gut erzählt, im Gegenteil: »Fehlt dieser ideale Erzähler, so muss der Dichter seine Stelle vertreten.« Als auch Arnim und Brentano in diese Kritik einstimmen und unter dem Eindruck schlechter Verkäufe kommt Wilhelm ins Nachdenken und überwindet schließlich Jacobs philologische Bedenken. Gut, dass dieser schon längst zu neuen Ufern aufgebrochen ist und seinen Widerstand gegen Wilhelms mit jeder Auflage tiefer eingreifende Bearbeitung der Märchen aufgibt. Wilhelm erweist sich als der bessere Stilist – und Vermarkter – als der badische Namensvetter. Albert Ludwig Grimm und seine Kindermärchen sind heute vergessen – überstrahlt vom Ruhm seiner Kasseler Rivalen.

Noch einen Konkurrenten auf dem Feld der Märchen gilt es, außer Schlagdistanz zu halten: den eigenen Bruder Ferdinand. Mit seiner dienenden Rolle als Zuträger und Schönschreiber offensichtlich nicht mehr zufrieden, geht er in München bei Docen ein und aus – schon ein Warnzeichen. Was er dann 1820 herausbringt, die »Volkssagen und Mährchen der Deutschen und Ausländer«, ist gut – und anonym publiziert. Ohne den Umweg über die Publizistik zu gehen und umso unmissverständlicher dürften die Brüder ihm beizeiten klargemacht haben, dass es besser für ihn sei, nicht in ihrem Revier zu wildern.

Über alle Differenzen hinweg jedoch eint beide Parteien ein zentrales Anliegen: das der Selbstvergewisserung der Deutschen gegenüber einer dominierenden fremden Kultur, deren weitgehende Deckungsgleichheit mit einem einheitlichen Staat und einer einigen Gesellschaft sie so erfolgreich gemacht hat, wie sie als Deutsche gern wären. Denn wer die Franzosen waren, das konnte in Europa jedes Kind sagen: die Bürger von Frankreich. Wer aber waren die Deutschen?

Deutsche bewohnten seit dem Mittelalter Hunderte teils lächerlich zwergenhafte Fürstentümer – als Flachsenfingen, Haarhaar oder Scheerau verspottet Jean Paul sie in seinen Romanen. Wohl gab es eine »deutsche« Groß- und Führungsmacht: das habsburgische Österreich. Aber deren Einwohner waren überwiegend des Deutschen nicht mächtig und verstanden die Symbole deutscher Kultur und Geschichte nicht. Zeremoniell zusammengehalten wurde dieses Gebilde von einer obersten Institution, die sich dem Namen nach als Erbe einer vor anderthalb Jahrtausenden untergegangenen Weltmacht verstand: des Römischen Reiches. Sogar »heilig« war dieses deutsch-römische Reich in seiner Anknüpfung an Kaiser Konstantin, der Rom im Zeichen des Kreuzes zu letzter spätantiker Machtfülle verholfen und Ruhe über den Erdkreis gebracht hatte.

Die deutsche Wirklichkeit 1500 Jahre später hätte von diesem Bild nicht ferner sein können. Die Reformation teilte Deutschland in zwei etwa gleichstarke Lager, von denen jedes gewiss war, dass das andere der ewigen Verdammnis teilhaftig werde. Im Dreißigjährigen Krieg, den man auch den »Teutschen« nannte, gelang es den Nachbarmächten, die deutschen Stände noch weitergehend zu spalten und die Nation ihre Bindekräfte vergessen zu machen. Was so begonnen hatte, vollendete die Grande Armée unter Napoleon, indem sie das Reich militärisch und politisch derart unter Feuer nahm, dass die Länder reihenweise herausbrachen wie die Bastionen einer Festung unter feindlichem Beschuss. Die römische Gloria in Mitteleuropa endete glanzlos, als Kaiser Franz II. sich am 6. August 1806 einem französischen Ultimatum beugte, die deutschen Stände aller Pflichten gegenüber dem Kaiser entband – auch die, die nicht im Juli dem französisch dominierten Rheinbund bei- und damit aus dem Reich ausgetreten waren – und die Reichskrone niederlegte. Franz wollte mit seiner Auflösung des Reichs zusätzlich verhindern, dass dieses schimpflicherweise vor den Augen der Geschichte de jure zum Vasallen Frankreichs wurde.

Die romantische Jugend liebte es »alt-teutsch«. Bleistiftzeichnung von Ludwig Emil Grimm, ca. 1819.

Ständischer Egoismus und Zwietracht hatten Deutschland so weit erniedrigt wie noch nie in seiner Geschichte – so sah es eine junge Generation von Intellektuellen. Die Grimms gehörten dieser an. Doch wenn sie sich selbst Rechenschaft ablegten, hatten auch sie in ihrer Kindheit sich nicht so sehr als Deutsche gefühlt, sondern zunächst als Hessen. Ihr Land, das war das, was sie auf der Karte dick umrandet hatten – und das war nicht das Heilige Römische Reich Deutscher Nation, sondern die Landgrafschaft. Diese rangelte um Territorien mit dem katholischen Erzstift Mainz – was hatten sie gemeinsam mit dem? Mit Beklommenheit haben sie auf ihren Fahrten zwischen Hanau und Steinau das Fremdartige in der bunten Kleidung der mainzisch-katholischen Salmünsterer Bauern aufgenommen – das protestantisch zugeknöpfte Schwarz-Weiß flößte ihnen da mehr Zutrauen ein. Insofern waren Untertanen wie die Grimms nicht »deutscher« als ihre Herren. Was gab es also, auf das sie als Deutsche gemeinsam stolz sein, um das sie sich vereinen konnten wie um ein Feldzeichen?

In den Institutionen konnte es nicht liegen. Der Kaiser hatte nichts mehr zu sagen. Die Kirche war zerfallen, der Klerus, zumindest der katholische, war christlich-global statt national gerahmt, der Adel ohnehin europaweit verzweigt. Ebenso wenig am »Blut«. Noch bevor die Genetik bewies, dass die Deutschen kein exklusives biologisches Erbgut teilten, belegte der bloße Augenschein, dass in Deutschland die unterschiedlichsten Menschentypen zu Hause waren. Auch die Vielfalt der Familiennamen zeigte, dass Deutschland kein abgezirkeltes Stammesland, sondern ein Durchgangsland war, in dem sich seit jeher die europäischen Stämme gemischt hatten.

Die deutsche Nation dachte selten »deutsch«. Hatte nie deutsch gedacht von den Zeiten an, da die germanischen Franken in der Zeit der Völkerwanderung die römischen Provinzen nördlich der Alpen unter ihre Herrschaft und in ein gemeinsames Kaiserreich gezwungen hatten – drei Jahrhunderte bevor diese drittgrößte Macht der Alten Welt ihre Aufspaltung in das spätere Deutschland und Frankreich besiegelte. Bereits in den Kampf- und Gefolgschaftsverbänden der fränkischen Elite der Merowinger – dies unumstößlich zu beweisen, blieb der Archäologie und Genetik des 20. Jahrhunderts vorbehalten – spielte der ethnische Faktor keine Rolle. Mut und Kraft qualifizierten Frauen und Männer, Franken und Fremde gleichermaßen als Mitstreiterinnen und Mitstreiter.

Und das einfache Volk? Blieb dies am liebsten unter sich? Klebte es an seiner heimatlichen Scholle und ließ niemanden zu, der fremd war, wie Jacob Grimm im Vorwort zur »Deutschen Mythologie« behauptet? Nein, alles deutete darauf hin, dass auch dieses sich – fröhlich-freiwillig oder nicht – bunt vermischt hatte seit jeher. Was war also deutsch? Nicht einmal die Sprache taugte als trennscharfes Kriterium zur Unterscheidung, denn historische Grenzen des Reiches durchschnitten stellenweise ein Kontinuum von Dialekten. Und vor allem in den Donauländern sprachen viele Menschen Deutsch, deren Eltern es nicht gelernt hatten, und brachten es ihren Kindern früh bei, damit sie in einer deutsch dominierten Verwaltung aufsteigen konnten. Waren das dann gleich Deutsche?

Blieb nur die Überlieferung: was geschrieben stand in den alten Frühdrucken und noch älteren Handschriften, die das konservierten, was auf noch ältere Zeiten zurückwies, auf die Zeit, als aus Germanen Deutsche wurden und in denen – so war zu erwarten – jedes Volk noch seinem natürlichen Drang folgen konnte, »sich abzuschließen und von fremden Bestandteilen unangerührt zu erhalten«, wie Jacob Grimm im erwähnten Vorwort schrieb. Etwa das, was die Empfindung- und Denkungsart der Deutschen widerspiegelte, ohne »schöne«, absichtsvolle personale Dichtung zu sein – und damit potenzielles »Opfer« mittelalterlicher Editoren nach Art eines von der Hagen. Das waren die in pergamentenen Urkunden oder reich verzierten, Hunderte Male in den Klosterskriptorien abgeschriebenen Codizes festgehaltenen Gerichts- und Schiedssprüche der Ältesten und Weisesten. Da musste es doch zu finden sein, das deutsche Wesen. Aber nein – wenn die Brüder Grimm ihre scharfe Methodik – die sie als Studenten an Savignys rechtshistorischen Verfahren geschult hatten – redlich auf diese Texte anwandten, von denen ihre editorische Arbeit viele aus ihrem jahrhundertelangen Dornröschenschlaf erweckte, dann taugten auch diese nicht, »deutsch« von »nicht deutsch« zu scheiden. Denn diese Rechtsquellen enthielten neben dem »germanischen« Gewohnheitsrecht, dem eigentlich die grimmsche Jagd galt, Kirchliches, Altrömisches und sogar Biblisches.

Übrig blieben die Sagen und Märchen, Lieder und Sprüche, die spontan entstanden, die man erfand und einander erzählte, zusammen am Herdfeuer und an der Kinderwiege, auf langen Märschen, Ritten und Nachtwachen. Die in den Zuhörern widerklangen und weitergedichtet und weitererzählt wurden und dabei ihre Form und ihren genauen Wortlaut behielten, einfach weil alle gleich, nämlich deutsch dachten und fühlten. Das war es, was der Lyriker und unübertroffene Sprachmusiker Brentano mit Arnim und mit »Des Knaben Wunderhorn« im Sinne trug. Die Grimms liefern den beiden über Jahre ihre poetischen Fundstücke zu. Umgekehrt erhalten die beiden Wissenschaftler, zusammen mit der Anregung, dergleichen mit den nicht versgebundenen Sprachdenkmälern anzustellen, Prosatexte aus dem Fundus der beiden Dichter. Und um die echten Originale zu finden, gehen die Brüder Grimm an eine zusätzliche Quelle: die mündliche Erzählung. Insofern diese die Schriftform bestätigt oder bereichert, beweist sie die Authentizität des Deutschen in der literarischen Überlieferung.

Ernüchterung wartet auch am Ende dieses Weges. Die mündlichen Quellen analphabetischer, von schriftlicher Tradition unberührter Erzählkunst sprudeln nicht, sie rinnen nur. Die

Geschichten der Mägde, Bäuerinnen und abgemusterten Soldaten wiederholen sich. Ist die Naturpoesie des Volkes bereits ausgestorben?

Doch die Deutschen brauchen im Überlebenskampf ihrer Zivilisation gegen den in jeder Hinsicht überlegenen Gegner so dringend etwas, das sie ausmacht, das ihren Widerstandsgeist am Leben hält. Und wenn es dieses Etwas nicht gibt, so können die Brüder Grimm es ihnen geben. Ihnen etwas geben, was sie als Eigenes umfassen, an dem sie sich aufrichten können, bis es tatsächlich Wirkmacht entfaltet und so ihr Eigenes wird.

KAPITEL 7
MÄRCHEN ÜBER MÄRCHEN
(1806-1825)

»Aus der Volksseele« – Märchen als Modetrend

Märchen sind es wert, bewahrt zu werden, haben die Brüder Grimm erkannt. Warum, das kleiden sie in der Vorrede zum ersten Band ihrer »Kinder- und Hausmärchen« in ein poetisches Bild, wie es aus der Nachhaltigkeitsbewegung des 21. Jahrhunderts stammen könnte: »Wir finden es wohl, wenn von Sturm oder anderem Unglück, das der Himmel schickt, eine ganze Saat zu Boden geschlagen wird, dass noch bei niedrigen Hecken oder Sträuchern, die am Wege stehen, ein kleiner Platz sich gesichert hat und einzelne Ähren aufrecht geblieben sind. Scheint dann die Sonne wieder günstig, so wachsen sie einsam und unbeachtet fort – keine frühe Sichel schneidet sie für die grossen Vorratskammern; aber im Spätsommer, wenn sie reif und voll geworden, kommen arme Hände, die sie suchen, und Ähre an Ähre gelegt, sorgfältig gebunden und höher geachtet als sonst ganze Garben, werden sie heimgetragen; winterlang sind sie Nahrung, vielleicht auch der einzige Samen für die Zukunft.

So ist es uns vorgekommen, wenn wir gesehen haben, wie von so vielem, was in früherer Zeit geblüht hat, nichts mehr übriggeblieben – selbst die Erinnerung daran fast ganz verloren war – als unter dem Volke Lieder, ein paar Bücher, Sagen und diese unschuldigen Hausmärchen. Die Plätze am Ofen, der Küchenherd, Bodentreppen, Feiertage noch gefeiert, Triften und Wälder in ihrer Stille, vor allem die ungetrübte Phantasie sind die Hecken gewesen, die sie gesichert und einer Zeit aus der andern überliefert haben.

Es war vielleicht gerade Zeit, diese Märchen festzuhalten, da diejenigen, die sie bewahren sollen, immer seltener werden … Wo sie noch da sind, leben sie so, dass man nicht daran denkt, ob sie gut oder schlecht sind, poetisch oder für gescheite Leute abgeschmackt – man weiss sie und liebt sie, weil man sie eben so empfangen hat, und freut sich daran, ohne einen Grund dafür … Wir wollen in gleichem Sinne diese Märchen nicht rühmen oder gar gegen eine entgegengesetzte Meinung verteidigen. Ihr blosses Dasein reicht hin, sie zu schützen.«

Starke Schwester, verhexter Bruder:
Ludwig Emil Grimms aquarellierter Entwurf zum
Frontispiz des zweiten Bandes von Grimms Märchen.

Die Grimms, die die Natur so genau beobachten und so liebevoll beschreiben, haben also eine Art »philologischen Artenschutzes« im Sinn, als sie sich an die Arbeit des Sichtens und Sammelns von Märchen und Sagen machen. Damit verbinden sie die Absicht, »das Deutsche« in ihnen zum Vorschein zu bringen. Aber was brachte sie überhaupt auf die Idee, dass Märchen »dem Volk« entspringen und gar dem deutschen? Stimmt diese Idee überhaupt?

Um es vorwegzunehmen: Sie stimmt nicht. Just die Märchen eignen sich überhaupt nicht zur Feststellung eines »Nationalcharakters«. Denn unzweifelhaft liegt ein Substrat anonymer Urheber oder vergessener Bedingungen unter den Märchen, Sagen, Legenden, Parabeln und Schwänken, wie sie überall auf der Welt erzählt werden. Die Wissenschaft hat nach den Brüdern Grimm viel gerätselt, was eigentlich dieses Substrat ausmacht. Sind es Bewusstseinsstrukturen einzelner Gruppen oder der Menschheit als ganzer? Werden in ihnen archaische Wünsche und Ängste der prähistorischen Menschheit unbewusst beschworen? Sind sie Schöpfungen einzelner besonders begabter Menschen, die mangels einer Schriftkultur mündlich tradiert werden mussten und den Zuhörern so gut gefielen, dass sie sich die Texte merkten und die Urheber vergaßen? Haben Priester oder Herrscher sie erdacht, um ihre Gemeinde oder ihre Untertanen zu beeinflussen?

Die Ursprünge der Märchen sind also bis heute schwer greifbar. Aber nicht zu leugnen ist ein kulturübergreifender Formenkanon, also etwas, das allen »volkhaften« Konzepten entgegensteht. Bestimmte typische Handlungsstrukturen und Motive tauchen in den Erzählungen vieler Kulturen und auf allen Kontinenten auf. Erzählforscher haben diese Motivik systematisch gefasst und auf diese Weise einen Bezugs- und Vergleichsrahmen für die Wanderungen und Wandlungen der Märchen geschaffen.

Grimms Märchen machen keine Ausnahme. Sie gliedern sich ein in eine siebenhundertjährige europäische Erzähltradition. Die Brüder Grimm wussten dies, aber sie verschleierten es. Der erste Märchensammler Giovanni Francesco Straparola trat in Erscheinung, als die Familie Grimm, soweit wir ihre Ahnenreihe heute zurückverfolgen können, sozusagen noch in den Windeln lag. Im frühen 16. Jahrhundert war es leicht, die Märchen pauschal einem unwissenden »Volk« unterzuschieben. Dieser Kunstgriff gibt einem Erzähler Freiheiten, die ein personaler Autor in dieser sittenstrengen Zeit kaum gehabt hätte. So strotzt die seinerzeit äußerst beliebte – sie geriet sogar in die Mühlen der päpstlichen Zensur –, aber heute fast vergessene Sammlung von Derbheiten erotischer und fäkaler Art und gibt dem Glauben an übernatürliche Wesen wie Zauberer und Hexen breiten Raum. Attitüden, die eine ständische Gesellschaft mit dem »primitiven« Nähr- und Bauernstand verband – eine Gesellschaft, die nichts dabei fand, für ihre Gelage Bauern einzufangen und sie zum Gaudium der Feiernden zu necken und zu quälen.

Einen in ein Schwein verwandelten Prinzen finden wir bei Straparola so beschrieben: Er »erhob sich und beleckte ihr Gesicht, Hals, Brust und Schultern, und sie hinwiederum liebkoste und küßte ihn, so daß er in heißer Liebe zu ihr erglühte. Als die Stunde des Schlafengehens gekommen war, suchte die junge Frau das Lager auf und wartete, daß ihr trauter Gatte zu ihr käme. Und es dauerte auch nicht lange, da kam er über und über schmutzig und stinkend ans Bett. Sie lüftete die Decke und ließ ihn zu sich hereinkommen, legte seinen Kopf auf das Kopfkissen und deckte ihn gut zu und schloß die Bettvorhänge, damit er nicht friere. Als es Tag geworden war, ging er auf die Weide, nachdem er die Matratze voll Kot zurückgelassen hatte.« Der Bestseller, den der offenbar nicht an literarischen Vorbildern geschulte Straparola landete, schöpfte demnach reichlich aus der Rauheit des »Vulgären« (was wörtlich in etwa »Volkhaften« heißt).

Aber wie kam Straparola konkret zu seinen Geschichten? Mögliche Vorlagen sind bekannt, so mittelalterliche Schwanksammlungen, die »Legenda aurea« des italienischen Dominikaners Jacobus de Voragine aus dem 13. Jahrhundert, Passagen aus dem Merlin-Roman des Franzosen Robert de Boron, der in derselben Zeit entstand, italienische Novellenbücher und sogar »Tausendundeine Nacht«. Den meisten dieser Quellen fehlt allerdings das Derbe. Wie kam es hinein in Straparolas Märchen? Darüber gibt es kein gesichertes Wissen und wir sind auf Schlüsse aus besser erforschten Epochen angewiesen.

Dort zeigt sich, dass die Schranken, die die einzelnen Stände voneinander trennten, nie so strikt waren, wie die zeremoniell zur Schau getragene Unnahbarkeit von Adel und Klerus suggeriert. Um dies zu sehen, reicht es an sich schon, sich die Adelsnachrichten in der heutigen Presse anzusehen. Und vor fünfhundert Jahren war dies nicht anders – schon gar nicht in der Überschaubarkeit deutscher Mittel- und Kleinstaaten. Seit wenigstens vier Generationen kannten die Grimms, obwohl sie in der Hierarchie nur mittlere Plätze einnahmen, ihre Landesherren und deren Gattinnen persönlich. Gottesgnadentum und distanziertes Verhalten schließen vertraulichen Umgang nicht aus. Ein Würdenträger ist eben nicht Tag und Nacht nur Würdenträger, sondern in erster Linie Mensch. Das Einfallstor des Menschlichen in das Unmenschliche des ständischen Rollenspiels war das Dienstpersonal – Lakaien, Pferdeknechte, Ammen –, das in den noblen Häusern ein und ausging. Auf der Seite der Brotherren standen müßige Damen, die, sobald sie unter sich waren, nach witzigen, deftigen oder gruseligen Geschichten gierten; Kinder, die, wenn etwas sie ängstigte, zu ihrer Amme liefen statt zu ihrer eigenen Mutter; und Herren, die sich auf ihren Jagdausflügen an Rittersagen aus der Vorzeit ebenso ergötzten wie an expliziten Erotika.

Könnte es nicht sein, dass Damen und Mägde, Herren und Knechte einander Geschichten erzählt haben? Könnte es nicht sein, dass dieselben Geschichten, unter Adeligen und Gelehrten erzählt, anders klangen, als wenn sie von einfachen Menschen erzählt wurden?

Bereits in der italienischen Renaissance also beginnt der Dialog zwischen anonymem »Volksgut« und »hoher« Literatur, der bis in die Zeit der grimmschen »Kinder- und Hausmärchen« und darüber hinaus fortgeführt wurde. So etwa bei den barocken Märchensammlerinnen und -sammlern vom Italiener Giambattista Basile bis zum Franzosen Charles Perrault. Im Frankreich Ludwigs XIV., in der zweiten Hälfte des 17. Jahrhunderts, beherrschte eine wahre Modewelle des Märchenerzählens die Salons von Paris. Zunächst erzählten die Damen sie einander weiter. Ihre Salons bildeten Gegenwelten zur Welt der Männer, von deren Schulen, Universitäten und klassischem Bildungskanon Sitte und Gesetz die Frauen ausschlossen. In den Salons herrschten die Damen, selbst wenn Männer als Gäste Zugang zu ihren fanden. Theater- und Opernautoren etwa, denen Märchenmotive Stoff und Inspiration zu ihren Inszenierungen bei Hof oder in den Theatern der Metropole boten. Zwar forderten die Kritiker, dass die hohe Kunst sich auf die Anverwandlung antiker Stoffe beschränkte. Aber das Übersinnliche der Feen und Zauberer sprach das Publikum nicht minder an als das Rationale und Tragische griechischer Heroen und römischer Patrioten. Und diese Stoffe bot ihnen die Unterhaltung mit ihren Bedienten.

Den gebildeten Frauen war nicht weniger als ihren Männern, Brüdern und Söhnen daran gelegen, sich vom einfachen Volk abzuheben. Lesen, Erzählen und geistreiche Konversation waren ihre Mittel dazu, und vor dem Hintergrund der Feenmärchen,

Legenden, Sagen und Scherzgeschichten ihrer Dienstboten konnten sie ihren Intellekt umso heller funkeln lassen und ihrem Anspruch, gesellschaftlich mehr zu gelten, Ausdruck verleihen. So veredelten sie die volkstümlichen Geschichten, mit denen sie sich befassten, mit einer erlesenen, eleganten Sprache, bevölkerten sie mit antiken Schäferinnen und mittelalterlichen Feen und schmückten sie mit Handlungsmotiven und Details kunstvoll aus – ein typischer Märchenton war damit angeschlagen, der vom Beginn mit »Es war einmal …« bis zum »und sie genossen von da an ununterbrochen des reinsten Glücks« ihre Geschichten zusammenhielt. Vom Erzählen zur Niederschrift war es da nur ein kleiner Schritt, und einige der barocken französischen Märchenerzählerinnen waren solche schriftstellernden »Salonnières«.

Mit wachsendem Zugang einfacher Bevölkerungsschichten zu gedruckten Medien während der Zeit der Aufklärung diffundierten aufgeschriebene Märchen wieder zurück zu ihren vorgestellten Quellen und »kontaminierten« diese mit literarischen Versionen der alten Geschichten – entweder als Kolportagehefte oder als Hausbücher, mit dem Unterschied, dass ihnen ihre ursprüngliche vulgär-erotische, grausame oder in anderer Weise grenzüberschreitende Schärfe genommen war. Sie sollten ja jetzt nicht nur unterhalten, sondern zusätzlich belehren.

Auch Achim von Arnim und Clemens Brentano, und nach ihnen die Brüder Grimm, betrachteten einfache Menschen als die gebotenen Informanten für ihre Volkspoesie-Projekte. Nicht nur sie sammelten »natürliche« Sprachdenkmäler jeder Art, sondern alles, was anscheinend »aus dem Volk« kam: Lieder, Mythen, Sprüche, Sagen, Legenden, Schwänke, Rätsel. Das attraktivste dieser Genres war das Märchen.

Zwar kann man, wie wir bereits gesehen haben, beim besten Willen nicht behaupten, Denken und Gefühle des einfachen, von höheren Einflüssen unverbildeten »Volks« drückten sich unverfälscht in den Märchen aus, die es erzählt. Doch ebendies suggerierten die Märchensammler und -autoren, die beginnend mit dem Weimarer Gymnasialprofessor, Satiriker und Illuminaten Johann Karl August Musäus, einem Zeitgenossen Wielands, die literarische Bühne Deutschlands betraten. Die einflussreiche Behauptung seines Freundes Johann Gottfried Herder, der zufolge die herrlichsten Poesien von den ältesten Völkern und von »wilden Natursöhnen« geschaffen seien und die Kultur für die natürliche Poesie schädlich sei, dürfte ihm dabei die Feder geführt haben.

Musäus' erfolgreiche fünfbändige Sammlung »Volksmährchen der Deutschen« der Jahre 1782 bis 1786 überträgt die französischkritische Märchentradition nach Deutschland und löst eine Welle der Begeisterung für Märchen, Sagen und Legenden aus, die bis in die Kaiserzeit und in die literarische Spätromantik anhält. Autoren der Weimarer Klassik wie Wieland und Goethe und später viele Romantiker wie der Berliner Ludwig Tieck, der Stuttgarter Wilhelm Hauff und nicht zuletzt der Frankfurter Clemens Brentano greifen das Genre enthusiastisch auf und geben auch ihren frei erfundenen Märchen gern nach der Art der barocken Erzählerinnen das Gepräge ihrer eigenen engeren Heimat. Weibliche Namen wird man in dieser Aufzählung deutscher Märchenautoren nicht finden – das »starke Geschlecht« hatte den Frauen diese Erzählform weggenommen. Geblieben sind die »märchenhaft« starken Frauen als Protagonistinnen ihrer Geschichten – gute und böse Königinnen, resolute Mädchen und niederträchtige Stiefmütter, übernatürlich begabte Feen und Hexen.

Die jungen Brüder Grimm, auf der dringenden Suche nach Renommee und wirtschaftlichem Erfolg in ihrer publizistischen Karriere, müssen sich in diese Tradition nur eingliedern, die zu ihrem literarischen Profil und Standort als angehende Philologen ideal passte. Inspiration und Motivation dazu empfingen sie in den Jahren 1802 bis 1804 im Marburger Kreis ihres Mentors Friedrich Carl von Savigny.

Der feuerköpfige, dominante Clemens Brentano gab die Initialzündung zu der Märchensammlung der Brüder Grimm. Der musikalischste aller Lyriker der Romantik interessierte sich allerdings mehr für gereimte Dichtung und Lieder »aus der Volksseele«. Sein Ideal war »das einsamste unwissendste Landvolk, das ... oft eine herrliche poetische Reliquie ewig ewig wiederhohlt, wie ein Echo, das noch schallt von dem Ruf untergegangener Riesenstimmen«. Er wusste auch schnell, was er nicht wollte: »Spaßmacher und moderne ... Bänkelsänger ... Alles moderne, alles waß im 17. 18. und 19. Jahrhundert liegt, seiner Manierirtheit, Leerheit, und Geziertheit liegt fern von unsrem Plan.«[26] Auch das seiner Meinung nach Vulgäre, vor allem das offen Erotische, unterfiel

Der Romantiker inmitten seiner Fantasiegestalten: Clemens Brentano. Radierung von Ludwig Emil Grimm, 1837.

Achim von Arnim, Gutsbesitzer, romantischer Dichter und Geburtshelfer der Märchen. Ölgemälde von Peter Eduard Ströhling, 1805.

seiner Ablehnung. Sollte sich bereits hier der romantisch-antimoderne Reflex bemerkbar machen, der in der folgenden deutschen Geschichte so unheilvoll wirkmächtig wurde, diese Dichotomie »hier das Volkhafte, dort das Moderne« und damit Dekadente?

Brentano und seinem ähnlich gesinnten Freund Achim von Arnim ging es aber nicht darum, wie Volkskundler oder Musikethnologen den Bestand zu durchmustern und zu archivieren, wie es eine Generation früher Herder in Deutschland tat oder wie es hundert Jahre später Komponisten wie Bartók und Kodály im ostmitteleuropäischen Raum tun sollten. Es ging ihnen sichtlich eher um den Schein der Echtheit als um die Echtheit selbst. Dieses Problem wurde umso virulenter, als sich herausstellte, dass

»Echtes« gar nicht so leicht in der gewünschten Menge und Qualität verfügbar war. Denn die studierten Kleinadeligen Brentano und Arnim kamen gar nicht so oft in Berührung mit den Volksschichten, von denen sie sich poetische Originale erhofften, und selbst die mündliche Überlieferung machte diese nicht etwa edler, sondern führte oft zur Textverderbnis.[27]

Dennoch: Unter dem Titel »Des Knaben Wunderhorn« erschienen zwischen 1805 und 1808 drei Bände mit über siebenhundert Stücken, scheinbar ein großer Teil des in Deutschland umlaufenden Liedguts. Sicherlich eine enttäuschende Zahl für die jungen Dichter, wenn sie sie auf die 22 Millionen damals lebenden Deutschen hochrechneten – und vielleicht auch für die Brüder Grimm, mit denen Arnim und Brentano während ihres Aufenthalts 1807 in Kassel gemeinsam über dem Material brüteten.

Von dieser Arbeit ist es nur ein kleiner Schritt zu dem Plan, einen Prosaband mit Märchen und Sagen nachzulegen. Die Brüder Grimm sind gern wieder mit im Sammelspiel; das Sammeln, Sichten, Bewerten und Bearbeiten beherrschen sie. Und etwas vom Ruhm des etablierten Autorenpaars könnte ja schließlich auf die jungen Niemande abglänzen. Brentano nimmt die Zulieferung gern an, sie spart ihm Arbeit. Er weist sie auf mögliche gedruckte Märchenquellen in der frühneuzeitlichen Literatur hin, an denen sie sich abarbeiten könnten. Die Grimmelshausen, Fischart oder Wickram streuten gern Verse oder eben vorgefundene Erzählungen in ihre Romane ein, wobei sie sich übrigens keinen Deut darum scherten, ob diese Erzählungen deutschen, französischen, italienischen oder sonstigen Ursprungs waren. Die Idee, dass man stattdessen »dem Volk aufs Maul schauen« und sich auf diese Weise an authentischeren Quellen versorgen könnte, hat Brentano als poetisch unergiebig verwerfen müssen. Dabei sprudelt sie fallweise, so bei der Allendorfer Pfarrerstochter Friederike Mannel. Friederike hatte bereits am »Wunderhorn«

mitgewirkt und Clemens zusätzlich eine gute Handvoll Märchen erzählt. Die Brüder schicken Lotte aus, damit diese sich – »zutraulicher« von Frau zu Frau – nach »neuen« Märchen erkundige. Doch Friederike gibt sich widerständig und teilt mit, dass sie all ihr Pulver bereits an Brentano verschossen habe. Dennoch gelingt es den Brüdern, ihr – oder den Schülern ihres Vaters – vier oder fünf Geschichten abzuluchsen.

Spätestens zu dieser Zeit also, vermutlich aber bereits 1806, waren die Grimms mit der Idee einer Sammlung von deutschen Märchen infiziert, brauchten aber sechs Jahre, bis 1812 der erste Band erschien. Im Gegensatz zu dem vermögenden dichterischen Zweigespann Brentano/Arnim mussten die Kasseler Dioskuren sich um ihren Broterwerb kümmern und zusätzlich ihre vier halbwüchsigen Geschwister durchziehen. Dennoch kamen bis 1810 etwa hundert Texte zusammen.

Brentano scheint das alles zu langsam zu gehen, jedenfalls verliert er allmählich das Interesse an den Volksmärchen. Die Brüder Grimm scheinen dies gespürt zu haben. Bevor sie ihm ihr gesammeltes und detailreich kommentiertes Material übergeben, lassen sie vorsichtshalber wenigstens die eigentlichen Texte abschreiben. Brentano jedenfalls lässt das Konvolut ungenutzt abliegen. Die Bitten aus Kassel, es wieder zurückzusenden, ignoriert er. Erst angesichts dieser unbefriedigenden Entwicklung entschließen die Brüder Grimm sich, es selbst zu publizieren, obwohl ein Band »Kinder- und Hausmärchen« quer zu ihren ernsthafteren philologischen Plänen steht.

Von Arnim ermutigt, der ihnen Anfang 1812 reinen Wein eingeschenkt zu haben scheint, »beschenken« sie sich selbst, ihre Freunde und die Öffentlichkeit zu Weihnachten 1812 mit dem ersten Band. Verleger ist der Berliner Georg Andreas Reimer, der den Verlag der Buchhandlung der Königlichen Realschule zu einem der erfolgreichsten Häuser der romantischen Ära gemacht hatte. Reimer-Autor Arnim hat wunschgemäß den Kontakt vermittelt. Ein hervorragender Glücksgriff also für die Brüder Grimm und ein Beleg dafür, dass das Buch durchaus eine kommerzielle Chance hatte. Und so machen sie sich unverzüglich und hoffnungsfroh an die Materialsammlung für einen Folgeband.

Bei ihrer Sammelarbeit mussten die Brüder feststellen, dass der Volksmund bei Weitem nicht so gesprächig war, wie sie es sich erhofft hatten. Und ähnlich wie Arnim und Brentano es für ihre Liedersammlung gemacht hatten, griffen sie zum »Crowdsourcing«, um diesem Mangel abzuhelfen, schrieben – nicht nur männliche – Freunde, Bekannte und Kollegen hilfesuchend an. Gleichzeitig machten sie es sich zur Gewohnheit, die Bibliotheken in ihrer Umgebung zu sichten, wann immer ihre übrigen Verpflichtungen es ihnen erlaubten oder wenn eine dienstliche Reise sie in die Gegend führte. Das öffentliche oder wissenschaftliche Bibliothekswesen stand zu Beginn des 19. Jahrhunderts noch ganz am Anfang. Wir verdanken es im Wesentlichen der napoleonischen Zeit mit ihren Säkularisierungen kirchlicher Buchbestände. Aber neben den Klöstern unterhielten viele Fürsten als Teile ihrer Wunder- und Schatzkammern Bibliotheken, deren Volumen manchmal bedeutend war, selbst wenn ihre Bibliothekare oft deren Ordnung vernachlässigten – zum Kummer der buchverliebten Brüder Grimm, die sich zeitlebens nicht weniger als Bibliothekare denn als Philologen definierten.

Bei diesen Reisen schrieben sie wie besessen aus den Quellen das ab, was sie für ihre verschiedenen Projekte brauchbar fanden – auch für ihre Märchensammlung. Und das war nicht wenig: Eine zweihundertfünfzigjährige Geschichte der Verschriftung volksläufiger – nicht volkstümlicher! – Narrative war zu bewältigen. Nur rieb sich diese Methode zuweilen schmerzhaft an dem selbstgesetzten Anspruch, als »Sprachrohre« des Volksmundes zu fungieren.

*Die Brüder Grimm als Jäger verlorener Bücherschätze:
Leihanfrage Jacobs nach »Reineke Fuchs«, 1832.*

Bevor man nun den Brüdern Grimm die Absicht dreister Fälschung von Anfang an unterstellt, muss man zumindest berücksichtigen, dass das ausgefeilte Methodeninventar der heutigen Geistes- und philologischen Wissenschaften ein Resultat des 19. Jahrhunderts ist. Die Grimms trugen ihrerseits ihr gewaltiges Teil zu diesen Methoden bei, sie standen dabei aber nicht wie heutige Germanisten oder Volkskundler auf den Schultern ihrer Vorläufer. Jedoch hatten sie zugleich eine durchaus nicht philologische, sondern politische Agenda, die sich, bedingt durch die Situation eines durch Frankreich besetzten und unmittelbar in seiner Integrität bedrohten Deutschland, immer weiter in den Vordergrund drängte: dem politisch und konfessionell zersplitterten deutschen Volk in der Überlieferung geistiger Güter eine gemeinsame Identität zu geben. Vor allem diese Agenda steht am Anfang des wirkmächtigsten aller grimmschen Werke und gibt ihm eine Prägung, die nicht zum Wohl ihrer sonstigen Absichten geriet und einer der Gründe war, warum sie ihr Leben lang mit den »Kinder- und Hausmärchen« beschäftigt waren. Wer die Brüder Grimm als Fälscher bezeichnet, hat völlig unrecht nicht. Wer Klitterer in ihnen sieht, liegt sicher richtig. Bestenfalls kann man ihnen aus heutiger Sicht zugutehalten, dass sie vielleicht einen verlorenen nordischen Ursprung der Geschichten vermuteten, die sie aus romanischen Quellen übersetzten oder abschrieben. Allerdings fehlen Zeugnisse etwaiger Bemühungen, diese Vermutung zu belegen.

Die Spuren der grimmschen Manipulation finden sich dagegen auf mehreren Ebenen. Erstens in der Stilisierung der einzelnen Märchentexte, jener manchmal hochkontroversen Frage, in der Wilhelm, der Poet unter den Brüdern, bekanntlich diejenige Rolle spielte, die Arnim im Zweigespann der »Wunderhorn«-Urheber übernommen hatte: Er dichtete die Märchen in seinem individuellen Ton nach und vereinheitlichte sie damit stilistisch zu dem, was buchstäblich Milliarden von Menschen auf diesem Planeten schon aus ihrer Kindheit in ihr Erwachsenenleben hinübergetragen haben. Jacob dagegen begriff sich entschiedener als Philologe und Sammler.

In den Diskussionen, die die beiden untereinander geführt haben dürften, wird ein Punkt eine wichtige Rolle gespielt haben: der der Verkäuflichkeit. Und er ist es gewesen, der die Waagschale auf Wilhelms Seite gezogen hat.

Zweitens in der Auswahl der Märchen. Natürlich waren auch die Werke der Grimms der öffentlichen Kritik unterworfen. Diese ging, wie wir bereits sahen, genauso wenig zimperlich mit ihnen um, wie sie mit ihren publizistischen Widersachern umgingen. Zugunsten des Anscheines, nur »echt deutsche« Märchen zu präsentieren, nahmen sie daher Geschichten, deren Ursprung offensichtlich nicht deutsch war, aus den folgenden Ausgaben heraus.

Dies betraf etwa den »Blaubart«, der in der Erstausgabe von 1812 enthalten ist, bis auffällige Parallelen zu »La barbe bleue« des Franzosen Charles Perrault entlarvt wurden. Oder den »Gestiefelten Kater«: Ludwig Tieck hatte ihn fünfzehn Jahre zuvor zum Theaterstück umgearbeitet, allerdings nie auf die Bühne gebracht. Die Version der Brüder Grimm ist stark an Perrault orientiert – mit einer sprechenden Abweichung am Schluss: Während Perraults Katerheld künftig »nur noch zur Zerstreuung« Mäuse fängt, integrieren Jacob und Wilhelm den Subversiven als »ersten Minister« in die feudale Ordnung. In ihrem angehängten Kommentar benennen sie ihre spätere Schwägerin Jeanette Hassenpflug als Quelle. Dass sie aber Tiecks Stück und sogar dessen früheste Quellen kannten, zeigt ihr Kommentar.[28] Keine einzige dieser Quellen ist deutsch. Wilhelms intensive handschriftliche Bearbeitung im Korrekturexemplar der ersten Auflage zeigt, dass er den Text noch in die zweite Auflage zu retten versuchte.

Drittens – und tatsächlich manchmal dreist zu nennen – in den Texten, mit denen Jacob und Wilhelm ihre Sammlungen begründeten, einleiteten und kommentierten. Hören wir uns einmal an, was sie in ihrer Vorrede zum ersten Band weiter zu sagen haben: »Es war vielleicht gerade Zeit, diese Märchen festzuhalten, da diejenigen, die sie bewahren sollen, immer seltner werden.« Eine Behauptung, die aus der Luft gegriffen zu nennen angemessen ist. Im Gegenteil sprudeln die Quellen reichlich – wenn auch vielleicht nicht die, die die Brüder sich am meisten wünschen. Ihre tatsächlichen Quellen sind nicht alte wettergegerbte Bauersleute oder zernarbte Haudegen aus dem Siebenjährigen Krieg vom Schlag eines Präzeptors Zinckhan, keine uralten Mütterchen, die hinterm Spinnrad zusammengesunken vergangenen Zeiten nachsinnen. Es sind fast durchweg gebildete Frauen und einige wenige Männer. Dazu kommen massenhaft Fundsachen aus ihren philologischen Entdeckungsreisen in die

Literatur der Frühen Neuzeit oder, reichlich unphilologisch verschleiert, aktuelle schriftliche Quellen. So steht der Vermerk »Braunschweiger Sammlung« für die dort 1801 anonym erschienene Sammlung »Feen-Märchen«, ebenso wie »Erfurter Sammlung« für Günthers »Kindermährchen« von 1787 steht.

Dennoch leiten die Brüder Grimm Band 2, erschienen 1815, mit den Worten ein: »In diesen Volks-Märchen liegt lauter urdeutscher Mythus, den man für verloren gehalten.« Und, da es eben kein urdeutsches Mütterchen gibt, das bereitwillig mit Dutzenden »ächter«, rein mündlich tradierter Märchen aufwarten kann, montieren sie diese »Entdeckungsgeschichte« kurzerhand zusammen und stellen fest, »daß wir aus dem bei Kassel gelegenen Dorfe Niederzwehrn eine Bäuerin kennen lernten, die uns die meisten und schönsten Märchen des zweiten Bandes erzählte«. Pfarrer Ramus von der reformierten Karlskirche hatte sie ihnen zugeführt. Gern trägt die gesellige alte Dame »einen ansehnlichen Theil der hier mitgeteilten, darum ächt hessischen Märchen« bei. Endlich hört ihr mal jemand zu. Die Grimms weiter: »Die Frau Viehmännin war noch rüstig und nicht viel über fünfzig Jahre alt. Ihre Gesichtszüge hatten etwas Festes, Verständiges und Angenehmes, und aus großen Augen blickte sie hell und scharf. Sie bewahrte die alten Sagen fest im Gedächtnis und sagte wohl selbst, daß diese Gabe nicht jedem verliehen sei und mancher gar nichts im Zusammenhange behalten könne. Dabei erzählte sie bedächtig, sicher und ungemein lebendig, mit eigenem Wohlgefallen daran, erst ganz frei, dann, wenn man es wollte, noch einmal langsam, so daß man mit einiger Übung nachschreiben konnte. Manches ist auf diese Weise wörtlich beibehalten und wird in seiner Wahrheit nicht zu verkennen sein. Wer an leichte Verfälschung der Überlieferung, Nachlässigkeit bei Aufbewahrung und daher an Unmöglichkeit langer Dauer als Regel glaubt, der hätte hören müssen, wie genau sie immer bei der Erzählung blieb und auf ihre Richtigkeit eifrig war; sie änderte niemals bei einer Wiederholung etwas in der Sache ab und besserte ein Versehen, sobald sie es bemerkte, mitten in der Rede gleich selber. Die Anhänglichkeit an das Überlieferte ist bei Menschen, die in gleicher Lebensart unabänderlich fortfahren, stärker, als wir, zur Veränderung geneigt, begreifen. Eben darum hat es, so vielfach bewährt, eine gewisse eindringliche Nähe und innere Tüchtigkeit, zu der anderes, das äußerlich viel glänzender erscheinen kann, nicht so leicht gelangt.«

*Die berühmteste »Märchen-Großmutter« Deutschlands:
die Gastwirtstochter Dorothea Viehmann
in einem Stich von Ludwig Emil Grimm, ca. 1814.*

Die falsche Suggestion, die in dieser detaillierten Beschreibung steckt, prägt nachhaltig unser Bild von dem, was Märchen – und was insbesondere Grimms Märchen – sind. »Die Viehmännin« wäre demnach eine vitale, erfahrene Bäuerin im Vollbesitz ihrer geistigen Kräfte und der reichhaltigen mündlichen Überlieferung, die aus ihrem fotografischen Gedächtnis unverändert das nacherzählt, was Generationen von dörflichen Spinnerinnen unveränderlich erinnert haben. Tatsächlich aber war Dorothea Viehmann, geborene Pierson, niemals eine Bäuerin. Als Tochter eines Gastwirts wuchs sie in der betriebsamen Umgebung einer der wichtigsten Straßen Hessens auf, knapp südlich von Kassel; keine fünfhundert Schritte entfernt, zerschneidet heute ein Autobahnkreuz die zugehörige Gemeinde, und unter den Fenstern der Pierson'schen Idylle zischen am Tag 60 000 Fahrzeuge vorbei. Die Post von Kassel nach Frankfurt machte hier erste Station. Eine Art »Autobahnraststätte« war also auch die »Knallhütte«. Dorotheas Vater Johann Friedrich Pierson begann drei Jahre vor Dorotheas Geburt 1755 dort sein eigenes Bier zu brauen und auszuschenken – eine Tradition, die bis heute lebt. Ihren Namen erhielt die Gaststätte vom Knallen der Fuhrmannspeitschen – vielleicht, weil diese damit ihre Annäherung und ihren Bierdurst schon von Weitem signalisierten, vielleicht weil die Knallhütte an einer langen Steige liegt, über die den Zugtieren handgreiflich »hinweggeholfen« werden musste.

Allein schon der Name Pierson hat nicht gerade einen urdeutschen Klang, und so war es auch. Den Brüdern hätte dies auffallen können. Piersons Vorfahren waren gerade einmal zwei Generationen zuvor als religiös verfolgte Hugenottenfamilie aus Metz zugewandert. Die eigennützige Gastfreundschaft des barocken hessischen Landgrafen Karl ermöglichte den Piersons zu bleiben und – wie unzähligen anderen französischen Familien, etwa den »märchenhaft« produktiven Hassenpflugs – ihre Sprache, ihre Literatur und ihr Brauchtum mitzubringen. Das vorgeblich so deutsche Bauernmädchen Dorothea unterlag demnach seit frühester Kindheit außerhessischen Einflüssen – einerseits als Kind von Migranten, andererseits als mögliche jahrelange Ohrenzeugin vielfältiger Erzählungen der Rastenden, die sie sich – interessiert und intelligent, wie sie gewesen zu sein scheint – sehr gut merken konnte. Die »zufällige« Bekanntschaft der Erzählerin und der Sammler fällt in die Zeit der Veröffentlichung von Band 1. Einige ihrer Märchen finden in späteren Auflagen Aufnahme in diesen. Aber mehr Geschichten von ihr stecken in Band 2.

Insgesamt tragen neunzehn von mehr als zweihundert Grimm-Märchen, und damit eine klare Minderzahl, den »Echtheitsstempel«, den die Brüder Grimm den Texten aufdrücken, an denen die Viehmännin beteiligt war: »aus Zwehrn«.

Dornröschen – Biografie eines Märchens

Den »Unzusammenhang unserer fast ganz aus den Fugen geratenen Mythen« stellt Jacob Jahrzehnte später im Vorwort seiner »Deutschen Mythologie« fest. Die »Kinder- und Hausmärchen« sind Teil eines wiederholten Versuches, diesen Unzusammenhang wenn nicht zu heilen, so doch den Bruchstücken eine mit den antiken Gegenstücken gleichberechtigende Aufmerksamkeit und Würde zu schenken. Die Politisierung des Zeitgeistes zur Entstehungszeit hat den Tänzer Jacob und seinen Bruder mitgerissen auf spiegelglattes Parkett.

Doch die Brüder erweisen sich als Meister der eleganten Pirouetten. Sie geben ihren Märchen regelmäßig Herkunftsbezeichnungen bei; auf diese Weise wird der Eindruck der Authentizität suggeriert. Späteren Forschern zeigten sie den Weg zu den wahren Quellen. »Aus Hessen« und »aus den Maingegenden« stammen die Erzählungen der Familie Hassenpflug, von denen Marie, die Schwester von Lottes Ehemann Ludwig, mit mindestens zwölf Geschichten die produktivste Beiträgerin ist. Ihr »verdanken« wir so bekannte Texte wie »Brüderchen und Schwesterchen«, »Rotkäppchen«, vielleicht »Schneewittchen« – sicher aber »Dornröschen«, eines der beliebtesten von Grimms Märchen.

Aus verletzter Eitelkeit verflucht eine beim Taufmahl übergangene Fee eine neugeborene Königstochter; diese solle »in ihrem funfzehnten Jahr an einer Spindel sich stechen und todt hinfallen«. Der Wunsch einer anderen Fee mildert das Todesurteil ab in einen hundertjährigen todähnlichen Schlaf, dem am geweissagten Tag nicht nur das Mädchen, sondern der komplette Hofstaat und sogar das Schloss selbst anheimfällt, um das ein undurchdringlicher Verhau von Rosen wuchert. Alle Befreiungsversuche schlagen tödlich fehl, und das Schloss wird vergessen. Erst nach hundert Jahren erfährt ein offenbar vom Schicksal dazu bestimmter Prinz von einem alten Mann, was sich hinter diesem Rosendickicht verbergen könnte, und wagt es erneut. Es gelingt ihm, durch alle Hindernisse zu der Königstochter vorzudringen. Von ihrer Schönheit gebannt, küsst er sie, sie erwacht und mit ihr alles, was sie in ihren Schlaf gezogen hatte – auch der König, der dem Prinzen die Hand der Tochter gibt.

»In dem Moment aber, da sie sich gestochen hatte ...«
Ludwig Emil Grimms Dornröschen-Illustration 1825
für die erste Kleine Ausgabe.

»Aus Hessen« soll dieses Märchen stammen, das sie in Band 1 aufgenommen haben. Die Brüder Grimm wissen aber, dass dies nicht die ganze Wahrheit ist. Sie selbst kennen eine fremde Quelle der Geschichte. Sie haben vergeblich versucht, sie sich bei dem notorisch unzuverlässigen Brentano auszuleihen und mussten sie endlich mühsam selbst exzerpieren. Sie stammt aus dem Italien des frühen 17. Jahrhunderts, und aufgeschrieben hat sie der neapolitanische Offizier und Hofmann Giambattista Basile. »Il Pentamerone«, das Fünftagewerk, wird Basiles Buch genannt, das eindeutig von dem hochgeehrten Boccaccio und dessen »Decamerone« inspiriert ist. Eine märchenhafte Erzählung gibt den Rahmen zu fünfzig Geschichten, die die Aufklärung noch als »Salbadereien und richtige Ammenmärchen« abgewertet hatte. Brentano dient sie als Motiv-Steinbruch für seine Italienischen Märchen. Die Brüder Grimm finden manche ihrer »deutschen« Geschichten darin – so auch das »Dornröschen«. Nicht völlig identisch, aber die Verwandtschaft kann gar nicht übersehen werden. Thalia heißt das verzauberte Mädchen bei Basile, ihr Liebhaber ist kein jugendlicher Prinz, sondern ein ausgewachsener König. Identisch ist der Fluch, identisch die Alte mit der Spindel, identisch der totenähnliche Schlaf, identisch der Kuss des Prinzen. So gefährlich kann Handarbeit sein …

Doch wo das grimmsche Dornröschen im Glücksgefühl des Happy End schwelgt, fangen für Thalia die Schwierigkeiten erst an. Sie erwacht nämlich nicht, selbst als der König sie schwängert. Immer noch schlafend, kommt sie mit Zwillingen nieder, stillt sie gar, zwei gute Feen helfen ihr. Ein Zufall lässt sie endlich erwachen. Als der König wieder einmal des Weges reitet, erinnert er sich an sein »Abenteuer« und will es gern wieder genießen. Die zwei entbrennen in gegenseitiger Liebe; lange kann der König sich nicht zur Heimkehr entschließen, wo seine Frau auf ihn wartet. Diese schöpft Verdacht, und rasend vor Eifersucht bringt sie die Kinder an sich. Der Hofkoch muss die Kinder schlachten und festlich zubereiten, schrickt aber vor der Bluttat zurück und richtet zwei Zicklein an. Gleisnerisch ermuntert die Königin ihren ahnungslosen Mann zum Zugreifen: »Du issest von dem Deinigen!«, wiederholt sie beziehungsvoll. Ihr Rachedurst ist damit noch nicht gestillt: Sie lässt Thalia gefangensetzen und dem Scheiterhaufen überantworten. Thalias Entsetzensschreie machen den König auf das Autodafé aufmerksam, und bei den schon prasselnden Flammen gesteht ihm seine Frau höhnisch ihre Tat. Der erbitterte König stößt statt Thalia die Königin ins Feuer, und nur das Erscheinen der unversehrten Zwillinge rettet den Koch vor demselben Tod. Thalia und der König heiraten, der Koch wird Kammerherr; so erfährt Thalia: »Dem Glücklichen fällt alles zu / Auch wenn er liegt in tiefer Ruh.«

Eine Geschichte mit einer moralischen Lehre also, und weit weniger ätherisch als die grimmsche, zudem sicherlich kein Märchen, das Eltern im sittenstrengen 19. Jahrhundert gern in Kinderhände gegeben hätten. In seiner unverstellten Brutalität erinnert es an antike Mythen wie den des altgriechischen Titanen Kronos, der seine Kinder frisst – bis auf Zeus, den Jüngsten, den seine Mutter auf Anraten von Kronos' Eltern durch einen in Tücher gewickelten Stein ersetzt und an abgelegenem Ort von Hirten großziehen lässt, bis er Kronos' Untat rächen und seine Geschwister befreien kann. Oder an König Tantalos, der den Göttern beim Gastmahl seinen Sohn Pelops vorsetzt.

Wir müssen nun nicht unterstellen, dass Marie Hassenpflug Italienisch las und Basiles entlegenes Werk kannte, und brauchen schon gar nicht davon auszugehen, dass die Brüder Grimm Maries Beitrag frei erfanden. Das mussten sie nicht, denn eine andere Quelle lag zeitlich und räumlich näher: die »Geschichten meiner Mutter Gans« des barocken Franzosen Charles Perrault. Diese wurden auch in Deutschland populär und fanden zahlreiche

Nachahmungen. Bei Perrault finden wir einige Helden aus den »Kinder- und Hausmärchen« wieder, so das Rotkäppchen, das Aschenputtel, den Däumling, den gestiefelten Kater und eben das Dornröschen. »Die schlafende Schöne im Walde« heißt das Dornröschen hier.[29] Perrault macht den ehebrecherischen König zum jungfräulichen Königssohn, der die schlafende Schöne wachküsst und mit ihr legitimer Liebe und Lust frönt. Die eifersüchtige Ehefrau aus Basiles Version macht er zur hasserfüllten, kannibalischen Schwiegermutter.

Dieses Buch brauchte man für Marie nicht zu übersetzen – die Hassenpflugs waren durch und durch gallisch geblieben wie so manche gebildete hugenottische Familie. Zu Hause wurde Französisch gesprochen, aber dies bedeutete nicht, dass sie sich abkapselten, denn jeder gebildete Deutsche sprach es ohnehin – in der deutsch-französischen Hanauer Neustadt sowieso, wo die Brüder Grimm und die Geschwister Hassenpflug beinahe Traufe an Traufe ihre frühen Kinderjahre verbracht hatten. Johannes Hassenpflug, Maries Vater, war Kollege von Philipp Wilhelm Grimm, dem obersten Kanzlisten der Neustadt.

Nicht weniger als etwa fünfzig Geschichten entstammen dem Hassenpflug'schen Familienzirkel und legen auf ihrer langen Reise durch Raum und Zeit in den »Kinder- und Hausmärchen« einen Zwischenstopp ein. Warum auch nicht? Mussten Geschichten irgendjemandem »gehören«, einem »Volk« gar? Wanderten nicht auch Melodien als übernationale menschliche Güter durch die ganze Welt und erhielten mit jeweils eigenen Texten ihre nationalen Prägungen, zum Beispiel das barocke französische »Ah! vous dirai-je, maman«, in dem eine junge naive Schäferin ihrer Mutter ihre Verführung beichtet. Jeder kennt die Melodie. Mozart komponiert ein Variationswerk darüber, Dutzende anderer Komponisten sind ihm seitdem gefolgt, als »Alphabetlied« zum Auswendiglernen der Buchstaben erscheint es in einem biedermeierlichen »Musikalischen Haus-Freund«, als »Morgen kommt der Weihnachtsmann« – vom Deutschlandlied-Dichter Hoffmann von Fallersleben getextet – in deutschen, als »Twinkle, Twinkle, Little Star« in englischen Kinderzimmern. Es hat sich bis heute bis ins Türkische und Vietnamesische verbreitet.

Ist es nicht gut, wenn das Gute allen gehört?

Die »Märchenlieferanten«

Mündliche und schriftliche Überlieferung der Märchen und »vulgäre« und adelige Erzählweisen sind reich miteinander verquickt, und Märchen wandern mit den Menschen, die sie erzählen, und mit den Büchern, in denen sie aufgeschrieben sind, über Grenzen. So natürlich auch die Märchen, die die Brüder Grimm erzählen und als im Kern deutsche Erzählungen für das entstehende politische Volk der Deutschen reklamieren. In den zweihundert Jahren, die seitdem vergangen sind, hat die wissenschaftliche Mythen- und Erzählforschung die Universalität dessen bestätigt, was Jacob und Wilhelm im Grunde bereits ahnten: die meisten Mythologeme sind weitverbreitet, wenn nicht universell. Seit über hundert Jahren schrauben die Märchenforscher an einer in historisch-geografischen Vergleichungen fundierten menschheitsumgreifenden Typologie. Der Finne Antti Amatus Aarne machte den Aufschlag – die Arbeiten und Märchen der Brüder Grimm dienten als eine seiner wichtigsten Quellen. Wie überragend die deutsche wissenschaftliche Tradition damals war, zeigt der Umstand, dass Aarne sein wegweisendes Werk in deutscher Sprache veröffentlichte. Der Amerikaner Stith Thompson erweiterte sie, der Deutsche Hans-Jörg Uther gab dem System seinen vorläufig letzten Schliff, daher trägt es den offiziellen Namen Aarne-Thompson-Uther-Index.

Dornröschen gehört danach in die Gruppe ATU 400-459 »Übernatürliche oder verzauberte Frau (Mann) oder andere Verwandte« und innerhalb dieser in ATU 410 »Schlafende Schönheit«. In dieselbe Kategorie fällt übrigens das grimmsche Märchen »Der gläserne Sarg«, das nicht identisch mit »Schneewittchen« ist, obwohl es mit diesem die schlagende Idee der sozusagen »eingeweckt« zur Schau gestellten Schönheit teilt. Den erlösenden Kuss des Retters finden wir wiederum in allen drei Erzählungen. Auch die einzelnen Motive wiederholen sich demnach und wandern durch die Räume und Zeiten.

Den Brüdern Grimm hätte dies bewusst werden dürfen. Den Erzählern war es vermutlich unbewusst, obwohl es fast durchweg keine »einfachen Leute« waren, sondern bis auf wenige Ausnahmen gebildete Menschen aus gutbürgerlichen Kreisen. Wie treu diese ihrerseits ihre Quellen behandelten, konnten die Brüder Grimm allenfalls anhand der mündlich erzählten Varianten oder der literarischen Quellen überprüfen. Oder, wie im Fall der Viehmännin dokumentiert, anhand der Art, wie sie erzählt wurden. Die »Echtheit« der Viehmann'schen Märchen erweist sich aus Jacobs und Wilhelms Sicht daran, dass sie großen Wert auf den genauen Wortlaut legt.

Aus heutiger Sicht ist mit Beispielen aus allen Kontinenten unzählige Male belegt, dass dort, wo die Schrift eine geringe Rolle spielt, das Gedächtnis machtvoll aushilft. Bis heute rezitieren die westafrikanischen Griots aus dem Gedächtnis fehlerfrei die überlieferten Epen von mehreren zehntausend Versen. Der Koran umfasst mehr als sechstausend Verse, ihn auswendig und formvollendet rezitieren zu lernen und damit Verehrung als Hafiza oder Hafiz zu verdienen, war ein erreichbares Ziel.

Dass Dorothea Viehmann sich an genaue Wortlaute erinnert, erweist sie also nur als besonders aufmerksam und begabt – als eine »Hafiza« der Märchen. So waren nicht alle Informanten der

Brüder Grimm. Mit vielen hatten sie ihre liebe Not – sie hatten kaum etwas zu erzählen wie die erwähnte Friederike Mannel, oder sie gaben ihren Fundus nur gegen Honorar preis. So der invalide Kasseler Dragonerwachtmeister Johann Friedrich Krause, der sich als Amateurforscher betätigte. Als Schulmeisterssohn des Schreibens mächtig, ließ er sich von seiner Frau – als Tochter eines Bürgermeisters ebenfalls gebildet – berichten, was diese in der Spinnstube hörte, schrieb es in ein Heft und bot es den Brüdern an. Geld war keines übrig, Armut traf auf Ärmlichkeit, aber Krauses Kleidergröße stimmte mit Wilhelms überein. So einigte man sich auf eine abgelegte Hose pro Märchen, von denen es eine Handvoll in die »Kinder- und Hausmärchen« schafften.

Die lebenslange Freundschafts- und Arbeitsbeziehung zwischen den Grimms und den »Wunderhornisten« Brentano und Arnim gab nicht nur den zündenden Funken zu den »Kinder- und Hausmärchen«. Die Freunde wollten ihrer Poesiesammlung eine Märchensammlung hinterherschicken und motivierten die Nachwuchs-Philologen zu deren Aktivität als Zuträger – nicht, ohne eigens zu betonen, dass ihre unterschiedlichen editorischen Prinzipien es beiden Seiten erlauben würden, das gesammelte Material zu veröffentlichen, ohne der anderen zu schaden. Die grimmsche Tätigkeit verselbstständigte sich im Lauf von sechs Jahren in dem Maß, wie das Interesse Brentanos und Arnims an ihrem »Märchen-Wunderhorn« erkaltete. So kehrten sich die Verhältnisse von Lieferant und Herausgeber sogar um. Als Quellengeber für »Von dem Mäuschen, Vögelchen und der Bratwurst« und »Von dem Tode des Hühnchens« gilt Clemens Brentano. Mit einer Redaktion dieser Beiträge sowie der Texte »Vom Fischer und seiner Frau« und »Vom Wacholderbaum« demonstrierte er den Brüdern Grimm, wie er sich den perfekten Märchenton vorstellte – ein Schreibunterricht von höchster Warte also für die beiden jungen Männer. Eigentlicher Ursprung der beiden letztgenannten Geschichten war der pommersche Maler Philipp Otto Runge, schon damals ein berühmter romantischer Künstler. Mit ihm kamen die ersten Dialektmärchen und der regionale Aspekt in die Sammlung, weitere sollten folgen.

»Die Sterntaler« trug Arnim bei. Dabei stützte er sich auf Jean Paul, der das Narrativ seinem Romanhelden Gustav (aus »Die unsichtbare Loge«) in den Mund legte, welcher seinerseits seine Quelle offenlegte: die barocke französische Herausgeberin Marie-Catherine d'Aulnoy. Bei den Brüdern Grimm wird daraus »nach dunkeler Erinnerung aufgeschrieben« – ohne Bezug auf die Französin. Es war sicherlich auch nicht leicht, immer den Überblick zu bewahren. Die Tatsache, dass ein Taler mit dem Stern des Hauses Hessen, ein Sterntaler also, in Kassel umlief, konnte ja als Indiz für einen lokalen Ursprung des Märchens gelten.

Arnims folgenreichster »Beitrag« ist vermutlich jedoch seine Insistenz auf der Illustrierung der »Kinder- und Hausmärchen«. Bei »Des Knaben Wunderhorn« hatte er mit Illustrationen – Ludwig Emil Grimm hatte sein Teil dazu beigetragen – gute Erfahrungen gemacht, von denen Grimms Märchen sicherlich auch profitieren und der Bezeichnung »Kindermärchen« gerechter würden. Brentano verabschiedete sich, wie wir sahen, frühzeitig von der Idee der Märchensammlung und rückte insgesamt den Grimms ferner. Er sparte auch nicht mit ätzender Kritik an ihrer Texttreue: »Äußerst liederlich und versudelt und in manchem dadurch sehr langweilich« fand er sie nach Lektüre der ersten Auflage, wie er Arnim mitteilte. »Warum die Sachen nicht so gut erzählen, als die Rungeschen (Fischer und Machandelbohm) erzählt sind?« Also so, wie er sie selbst erzählt hatte – die ärgerliche Eitelkeit klingt durch, die ein Meister empfinden mag, wenn seine Schüler eigene Wege zu gehen beginnen. Und privat wird erstmals prüde Kritik an der Derbheit laut, die die Brüder Grimm in vielen Erstfassungen aus Respekt vor ihren Quellen hatten stehen lassen. Dieser Kritik schlossen sich Teile der Öffentlichkeit wie August Wilhelm Schlegel und Voß oder der Namensvetter Albert Ludwig Grimm an. Zwar hielt Jacob dagegen, indem er in völliger Verkennung des breiten Publikums eine Anbiederung an den Zeitgeschmack für untauglich erklärte, mehr als nur ein paar oberflächliche Enthusiasten zu fesseln. Aber die Brüder reagierten bei den Nachauflagen in der Hoffnung auf bessere Resonanz auf diese Kritik, indem sie die Märchen entbrutalisierten und entsexualisierten und ihnen nach und nach die Gestalt gaben, in der sie heute bekannt sind.

Der Beitrag der Familie Hassenpflug zu den »Kinder- und Hausmärchen« kann hoch genug gar nicht eingeschätzt werden. Aus dem anfangs »lockeren Verkehr« entwickelte sich ein von den Schwestern Hassenpflug dominiertes »Kränzchen« – das bürgerliche Äquivalent zum adeligen Salon –, das sich regelmäßig traf und dem sich neben den Schwestern der Familien Engelhard und Wild auch Lotte Grimm anschloss. Die Engelhards wohnten im Haus gegenüber, waren wie die Hassenpflugs eine Juristenfamilie, und wie die Grimms brachten sie intellektuellen Nachwuchs hervor – was wenig verwundert, denn Mutter Philippine war eine zu ihrer Zeit und heute wieder hochgeschätzte Lyrikerin. Ihre Töchter, die spätere Schriftstellerin Karoline und Luise, gehörten bald zum grimmschen Kränzchen, das nicht nur fidel, sondern in zweierlei Hinsicht sehr produktiv war: als Ehestifterin zwischen Lotte und Ludwig einerseits und zwischen Dorothea Wild und Wilhelm Grimm andererseits. Und nicht minder folgenreich für Grimms Märchen. Insbesondere Band 1 wäre ohne die produktiven Mitglieder des Kasseler Märchen-Kränzchens undenkbar, die insgesamt an die vierzig Märchen beigesteuert haben – darunter so beliebte wie »Rotkäppchen«, »Das tapfere Schneiderlein«, »Der Wolf und die sieben Geißlein« oder das erwähnte »Dornröschen«. Aber, der hugenottischen Herkunft der Hassenpflugs geschuldet, auch solche wie »Der gestiefelte Kater« und »Blaubart« mit einer dünnen Traditionslinie, die so eindeutig nach Frankreich und zum Pariser Märchensammler Charles Perrault weist, dass die Brüder Grimm sie in der zweiten Auflage von 1819 ihrem national agitierten Publikum nicht mehr zumuten wollten.

Neben der Ältesten Marie – vom Alter her lag sie zwischen Carl und Ferdinand Grimm –, die etwa dreizehn Märchen beitrug, kamen Jeannette, ein Jahr jünger als Lui, und Amalie, sieben Jahre jünger als Lotte, zum Zuge. Die Gemeinschaft war so eng, dass einige Geschichten zwar der Familie, nicht aber einem einzelnen Mitglied zugeordnet werden konnten. So eng auch, dass tiefe Freundschaften entstanden – und mehr. Bei Lotte sprang, soweit wir wissen, der romantische Funke zuerst über: Der gut aussehende Ludwig, der einzige Sohn im Hassenpflug-Quintett, ein knappes Jahr jünger als sie, besuchte noch das Kasseler Lyceum, als der Zirkel sich formte. Ludwig war programmiert auf Erfolg und Karriere. Vater Johannes Hassenpflug saß als Regierungsrat fest im Sattel, und nach Art vieler Juristen erlitt er – obwohl leidenschaftlicher Gegner der Französischen Revolution – keinen Karriereknick, nachdem der Kurfürst verjagt und der König installiert war. Es darf unterstellt werden, dass er beiden Herren mit unterschiedsloser Effizienz und Loyalität diente und es sich mit dem exilierten Wilhelm I. nicht verscherzte. Denn kaum war dieser aus Prag zurückgekehrt, setzte er Johannes als Landtagskommissar – also als seinen ständigen Vertreter – beim kurzlebigen konstituierenden Landtag der kurhessischen Stände ein. Der Landtag – faktisch keine Volksvertretung, sondern eine Vertretung von Adel und bürgerlichem Großgrundbesitz – zerstritt sich rasch mit dem Kurfürsten, der eine Rolle rückwärts in vorrevolutionäre Gepflogenheiten durchsetzen wollte, in denen ganz allein »Serenissimus« den Kurs in allen Angelegenheiten des Staats setzte; er löste sich nach wenigen Monaten selbst auf. Daher finden wir Johannes wenig später als Regierungsdirektor und endlich als Regierungspräsidenten wieder. Er diente in dieser Position Wilhelms Sohn Wilhelm II. und dessen Sohn Friedrich Wilhelm I. zu deren Zufriedenheit, begleitete damit den allmählichen politischen Niedergang des Hauses Hessen.

Johannes' Sohn Ludwig war kein Mann für solche Anpassungsleistungen – weder politisch noch privat. Das Juristen-Gen des Vaters hatte sich auch in ihm fortgepflanzt: 1812 ging er zum Jurastudium nach Göttingen, unterbrach es 1813, um sein Teil zu den antinapoleonischen Befreiungskriegen beizutragen, wurde Corpsstudent und Burschenschafter. Ein Ölbildnis von Luis Hand zeigt Kurfürst Wilhelms I. frischgebackenen Regierungsassessor in der unter »bewegten« Studenten modischen »altdeutschen Tracht«, ganz in Schwarz, die linke Hand auf das Heft eines »altdeutschen« Schwertes gestützt. Seine religiös geprägte, konservative Staatsauffassung sollte ihn später in schroffen Gegensatz zu Wilhelms Enkel Kurfürst Friedrich Wilhelm I. und bis zur Demission bringen, aber auch für Spannungen mit den verschwägerten Grimms sorgen. In den frühen Kasseler Jahren aber war man sich einig in der heimlichen Ablehnung der französischen Fremdherrschaft und in einer calvinistischen, wenn auch nicht allzu strikten Observanz.

Die Opposition gegen Frankreich schloss allerdings nicht aus, dass französische Tradition in der Familie lebendig blieb. Sie sorgte dafür, dass sich den Brüdern Grimm eine reichhaltige Quelle von Märchen erschloss – nur dass diese nicht deutschen, sondern, soweit überhaupt in einem Volk zu verorten, französischen Ursprungs waren.

Die Wilds waren, obwohl nicht alt eingesessen, eine der ersten Bürgerfamilien Kassels. Unter ihren Vorfahren waren Hugenotten, die auf ihrer Flucht vermutlich in Yverdon hängen geblieben waren. Großvater Wild war aus der Berner Gegend zugezogen und

Apotheker. Vater Rudolf führte in der Marktgasse die Sonnenapotheke. Von ihr steht heute kein Stein mehr, und sogar die Gasse ging unter in einem Winkel zwischen modernen Straßen. Vermittelt spätestens durch die nach Kassel zugezogenen Damen Grimm, Dorothea und Lotte, kamen die benachbarten Familien bald in Kontakt, der so eng war, dass Mutter Wild – Namensvetterin von Dorothea Grimm – nach dem plötzlichen frühen Tod der Letzteren die verwaiste, untröstliche Lotte für einige Zeit zu sich nahm, wo sie in reichhaltige weibliche Gesellschaft kam – von Rudolf Wilds Kindern waren sechs Mädchen und junge Frauen im Alter von damals vierzehn bis sechsundzwanzig Jahren.

Diese ließen sich erforderlichenfalls leicht ins Nachbarhaus zu den Geschwistern Grimm schicken, wenn es dort an Ordnung und warmem Essen fehlte. Und sie brachten ihre Märchen mit, die sie in ihrer langen Familientradition begleiteten oder die sie in Kassel aufgeschnappt hatten. Nicht weniger als sechsundzwanzig von diesen nahmen die Brüder Grimm in ihre »Kinder- und Hausmärchen« auf, darunter gleich das erste, »Der Froschkönig« – eine Hommage an die Familie Wild –, aber auch andere berühmte wie »König Drosselbart« (das mit Blick auf Jacobs ausgeprägte Kinnpartie sicherlich manchmal Heiterkeit auslöste), »Frau Holle«, »Tischlein deck dich« oder »Rumpelstilzchen«.

Die Idee vom Frosch, der König wird, ist bereits in der Antike schriftlich belegt. Damit bezeichneten die Römer kritisch einen Emporkömmling; Petronius hat dies in seinem »Satyricon« erwähnt, allerdings ohne das Märchen zu erzählen. Das Drosselbart-Motiv von der bestraften Hochmütigen findet sich zuerst im »Pentamerone«, der barocken neapolitanischen Märchen- und Schwanksammlung. In der grimmschen Sammlung heißt es demgegenüber »Aus Hessen«. Die Geschichte vom »Rumpelstilzchen« zeigt nach Frankreich, wo es eine Nichte Charles Perraults erstmals aufzeichnete. Auch hier geben die Brüder Grimm Hessen als Provenienz an.

Seltsam, dass sich in den »Kinder- und Hausmärchen« zwar eine ganze Anzahl plattdeutscher Märchen findet, die in späteren Ausgaben sogar übersetzt abgedruckt sind, dass aber der grimmsche hessische Dialekt fehlt – und dies, obwohl Hessen den größten Anteil der Märchen erzählt haben. Schämten sich die Brüder Grimm etwa für ihre Mundart und für ihr bäurisches Herkommen? Oder unterschieden sie bereits scharf zwischen Niederdeutsch und den hochdeutschen Dialekten wie ihrem heimischen Hessisch und billigten nur dem Niederdeutschen einen selbstständigen Auftritt in ihrer Sammlung zu?

Zur wichtigen Quelle nicht nur für Dialektmärchen wird der ostwestfälische Kreis um die Familie von Haxthausen. Und die Beziehungen zu diesem Kreis zeigen sich haltbarer als die zur »bäuerlichen« Viehmännin und ihrer Familie. Die Haxthausen zählen zum westfälischen Uradel, und ihre katholisch gebliebenen Zweige trugen seit Jahrhunderten zusammen mit drei weiteren Adelsfamilien hohe Erbämter im fürstbischöflichen Hochstift Paderborn, also dem weltlichen Machtbereich der Paderborner Fürstbischöfe. Die Beziehungen zu den Grimms hatte, einmal mehr, Minister Johannes von Müller in Kassel gestiftet. Er hatte Werner von Haxthausen mit den Worten beworben, dieser sei ein »Kenner fast aller Sprachen bis inclus. nach Persien hinein«. Tatsächlich war – vermutlich zum heimlichen Leidwesen der Familie und der abhängigen Bauern, die für ihn die Fluren bestellten – an Werner kein »Ökonom« verloren gegangen, sondern ein Hobbyphilologe und -dichter. Die Begeisterung für die Grimms schlägt entsprechende Wellen – besonders für den umgänglichen Wilhelm, dem Jacob eine Rolle als Netzwerker auch in nicht wissenschaftlichen Kreisen zugedacht hat. Eine herrliche

Poesiesammlung habe Wilhelm auf Lager, kündigt Werner den ersten Bökerhof-Besuch Wilhelms an.

Wilhelm gefällt am Bökerhof. Zum dauerhaften »Mitglied und Theilnehmer unser Abent-Unterhaltung« – so der jüngere Freiherr Fritz – geadelt, scheidet er und revanchiert sich von Kassel aus mit einigen Liedern. Denn die Vorliebe für Musik teilt er zwar nicht mit Jacob, aber mit denen von Haxthausen: »Abends sangen sie sämmtlich Volkslieder«, erinnert er sich Jacob gegenüber. Und auch ihm gefällt die menschenreiche literarische Geselligkeit: So, stellt er sich vor, funktioniert die nationale Naturpoesie. Sie schweißt Adel und Bürgertum, Herren und Untertanen in gegenseitiger, auf Gefühl gegründeter Loyalität zusammen und verbindet Eltern und Kinder, Mann und Frau zutiefst.

Zwei solcher adeligen Fräulein allerdings, die er zwei Jahre später auf dem Bökerhof kennenlernen darf, lösen außer Verbundenheit und Interesse auch Gefühle und Missgefühle bis zum Albtraum in Wilhelm aus: die Schwestern Jenny und Annette von Droste zu Hülshoff. Uradelig von Vaterseite auch sie, sind sie mit den Haxthausens mehrfach versippt: Die Mutter ist eine Haxthausen, und der alte Adolph hat als Pate die kleine Annette übers Taufbecken gehalten. Die Mädchen liegen vom Alter her gerade einmal anderthalb Jahre auseinander und sind einander in innigem Vertrauen verbunden – ein Fast-Zwillingspaar wie auch die Brüder Grimm, das vielleicht deshalb in Wilhelm besondere Schwingungen auslöst. Auch Jennys offenkundiges Interesse an ihm bringt in Wilhelm etwas in Bewegung. Die jüngere Annette allerdings ist so gar nicht geartet, wie er sich eine Frau vorstellt. Sie pflegt unaufgefordert das Wort zu ergreifen – und kluge Dinge zu sagen: zur Poesie, zu den Sagen und Märchen, zu denen sie wie Jenny ebenfalls beizutragen hat. Gleichzeitig ist sie, anders als die vier Haxthausen-Schwestern, nicht sehr »angenehm und zierlich«, um in Wilhelms Diktion zu bleiben.

Ihre intensiven, weit hervorstehenden Augen sind die Fischaugenobjektive, mit denen sie unausgesetzt ihre Welt erforscht, um ihre Forschungsergebnisse gereimt und in Prosa auf Papier festzuhalten – und tatsächlich vortragen zu wollen. Die Handarbeiten dagegen, mit denen adelige Damen die überreichliche freie Zeit zwischen ihren Niederkünften totzuschlagen pflegen, langweilen Annette.

Wundert es da, wenn sie sich ihm noch Monate später im Traum monströs und bedrohlich nähert? Sie »war ganz in dunkle Purpurflamme gekleidet und zog sich einzelne Haare aus und warf sie in die Luft nach mir; sie verwandelte sie in Pfeile und hätte mich leicht blind machen können«, vertraut Wilhelm seinem Traumtagebuch an. Annette dagegen weiß auch im Wachleben, was sie Wilhelm verdankt: Er habe ihr »jahrelang den bittersten Hohn und jede Art von Zurücksetzung bereitet, so daß ich mir tausendmal den Tod gewünscht«. Eine familiäre Beziehungsstörung mit Folgen.

Von den gestörten Beziehungen zwischen den Brüdern Grimm und ihrem vierten Bruder Ferdinand war bereits die Rede. Clemens Brentano hat uns Ferdinand Grimm als Schönschreiber vorgestellt. Doch Ferdinand wusste, dass mehr in ihm steckte, auch wenn der Mangel an Geld in der Familie und vielleicht an persönlicher Willenskraft ihm den Glanz einer akademischen Ausbildung verweigert hatte. Die Brüder konnten sich in der frühen Phase ihres Schaffens durchaus seiner Loyalität und Arbeitskraft bedienen. Allerdings bleibt er Juniorpartner, was ihn sehr geschmerzt haben dürfte.

Immerhin ist er das einzige Grimm-Geschwister, dessen Fundstücke Eingang in die »Kinder- und Hausmärchen« finden. Zwar haben sie ihn nie als Quelle anerkannt, wie sie sich in Zuschreibungsfragen allgemein in geografische Provenienzen statt menschlicher Quellen geflüchtet haben. Aber offensichtlich hat

Ferdinands intensives Exzerpieren der Münchner Hofbibliothek die grimmsche Sammlung in letzter Minute um »Das Totenhemdchen« bereichert. Das Totenhemd eines verstorbenen Kindes kann nicht trocknen, das Kind nicht in die ewige Seligkeit eingehen, da die Mutter in ihrem Übermaß an Trauer nicht zu weinen aufhört. Resoniert etwa diese Geschichte in den Grimms, weil sie deren Trauer um die früh verstorbenen Eltern spiegelt, deren Tod sie kaum verarbeitet haben?

Zum »Schneewittchen« hat Ferdinand nachweislich die erste Fassung beigesteuert. Öffentlichen Dank von seinen Brüdern erhielt er dafür erst Jahre später, von einem gleichberechtigten Platz an ihrer Seite kann überhaupt keine Rede sein. Dabei verwirklichte Ferdinand eine Sammelmethode, die Jacob und Wilhelm immer nur behaupteten und so gut wie nie verwirklichten: Buchstäblich ging er zu den Quellen – einfachen Leuten, Analphabeten. Seine umständliche Fußreise nach München, wo sein Lieblingsbruder Lui ihn erwartete, machte ihn nicht nur frei – innerlich sowie von der kritisierten »Blödigkeit« im Umgang mit anderen Menschen. Sie brachte ihn zusätzlich in Berührung mit Menschen jeglichen Schlages und lehrte ihn, den mündlich überlieferten Traditionen zu folgen und sie zu notieren.

Seine Leidenschaft für die Sammlung und Veröffentlichung von Märchen und Sagen brachte den Zurückgewiesenen in Konkurrenz zu seinen Brüdern. In eine Konkurrenz, die er fürchtete – er kannte die Zügellosigkeit gelehrter öffentlicher Polemik gegen Wettbewerber, in der sich Jacob gefiel, und konnte sich nicht sicher sein, dass diese sich nicht auch gegen ihn richten würde. Vermutlich deshalb erschienen 1820 seine »Volkssagen und Mährchen der Deutschen und Ausländer« unter Pseudonym. Seiner Familie gegenüber deckte er dieses Pseudonym auf und erntete Herablassung für seine Arbeit. Achtzehn Jahre später und ausgestoßen aus dem Familienverband schob er als Zeugnis seines Fleißes eine fast vierhundert Seiten starke Sammlung seiner »Volkssagen der Deutschen« nach – erneut unter Pseudonym (Philipp von Steinau), leicht durchschaubar aber für die Familie und die Brüder. Eine Rechtfertigungsschrift oder ein Zeugnis trotziger geistiger Selbstbehauptung?

Bei dieser Fülle der Quellen fehlt eine auffällig: persönliche Kindheitserinnerungen der Brüder Grimm. »Eigene, dunkle Erinnerung« erwähnen sie in ihren Anmerkungen lediglich zwei-, dreimal, ohne Konkreteres zu sagen. Eigenartig bei einem so großen Reichtum an Kindheit, den die Brüder ins Erwachsenenalter mitgenommen haben. Wir haben gesehen, wie die Geschwister in Steinau ohne Dünkel mit Angehörigen aller Stände umgingen, wie eng die Brüder zeitlebens mit ihren eigenen Kindheiten verwoben blieben, wie reichhaltig die Erinnerung als Quelle von höchstpersönlichen Anekdoten sprudelte, die sie bedenkenlos in ihre wissenschaftliche Arbeit einbrachten. Aber Märchen scheinen in dieser gebildeten und eng miteinander verbundenen Familie keine Rolle gespielt zu haben. Unterfielen sie einem aufklärerisch motivierten Verdikt Philipp Wilhelm Grimms, das Zauber und alles Übernatürliche als »Ammenmärchen« abqualifizierte, und waren daher verbannt aus dem familiären Gespräch und aus dem Kinderzimmer?

Die lebenslange Beschäftigung der Brüder mit diesen »Ammenmärchen« und deren romantische Rehabilitation wäre demnach auch eine Geste der Rebellion und der Selbstermächtigung, getrieben von der Erfahrung, dass Vernunft allein nirgendwo hinführe – jedenfalls nicht zu einem sicheren Leben im Einklang mit sich selbst und den Mitmenschen.

Die »Kinder- und Hausmärchen« werden fast unbeabsichtigt zum Lebensbuch der Brüder Grimm. Sie haben sich das Projekt nicht ausgesucht – eher hat es sich sie ausgesucht. Kurzfristig erfüllt sich keiner der Wünsche und Träume, mit denen sie kurz vor Weihnachten 1812 die imprimierten Korrekturfahnen dem Verleger mit auf den Weg geben: Nicht der schnelle öffentliche Ruhm, nicht der wirtschaftliche Erfolg, nicht die Anerkennung der Gelehrten. Erst die Zeit sorgt dafür – und vor allem Wilhelms geduldiges Schleifen am Werk, streckenweise ohne Jacobs Wissen, streckenweise gegen dessen ausdrücklichen Willen. Von Ausgabe zu Ausgabe lässt sich diese Glättung und manchmal Verniedlichung verfolgen. So etwa beim »Rapunzel«, deren Schwangerschaft Wilhelm in den Neuausgaben bemäntelt. Oder auch später noch, etwa bei »Hänsel und Gretel«. Sind es anfangs die leiblichen Eltern der Geschwister, bitterarme Holzfäller, die aus purem Mangel ihre Kinder schutzlos im Wald auszusetzen beschließen, so dämonisiert Wilhelm ab der Ausgabe von 1840 das eigentlich banale Böse und schiebt es einer neu erfundenen Stiefmutter zu. Das biedermeierliche Bild der aufopfernden Mutter bleibt auf diese Weise unbeschädigt.

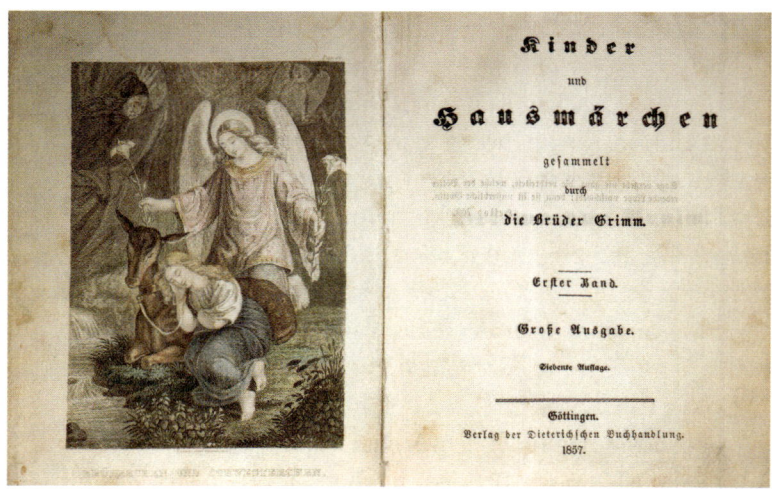

Kein Buch aus Deutschland ist berühmter:
Titelblatt der »Kinder- und Hausmärchen«, Erster Band, 1857.

Nicht zuletzt sind derartige Entschärfungen dem Wunsch des Verlegers nach besseren Verkaufszahlen geschuldet. Zu Wilhelms Lebzeiten erhält die vollständige Große Ausgabe sieben Editionen: 1812 bis 1814, 1819, 1837, 1840, 1843, 1850 und 1857 – das ist zwei Jahre vor seinem Tod.

Die Große Ausgabe wird auch in der zweiten Auflage kein Publikumsliebling. Den Durchbruch bringt dreizehn Jahre nach der Erstausgabe des ersten Bandes die Kleine Ausgabe. Sie basiert auf der zweiten Auflage und trifft eine Auswahl von fünfzig Märchen – ein rundes Viertel des ursprünglichen Volumens. Damit sie Kinder noch intensiver anspricht, ist sie erstmals bebildert. Arnim hatte dies wiederholt dringend angeregt, aber erst der Anblick einer englischen Ausgabe lässt die Brüder umdenken: »Zu London ist eine Übersetzung erschienen unter dem Titel German popular stories translated from the Kinder- und Hausmärchen collected by M. M. Grimm with 12 plates by George Cruikshank«, schreibt Wilhelm dem Verleger Reimer nach Berlin und schlägt zunächst vor, deren Bilder, die er »geistreich und gefällig« findet, zu übernehmen.

Warum bringt Wilhelm nicht Lui als Illustrator ins Gespräch? Dieser arbeitet zurzeit Wand an Wand mit Wilhelm und hatte ja bereits die Titelkupfer für die zwei Bände der Erstausgabe zur Zufriedenheit geliefert. Einiges deutet allerdings darauf hin, dass die Brüder mit Luis Arbeitsweise und -ergebnissen nicht immer zufrieden waren. Auch sei mit dem Ludwig nicht gut etwas zu verabreden, murrt einmal Jacob. Der »Ungehorsam« des Jüngsten irritiert.

Am Ende bleibt der Auftrag doch in der Familie, und Lui schafft eine Reihe von Entwürfen, von denen sieben – allesamt Darstellungen weiblicher Figuren – es in die Kleine Ausgabe schaffen, die 1825 erscheint. Wilhelm, dessen begabtes zeichnerisches Dilettieren ihn vermeintlich dazu in den Stand versetzt, findet erneut, dass er es besser kann, und fummelt an den Entwürfen herum – nicht immer zu deren schlussendlichem Vorteil, wenn man die Skizzen mit den Druckergebnissen vergleicht, wie die Kunsthistorikerin Vera Leuschner, Mitherausgeberin von Luis Werkverzeichnis, anmerkt. Immerhin verlangt er zu »Hänsel und Gretel« die später ikonisch gewordene grausame Szenenverschiebung: »Nicht eine vom Haus her das Mädchen kommandierende Alte, sondern die den Finger befühlende, auf ihr Festmahl schon sehr begierige Hexe.« Von weiteren gemeinsamen Bemühungen um Illustrationen zu den Märchen fehlt jede Spur, obwohl sie Lui zeitlebens beschäftigt haben.

Mit der Kleinen Ausgabe kommt nicht das große Geld, aber erste echte Erfolge. Das schafft Selbstbewusstsein. Nach der Erstausgabe 1825 kommen die Nachauflagen in dichter Folge, neun an der Zahl noch zu Wilhelms Lebzeiten: 1833, 1836, 1839, 1841, 1844, 1847, 1850, 1853, 1858. Mehr als ein halbes Jahrhundert lang und bis ins Jahr vor seinem Tod begleitet Wilhelm also die Arbeit an den »Kinder- und Hausmärchen«. Er ist, wenn nicht der Architekt, so doch der Baumeister des überragenden weltweiten grimmschen Nachruhms. Erst nach dem Tod der Brüder allerdings wird aus den »Kinder- und Hausmärchen« ein internationaler multimedialer Erfolg mit Übersetzungen in fast zweihundert Sprachen, illustrierten und bearbeiteten Ausgaben, Bilderbögen, Schulwandtafeln, Hörspielen, Comics, Verfilmungen, Pornografica und Parodien.

Zu diesem Charakter als Lebensbuch der Brüder Grimm passt die Widmung der Erstausgabe »an die Frau Elisabeth von Arnim für den kleinen Johannes Freimund«. Sie legen sie einer lebenslangen Freundin ans Herz.

KAPITEL 8
MEHR ALS DIE KLEINEN GESCHWISTER
(1809–1836)

Reisen und Liebeleien:
Lui, der romantischste Grimm

Lui studiert an der neu begründeten Münchner Akademie der Bildenden Künste. Sein Mentor ist der Kupferstecher Professor Carl Heß, aus dem hessischen Darmstadt gebürtig. Hier mag der zu Heimweh neigende Lui etwas Heimat spüren. Und zum ersten Mal taucht Lui ein in eine richtige Künstlerfamilie, denn alle vier halbwüchsigen Heß-Söhne zeichnen und malen; Peter, der Älteste, hat sich gleichzeitig mit ihm an der Akademie eingeschrieben. Viele Abende verbringen sie gemeinsam beim Betrachten von Stichen und im Gespräch über Kunst. Und noch eine fremde Welt lernt er bei seiner Wirtin, der Hofmalerswitwe Weng, kennen: die des observanten Katholizismus, deren Ritualismus mit Weihkesseln an den Wänden, Kreuzzeichen und täglichem Kirchenbesuch er ohne Verständnis gegenübersteht. Lui verbarrikadiert sich in seiner Stube, deren Wände er mit selbst gemachten Porträts seiner Lieben behängt hat, denkt an zu Hause und schreibt Briefe. Er beobachtet und analysiert genau, dabei fast stets wohlwollend, und kann das Beobachtete grafisch wie sprachlich gut ausdrücken. Wir verdanken ihm und seinen scharfen Blicken aus den Fenstern seiner verschiedenen Logis aus fünf

Jahren ein detailliertes Porträt des »königlichen« München in seinem Aufbruch aus mittelalterlicher Beschränktheit.

Warum München? Zunächst einmal bedeutete diese Wahl, Savigny und Brentanos nachzuziehen. Aber es gab auch gute Gründe für München, die nicht den Namen Bettine trugen. München war seit drei Jahren königliche Residenz. Mit diesem Titel hatte Napoleon den Wittelsbachern einen jahrhundertealten Traum erfüllt, denn seit Kaiser Ludwig im 13. Jahrhundert hatte kein Bayernherrscher mehr einen so hohen Rang im Reich bekleidet. König Maximilian I. Joseph hatte daher einiges nachzuholen, auch was Repräsentation betraf, zumal München erst 1777 wieder wittelsbachische Hauptresidenz geworden war. Er ließ die Stadtbefestigung schleifen und neue Vorstädte schaffen – die glanzvollste unter ihnen war die nördlich in Richtung der Dörfer Schwabing und Neuhausen vorgelagerte Maxvorstadt. Um den zukünftigen Glanz der Stadt zu sichern, gründete er dort 1808 die »Königliche Akademie der Bildenden Künste«, eine der bestausgestatteten Kunsthochschulen Deutschlands. Und dass in München und seiner malerischen Umgebung gut malen und leben war, hatte sich sicherlich schon bis an die Fulda herumgesprochen – an deren Ufern zudem ein französischer König regierte, dem es jederzeit einfallen konnte, junge Männer für die Grande Armée zu rekrutieren.

»Die Leute waren mir alle gut.« Lui erfährt die Macht seiner Persönlichkeit, die ihm Wege ebnet und – für einen Porträtisten essenziell – in seiner Gegenwart die Menschen entspannen lässt. Wie seine großen Brüder ist er ein Augenmensch. Aber anders als sie ist er kein Büchermensch. Bücher sind ihm nicht heilig: Zu Gast in der rattenwimmelnden Wohnung Görres' in Koblenz, wirft er nachts »mit Folianten« nach den Schädlingen. Anders auch als seine Brüder ist er ein Erotiker; der Berufsweg, den er einschlägt, erlaubt es ihm, ungehemmt durch Konvention seiner Leidenschaft nachzugehen, den Anblick anmutiger Gesichter nach Herzenslust zu genießen und gut gewachsene Körper zu taxieren. Er nimmt sich das Privileg, dies zu kultivieren und überall dort hinzusehen, wo es was zu sehen und mit den Augen zu kosten gibt. Seine Kunst rechtfertigt es, dass er die Frauen genau ansieht. Frauen mögen ihn, er mag attraktive Frauen und flirtet gern mit ihnen; als Gesprächspartnerinnen nimmt er sie selten für voll.

Auch Kinder fassen Zutrauen, mit ihnen beschäftigt er sich gerne – nicht zuletzt, um intellektuell-aufgeblasener Konversation auszuweichen, die er hasst wie alles Verkopfte, gleichviel ob es sich um Musik-, Kunst- oder Literaturenthusiasmen handelt. Er beobachtet sie beim Essen, beim Spiel, im Schlaf und zeichnet sie. Sie halten aber auch still, wenn er sie im Profil oder en face detailliert zeichnet. Seine Kinderbilder gehören zum Besten, was das Genre hervorgebracht hat. Bettine Brentano liebt es, mit ihm herumzublödeln: Lui sei »so lustig und naiv, daß man mit ihm bald zum Kind in der Wiege wird, das um nichts lacht«, schreibt sie einmal an Goethe.

Münchner Künstler und Schwadroneure: Bildkritik in der Akademie um 1812. Radierung von Ludwig Emil Grimm.

Auch eine Frau ist ihm gut: Er verliebt sich und wird – dessen ist er sicher – wiedergeliebt: von Thekla, einem offenbar hochgeborenen, wohlhabenden Fräulein, dessen genaue Verhältnisse die Zensur seiner Erinnerungen ebenso der Kenntnis der Nachwelt entzieht wie das Schicksal seiner Liebe – die entscheidenden Passagen sind aus seinem Manuskript herausgetrennt und vernichtet. Hat er selbst das Dokument zensiert? Als Bruder zweier hochberühmter Menschen mag er befürchtet haben, sie und nebenbei sich selbst bei einer Veröffentlichung dieser Stellen über seinen Tod hinaus zu kompromittieren. Wie schwer es ihm gefallen sein muss, seinen Text zu verstümmeln, erkennen wir an der Vielzahl der dennoch erhaltenen Passagen, die auf seine jugendliche Schwärmerei hinweisen – aber eben das Wesentliche aussparen. Und die künstlerische Repräsentation dieser Liebe? Ein nicht einmal postkartengroßes, mit dem Bleistift skizziertes Profilbild – Luis Spezialdisziplin –, das das Marburger Universitätsmuseum bewahrt, zeigt uns Thekla in madonnenhafter Sprödigkeit mit verschleiertem Haar. Es gehört nicht zu Luis besten Arbeiten – beim Betrachten meint man die Befangenheit von Maler und Modell zu verspüren.

In Liebesdingen haben wir die Grimms bisher als stocknüchterne Menschen kennengelernt – Lui ist ein Beispiel dafür, dass sie auch Romanze können. Den Fragmenten, die er hinterlässt, können wir entnehmen, dass er Thekla auf den Maskenbällen der Faschingssaison 1816 mehrmals begegnet ist, die sie verkleidet besuchte. Von einem Ring als »Bürge, daß ich nicht angeführt sei«, ist die Rede: Hat er ihr tatsächlich einen Fingerring abgewinnen können? Das wäre ein mutiges Zeichen des Vertrauens, denn Thekla wird sehr fromm gehalten. Regelmäßig hört sie die Abendmesse in der Hofkirche St. Michael neben der alten Universität. Dorthin bestellt sie ihn einmal, erscheint aber nicht.

Nun streicht er um die Kirche, um sie unauffällig anzusprechen. Denn Thekla interessiert ihn mehr als langfädige Dichterlesungen im Kommilitonenkreis: »Nach 6 Uhr ging ich unter einem Vorwand und bald wiederzukommen weg, war um $^1/_2 7$ dem St. Michael gegenüber und wartete. Der Gesang hörte wieder auf, alles wie gestern Abend, die Leute kommen einzeln. Da erscheint eine weibliche Figur, die auf der Kirchentreppe den weißen Schleier vortut, und geht zur Statue des St. Michael. Kaum dort angelangt, war ich auch bei ihr. Sie sagte schüchtern, kaum hörbar: ›Lassen sie uns gehn.‹

Ich reichte ihr meinen Arm, und sie sagte: ›Vor das Karlstor.‹ ›Darf ich sie dann nun sehn?‹ An einer Laterne am Jesuitengebäude, wo niemand war, schlug sie den Schleier zurück und sagte lächelnd: ›Kennen sie mich?‹ Ich muss gestehn, ich war im höchsten Grad überrascht, die schöne, ernste Griechin am Arm zu haben ... Da das erste Mal ein längeres Spazierengehen ich noch nicht vorschlagen mochte, so frug ich, wann ich sie wieder sehn dürfe. Sie sagte: ›Ja, morgen Abend gehts nun nicht, und sie werden auch Fränzl im Konzert hören. Aber da sehn wir uns, wenn wir auch nicht zusammen sprechen können. Aber in Acht nehmen müssen wir uns immer; die Leute merken so was sehr bald. – Mein Mädchen, das mich hier oben erwartet und dem ich trauen und auf seine Verschwiegenheit bauen kann, gibt ihnen übermorgen ein paar Zeilen von mir, wo ich ihnen mit Gewissheit die Zeit angeben kann, wann und wo wir uns sprechen können‹ ... Sie sagte: ›Es ist mir wie ein Traum‹, hatte den rechten Handschuh ausgezogen und reichte mir die Hand zum Abschied. Ich drückte gegen meine sonstige Gewohnheit einen Kuss darauf, und sie verschwand.

Zu Haus fand ich meine Freunde wieder. Blum las noch vor, war aber bald fertig und sagte unwillig: ›Wo bist du dann geblieben?‹ Am Abend brachte mir zur bestimmten Stunde das

Mädchen einen mit Oblate zugemachten Zettel. Beim ersten Laternenlicht las ich: ›Übermorgen Abend nach der Kirche am Jesuitengebäude beim Brunnen. T.‹ Sehr fein und eilig, aber leserlich geschrieben.«

Doch nach solch hoffnungsvollem Anfang beginnen die amourösen Wirrsale des »romantischsten« aller Grimms: Thekla erscheint nicht zum Stelldichein. Wie vom Erdboden verschlungen scheint sie. »Den Morgen und Mittag gehe ich an ihrem Haus vorbei, komme abends an den Zusammenkunftsort, aber niemand läßt sich sehn … Den andern Abend erscheint sie wieder nicht, und so gehe ich lange alle Abende hin, aber immer vergebens.«

Wo und unter welchen Umständen es zu erneuten Begegnungen kam, bleibt im Dunkel von Luis lückenhaften Memoiren. Aber immerhin konnte er sie wenigstens zweimal zeichnen – »ad vivum«, nach der Natur, wie er seiner Gewohnheit entsprechend am Bildrand notiert. Und da wir davon ausgehen dürfen, dass selbst im keuschen 19. Jahrhundert eine Zeichnung nicht das Erste war, was ein Jüngling im Sinn trug, wenn er mit seiner Angebeteten zusammentraf, dürfte es nicht bei diesen zwei »Sitzungen« geblieben sein. Wenn wir all die beträchtlichen Ausrisse aus seinem dicken Schreibbuch mit Thekla in Beziehung setzen, so muss Lui einiges vor einer neugierigen Nachwelt zu verbergen gehabt haben.

Aber kein günstiger Stern leuchtet über Lui und Thekla. Georg Brentano, Clemens' und Bettines Bruder und Finanzchef des Handels- und Bankhauses Brentano, steht im April 1816 unverhofft vor der Tür – auf der Flucht vor den Schatten der Vergangenheit. Ein Albtraum von Gefahr, Kampf und Verlust, den Lui träumt und detailliert aufschreibt, scheint ihn anzukündigen. Georgs Frau Marie ist im Vorjahr nicht einmal vierzigjährig verstorben. Eine »Grand Tour« nach Italien soll ihm helfen, mit den

Erinnerungen fertigzuwerden. Lui ist eingeladen. Die Begleitung eines Künstlers könnte diese Reise ideell aufwerten.

Lui, dem seine großen Brüder sowie Clemens Brentano und Friedrich Carl von Savigny den Beginn seines Studiums finanzierten und der erst seit einigen Monaten im Genuss kurfürstlicher – aber allein deshalb keineswegs fürstlicher – Stipendien lebt, begreift seine einmalige Chance, zumal Wilhelm eine Studienreise ohnehin auf Luis Agenda gesetzt hatte. Vor die Wahl zwischen dem Ruf der Kunst und dem der Liebe gestellt, entscheidet er sich, von Heß nachdrücklich dazu ermahnt, in grimmscher Manier, die Liebe dem Broterwerb unterzuordnen. Um zu retten, was noch zu retten ist, schreibt er Thekla einen Abschiedsbrief. In zwei Monaten wird er zurück sein in München, beruhigt er sich selbst, denn ein Georg Brentano hat doch nicht die drei Jahre, die ein Goethe sich für seine Grand Tour gönnte. Und schon am folgenden Tag brechen die beiden auf – die Initiation Ludwig Emil Grimms als Künstler beginnt. Er ist gleichberechtigt, kein Dienstbote auf dieser Tour.

Seit Menschengedenken war kein Grimm auch nur annähernd so weit gereist. Lui ist der erste, der das legendäre Italien sehen darf. Intensiv saugt er in sich hinein, was er wahrnimmt, und dokumentiert es, anders als die meisten Italienfahrer, in Worten und Zeichnungen. Und anders als den vielen Italien liebenden deutschen Künstlern bleibt ihm keine Zeit, die bewunderten Werke der Antike zu studieren, die der Renaissance zu kopieren. Brentano will Zerstreuung, keine Studienreise. So bleibt Lui der Gegenwart und den vielen verschiedenen Menschen zugewandt, die er am Weg trifft. Und er wäre ein schlechter Grimm, wenn er nicht von jedem Genuss kosten würde.

Über Salzburg, Berchtesgaden, Innsbruck und Bozen – das Luis Erinnerung vor, nicht hinter den Brenner legt – nach Rovereto und Verona, dem ersten italienischen Aufenthaltsort.

Meisterwerke Paolo Veroneses werden bewundert, eine Commedia dell'arte in der antiken Arena besucht, die nicht einmal der Italiener Brentano versteht. Dann Mantua mit Mantegnas Fresken im Gonzaga-Schloss und Bologna; der abendliche Corso gibt Gelegenheit, prächtige Wagen und die Schönheit der aufgeputzten dunkeläugigen Insassinnen zu studieren. Die schiefen Wohntürme missfallen ebenso wie das allgegenwärtige Elend der bettelnden »Verbrecher, hinter dicken Eisenstäben, halbnackt, mit wilden Gesichtern und langen Bärten«. Eine Ausstellung mit eben durch die Franzosen restituierter Raubkunst ist – ein glücklicher Zufall! – zu besichtigen, Raffael, Perugino, Reni ... »Welcher Genuß, diese Perlen von Bildern in der Nähe und solange ich wollte betrachten zu können!«

An Florenz gefallen neben den unermesslichen Kunstschätzen die Lage in der Talmulde beiderseits des Arno und die Fronleichnamsprozession, die Hoch und Gering in einem Meer von Blüten vereint. Der nüchterne Calvinist verliebt sich in Sinnlichkeit und Prunk des Katholizismus – und in die »sanften, nicht stechenden« Augen der weiblichen Gläubigen, die ihn an Theklas Freundin Felice erinnern. Schade, dass der unermüdliche Brentano ihn noch in die Alabasterfabrik schleift. Anziehender ist da ein Besuch in einem Kloster, wo er den Mönchen einige Fläschchen ihres berühmten Parfüms abkauft, Thekla und Lotte im Kopf; der Preis schmerzt. In Perugia befremdet der Anblick von Canovas »Drei Grazien«, nackt und lebensgroß und allseits mit Beifall bedacht, in einer »Sakristei«.[30] Auch mit dem, was Italien den Touristen bietet, fremdelt Lui hier: mit den, wie fast immer »sehr schlechten Maccaroni« und dem schlecht beleuchteten, verflöhten Theater, der Junihitze.

In Rom logiert man zwei Wochen im rammelvollen Haus eines Deutschen, genießt dessen Mittagstisch, der Menschen aller Nationen zusammenführt; aus großen Schüsseln bedient sich

*Die Villa Raphael in Rom,
gezeichnet von Ludwig Emil Grimm, ca. 1816.*

jeder mit Zitronen, auch das ist Italien, wie man es sich vorgestellt hat. Ein Who's Who berühmter Künstler steht bereit zum Defilee, Canova, Thorwaldsen, Cornelius, Overbeck, der »Künstlervater« Joseph Anton Koch, »ein aufgeblasener, unangenehmer Mensch, der sich selbst für den einzig geschickten hält«, aber infolge seiner Gutmütigkeit und Ehrlichkeit dennoch beliebt bei seinen Schützlingen ist; alle deutschen Künstler laufen irgendwann einmal bei ihm ein, essen, wohnen und leihen sich Geld bei ihm. Der Petersdom, »von den Nebengebäuden erdrückt«, enttäuscht, das Barocke schlechthin fällt in Luis Kritik gegen die Gotik Kölns und Mailands ab. Die Sixtinische Kapelle ist ihm einen Satz wert: Michelangelos Fresken seien durch Feuchtigkeit »sehr verdorben«. Aber der Zufall gibt seinem Sinn fürs katholische Spektakel erneute Nahrung: Die Römer feiern das Patrozinium ihres Heiligen Laurentius, und ein Schweizergardist, hocherfreut, deutsch angesprochen zu werden, bugsiert ihn auf einen Logenplatz mit Papstblick. »Ernst und freundlich« kommt der vierundsiebzigjährige Pius VII. ihm vor, »das schöne, ehrwürdige Gesicht sah leidend aus«. Als Widersacher Napoleons hatte Pius einiges durchmachen müssen, unter anderem Entführung, mehrjährige Inhaftierung und einen Hungerstreik.

Dennoch bricht die Distanz des deutschen Protestanten durch die sinnliche Überwältigung durch den Katholizismus: Ob »der liebe Gott nicht lieber in die Kammer (einsam Betender) kommt, als zu dieser Zeremonie; malerisch ist sie, aber erbaut hat sie mich nicht.« Kritisch lässt er sich aus über die deutschen Künstler in Rom, die in Serie konvertieren: Sie »tun es nicht aus Überzeugung, sondern da ist entweder ein Vorteil, Empfehlung, Versprechungen, ein schuldbelastetes früheres Leben, Überredung, Frömmelei daran schuld, oder es geschieht, um Effekt zu machen«.

Auf der Weiterreise nach Süden werden die fiebrischen Pontinischen Sümpfe durchquert; Reisende dürfen hier nicht einschlafen, mahnt der Kutscher, das fällt schwer bei der lastenden Hitze, die in Deutschland unbekannt ist. Für ein Grauen anderer Art sorgt die Unsicherheit der Straßen im Königreich Neapel: »Der Weg war so unsicher, dass noch alle Viertelstunde ein österreichisches Pikett[31] neben der Landstraße lagerte und trotzdem doch Raubanfälle vorgekommen sein sollen.« Der Wirt rät ihnen, sich eskortieren zu lassen auf der Chaussee, die eingezwängt zwischen Meer, Berg- und Buschland verläuft, »da andere Leute uns aber gesagt hatten, die Bedeckung sei nicht viel besser als die Räuber selbst, so reisten wir allein ab«. Die Pistolen liegen schussbereit auf den Sitzen, und wir dürfen vermuten, dass Lui, der als Landwehroffizier der Reserve in Militäruniform reist, sie zu benutzen weiß.

Die Herrlichkeit Neapels und seiner Umgebung preist Lui geradezu hymnisch. Der eisgekühlte Rotwein labt bei 32 Grad Réaumur – das sind 40 Grad Celsius! – im Schatten besonders. Die marinen Monstrositäten, die am Meeresfrüchte-Markt auf kühlenden Tang-Betten aufgehäuft sind, faszinieren: »Mißgestalten, Unformen, wie wahres Teufelszeug sieht es aus!« Lui schließt Bekanntschaft mit dem grellen Realismus der spanischen barocken Malerei eines Jusepe de Ribera, seinen ausgemergelten halb nackten Greisenleibern. Die vornehmen Kabrioletts, die in den Schlosshof einfahren, ziehen Schweife von Bettlern hinter sich her, Kinder klauben Maiskörner aus dem Schmutz – die einfachen Neapolitaner hungern. Und über allem liegt der betäubende Lärm unzähliger Menschen.

Er lässt die Sehnsucht nach Momenten der Stille wachsen. Der Vesuv speit, direkt von der Stadt aus sichtbar, Lava aus, eine Besteigung wird mit einigen anderen Deutschen gewagt – bei Nacht, der malerischen Effekte und der Hitze wegen, aber »das war ein fürchterlicher Weg«. Dann der Gipfel und der Blick in den Krater: »Es war, als wenn alle bösen Geister aus dem Berg führen, feurige Untiere, Drachen, Gesichter, Hexen, Schlangen, Kröten, alles kolossal und hoch in die Luft, dann fuhr es auseinander, und alle paar Minuten wiederholte sich das Feuerspiel.« Lui drückt Silbermünzen – so knapp ist er demnach nicht bei Kasse – in die erkaltende Lava hinein und löscht die Brocken mit Wein ab – Souvenirs für Wilhelm, an Jacob denkt er nicht.

In Neapel wartet Post, auch von Jacob, der sich über Luis Schreibfaulheit beklagt. Die Rückreise soll jetzt doch schnell verlaufen, dennoch wird im Hafen von Livorno haltgemacht. Lui zeichnet levantinische und afrikanische Seeleute. Zu Schiff geht es nach Genua, nachdem man in Carrara Friedrich Tieck, dem jüngeren Bruder des Dichters, und seinem Freund, dem Kasseler Christian Daniel Rauch, eine Stippvisite abgestattet hat. Ein englischer Kapitän bittet auf Brentanos Vermittlung zum Lunch auf seiner Fregatte und führt das Schiff vor; Brentano dolmetscht, denn Lui und die anderen verstehen kein Englisch.

Und wieder ein beunruhigter Jacob-Brief, aufs Geratewohl nach Genua gesandt: Lui solle ja keine italienische Frau mitbringen, »die paßten nicht in einen deutschen Haushalt«. Hat er zu leidenschaftlich geschwärmt von den welschen »Naturschönheiten«, wie er es wiederholt in seinen Erinnerungen tut? Auch Thekla geht ihm durch den Sinn, er verwirft den Gedanken, ihr zu schreiben, und hofft auf ein Wiedersehen in München. Mailand wird noch gestreift, der beklagenswerte Zustand von Leonardos »Abendmahl« notiert, französische Soldaten hätten im Saal über offenem Feuer gekocht, wird erzählt. An Lui schäumt der Rest der Reise vorbei, »meine Gedanken waren immer woanders« – bei Thekla?

Es sollte mehr als ein Vierteljahr dauern, bis er seine geliebten Münchner Frauentürme wiedersehen durfte. Zurück in der Stadt, findet er Thekla nicht. Er sucht sie, erkundigt sich nach ihr, sie bleibt verschwunden. Was er erfährt, deutet darauf hin, dass sie in ein Kloster eingetreten ist. Warum hat sie ihn nicht benachrichtigt? Aus Zweifel an ihm? Aus tiefem Liebeskummer? Oder ist sie etwa unfreiwillig eingetreten, hat Lui sie kompromittiert und ihre Familie genötigt, das Mädchen »aus dem Verkehr zu ziehen«, um Ehrverlust zu vermeiden? Hat er unwissentlich Schaden angerichtet – oder hat er Theklas Kompromittierung bewusst in Kauf genommen? Luis zensierte Lebenserinnerungen werfen in Sachen Thekla mehr Fragen auf, als sie beantworten.

Aber auch das, was sie verraten, passt nicht zusammen. Vermutlich wollte Lui schon zur Zeit ihrer Niederschrift nicht zu viel verraten. Denn entgegen seiner Behauptung haben sich Thekla und Lui aller Wahrscheinlichkeit nach wiedergesehen (und zweifellos beschäftigt sie ihn noch während eines erneuten Münchenbesuchs fast zwanzig Jahre später). Der Beweis liegt im wahrsten Sinne des Wortes auf der Hand: ein intimes Porträt des Mädchens, nach Luis Art sorgfältig signiert, auf den 16. August 1817 datiert –

also ein Jahr nach der Italienreise – und mit dem üblichen Vermerk »gez. ad vivum« als Produkt einer tatsächlichen Begegnung gekennzeichnet. Intim ist die Zeichnung deshalb, weil Thekla eine Träne im Auge steht, aber auch, weil sie ihr Haar gelöst und ein kragenloses Hemd trägt – das Bild verrät also eine Privatheit, die in den Erwachsenenporträts in seinem Werk sonst fehlt. Wie nah die beiden Liebenden einander tatsächlich kamen, darf und wird vermutlich für immer im Dunkeln bleiben.

Von den Geschwistern Grimm ist also Lui, der Jüngste, am weitesten gereist und am ehesten das, was wir als »Weltmann« bezeichnen können. Am liebsten hält er sich im Freien auf, beobachtet, zeichnet, reitet, jagt; eigenartig nur, dass kaum Naturstudien von seiner Hand erhalten sind, sondern vier von fünf seiner Arbeiten figürliche Darstellungen zeigen. Vielleicht ist seine Naturliebe dafür verantwortlich, dass ausgerechnet er an seiner Steinauer Heimat am meisten gehangen zu haben scheint.

Eine Reise nach Frankfurt noch vor seiner Italienreise – Goethe erwartet ihn und seine Bilder, Lui soll bei Georg Brentano im Haus »Zum Goldenen Kopf« logieren – gibt Lui die erste Gelegenheit, Steinau wiederzusehen. Die turbulenten nachnapoleonischen Zeiten laden den jungen Künstler dazu ein, sich ein wenig treiben zu lassen. Sein Erscheinen in kasselischer Uniform – es fällt leicht, sich den schneidigen, selbstbewussten Landwehroffizier vorzustellen – löst Erschrecken, dann Freude aus: Man erkennt ihn als Sohn des verehrten Amtmannes von vor zwanzig Jahren. Das Wohlwollen der alten Steinauer schlägt ihm entgegen, aber nicht die distanzierende Ehrfurcht, die sie seinem Vater entgegenbrachten. Alle Türen öffnen sich ihm, sogar die des Amtshauses, aus dem Vaters Nachfolger Gerlach die Familie vertrieben hatte; »alle Stuben und Kammern besehen«, notiert er. Der schneidige Offizier in seinem »dunkelblauen kurzen Überrock, pfirsichblütenroten Kragen und Aufschlägen, der Frack dunkelblau, dieselben Kragen und Aufschläge mit Silber«, nutzt seine Besuche offenbar weidlich, den jungen Mädchen schöne Augen zu machen. Von diesem Interesse profitiert besonders der Großbauer Göbel, dessen vierzehnjährige Tochter Marie gern Modell sitzt, was Lui zu wiederholten Besuchen »zwingt«. Bei Luis Abschiedsbesuch weint sie bitterlich.

»Am Tag meiner Abreise bin ich noch morgens in aller Frühe in den lieben Biengarten gegangen und setzte mich auf der Mutter ihr Plätzchen. Da war alles wie in den Kinderjahren: das hohe Gras mit seinen tausend und tausend Blumen, die Tautropfen blinkten wie Diamanten in der Morgensonne, die Goldammer, der Buchfink, der Hänfling, die Amsel, Lerche und die Schwalben unterbrachen nur die feierliche Stille. Danach brach ich noch überall Blumen für die liebe Lotte ab.«

Der folgende Besuch in Frankfurt gibt Anlass zu einem scharf beobachteten Goethe-Porträt: »Er war nicht groß, aber gut proportioniert, hatte einen kleinen Ministerbauch und war schwarz angezogen, reichte uns beiden die Hand und war sehr freundlich. Wir setzten uns dann alle drei, und er sprach zuerst mit Wilhelm über gelehrte Sachen. Sein Gesicht war noch von Tisch, wo er dem Johannisberger Eilfer gehörig zugesprochen hatte, ganz rot.« Detailliert lässt er sich über Luis Arbeiten aus, gibt Ratschläge, doch seine Auffassung liegt weit entfernt von der des Zeichners, da »die meisten, die er als die gelungensten nannte, mir am wenigsten gefielen«.

Ein späterer Besuch führt ihn zu seinem alten Onkel Heinrich Poppelmann. In Birstein ist er hochwillkommen als Porträtzeichner; die Fotografie muss erst noch erfunden werden. Eine ganz eigene Reise in eine vormoderne Vergangenheit: »Bei den zwei alten Leuten war alles unverrückt noch an der alten Stelle. Da standen in den Ecken noch die altmodischen Stahldegen mit Kettengehänge, einer zur Trauer blau angelaufen, die Klinge ging gar nicht mehr heraus, die andern hatten große Rostflecken.« Auf Französisch erkundigt Poppelmann sich geradezu ängstlich, ob es dem Besuch auch an nichts fehle, während er ihm persönlich ins Gästezimmer leuchtet, wo »mein großes Bett mit Himmel und großblumigen Kattunvorhängen, schneeweiß«, auf ihn wartet. Dass die jungen Männer heute rauchen und starken Tabakdunst verströmen, missfällt dem Gastgeber allerdings – am nächsten Tag ist die alte dunkelblaue Hofuniform aus dem Schrank in seinem Zimmer verschwunden. Poppelmann möchte ihn gern der Fürstin vorstellen; er will wohl mit dem künstlerischen Verwandten ein wenig renommieren. Lui fügt sich etwas unwillig – aber er bereut es nicht, denn zu Gast ist auch die Pflegetochter des Fürsten, seine Nichte Auguste Caroline. Ihr Äußeres nimmt ihn sofort gefangen, dabei ist sie schüchtern und errötet beim Sprechen über und über. Luis freimütige Art, mit der er einige vermeintliche Originale in der Grafiksammlung der Fürstin zu Kopien erklärt und den Unwillen Ihrer Durchlaucht in Kauf nimmt, gefällt auch der jungen Frau. Lui bleibt bei Hofe ein gern gesehener Gast, kommt jeden Tag zum Tee. Schließlich bringt ein Gang durchs Gewächshaus – Auguste liebt Rosen über alles – die Gelegenheit, der scharfen Kontrolle der Fürstin zu entgehen und Auguste allein zu sprechen. Sie will unbedingt seine Zeichnungen sehen und ihm ihre zeigen. Er macht ihr Komplimente, aber nicht über ihre Zeichnungen; sie erlaubt ihm, ein Bildnis von ihr zu machen. Eine verfängliche Situation entsteht, als die Fürstin die Zeichnung in seinem Buch entdeckt. Lui lügt sich heraus, er habe das Porträt aus dem Gedächtnis gezeichnet, die Ähnlichkeit mit Auguste sei zufällig. Am letzten Tag bittet sie ihn um ihr Konterfei – fürchtet sie erneute Kompromittierung? Er bietet ihr jedes andere Bild aus seinem Skizzenbuch, dieses aber sei ihm nun einmal das allerliebste. Als Lui schließlich aufbricht, hält ihn ein kleines Bauernmädchen auf: ob er Ludwig Grimm sei? Sie habe ihm etwas zu übergeben; zu sagen, von wem, das habe man ihr verboten. Es ist eine herrliche gerade aufbrechende Rosenknospe ...

Vier Jahre später gerät Luis Leben in ruhigeres Fahrwasser. Nach seiner Italienreise zieht er bald zurück nach Kassel, das er nur noch für kürzere Reisen verlässt. Fünfzehn Jahre später erhält er endlich die ersehnte Professur an der Akademie; er soll seinen Studenten »Zeichnen aller möglichen Gegenstände nach der Natur« und »Komponieren von historischen und landschaftlichen Vorwürfen« beibringen. Seine eigentliche Begabung – die fürs Porträt – ist nicht gefragt. Aber er kann nun ernsthaft ans Heiraten denken, und vier Wochen später ist Hochzeit mit Marie Böttner, der Tochter des lang verstorbenen Hofmalers Wilhelm Böttner, der einst den Halbwüchsigen gern als Schüler gehabt hätte. Die Hochzeitsreise führt das Brautpaar ins Kinzigtal. Von den Steinauer Schulfreunden ist nur Hufnagel übrig, der Wirt des »Ochsen«. Die Wanzen in den Betten treiben die Gäste aus dem Haus, der reformierte Pfarrer nimmt sich ihrer an und lässt sie in den Zimmern logieren, die möglicherweise einst der Großvater bewohnt hatte. Wehmütig erinnern sie sich an Lotte, der ihr Schicksal als Frau und Mutter die Gelegenheit verwehrte, an die Stätten ihrer Kindheit zurückzukehren.

Lui will am liebsten, dass auch in Steinau alles so bleibt, wie es in seiner Kindheit gewesen war. Hundert Jahre nach Friedrich Grimm dem Jüngeren soll die Katharinenkirche endlich von ihrem schlechten baulichen Zustand erlöst werden. Lui interveniert im Sinn der Tradition. Der frischgebackene Kunstprofessor und de jure Ortsfremde schaltet sich heftig und nachhaltig ein: »Behalten Sie ja die alte Kanzel bei!« – die Kanzel, von der herab der Großvater gepredigt hatte. Nie hatte Lui ihn predigen gesehen, diese Erinnerung war nur in den Erzählungen der Familie, in den Vorstellungen Jacobs lebendig geblieben. Und »die alten Steine, die in der Kirche liegen«, dürften nicht weggebracht werden – die Steine, die die Gräber der Frau und der Kinder von Großvater Friedrich deckten. Acht Jahre später mischt sich selbst die ortsfremde Kunstprofessorsgattin und -tochter Marie ein, indem sie die farbenfrohe neue Bemalung der Kanzel bemängelt. Diese Kanzel ist offensichtlich ein sanctum sanctissimum der Grimms – einer Pfarrer-, Juristen-, Wissenschaftler- und seit Ludwig Emil auch Künstlerfamilie.

Carl, ein suchender Sonderling

Während also die Geschwister Grimm, jeder auf seinem Feld, glänzen oder zumindest Helligkeit verbreiten, bleibt Carl der Dunkle, der Unbekannte unter ihnen – wenn wir von Lotte absehen, die das damals typische Frauenschicksal der Unsicht- und Unhörbarkeit teilte. Nicht einmal alle seine äußeren Lebensstationen stehen heute außer Zweifel. Es ist zu vermuten, dass er, ein halber Knabe noch, allein in Hanau zu einer kaufmännischen Lehre weilte. Wer hat den einsamen Vierzehnjährigen beherbergt? Großvater Zimmer ist längst tot. Die nächsten Verwandten, die Höhnes, leben in Hochstadt, eine gute Stunde zu Fuß entfernt, und in Birstein, selbst mit dem Wagen fast eine Tagesreise entfernt. Wir kennen Carls verpatzten Laufbahnstart in der Jordis'schen Bank in Kassel. Wir wissen, dass er auch seine Hamburger Stelle vergeigte. Wir wissen, dass er weiter herumkam als alle seine Brüder mit Luis Ausnahme, dass er aber immer wieder hilfsbedürftig zu den Geschwistern zurückkehren musste. Sie halfen bereitwillig – aus dem Gefühl der Zusammengehörigkeit und Verpflichtung, aus Mitleid und weil er dafür mit Dankbarkeit und Treue zurückzahlte. Diese Loyalität stand hoch im grimmschen Wertekanon.

Sicher ist: Der Geist der Freiheitskriege erfasst auch Carl. Als Freiwilliger meldet er sich Anfang 1814 aus Hamburg zur hessischen Landwehr. Napoleon ist längst auf der Flucht, die Deutschen setzen ihm nach. Wilhelm schickt das Reisegeld. Im März geht es tatsächlich nach Frankreich. Wenigstens zweimal begegnen einander seine und Luis Einheit – einmal in Marly bei Metz. Von den Begegnungen zeugt das einzige erhaltene Carl-Porträt. Es entsteht nach einer Zeichnung vom 16. Oktober 1814 und zeigt einen schneidig gekleideten, sehr ernst wirkenden »Kurhessischen Reitenden Jäger« Carl im Doppelporträt, wie er sein Pferd am Zügel hält und wie er breitbeinig auf einem Stein sitzt, straff, die Arme auf seinen Reitersäbel gestützt, der in seiner Scheide am Erdboden ruht. Ein ganzer Kerl, scheint es auf den ersten Blick. Aber dem Carl des Porträts nimmt man am Gesicht ab, dass er kein glücklicher Mensch ist. Gern hätte man seine Miene gekannt, sobald er hoch zu Pferd saß.

»Er lächelte selten und lachte nie«: Carl Grimm 1814 als Kurhessischer Reitender Jäger. Aquarell von Ludwig Emil Grimm.

Im April 1814 erreichen die Reitenden Jäger das Ende März von den Koalitionstruppen besetzte Paris. Der Franzosenkaiser ist in diesen Tagen auf der Reise nach Elba – einer Reise, die einer Flucht gleichkommt: Damit hasserfüllte Italiener ihn nicht erkennen und etwa meucheln, zieht er zur Verkleidung den Mantel des russischen Generals Pawel Schuwalow über.[32] Auch Jacob ist in Paris – in besonderer Mission seines früheren und jetzt erneuten Dienstherrn Kurfürst Wilhelm: Er soll Raubkunst aus den umfangreichen landgräflich-kurfürstlichen Gemäldesammlungen, unter anderem die größte Rembrandt-Sammlung auf deutschem Boden, verfolgen, sichern, die Ansprüche des Fürsten geltend machen und die Wertstücke möglichst vollständig zurück nach Kassel führen. Auch seinem Carl begegnet er – Gott weiß, was die beiden einander zu sagen haben.

Im Juli ist Carl zurück in Kassel, im August sieht er das geliebte Steinau für einige Wochen wieder. Im November geht es über Kassel nach Norden, nach Karlshafen an der Weser, wo er Lui ein letztes Mal trifft. Die Mission der »Kurhessischen Reitenden Jäger« ist erfüllt, der Feind am Boden, der Kaiser exiliert, Carl darf wieder absitzen und ins Zivil zurückkehren. Warum bleibt er nicht einfach beim Militär, das ihm doch ein Auskommen gewährt hätte? Hessen gehört zu den Siegern, es herrscht Frieden, was kann ihm da noch passieren?

Doch Carl zieht es ins Zivil und zurück nach Frankreich. Er siedelt sich in Bordeaux an – als Weinkaufmann und Angestellter einer Hamburger Handelsfirma. Er reist viel umher, könnte sich demnach um Einkauf oder Transport der Ware gekümmert haben. Seine Spur findet sich erst wieder, als er 1819 in Kassel vor der Tür steht. Er hat seine Stelle verloren – und nicht nur das. Sein komplettes Erspartes ist draufgegangen, das er investiert hatte. Viel dürfte es zwar nicht gewesen sein, aber es ist ein neuer Misserfolg. Wilhelm versucht ihm dennoch gerecht zu werden –

und verrät ein wenig über das, was seinen Bruder innerlich bewegt: »Er dauert mich, wenn ich denke, daß er doch mancher Vorteile zur Bildung, die wir genossen, hat entbehren müssen, und daß er eigentlich keine rechte Neigung zu seinem Stand hat, sondern klagt, daß er nicht habe Musik erlernen können, die ihm über alles gehe.« Musik erlernen – warum tat er es nicht in seinen müßigen Tagen, anstatt Jacob mit oberflächlicher Konversation zu reizen? Man braucht keine Akademie, kein Atelier dazu, man braucht neben Begabung nur Zeit, Fleiß, Selbstvertrauen und die Bereitschaft zur Durchsetzung. Diese Mischung von Talenten fehlt Carl offenbar.

Zwei Jahre später bricht er erneut nach Norden auf; Wilhelm erinnert sich an seinen Abschied: »Er war sehr bewegt, weinte und fiel mir um den Hals; er geht nun in den dreißigern in die Welt, wie ein Anfänger, sein Glück zu suchen.« Erkennbar drückt dieser Moment Wilhelm das Herz ab, denn er sucht noch einen letzten Kontakt: »Um halb 12 ging ich auf die Post; wie er so im Wagen saß und ich von unten zu ihm hinauf sah, glich er der seeligen Mutter, die that geradeso den Mund zusammen.« Ein Sorgenmensch ist eben auch Carl.

Ein letztes Mal nistet Carl sich 1826 in der Familie Grimm ein, für ein ganzes Jahr. Dann nimmt er ein kleines Zimmer in Kassel im Haus eines Fuhrmanns. Er hat gut Französisch gelernt, mit Privatstunden hält er sich über Wasser. Wenigstens hat er mittlerweile gelernt, aus seinem Können das Bestmögliche zu machen. Auch von ihm erscheint 1828 ein Buch, eine »Anleitung zur doppelten italienischen Buchhaltung«. Ein Büchlein, gerade einmal 124 Seiten stark. Stilvoll, wie er es bei seinen Brüdern so oft gesehen hat, widmet er es seinem »langjährigen Freunde, Kollaborator und Gevatter, dem Herrn Wilhelm Heinrich von Sprekelsen in Hamburg«. Die hanseatische Patrizierfamilie Spreckelsen hat keine weiteren Spuren in der grimmschen Familiengeschichte hinterlassen, daher nehmen wir Carl den »Gevatter« nur im übertragenen Sinn als Ausdruck einer freundschaftlichen Beziehung ab. Gleichviel: Zeit zum Schreiben hat Carl, auch weitere Buchprojekte, die sich jedoch alle zerschlagen. Auf dem Rand einer Porträtzeichnung erwähnt Lui eine bevorstehende Londonreise Carls. Unbekannt bleibt, was dieser dort tat. Er hat wenige Bekannte in Kassel. Außer der von Lui hat er keine Familie. Von Frauen in seinem Leben ist nichts bekannt. Ein bescheidener Sonderling, man sieht ihn mittags einsam im »Hessischen Hof« seine warme Mahlzeit verzehren – sommers wie winters im selben Anzug. Die Straßenkinder belustigen sich über ihn, wie er selbst bei schönstem Wetter mit seinem roten Regenschirm und im hellblauen Überrock allein durch die Straßen spaziert. Diese Neigung zur Einschichtigkeit teilt er mit Ferdinand und mit dem um so viel besser erforschten Jacob. Weil er wie sie früh und peinvoll gelernt hat, dass Liebe und Beziehung Schmerz und Verlassenwerden in sich bergen? »Viel besser nie besitzen als verlieren«, lässt Hebbel in seinem Nibelungen-Drama Kriemhild voll Ahnung sagen, bevor sie sich in Siegfrieds Arme gibt. Die Grimms – sieht man von Lui ab und von Wilhelms und Lottes Konvenienz- und Kameradschaftsehen – haben sich Liebesschmerz und Liebesangst durch Abstinenz entzogen.

Ferdinand: Corrector und »Verräter«

Wir sahen bereits: Wenn Carl kein einfacher Mensch war, dann war Ferdinand ein schwieriger – zumindest aus Jacobs und Wilhelms Sicht. Schlimmer: Dies war ihm selbst nicht bewusst. Während Carl sich anpasst, so gut es geht, schwankt Ferdinand zwischen Unterordnung und Rebellion. Sogar zum Konkurrenten als Märchen- und Sagensammler schwingt er sich auf. Es scheint ihm sogar ein ausgesprochenes Bedürfnis, sich dem Spiel seiner Brüder zu widersetzen. Daher ist es leicht vorstellbar, dass die Kasseler Geschwister erleichtert über die häusliche Entspannung sind, als Ferdinand sich im Sommer 1812 nach München verabschiedet.

Was die Brüder später von der Isar hören, dürfte sie zufriedengestellt haben. München macht rasch aus dem Sorgenkind Ferdinand einen, wenn nicht angepassten, so doch selbstbewusst handelnden jungen Mann. Dies können wir Luis brieflichen Schilderungen und seinen Lebenserinnerungen entnehmen. Oder färben seine Briefe nach Kassel die Dinge im Bestreben, Jacob das Leben leichter zu machen, lichter ein als sie tatsächlich sind? Schönt der alte Ludwig in seinen Lebenserinnerungen die Rückschau? Von Ferdinand erfahren wir es nicht.

Ferdinand bleibt ein Bauer auf Jacobs Schachbrett. Auch ihn soll die Landwehr Mores lehren – und zusätzlich für Ruhe in Jacobs Gewissen sorgen. Denn anders als viele Intellektuelle wie Joseph von Eichendorff, Ernst Moritz Arndt oder Theodor Körner bekämpft Jacob ja den Feind allenfalls vom Schreibpult aus. Die jüngeren Brüder – natürlich mit Ausnahme des kranken geliebten Wilhelm – könnten bequemerweise »dem Vaterland leiblich helfen; brav und hessisch gesinnt sind sie alle«, wie Jacob ausgerechnet am Heiligen Abend 1813 seinem vertrauten einstigen Lehrer Savigny schreibt.

Die hessische Landwehr ist kein Freiwilligenverband. Der Kurfürst – gerade erst im November aus dem Prager Exil zurückgekehrt – ist dem französischen Vorbild der »levée en masse« gefolgt und hat eine allgemeine Wehrpflicht eingeführt. Alte, Bauern, Federfuchser sollen nun gemeinsam mit den noch nicht gezogenen jungen Männern die Franzosen nicht allein völlig aus Deutschland vertreiben, sondern auch ins Kernland des Gegners vorstoßen und ihn endgültig niederwerfen und unschädlich machen. Mit der Landwehr kann Wilhelm seine regulären Truppen schonen. Die geplanten Regimenter gilt es zu bemannen und fürs Gefecht auszubilden. Jacob weiß sicher ungefähr, wie es sich anfühlt, im Januar auf der nackten Erde zu übernachten. Er dürfte auch wissen, dass der Feind Angehörige irregulärer Verbände, die ihm in die Hände fielen, niedermachen könnte, statt sie gefangen zu nehmen, als er im Weihnachtsbrief an Savigny ergänzt: »Dem Ferdinand hab ich dieser Tage zum Beitritt in die Landwehr (wie wohl er sehr schwächlich war; doch kann es ihn sonst retten) zugeredet.«

Ein Himmelfahrtskommando, das unbewusst auf Ferdinands Leben abzielt? Das ist sehr unwahrscheinlich, denn denselben Appell richtet Jacob offenbar an den »armen Carl, der vermutlich in Hamburg noch steckt, weil er zu keinem raschen Entschluß kommen konnte«. Und an Ferdinands nun weiß Gott tüchtigen Münchner Gastgeber Lui, wenn auch »nur halb und halb«, wie Jacob im selben Brief schreibt.

In Hamburg kommt ein Entschluss zustande, der Münchner Lui ziert sich nicht lange – nur ausgerechnet Ferdinand bleibt an der Isar, statt in Lothringen oder in der Champagne im Morast zu waten. Er entschuldigt sich mit einer schweren Erkältung und setzt sich damit durch: Jacob rät ihm, zu bleiben. Liefert Ferdinand seinen Geschwistern damit einen neuen Beweis seiner Unfähigkeit? Carl und Lui »helfen« wunschgemäß »leiblich« und kommen gesunden Leibes aus dem Feld zurück. Lui mustert sogar als Offizier ab – zum Bedauern des Kurfürsten, der ihn gern im Militär gehalten hätte – und liefert damit ein weiteres Beispiel seines Mutes und seiner Tüchtigkeit. Dass er im Feld reichlich Feindberührung hatte, hängt er nicht an die große Glocke. In diesem Irrtum befangen, ruft der Bücherfresser Jacob seinen gedienten Brüdern patriotisch hinterher: »Was ich gehofft hatte, ist nicht geschehen, daß die Hessen Gelegenheit bekommen würden, sich in offener Feldschlacht auszuzeichnen ...«

Was Ferdinand während dieser Monate in München treibt, bleibt unbekannt. Luis Berichte über seinen Bruder setzen später wieder ein. Seltsam, dass Lui nicht weiß – oder nicht zu wissen vorgibt –, wovon eigentlich der Wohngenosse lebt! Luis Briefen fehlt weitgehend die Kritik und Klage, die sich als Grundton durch Jacobs und vor allem Wilhelms Korrespondenz zieht. Im Gegenteil bestätigt er in seinen Erinnerungen: »Wir wohnten gut zusammen.« Es ist also anzunehmen, dass Ferdinand zumindest größtenteils den gebührenden materiellen Beitrag zur brüderlichen Wohngemeinschaft leistete – mit welchem Geld auch immer. Er hatte mit seinen Geschwistern gelernt, von sehr wenig überleben zu können, diese Fähigkeit sollte er später noch bitter nötig haben.

Während also Lui fleißig Akademie und Privatunterricht besucht und privat seiner Geselligkeit und seinen amourösen Interessen folgt, zieht Ferdinand seine eigenen Kreise. Er »hat sich noch allerlei Leute angeschafft, mit denen er umging«, bestätigt Lui. Auffällig: Von der Hand des von Bildnismalerei und Familie so besessenen Malerbruders ist in drei Jahren kein Bruderbild erhalten geblieben. Auch bei Luis häufigen fröhlichen Mal- und Wanderausflügen ins südlich gelegene Grünwald, an den Tegernsee oder Schliersee scheint Ferdinand zu fehlen. Dass sie aber gemeinsame Bekannte haben, beweist Luis sorgfältige Bleistiftzeichnung von Bernhard Joseph Docen; wenige Jahre nach der Münchner Wohngemeinschaft ist sie entstanden.

Wir wissen nicht, was Ferdinand und der laut Lui »sehr unbestimmte, furchtsame« Docen im Einzelnen erörtert haben. Doch wir dürfen uns Ferdinand als interessierten, zugewandten ärmlichen jungen Mann vorstellen, der in den Intellektuellenkreisen der neuen königlichen Residenz verkehrt und – der Mode der Zeit entsprechend – Märchen, Sagen, Legenden, Mythen, Volkspoesie sammelt mit dem Wunsch, diese gedruckt zu sehen. Wir dürfen ihn uns vorstellen, wie er – zwar im abgeschabten

Mantel, aber das modische »altdeutsche« Barett der national denkenden jungen Männer schief auf dem Scheitel – mit knurrendem Magen, aber wachem Blick durch menschenwimmelnde Gassen streift, der Dauerbaustelle des von ihm sehnsüchtig erwarteten neuen Nationaltheaters einen Besuch abstattet und schließlich der Hofbibliothek entgegenstrebt.

So monströs fleißig wie seine großen Brüder dürfte er beim Sammeln nicht gewesen sein; diese hatten in einer Handvoll Jahren rund zweihundertfünfzig Märchen zur Publikation gebracht und reichten sechs Jahre später noch sechshundert Sagen hinterher. Wann Ferdinand entscheidet, seine Funde nicht mehr Jacob und Wilhelm zur Verfügung zu stellen, sondern selbst zu publizieren, wissen wir nicht. Es bedurfte noch eines Reifungsschritts, bis er es tat. Klugerweise löckte er nicht wider den Stachel, solange die Kasseler Brüder das materielle und geistige Erbe der Grimms kontrollierten, jeden rüde publizistisch verfolgten, der ihnen in die Suppe spuckte – und vor allem, solange ihre weitreichenden Verbindungen ihm nützen konnten.

Um die Jahreswende 1814/15 greifen diese zum letzten Mal machtvoll in das Schicksal des Jüngeren ein – die familiäre Eskalation vor vier Jahren sicherlich noch in peinvoller Erinnerung. Georg Andreas Reimer, Berliner Verleger der »Kinder- und Hausmärchen«, der angesichts deren kaufmännischen Misserfolgs seine Nachsicht und Freundschaft hinreichend unter Beweis gestellt hatte, ist bereit, Ferdinand als fest angestelltem »Corrector und Correspondent« eine Chance zu geben. Wilhelm hatte den erfolgreichen Geschäftsmann 1809 bei seinem ersten Berlin-Aufenthalt kennen- und schätzen gelernt.

»Corrector und Correspondent« – ein subalterner Posten, mit bescheidenen 240 Talern im Jahr dotiert und sicherlich kein fulminanter Karrierestart für den Sechsundzwanzigährigen. Aber ein Start in einer boomenden Zukunftsbranche, der die erste Industrialisierung mit Setzmaschine und Dampfschnellpresse einen enormen Schub verlieh. Und ein Gang zu den Quellen dessen, wovon ein echter Grimm ideell und materiell lebte: den Büchern. Schließlich sollten selbst im teuren Berlin zwanzig Taler monatlich doch bei »grimmig« bescheidener Lebensführung hinreichen, besonders wenn sie durch Publikationen auf eigene Rechnung vermehrt werden konnten.

Im Februar 1815 also bricht Ferdinand auf seine »größtentheils zu Fuß gemachte Reise« ins achtzig Meilen entfernte Berlin auf – obwohl Wilhelm ihm Reisegeld geschickt hat. Den Umweg über Kassel erspart er sich, er hat wohl wenig Lust, noch seine Familie zu sehen, bevor sein Dienstplan ihn in sein Zeitkorsett presst. Stattdessen trödelt er durch Franken, beobachtet, sammelt Material, besucht in Bayreuth einen leutseligen Jean Paul – auch er ein Reimer-Autor übrigens – und liefert Wilhelm brieflich eines der treffendsten Porträts des Frauenlieblings unter den romantischen Erfolgsschriftstellern. Ferdinand ist sichtlich obenauf. Die Kälte des Winters scheint ihm nichts anzuhaben, wie er zu Fuß von Stadt zu Stadt, von Herberge zu Herberge die Landstraße entlangstapft. Diese Zähigkeit wird er in seinen letzten Lebensjahren bitter benötigen.

Berlin war zu dieser Zeit viermal so groß wie München und mehr als achtmal so groß wie Kassel. Mit ihren 200 000 Einwohnern reichte die Stadt allmählich an das nochmals um mehr als fünfzig Prozent größere Wien, die alte Reichsmetropole, heran. Und mit dem physischen Wachstum kam das geistige. Berlin begann den Sog auszuüben, der es zur intellektuellen Metropole des entstehenden neuen Reiches werden ließ. Auch in den Künsten und Wissenschaften begann Deutschland nach und nach die alte Kleinstaaterei hinter sich zu lassen.

Ferdinand war demnach am richtigen Ort angekommen. Die Riesenstadt und seine Stellung bei einem führenden Unterneh

Berlin, Gendarmenmarkt, Ansicht mit Deutschem Dom, Schauspielhaus und Französischem Dom. Kupferstich, um 1800.

men der expandierenden Verlagswelt boten ihm alle Möglichkeiten zur Entfaltung fern von der Kuratel der großen Brüder und wirtschaftlich unabhängig von ihnen. Aber auch zu ihnen bleibt er in enger Berührung, muss es schon aus beruflichen Gründen. Er zeigt sich gefällig, sticht sogar einen vertraulichen Brief des Grimm-Konkurrenten von der Hagen an sie durch. Die Liste seiner prominenten Kontakte ist lang: die neue Berliner Bürgerin Bettine Brentano – inzwischen Freifrau von Arnim – und ihr Ehemann, der an sich das heimische Gut Wiepersdorf der Großstadt vorzieht, Familienfreund Savigny, den Wilhelm von Humboldt aus Landshut an seine nagelneue Universität geholt hatte, Wissenschaftler wie Lachmann oder die Dichter Hoffmann von Fallersleben, dessen wirkmächtigste Arbeit die Worte der deutschen Nationalhymne sind, Ernst Moritz Arndt, dessen antifranzösische Hasspredigten den Begleittext zu zwei Weltkriegen liefern sollten, und schließlich Heinrich Heine. Mit seinem größten Idol, Heinrich von Kleist, kann er allerdings nur an dessen Grab stumme Zwiesprache halten, es mit Pappeln bepflanzen, denn »bis auf eine fand ich alle verdorrt«. Tausend Anregungen seiner Leselust empfängt Ferdinand in Berlin, denn wie Jacob und Wilhelm ist auch er verliebt in die Bücher, besitzt »einen Haufen« von ihnen, wie selbst Wilhelm anerkennend schreibt.

Ob er sie sich tatsächlich leisten kann? Bücher werden dank der maschinellen Herstellung zwar immer billiger, aber sind noch immer nicht erschwinglich für ärmere Menschen. Ein Roman im Verlagseinband, der sich rasch statt der teuren individuellen Handbindung durchsetzte, kostete einen bis zwei Taler. Von seinem ganzen monatlichen Salär hätte Ferdinand sich also zehn bis zwanzig Romane leisten können. Und das konnte er nicht, er musste ja essen und eine Bleibe und seine Kleidung bezahlen. Da es vielen Menschen so ging, schossen öffentliche Leihbibliotheken aus dem Boden – eine Institution, die bereits aus dem 18. Jahrhundert stammte, die sich aber in der Zeit der Romantik weiter und weiter von ihrer ursprünglich aufklärerisch-wissenschaftlichen Bestimmung entfernte und für Leichtes öffnete. Auch breite Schichten des Bürgertums bedienten sich hier gegen billiges Geld mit Lektüre. Nicht so Ferdinand. Er kauft lieber »einen Haufen« zusammen. Steht die grimmsche Lesesucht am Beginn von Ferdinands pekuniären Nöten und beginnt allmählich, die Geschwister wieder auseinanderzutreiben?

Zunächst aber liefert Ferdinand seinem Vorgesetzten offenbar akzeptable Arbeit ab. Dass er sich gut einfügt und Reimer ihn »zu den gewöhnlichen Arbeiten recht gut schon brauchen«, kann, teilt Arnim in einer »Wasserstandsmeldung« vom Mai 1815 mit. Woher genau Arnim sein Wissen nahm, bleibt unbekannt; Reimer wird sich später radikal gegenteilig äußern. Dass die familiären Beziehungen sich entspannen und Ferdinand vorderhand etwas gilt in Berliner Intellektuellenkreisen, zeigt der Umstand, dass

Arnim ihn – wie auch Wilhelm – im folgenden Jahr nach dem frühlingshaften Wiepersdorf einlädt. Brentano und Savigny sind auch dort, der alte Kreis. Man dürfte gefachsimpelt und gedichtet haben, geklatscht über Kollegen und Gegner oder die ungewöhnlich farbenprächtigen Sonnenuntergänge bewundert. Denn ungewusst von den Deutschen schleuderte der Vulkan Tambora auf der anderen Seite der Erde seinen Eruptionsstaub hoch in die Atmosphäre und sollte der Welt das »Jahr ohne Sommer« und eine jahrelange Ernährungskrise bescheren. Den Reflex dieses Naturereignisses sehen wir noch heute in den »romantisch« rot glühenden Himmeln der Malerei jener Zeit.

1818 kommt es in Kassel zu einem eklatfreien Familientreffen. »Vorigen Monat sind wir sechs Geschwister nach geraumer Zeit wieder einmal beisammen gewesen. Carl war von Bordeaux (zur See nach Hamburg) und Ferdinand von Berlin (meistens zu Fuß) hier eingetroffen, welches mir eine große Freude war«, meldet Jacob an Savigny zurück nach Berlin. Und Jacobs freundliche Gefühle halten an: »Wir haben ihn sehr lieb, er ist ehrlich, brav und von jeher in seinen Bedürfnissen mäßig gewesen, von uns allen vielleicht der Mäßigste.« Ein Ritterschlag von der Hand des Ältesten, den Ferdinand noch bitter enttäuschen wird, und Balsam auf der Seele Ferdinands, der sichtlich um seine Zugehörigkeit zur Familie kämpft und Wochen später auf Wolke sieben schwebt: »Noch ist es mir, als sei ich gar nicht fort von Euch, durch jede Straße, um jede Hausecke will ich wieder die Treppe hinauf und sagen, wo ich einige Stunden gewesen. Ihr seht, wie sehr und herzlich ich dort war, und nur zu sehr fühle ich, daß ich … abermal einsam bin, mehr als je.« Schmallippiger dagegen quittiert Wilhelm den Besuch: »Dieses Zusammensein wird uns noch oft in der Erinnerung Freude machen.«

Eine flüchtige Zeichnung von Luis Hand aus diesen Tagen rückt, vielleicht unbewusst, die Verhältnisse zurecht und wirkt beinahe wie eine moderne therapeutische Familienaufstellung. Ein geraffter Vorhang verleiht der Szene etwas Theatralisches. Die Geschwister sind im Salon der großen Familienwohnung im Wilhelmshöher Tor versammelt. Jacob gönnt sich, im ledernen Ohrensessel sitzend, eine Ruhepause von seiner rastlosen Tätigkeit. Er fixiert Wilhelm, der offenbar aus einem Buch vorliest. Lotte steht daneben, sie hat keine Pause, sondern ist mit ihrem Strickzeug beschäftigt. Lui porträtiert sich selbst in Rückenansicht, trotz des lehnenlosen Sitzmöbels lässig, wie er sich wohl gerne sieht, die Beine übereinandergeschlagen, die Tabakspfeife im Mundwinkel. Eine harmonisch auf sich selbst bezogene Menschengruppe. Doch weit im Hintergrund – so groß kann der Raum in Wirklichkeit gar nicht gewesen sein – steht ein Schemen in der

»In und out« bei den Geschwistern Grimm: Familienchef Jacob präsidiert, Wilhelm und Lui sitzen bei, Lotte muss stehen; Grenzgänger Carl kommt oder geht, Ferdinand fehlt.

halb geöffneten Zimmertür, einen Augenschirm tief ins Gesicht gezogen. Es ist Carl, den ein Augenleiden lichtempfindlich machte, der aber auch zur Hypochondrie und Unruhe neigte und in seinen späten Jahren als verschrobener Sonderling selbst bei schönstem Wetter mit seinem roten Regenschirm die Kasseler Straßen durchstreifte. Ferdinand fehlt völlig.

Wie gut Ferdinand nun auch immer seinen dienstlichen Verpflichtungen nachkommen mag – als Sammler und Herausgeber der bei Lesern nach wie vor sehr beliebten Märchen und Sagen bleibt er aktiv und beschließt nun, ganz auf sein eigenes Blatt zu schauen. Er »bedankt« sich auf seine Weise dafür, dass seine Brüder seinen Beitrag zu den »Kinder- und Hausmärchen« öffentlich nicht anerkennen. 1820 erscheinen seine »Volkssagen und Mährchen der Deutschen und Ausländer« – eine ehrliche Deklaration, verglichen mit der Provenienz-Zuschreibung, die seine Brüder ihrer Märchensammlung mitgeben. Die gut dreihundert Druckseiten beweisen, wie beharrlich Ferdinand seine Ziele verfolgen konnte. Er veröffentlicht sie in Leipzig bei Friedrich Arnold Brockhaus. Wieso nicht bei Reimer, wo er gleichsam an der Quelle sitzt? Wollte Reimer nicht? Nicht Ferdinand? Wäre dies einer öffentlichen Kampfansage an seine Brüder gleichgekommen? Ferdinand verzichtet auf eine solche und wählt ein Pseudonym als Herausgebervermerk: »Lothar«. An wen er gedacht haben mag bei dieser ungewöhnlichen Namenswahl? War es der einzige deutsche Kaiser dieses Namens, noch dazu der einzige seiner Familie, der untergegangenen Supplinburger?

Wir wissen nicht genau, wie erfolgreich Ferdinands Erstling war. Fest steht allerdings eines: Er kam mit seinem Geld nicht aus. »Oft begreife ich nicht, wie Ihr, wie die 300 Thaler so hingehen, ohne daß ich was dabei habe«, erwähnt er entwaffnend offen in einem seiner Dankesbriefe, und »Ein Ehmann, der mir gern hilft, aber wenig hat, giebt mir Löffel, Leuchter und anderes Silberwerk zum Versetzen; ich trage es fort, und weiß nicht, wenn ich es wiederholen werde.« 300 Taler rinnen ihm einfach durch die Finger, von so viel musste eine Handwerkerfamilie ein Jahr lang leben! Bei Reimer verdient er 240. Eine Todsünde für die calvinistisch strengen und deshalb, wenn es nottat, geradezu asketisch sparsamen Grimms, in der es als Zeichen göttlicher Liebe galt, in weltlichen Dingen ein Händchen zu haben. Savigny hilft Ferdinand mit dreißig Talern Darlehen aus. Auch andere geben Kredit und wenden sich, da Ferdinand nicht zurückzahlt wie vereinbart, peinlicherweise an die großen Brüder. Jacob lässt Wilhelm zahlen – in Kassel nehmen die Störgefühle wieder zu. Und Ferdinand beginnt in seine frühere »Blödigkeit« zurückzufallen und zu vereinsamen, aus Scham und weil er zu vielen Menschen Geld schuldet und es nicht zurückzahlen kann.

Auch mit Reimer steht es nicht immer zum Besten. Ferdinand kann ihn nicht mehr zufriedenstellen. Er sucht nach Alternativen zur Verlagstätigkeit. Der Plan, Redakteur einer Zeitschrift zu werden, zerschlägt sich aber. Er arbeitet an einem Roman, so etwas lesen die Brüder, aber sie schreiben es nicht, damit kommt er ihnen nicht in die Quere. Doch 1828 muss er den Untergang des Manuskripts melden. Im selben Jahr erkrankt er schwer. Mit ursächlich sind vermutlich die Bedingungen, unter denen er seiner finanziellen Misere beizukommen sucht: »Ganze Wintermonate bis zur späten Nacht saß ich in ungeheizter verschloßner Stube, von Lumpen und Bettkissen umwickelt, alle zehn Minuten die erstarrten Finger am Licht aufthauend um was zu verdienen: der Lohn war schon nahe zum Ergreifen, als ein unerhörtes Geschick alles mir wieder entriß«, schildert er einmal, vermutlich anspielend auf das Romanprojekt, seine Umstände. Diese waren nicht beneidenswert, selbst wenn ein Gutteil Theatralik durch diese Zeilen durchscheint. Kein Wunder, dass seine Gesundheit leidet.

Die Krankheit – war es eine Lungentuberkulose? – bessert sich in den folgenden Wochen, aber verschwindet nicht völlig aus Ferdinands Leben. Einstweilen hat Ferdinands noch starke Natur sie zurückgedrängt. Dennoch sind ihre Folgen dramatisch und besiegeln seinen Untergang. Denn, wie er selbst schreibt, fehlt er wochenlang im Dienst bei Reimer und liefert, wenn er sich doch ins Kontor schleppt, schlechte Arbeit ab, »was mir selbst unangenehm war«. Reimer beschließt ihn zu feuern. Die Trennung fällt dem Verleger nicht leicht, denn die Brüder sind prominente Reimer-Autoren. Das Kündigungsdrama ist also gleich auch ein Beziehungsdrama. Jacob und Wilhelm erfahren vor dem Betroffenen selbst brieflich von Reimers Absicht. Es ist leicht vorstellbar, wie Wilhelm beim Lesen dieser Zeilen blass wird. Die Affäre erhält eine unangenehm merkantile Wendung: Die Brüder, mit denen in Geld- und Loyalitätsfragen nicht zu spaßen ist, haben Honorarforderungen an den Verleger. Dieser verweigert eine Zahlung und kontert stattdessen damit, dass er den unfähigen Ferdinand ja damals aus Mildtätigkeit und um den Brüdern erkenntlich zu sein eingestellt und all die Jahre bei sich behalten habe, obwohl dieser »nicht brauchbar« sei. Übertreibt er, um mehr Druck auf die Grimms ausüben zu können?

Wie immer die Streitenden sich schließlich pekuniär einigten – Reimer wirft Ferdinand hinaus und entwurzelt damit den mittlerweile fünfundvierzigjährigen Kranken. »Gott wird Dir und uns ferner beistehen«, schreiben die Brüder nach Berlin. Gott – nicht wir. Nicht sonderlich glaubwürdig – beide stehen inzwischen in Göttingen in Lohn und Brot – versichern sie, dass auch ihre Mittel erschöpft seien. Natürlich hatten sie inzwischen drei kleine Kinder zu kleiden und zu ernähren. Aber sie hatten zwei Einkommen, und andere Familien mussten mit einem Einkommen mehr als drei Kinder durchbringen.

In seinem Zustand findet Ferdinand – wenn er es je ernsthaft versucht hat – keine neue Anstellung mehr. Wo immer er vorstellig geworden sein mag – sein zweifelhafter Ruf war vor ihm da. Den Brüdern bleibt nichts übrig, als den Verwahrlosten zwei Monate nach der Trennung von Reimer zu sich einzuladen und zunächst einmal aufzupäppeln. Die grimmsche Beziehungskiste öffnet sich erneut – diesmal also in Göttingen. Die Stimmung ist hochexplosiv. Wie explosiv, das zeigt die Rückhaltlosigkeit, mit der Jacob und Wilhelm, den bürgerlichen äußeren Schein ignorierend, in Briefen an Bekannte ihren Gefühlen über die Wohngemeinschaft wider Willen Luft machen. Etwa 1836 an den Kollegen Lachmann: »Zwei jahre ist er nun bei uns, leiblich gesunder als wir anderen seit lange, aber unfähig etwas zu arbeiten und zu ergreifen, halsstarrig und faul über die maßen, aber eingebildet und ohne ehrgefühl. Der sitzt nun mit am tisch, schweigt oder gebärdet sich albern mit den kindern. Alle leute wundern sich unseres haushaltes, und hätte Gott Dortchen nicht einen so heiteren sinn, der sich immer von selbst aufrichtet, bescheert, wäre es noch schwerer. Dabei sind die Kinder oft krank und machen viel sorge.« Sorgen bereitet Jacob sicherlich auch der Umstand, dass er als Professor eine öffentliche und politische Person ist und dass Neider und Widersacher allenthalben auf wunde Punkte lauern könnten. Dorothea hat in all diesem Funkenflug ihren »heiteren sinn« bitter nötig. Ihre Männer können sich vor der häuslichen Misere jederzeit mit Anstand in Hörsaal, Bibliothek und Arbeitszimmer flüchten. Sie aber muss Tag für Tag den mal aufgekratzten, mal verstimmten Schwager aushalten und mit ihm den Schatten, der aus ihrer gemeinsamen Kasseler Zeit noch auf ihrer Beziehung liegt. Oder die Ambivalenz? Spielen unzulässige Gefühle eine Rolle? Dass Ferdinand sich wieder erkräftigt, geht sicherlich auf Dorotheas Konto – auf wessen Konto sonst? Wenigstens verdünnt er des Öfteren die Front, »geht viel spazieren und beobachtet die Rotkehlchen und Bachstelzen«, wie Jacob mit grimmscher Aufmerksamkeit fürs Detail Lachmann weiter berichtet. »Eigentlich scheint er bloß am Theater Gefallen zu haben und am Umgang mit Kindern.«

In ihrem Groll und in der Maßlosigkeit ihrer Ansprüche an die Produktivität ihrer Mitmenschen übersehen die Brüder, dass Ferdinand mehr tut, als mit den Vögeln um die Wette zu pfeifen. In dem Stübchen, das sie ihm eingeräumt haben, wird nämlich intensiv geschrieben. Als dies im Folgejahr im wahren Sinn des Wortes »herauskommt«, ist es zu spät. Der »größte anzunehmende Unfall« der geschwisterlichen Beziehungen ist eingetreten.

Vom 19. November bis Weihnachten 1835 erscheint nämlich in der »Mitternachtzeitung für gebildete Stände« – sie ist so verbreitet, dass sie an zwei Orten gesetzt und gedruckt wird – die Fortsetzungsgeschichte »Tante Henriette«. Als Autor zeichnet ein Friedrich Grimm. Für jedermann mühelos als Schlüsselerzählung erkennbar, breitet sie Details aus dem Privatleben der Familie in karikierender Art aus und zieht Dorothea ins Zentrum der Bühne – diese heißt mit zweitem Vornamen Henriette. Die Brüder reagieren in unerwarteter Manier: Sie lassen in keiner Weise erkennen, dass ihnen die Veröffentlichung bekannt wurde. Es ist äußerst unwahrscheinlich, dass niemand sie ihnen mitfühlend oder hämisch zur Kenntnis gebracht hat. Also dürfen wir unterstellen, dass der Schock sie zum Schweigen brachte – der Schock angesichts der ungeheuerlichen Art, wie Ferdinand gegen alle Loyalitätsverpflichtungen verstößt und in die Hand beißt, die ihn füttert. Gott weiß, wie er kalkuliert hatte – glaubte er als Auslöser eines Skandals Geld und damit Unabhängigkeit zu erlangen?

Leicht vorstellbar, welche Gedanken Wilhelm durch den Kopf gingen, als er im gereimten Motto der Erzählung von Küssen las und gleich am Anfang des Textes diese Fleischbeschau seiner Ehegattin: »Recht schön, machte das Fräulein eine Figur, deren

Brust und Taille sich schon sehen lassen durften. Rundere Arme waren in der ganzen Stadt nicht aufzutreiben.« Als ehescheu charakterisiert er sie, und die Ehe, die sie schließlich mit einem »Taps« eingeht – in Bayern heißt das »Depp« –, als ein fast zufälliges Ereignis, und die verheiratete Frau als lüstern.

Und mit diesem »Verräter« nun muss Wilhelm es in derselben Wohnung aushalten. Ob es jemals zu einer Aussprache kam? Zu Tränen? Zum Streit? Zur Gewalt gar? Glücklicherweise bleibt ein öffentlicher Skandal aus. Aber die Kühle der geschwisterlichen Beziehungen dürfte dem Eis gewichen, das Tischtuch endgültig zerschnitten sein. Wilhelm wird später im Kanzleistil bestätigen: »Ich stehe in keinem briefwechsel mehr mit ihm und er läßt sich nicht wol von meiner seite wieder anknüpfen.«

Ferdinand weicht dem wachsenden Druck in kopflose Manöver aus. Ohne Abschied bricht er im Sommer 1836 Richtung Süden auf, aus Geldmangel vermutlich zu Fuß. Dorothea, in diesen Wochen in Kassel, erhält von unterwegs einen Brief, »einige räthselhafte, undemüthige zeilen«, aber nichts über etwaige Absichten. Würzburg sei »angeblich« Ferdinands Ziel, weiß Gott, wer Jacob dies gesteckt hat, der sich im Übrigen zufrieden zeigt: »mir ist das herz seitdem viel leichter ...«. Nur Wilhelm fürchtet, dass Ferdinand auch im Fränkischen den grimmschen Ruf beschädigen könnte, indem er sich am Theater engagiert. Die Welt der Künstler, Literaten und Intellektuellen ist immer noch überschaubar in den dreißiger Jahren des 19. Jahrhunderts. Jacob bezweifelt dies »wegen seiner faulheit, dann müste er rollen lernen«. Und so kopflos und plötzlich, wie er ausgezogen ist, kehrt Ferdinand wieder zurück, »wie ins wirtshaus, und es ergab sich daß er, ohne allen plan, zu seinem spaß oder bloß um uns beiden ... auszuweichen, umhergestrichen war«. Ein Grimm, der zum Landstreicher wird! Jacob reicht es: Er wirft den Bruder, mit etwas Reisegeld versehen, hinaus, nachdem dieser wieder einigermaßen zu Kräften gekommen ist. Er hält es »für das einzige mittel ihn noch zu möglicher besinnung zu bringen«. Wilhelm dürfte keine Einwände gegen Jacobs Erziehungsmaßnahme geäußert haben. Zeuge dieses vorläufig letzten Aktes im grimmschen Geschwisterdrama ist erneut Lachmann. Ferdinands letzter kurzer Lebensabschnitt als armer Poet in Wolfenbüttel hat begonnen.

Oberappellationsgerichtsassessorengattin Lotte Hassenpflug

Während die Brüder Grimm sich ihren Logenplatz im Wissenschaftszirkus erarbeiten und erstreiten, während Carl mühsam durch seine prosaische Wirklichkeit stolpert, während Ferdinand sich durch die Minenfelder des gesellschaftlichen Lebens schiebt und Lui so romantisch, wie es ein Grimm irgend kann, seine Thekla umwirbt, ist Lotte – zu Hause. Und Lottes Wohnungen sind biedermeierliche Bollwerke gegen die Ansprüche und Zumutungen der bürgerlichen Welt.

Eines von Luis schönsten Bildern von Lotte führt uns in einen Oktobertag des Jahres 1821, Lui hat es so sehr geschätzt – oder hat Lotte darum gebeten? –, dass er es mehrmals kopierte, einmal sogar mit den teuren Ölfarben. Lotte ist achtundzwanzig, schon verlobt, und sitzt in aufrechter Haltung im fußlangen, grauseidenen Kleid auf einem modisch gestreiften, lehnenlosen Polsterhocker – nicht leicht, wenn man gleichzeitig die Füße auf einen Schemel anstellt, um die Kälte des Fußbodens abzuwehren. Die weißen halbtransparenten Vorhänge sind gerafft, um mehr Tag hereinzulassen. Die Mittagssonne zeichnet das Muster des Fensterkreuzes auf den Dielenboden – und die Schatten großer blühender Topfpflanzen, die Lotte so liebt, dass sie sogar ein dickes barockes Buch als Blumenbank opfert, um einer von ihnen mehr

Geltung zu verschaffen. Blumen beleben auch das gebogte Ostfenster, an dem sie sitzt, damit das Tageslicht ihre feine Strickarbeit besser beleuchtet – sie arbeitet an einem hellen Strumpf. Ähnliche Strümpfe gibt es fertig zu kaufen aus der Wirkerei wie der in der Hanauer Langen Gasse. Aber vielleicht sind sie zu teuer oder nicht so schön? Wenn Lotte aufschaut, fällt ihr Blick auf das schmale Schubladentischchen mit dem messingnen Zugknauf, in dem sie vielleicht ihre unfertigen Handarbeiten aufbewahrt; obenauf liegen griffbereit zwei Bücher. Oder auf die Bilder, die übereinander in der Fensterlaibung hängen: Porträts, Landschaf-

Wo »Lotte« Schutz suchte: Charlotte Amalie Grimm in ihrem Zimmer am Wilhelmshöher Tor, 1821. Ölgemälde von Ludwig Emil Grimm.

ten, eine davon zeigt ein Gebäude im Zypressenschatten, wir vermuten Lui als Künstler. Fast wie ein Altarbild bekrönt eine überlebensgroße weiße Alabasterbüste, ein griechischer Apollo, einen schmalen weißen Eckschrank. Sieht ihr Traummann ähnlich aus? Nun, ihr Bräutigam, damals siebenundzwanzig und auf dem Weg nach oben, verspricht zumindest Zuverlässigkeit und Wohlstand.

Als Lotte im Sommer 1822 Frau Oberappellationsgerichtsassessorengattin Hassenpflug wird, entfernt sie sich von den Geschwistern – aber nicht ganz. Ihre Wohnung liegt in der Kasseler Stadtmitte, im Steinweg gleich beim Schloss. Nach einigen Jahren ziehen die Hassenpflugs in die noble Wilhelmshöher Allee, die die Stadt mit dem Bergschloss und -park verbindet. Lui hält Kontakt zu ihr, neben Ferdinand ist er, wie seine italienischen Erinnerungen beweisen, am engsten an sie attachiert. Und der Frauenmann Lui genießt natürlich auch den Umgang mit seiner Schwester. Noch stärker wird der Zug, weil die Ehe produktiv ist – in den ersten Januartagen des übernächsten Jahres meldet sich Carl, ein vitaler Stammhalter, und Ende des folgenden Jahres ein kleines Mädchen, Agnes. Es sind Luis erste Neffen und Nichten. Eigene Kinder sind noch nicht in Sicht, und da er Kinder so sehr liebt, dürfte er schon allein deshalb häufig Gast seiner Schwester gewesen sein. Zahlreiche Zeichnungen und Radierungen der Kinder, zu denen im Verlauf der nächsten viereinhalb Jahre vier weitere kommen – allerdings überleben Agnes und ihr jüngeres Schwesterchen das Kleinkindalter nicht –, legen Zeugnis von dem engen Verhältnis ab. Auch Lotte macht es Freude, mit den Kindern umzugehen, und die gemeinsamen Nachmittage der Geschwister mit Carl, Friedrich, Ludwig und Dorothea dürften zu Lottes und Luis glücklichsten Momenten gehören. Der große Bruder Jacob hält es zusätzlich mit dem Familienvater Ludwig, den er regelmäßig im Schönfelder Kreis der Kurfürstin trifft.

Nun liegt, zum ersten Mal, großbürgerlicher Glanz über Lottes Leben. Die körperliche Härte des grimmschen Haushalts ist überwunden, Madame Hassenpflug dürfte über Dienstboten genug verfügt haben. Doch ihre Verpflichtungen als Ehefrau eines selbstbewussten Karrieremanns, der nach oben und oben bleiben will, machen ihr wenig Freude, wie sie Lui wiederholt gesteht: »Es macht mich gar zu unglücklich, daß ich so wenig zu Hause bleiben kann. Immer und ewig kommen Einladungen. Wenn ich glaube, bei meinen Kindern ruhig bleiben zu können, so muß ich auf einen Ball oder in eine große Gesellschaft … Hätte der Ludwig Hassenpflug meinem Rat gefolgt und wäre Oberappellationsrat geblieben, es wäre viel besser für uns gewesen.«

Wer sich mit der Biografie der Grimms befasst, darf dankbar sein, dass Lui nicht nur äußerst genau beobachtete, sondern auch wenig an künstlerischer Verfremdung interessiert war und seinen Ehrgeiz daransetzte, »alles nach der Natur bis ins geringste auszuführen«. Denn »nur dadurch kann man die Natur genau kennenlernen«. Diese Genauigkeit erlaubt es uns heute, das grimmsche Familienleben detailliert zu studieren, manchmal genauer als Schriftdokumente es hergeben. Denn der Zeichner bemerkt Gegenstände, die so selbstverständlich sind, dass es einem Briefeschreiber nicht einfiele, sie zu erwähnen.

Dies gilt besonders für Lottes Familie, über die anderenfalls so gut wie nichts bekannt wäre. Wie dokumentarisch Lui dabei oft vorgeht, zeigt die Tatsache, dass er sich selbst in die scheinbar spontansten Grafiken mit aufnimmt – einfach, weil er dabei gewesen ist. »Scheinbar« deshalb, weil er sie nicht nur sorgfältig ausführt, sondern oft auch sorgfältig inszeniert. Zum Beispiel gibt er seiner ersten Nichte Agnes, die er besonders geliebt zu haben scheint, eines von den Peitschchen in die Hand, mit denen Kreisel angetrieben werden – obwohl Agnes noch so klein ist, dass das Kindermädchen sie stützen muss. Da er die Dienstboten und anderen einfachen Menschen so liebevoll-genau wiedergibt wie Höhergestellte, misst er ihnen eine Würde zu, die sie in den meisten Haushalten nicht haben – und erlaubt uns Einblicke in die wortlose soziale »Sprache« zwischen den Ständen. Die Kindermädchen sind bürgerlich sorgfältig gekleidet und mit den aufwendigen Zopffrisuren samt Haarteilen zurechtgemacht, die damals auch bei gut gestellten Kasselern in Mode waren.

»… wenn Donnerstag bey der Lotte die Zeitungen gelesen werden«. Zeichnung von Ludwig Emil Grimm, 1829.

Lui ist, wie die schiere Anzahl seiner Familienbildnisse beweist, fast schon ein fester Bestandteil des Hassenpflug'schen Haushaltes – zumindest bis er selbst heiratet. Und wie Lui sich als Kind das Zeichnen von den Älteren abgeschaut hat, so halten es Lottes Kinder Carl und Friedrich. Wir sehen den sechsjährigen langlockigen Carl – seine Nase reicht kaum über die Tischplatte hinauf – hingebungsvoll mit der Feder ein Gebäude zeichnend und den dreijährigen Friedrich, noch im Kleidchen, am Tisch knien, den Bleistift in korrekter Haltung in der Hand, und ein Blatt bearbeitend. Carl wird es später in den Künstlerberuf des

Onkels ziehen, Friedrich wird seinem Vater folgen und Jurist werden. Wir sehen die Brüder am Dielenboden ihrer Kinderstube kauern, Carl kramt nach einem Spielzeug in einem mächtigen Weidenkorb, an dessen Rand sich der anderthalbjährige Friedrich festklammert. Bauklötze, das Rad eines Pferdewagens, Tierfiguren und eine Fibel haben sie schon am Boden verstreut. Die Tür zum Flur steht offen, die Kinder gehören dazu; zumindest können sie sich den Großen bemerkbar machen und unterliegen umgekehrt einer gewissen Kontrolle. Wie sehr sie dazugehören, zeigt das Bild des fünfjährigen »Carlemänchens«, wie es, von Müdigkeit übermannt, auf dem Sofa zusammengesackt ist. Eine kleine, sorgfältig ausgeführte Federzeichnung zeigt die gesamte Familie am Esstisch, die Stühle passen zueinander. Man »riskiert« ein weißes Tischtuch, das fast bis zum Fußboden reicht, obwohl das begehrlich ausgestreckte Händchen Friedrichs – morgen ist sein vierter Geburtstag – auf den Tisch zeigt. Carl sitzt schon auf einem großen Stuhl, Schlabberlätzchen vor der Brust, im Hintergrund steht die Amme mit Bertha auf dem Arm, während Lotte uns in Rückenansicht ihre Wespentaille zuwendet und der Familienvater Ludwig sich andächtig über die Mahlzeit beugt. Den Kaminsims dekorieren ein Blumengesteck und ein verschleierter Sphinx.

Lotte existiert nicht in fürstlichem Luxus, aber in großbürgerlichem Behagen. Sogar über eine Dachterrasse verfügt sie. Bei Gutwetter geht sie dort ihrer Handarbeit nach, oder Ludwig stapelt am Tisch seine Fachbücher auf und schreibt. Durch Lui beobachtet, lebt Lotte eines der bestdokumentierten Familienleben in der Zeit vor der Fotografie. Noch lange hätten sie so leben können, hätte das Schicksal es nicht anders gewollt.

KAPITEL 9
FAMILIENGRÜNDUNGEN
(1822-1832)

Das Haus Hessen: adelige Ehehöllen

Wir haben die Grimms als eine, wenn nicht völlig konfliktfreie, so doch gut funktionierende bürgerliche Schutz-, Trutz- und Seelengemeinschaft kennengelernt. Die materielle Enge, die das Krisenbehaftete ihres kollektiven Schicksals mit sich brachte, homogenisierte ihren Schatz an individuellen Lebenserfahrungen. Als calvinistisch geprägte Familie verfügten die Grimms zudem über einen weitgehend gemeinsamen Kanon an Glaubensüberzeugungen und moralischen Werten. Als Familie, in der der grundsätzliche Anspruch auf offizielle Ämter von Generation zu Generation weitergegeben wurde und Existenz und Status sicherte, dachten sie immer gesellschaftlich und politisch mit und diskutierten und bewerteten vermutlich täglich die Neuigkeiten.

All dies hilft die Lebenstüchtigkeit erklären, die uns in den Grimms wiederholt entgegentritt. Und nicht nur die äußere Tüchtigkeit, sondern auch das private Glück, das sie den oft sehr widrigen Zeitumständen abzutrotzen vermochten. Dieses Glück steht in härtestem Kontrast zu den familiären Verhältnissen ihrer Landesherren, der Kurfürsten von Hessen-Kassel – für mehr als ein halbes Jahrhundert die Arbeitgeber der Grimms.

Spät erst, viel zu spät nach ihrem vermutlichen Dafürhalten, war das Haus Hessen mit jenem zeremoniellen Status ausgezeichnet worden, der seinem politischen und wirtschaftlichen Gewicht im Heiligen Römischen Reich und seinen Ambitionen entsprach. Und ihre Fürstung trat erst dann ein, als die französische Übermacht das Reich ohnehin in politische Agonie versetzt hatte – sein kostbares neues Amt als Kaisermacher übte keiner der Kurfürsten aus. Nicht Wilhelm I., der die Fürstung durchgesetzt hatte und bis dahin als Landgraf Wilhelm IX. regiert hatte. Nicht sein Sohn Wilhelm II. Und nicht dessen Sohn Friedrich Wilhelm I., der schließlich der Auslöschung des Kurfürstentums durch Preußen nichts entgegensetzen konnte.

Suchen wir nach Anzeichen dafür, dass diese Regenten das Besondere der Brüder Grimm geschätzt oder wenigstens erkannt hätten, so suchen wir vergebens. Intellektuell waren sie weit weniger ambitioniert als ihre gelehrten Vorfahren. Wilhelm Grimm durfte dies persönlich und nachhaltig erfahren, als er sich 1820 auf besondere Bitte von Kurfürstin Auguste eine Zeit lang vergebens damit abrackerte, dem achtzehnjährigen Thronfolger Geschichtsunterricht zu erteilen. Er muss feststellen, dass er es mit einem Schüler zu tun hat, »der Bücher vor allem als Raumschmuck schätzt«.[33] Der Prinz gibt sich gelangweilt und desinteressiert. Schon nach der zweiten Stunde heißt es bei Wilhelm: »Er drehte sich beständig die Locke auf der linken Seite.« Luxusgüter reizen den Jungen mehr als Kunstwerke oder gar gelehrte Abhandlungen. Schlechte Voraussetzungen für gegenseitige Akzeptanz – zumindest was die Männer der Herrscherfamilie betraf. Die kultivierten Fürstinnen dagegen, Karoline von Dänemark und Auguste von Preußen, wussten, was sie an den Grimms hatten. Allerdings war ihr Einfluss auf Stellenbesetzungen begrenzt, und sie konnten nur aus ihren Privatschatullen unterstützen. So standen die Karrieren der Geschwister Grimm in Kassel unter den trüben Auspizien von Gängelung, Zurücksetzung und Demütigung, was Jacob und Wilhelm schließlich aus dem Land treiben sollte.

Überhaupt bleibt das Haus Hessen nicht allein politisch im Bremserhäuschen sitzen, sondern hat zusätzlich, vom menschlichen Standpunkt aus gesehen, eine ausgesprochen ungünstige Nachrede. Die Charaktere der Regenten Wilhelm I., Wilhelm II. und Friedrich Wilhelm sind mit der Bezeichnung »komplex« nicht unzutreffend beschrieben; ein Zeitgenosse fand das Wörtchen »bizarr« dazu. Wilhelm I. heiratet aus dynastisch-politischen Gründen eine dänische Prinzessin, Wilhelmine Karoline. Da diese Ehe bald zerrüttet ist, tröstet er sich mit seinen Mätressen, deren erste er der Ehe seines Oberstallmeisters Wulffen »entnimmt«. Die zweite gebiert ihm vier Kinder; ihre Spur verliert sich anschließend. Die dritte, die Schweizer Apothekerstochter Rosa Dorothea Ritter, wird wenigstens siebenmal von ihm Mutter, ihr achtes Kind erkennt ihr Galan nicht an, bezichtigt die Mutter der Untreue und verbannt sie ins Schloss Babenhausen. Weiter von der Kasseler Residenz entfernt lag kein hessen-kasselisches Schloss. Die letzte Mätresse, immerhin vierundzwanzig Jahre jünger als der Regent, weiß die »Ehre« nicht recht zu würdigen, die er ihr antut, als er sie mit 21 Jahren gegen ihren Willen in seine Gewalt bringen lässt. Sie flieht, wird von ihrem Vater – immerhin einem General aus dem thüringischen Uradel – zurückgebracht und fügt sich daraufhin.

Wilhelms I. Nachfolger schufen sich im Einklang mit den ungeschriebenen Regeln ihres Standes ihre jeweils eigenen privaten Familienhöllen. Wilhelm II. heiratet 1797 mit neunzehn Jahren Auguste, eine Tochter des preußischen Königs Friedrich Wilhelm II. Unter dynastischen Aspekten ist diese Ehe mit sechs Kindern, unter ihnen der Thronfolger, hinreichend produktiv. Doch der Haussegen hängt schief: Das junge Paar soll wiederholt bis hin zu Tätlichkeiten aneinandergeraten sein. Sein Exil während der napoleonischen Besetzung nutzt Wilhelm daher, um sich nach frischem Blut umzusehen, und findet es in der niedlichen, um

*Sie begründete die Loyalität der Grimms zu den Hohenzollern:
Auguste, Romantikerin auf dem hessischen Kurfürstenthron.
Gemälde von August Hopfgarten.*

dreizehn Jahre jüngeren Berliner Goldschmiedetochter Emilie Ortlöpp, die er 1812 zu seiner Geliebten macht. Spätestens seit er sie im Folgejahr nach Kassel mitbrachte, bestand die Ehe mit Auguste nur noch auf dem Papier, und wieder zwei Jahre später besiegelt ein Geheimvertrag die Trennung der Eheleute von Tisch und Bett. Denn der Gatte verweigert die offizielle Scheidung, wozu er berechtigt ist. Ähnlich wie bereits sein Vater schafft auch er sich die Ungeliebte aus den Augen, indem er sie im Schloss Schönfeld »abstellt«, eine halbe Meile südwestlich seiner Residenz an den Hängen des Kellerwaldes gelegen.

Hatten Augustes Eltern, Friederike von Hessen-Darmstadt und König Friedrich Wilhelm II. von Preußen, etwas einzuwenden gegen diese demütigende Kaltstellung? Das hatten sie nicht. Das hatten bis auf wenige Ausnahmen auch andere europäische

*Emilie Ortlöpp, erst Mätresse, dann Frau von Kurfürst
Wilhelm II. und geadelt als Gräfin von Reichenbach-Lessonitz.
Miniatur von Lorenz Grünbaum.*

adelige Familien nicht. Der Frauenschacher zum Zweck des Machterhalts gehörte zu den Aufgaben des Adels wie die Führung ihrer Truppe im Gefecht und so manche andere unangenehme Pflicht. Meist banden ohnehin nur schwache Gefühle Prinzessinnen an ihre Eltern. Kinder als unvermeidbare und dynastisch notwendige biologische »Zwischenfälle« behinderten die Eltern bei ihren staatsmännischen und repräsentativen Aufgaben und standen im Ruf, das Aussehen der Mütter zu ruinieren, daher ließen diese sie meist von Ammen nähren und von Gouvernanten aufziehen. Erst sobald die Kinder zur Unauffälligkeit erzogen und gebogen waren, ließ man sie sich und seinen Gästen im Salon vorführen. So wurden aus den Früchten der Sinnlichkeit mehr oder minder wohlgeratene oder brauchbare Bekannte, weiter nichts. Dass zur gottgefälligen Ehe und zum gelingenden Familienleben Liebe,

Treue und echter Respekt gehören könnten, das fordert nur die eben erst aufkommende bürgerlich-revolutionäre Moral.

Doch die selbstbewusste und künstlerisch begabte Kurfürstin Auguste gibt so schnell nicht klein bei. Fünf Jahre älter als Jacob Grimm, steht sie den Ideen der Romantik nahe und sammelt in ihrem »Schönfelder Kreis« diejenigen Intellektuellen um sich, die Wilhelms II. spätfeudalistische Allüren und die deutsche Kleinstaaterei ablehnen. Zu diesen gehören – Gipfel der Illoyalität – des Fürsten erster überlebender Sohn Friedrich Wilhelm, aber auch hochrangige Militärs, Künstler wie der Metallbildhauer und Industriellensohn Johann Werner Henschel, Luis Freund und späterer Kollege, Verwaltungsleute wie Ludwig Hassenpflug und eben die Brüder Grimm, die damals dem Kurfürsten als Bibliothekare dienten, nebst Lui.

Diese politische Dimension des Ehestreits nötigte endlich auch die Kasseler zur Parteinahme. Anders als die Menschen eine Generation zuvor wandten sie die bürgerliche Ehe- und Sexualmoral auch auf den Adel an und nahmen offen für die Kurfürstin und gegen die inzwischen zur Gräfin Reichenbach nobilitierte Ortlöpp Partei. Politische Fehlentscheidungen ihres Regenten lasten sie nun der einflussreichen Mätresse an – nicht zuletzt seine starrsinnige Ablehnung einer hessischen Verfassung. Ein Lakai des Kurprinzen Friedrich Wilhelm kommt überraschend zu Tode – ein fehlgegangener Giftanschlag? Der Attentatsverdacht richtet sich auch auf den Schönfelder Kreis, zumal das Gerücht umläuft, Auguste plane mithilfe ihrer preußischen Verwandtschaft einen Staatsstreich gegen den Kurfürsten und der Zirkel sei in die Konspiration verwickelt. Wilhelm versetzt die Staatsbeamten und Offiziere unter den Mitgliedern des Schönfelder Kreises in die Provinz und lässt den Kurprinzen nach Marburg wegschaffen.

Die Grimms bleiben verschont von offenen Repressalien. Obwohl sie zu den prominentesten Gelehrten unter seiner Herrschaft zählen, sind sie aus kurfürstlicher Sicht unbedeutend. Schon Wilhelm I. hatte ihr wissenschaftliches Werk weder verstanden noch geschätzt: Als Jacob Grimm ihm 1819 den ersten Band seiner monumentalen vierbändigen »Deutschen Grammatik« übergeben wollte, ließ sein Arbeitgeber ihm lediglich ausrichten, er hoffe, Jacob vernachlässige »über solchen Nebengeschäften« nicht seinen eigentlichen Dienst. Und die spätere königlich-hannoversche Bestellung der mittlerweile hochberühmten Brüder an die Göttinger Universität ist Wilhelm II. nicht mehr wert als den dürren Nachruf »sie haben nie etwas für mich gethan!«.

Wilhelms II. Intervention bedeutet das Ende der Zusammenkünfte auf Schloss Schönfeld. Während seines anschließenden Kuraufenthaltes in Bad Nenndorf trifft in Wilhelms Quartier ein anonymer Drohbrief an ihn ein, unterzeichnet mit »Hundert Jünglinge eines Sinnes und eines Herzens, die sich auf Leben und Tod vereinigt haben zu deinem Untergange« – darin neben politischen Forderungen auch die nach sofortiger und völliger Entmachtung der Ortlöpp. Der Kurfürst nimmt das Schreiben zum Anlass, die Repression zu verschärfen. Einer der Ermittler, die er einsetzt, um den Absender des Briefs herauszufinden, ist Johannes Hassenpflug, der Vater des grimmschen Schwagers und »Schönfelders« Ludwig Hassenpflug. Falls aber der Zirkel verwickelt war, so war offenbar bei den Hassenpflugs Blut dicker als Wasser, und die Ermittlungen mussten schließlich unvollendet zu den Akten gelegt werden.

Selbst wenn Wilhelm II. sich kurzfristig durchgesetzt hatte, trägt er großen politischen Schaden davon, der dazu beitrug, ihn wenig später aus dem Amt und in ein komfortables Ausgedinge in Südhessen zu treiben. Denn die massive Opposition gegen ihn im Gefolge der Julirevolution 1830 entzündet sich erneut an seiner Mätresse, zwingt sie 1831 zum fluchtartigen Verlassen Kassels sowie ihn zur Quasi-Abdankung und zum Rückzug nach Hanau zusammen mit der Ortlöpp. Noch mehr als zehn Jahre lang führen sie gemeinsam eine ereignislose Existenz adeligen Müßiggangs, im Landschloss Philippsruhe bei Hanau, in ihrem Frankfurter Stadtpalais oder an den Spieltischen des Casinos Bad Homburg.

Sein Sohn Friedrich Wilhelm fungiert bis zum Tode des Vaters 1847 juristisch gesehen nur als Prinzregent – über weite Strecken unterstützt von Lottes Mann Ludwig Hassenpflug, von dessen Loyalität er sich im Schönfelder Kreis überzeugen konnte –, hat aber politisch die Zügel in der Hand. Dabei misstraut der Vater dem Sohn, hatte ihm als Parteigänger Augustes zumindest jahrelang misstraut. Auch missbilligt er den Umstand, dass Friedrich Wilhelm streng genommen mit einer Bigamistin verheiratet ist: einer Gertrude Lehmann, katholische bürgerliche Leutnantsgattin und zweifache Mutter, die er zusammen mit ihren Söhnen von ihrem Ehemann losgeeist – möglicherweise auch losgekauft – hatte. Erst als sich im Sommer 1831 abzeichnet, dass Friedrich Wilhelm ins Regierungsamt eintreten würde, legalisieren die beiden ihre Beziehung, indem Gertrude zum reformierten Glauben übertritt und sich einfach erneut trauen lässt. Damit ist zwar die Ehe legalisiert, aber die erstgeborenen Söhne de jure unehelich. Zu diesem gesellschaftlichen Makel treten der ihrer Scheidung und ihrer Bürgerlichkeit. Vor allem aber sieht das hessische Hausgesetz für die immerhin neun gemeinsamen Kinder keine Erbberechtigung am Regentenamt oder am Staatsvermögen vor, denn sie entstammen einer morganatischen oder »Ehe zur linken Hand«. Solche Heiraten waren durchaus gebräuchlich, allerdings erst nachdem eine erste, dynastische Ehe erbberechtigte Nachkommen »von Stand« hervorgebracht hatte. So waren zuvor beide Wilhelme verfahren. Gertrudes Fall ist genau umgekehrt – ein Skandal. Ihr Status ist nicht höher als der jeder x-beliebigen Mätresse. Andere Fürsten verweigern der Fürstin die protokollarischen Ehren. In der Folge solcher demütigenden Umstände isoliert sich der Kurfürst völlig gegen andere Höfe, auch gegen das preußische Königshaus, dem seine Mutter Auguste entstammt. Die Ehe gerät zum außenpolitischen Desaster.

Kasseler Romanzen, Wilhelms Ehe

Im Gegensatz zum Haus Hessen entwickelten sich die ehelichen Verhältnisse im »Haus Grimm« ohne Störgeräusche. Als Erste gibt sich Lotte 1822 dem Karriere-Juristen Ludwig Hassenpflug. Ihre Brüder, soweit sie überhaupt heiraten, lassen sich mehr Zeit. Bei Carl, Ferdinand und Lui liegt der Grund auf der Hand: Ihre ungesicherte Stellung und ihr unsteter Lebenslauf verbieten es vorerst, ans Heiraten zu denken. Anders bei Jacob und Wilhelm, die bereits 1815 gemeinsam über das stattliche Einkommen von 900 Talern jährlich verfügen. Sind sie einander so sehr genug, dass sie ohne Frauen durchs Leben gehen wollen? Sind sie so »unromantisch«?

Nein, das sind sie keineswegs, selbst wenn alle Aussagen darüber spekulativ bleiben müssen. Denn die bürgerliche Sexualmoral erzwang Diskretion und Darumherumreden, wie wir es bereits aus Anlass von Ferdinands peinlichem »Weihnachtsgeschenk« von 1810 an die Familie gesehen haben. Immerhin gefällt der junge Student Jacob sich als Tänzer im Glanz der Ballsäle – sollte dabei das »Äugeln« nach der Weiblichkeit keine Rolle gespielt haben? Und wenn Wilhelm als intellektueller Salonlöwe singt und rezitiert, dann doch sicher nicht völlig selbst- und wirkungsvergessen. Eine Frau hat er jedenfalls zutiefst beeindruckt. So »romantisch« wurde er nie wieder.

Es ist die schon erwähnte Jenny von Droste zu Hülshoff, die ältere Fast-Zwillingsschwester der Dichterin Annette. Sie treffen

1813 erstmals am Bökerhof aufeinander. »Was recht Angenehmes und Liebes« habe die achtzehnjährige Jenny, schreibt Wilhelm an Jacob, während mit der selbstbewussten Annette »nicht leicht fertigwerden« ist. Jenny, hingerissen nicht zuletzt von Wilhelms Vortragskunst, schwärmt: »Er ist ziemlich groß, hat schwarzes, wenigstens dunkelbraunes Haar, die schönsten sprechendsten braunen Augen, die ich je sah, eine schöne Stirn, hübsche Nase, Mund ist nach meinem Geschmack, einer der hübschesten, interessantesten Menschen, die ich kenne, bei dem die kleinste Bewegung seiner Seele in den Augen und auf dem ganzen Gesichte sichtbar ist.« Sie weint beim ersten Abschied, und ihr will scheinen, dass er auch Wilhelm mitnimmt.

War sie verliebt in Wilhelm Grimm?
Jenny von Droste-Hülshoff, Schwester der romantischen
Dichterin Annette von Droste-Hülshoff.

Wie wir wissen, beschäftigen die beiden jungen Damen Wilhelm seitdem – Annette in seinen Träumen als bedrohliches Zerrbild einer intellektuellen Frau, Jenny in seinem Wachleben als seelenverwandte Briefpartnerin und als Lieferantin vor allem plattdeutscher Märchen – zu den »Kinder- und Hausmärchen« trägt sie nicht weniger als sechs bei.

Diesen Einfluss gesteht der männlich dominierte Zeitgeist den Frauen zu – so auch Jacob, der Arnim einmal seine Überzeugung mitteilt, dass zwar »Frauen stets eine große, und im guten Fall unbewußte heilige Gewalt auf das Leben gehabt haben, große Thaten sind aber nie durch sie geschehen; in der Poesie haben sie vorzüglich die alte Sage gepflegt und erhalten, gleichsam ohne diesen Thau hätte das Meiste verdorren müssen, aber man kann nicht sagen, daß sie je gedichtet haben«. Eine selbst dichtende und das Gedichtete auch noch publizierende Annette passt in dieses Weltbild nicht – wohl aber eine Gedichtetes überliefernde Jenny, die Wilhelm folgerichtig als Annettes Gegenbild, als »sanft und still«, lobt.

Aber geht sein Interesse über das des Forschers an seiner Informantin hinaus? Er beschäftigt sie eindeutig mehr als sie ihn. Und in seiner Korrespondenz und, soweit wir dies beurteilen können, in seinem inneren Leben schieben sich die Rivalitätsgefühle für Annette störend über die Neigungen zu Jenny. Die Briefe allerdings, die sie einige Jahre lang wechseln, sind emotionssatt. Wilhelm einmal: »Wir haben uns nicht viel gesehen und doch fühle ich, daß wir uns näher bekannt sind als andere, die sich täglich sehen.« Er zeigt ihr auch die dunklen Seiten seines Wesens, erwähnt »kummervolle und schwere Stunden, von denen ich mit Niemand gesprochen« – demnach nicht einmal mit Jacob –, und sie versucht ihn zu trösten: »Ich habe Ihren Brief wieder nachgelesen. Ich bitte Sie, wenn Sie traurig sind, so denken Sie doch, daß vielleicht noch frohe Stunden Ihrer warten. Haben Sie nicht

Ihre Geschwister, die Sie lieben, und viele aufrichtige Freunde? Wenn Sie daran denken, so werden Sie fühlen, daß Sie noch nicht so arm und verlassen sind, als Sie vielleicht in trüben Stunden meinen mögen.« Wieder nachgelesen – sie nimmt also seine Briefe wiederholt zur Hand und denkt nach über sie, hat ihnen vielleicht einen Sonderplatz eingeräumt in ihrem Sekretär oder in der Schublade ihres damenhaften Nähtischchens in ihrem vor Menschen wimmelnden, einsamen westfälischen Hausstand. Denkt nach über ihn. Denkt, mag sein, nach über sie beide: Ob es wohl einen Weg gibt, der sie einst zusammenführen wird. Schöpft vielleicht Hoffnung aus Wilhelms »Fast alles aber ist unerwartet gekommen in meinem Leben und ganz anders, als ich gedacht und gehofft hatte.«

Worüber Wilhelm nicht nach Westfalen schreibt, das ist seine Verlobung mit Dorothea Wild im Oktober 1824. Reformiert, hugenottisch, bürgerlich, Lottes besondere Vertraute, seit Jahren wohlbewährt als Nachbarin und märchenlieferndes Mitglied des »Kränzchens« in der Marktgasse, passt sie besser zu Wilhelm – und zu Jacobs Plänen – als die katholische westfälische Uradelige mit der komplizierten kleinen Schwester, die ihre Mutter noch dazu als Stiftsdame – eine ungeweihte Klosterfrau – zur Ehelosigkeit bestimmt hat.

Ein anderer Vorzug: Dorothea kennt und akzeptiert auch Jacob und weiß, dass auch dieser zum Haushalt gehören wird und mitversorgt werden muss. Eine Art Ménage-à-trois, die sich für Jacob und Wilhelm sicherlich nicht ungewohnt anfühlt: Sie kennen sie aus dem Amtshaus, in dem eine andere Dorothea ihren Ehemann und zusätzlich ihre Schwägerin Tante Schlemmer zu versorgen hatte. Und wie dort gibt auch in Kassel keiner der Ehepartner den Ton an. Jacob ist der Chef, seine Bedürfnisse zählen.

Wann Wilhelm ein Auge auf Dorothea geworfen hat, bleibt im Dunkeln. Vermutlich wuchs das Vertrauen fast unbemerkt –

denn Vertrauen ist der offensichtliche Kern dieser Beziehung. Ist die Namensgleichheit mit der verehrten, Sicherheit spendenden Mutter ein Zufall? »Sie ist meine älteste und liebste Freundin, ich habe sie schon als Kind gekannt, und wir Geschwister, keinen ausgenommen, lieben sie längst wie eine Schwester; wenn jemand zu uns und unserm Wesen paßt, so ist sie es«, kündigt Wilhelm seinem vertrauten Studienfreund Bang, jetzt Dorfpfarrer bei Marburg, seine Verheiratung an. Romantisch kopflose Leidenschaft klingt anders. Deswegen auch kann das Gefühl für Jenny – egal wie tief es ist – ungestört mitlaufen.

Dorothea Grimm, geb. Wild, Wilhelms Frau, 1815.
Jacob wohnte als Junggeselle zeitlebens mit Wilhelm zusammen.
Kreidezeichnung von Ludwig Emil Grimm.

Ein Kassel-Besuch 1818 scheint Hoffnungen in Jenny zu nähren: »Wilhelm war so lieb, daß ich einzig auf ihn achtete und nicht weiß, was die andern angefangen haben«, vertraut sie ihren Tagebüchern an. Und weil er es weiß oder ahnt, wächst seine Befangenheit bis zu dem Punkt, dass er ihr nicht nur seine Verlobung, sondern auch seine Hochzeit verschweigt. Zwei Jahre lang verstummt der briefliche Dialog vollständig. Wilhelms berufliche Überlastung zu dieser Zeit erleichtert es ihm, Gründe zu finden, um sich vor schwieriger Korrespondenz zu drücken. Auch andere westfälische Freundschaften lässt er derweil pausieren; das Feld ist vermint. Danach hat er offenbar die Verhältnisse in sich selbst geordnet, als er wenige Wochen nach seiner Verlobung schreibt – und diese selbst wieder unerwähnt lässt: »Es ist nun schon lange her, seit ich Sie zuerst gesehen habe, und viele Jahre sind jedesmal verflossen, ehe wir uns Ihrer Gegenwart wieder erfreuen, und doch ist mir jedesmal gleich vertraulich in Ihrer Nähe vorgekommen.« Ein verbindlicher, geheimnisloser Kameradschaftston wird nun angestimmt, die Anrede wechselt im folgenden Schreiben – acht Tage vor der Hochzeit mit Dorothea – von »Gnädiges Fräulein« zu »Liebes Fräulein Jenny«.

Die Nachricht von Wilhelms Verheiratung erreicht Jenny auf anderem Wege und löst Gefühle in ihr aus, die ihre Freundinnen veranlassen, sich um sie zu sorgen, wie man sich sonst um eine verlassene Geliebte sorgt. Bis nach Kassel zurück rollt die Schockwelle, wo Wilhelms neue Schwägerin Amalie Hassenpflug prophezeit: »Sie wird aber in ihrer Einsamkeit glücklicher sein wies Dortchen es mit dem Wilhelm werden kann.« Der frisch getraute Ehemann sucht, nachdem er Fakten geschaffen hat, den freundschaftlichen Verkehr wieder aufzunehmen. Jenny zeigt dabei eine Haltung, die man Wilhelm gewünscht hätte. »Ich möchte, daß Sie mir vertrauten«, ist das Äußerste an Vorwurf, was ihr entschlüpft, »und keine Freude oder Schmerz in Ihrem Leben mir verborgen bleiben könnte. Da wäre ich denn überzeugt, daß es Ihnen nie an Teilnahme fehlte.« Wieder lässt Wilhelm sich ein halbes Jahr Zeit, bevor er ihr seine Frau brieflich vorstellt und Jenny einlädt, erneut ihr Gast in Kassel zu sein. Ein solcher Besuch »hätte nebenbei den Vorteil, Ihnen das alles erzählen zu können, was ich nicht schreibe und auslasse«. Eine ungeschickte, lahme Entschuldigung für das vorausgegangene Versäumnis?

Der Besuch kommt anderthalb Jahre später tatsächlich zustande; die gepriesene Dorothea ist natürlich anwesend. Wilhelm ist auf freundschaftlicher Distanz, er, der Jenny früher trostheischend seine Einsamkeit geklagt hat, empfindet es als »Nöthigung«, dass Jenny ihn einmal auffordert, sein Visier zu öffnen. Sie fühlt sich brüskiert durch diese Abwehr. Souverän genug, dankt sie ihm für die Gastfreundschaft und schließt Dorothea mit ein: »Ich habe herzlichen Anteil an Ihrem Glück genommen. Grüßen Sie auch die Dortchen, ich liebe sie von Herzen. Sagen Sie nicht, daß ich sie nicht kenne. Daß Sie sie lieben und mit ihr glücklich sind, ist mir genug.« In diesem Ton geht es noch fast zwanzig Jahre weiter, wenn auch mit großen Lücken. Jenny trotzt ihrer Mutter in dieser Zeit eine Ehe ab – mit einem Schweizer Germanisten-Kollegen der Brüder Grimm, dem sie bei einer nächtlichen Besteigung der Rigi ihr Jawort gibt. Jacob ist mit von der Partie. Selbst bei dieser »romantischen« Verlobung wünscht sie sich Wilhelm herbei und schreibt ihm dies sogar. Wiedersehen dagegen sollten sich die beiden nicht mehr.

Auch von Jacob ist in der Zeit um Wilhelms Verlobung ein Gehversuch auf Freiersfüßen überliefert. In seiner Jugend ein leidenschaftlicher Liebhaber der schnellen, körperbetonten und – in den Augen der Zeitgenossen – unverschämt erotischen Modetänze Walzer und Schwälmer, zog er es später vor, die Neuronen hinter seiner Denkerstirn tanzen zu lassen und die Frauen seinem

Körper nicht zu nahe kommen zu lassen. An den Kasseler Mädchen bemängelt er »Einfältigkeit und Gemeinheit«. »Das Fleisch an den nackten Weibern ist abscheulich«, schrieb er einmal aus Paris; da stand er unter dem »Schock« der Rubens-Gemälde, die er im Louvre gesehen hatte. »Glück und Glas – wie leicht bricht das!«, hatte das Leben ihn früh gelehrt, und er hatte beim Tod seines Vaters gespürt, dass große Nähe die Gefahr von Verletzungen mit sich brachte. Auf jeden Fall gefährdete sie die Zuwendung zu dem, was ihm über alles wichtig war. Wer Jacob ein ziemliches Maß an Misogynie unterstellt, liegt nicht ganz verkehrt. »Ich habe in diesem Stück wenig eigene Erfahrung und sehe und spreche seit Jahren gar keine Frau«, schreibt er 1811. »Jedoch nehme ich mir meine Ansicht aus der Naturgeschichte und der Geschichte.« In einer Rezension des Buches »Schriftstellerinnen des 19. Jahrhunderts« wies er auf die hohe Scheidungsrate dieser Damen hin. Einen guten Dichter hingegen zeichne aus, nichts Schreibendes vom anderen Geschlecht an seiner Seite zu dulden.

Die ihm angedichtete Brautwerbung um eine entfernte Nichte, die Förstersstochter Louise Bratfisch aus Bruchköbel bei Hanau, die nach Tante Zimmers Tod als Kammerfrau am Kasseler Hof amtete, erwies sich tatsächlich als Ausgeburt späterer Wichtigtuerei ihrer Verwandtschaft. Tante Zimmer hatte auch die Bratfischs finanziell zu unterstützen, nachdem ihr Vater früh gestorben war und ihr Großvater von der väterlichen Seite, obwohl begütert, sie knickrig behandelte. Die Geschichte von einer kuppelnden Tante, die sich ihre Probleme per Heirat vom Halse zu schaffen strebt, und eines sonst bärbeißigen Jacob, der aus Verzweiflung über einen verwahrlosenden Haushalt tollpatschig freit, war zu schön, um nicht Germanisten und Journalisten in ihren Bann zu ziehen. Aber die Indizien, die die Bratfisch-These stützen, sind weniger als spärlich. Für ihn war sie offenkundig eine enge und geschätzte Verwandte, der er auch in späteren

Jahren mit freundlichem Respekt begegnete, die ihm aber eigentlich egal war.

Auch den späteren Versuch seines Königsberger Fachkollegen Eberhard Gottlieb Graff, ihm seine Tochter Thusnelde aufs Auge zu drücken, wehrte Jacob erfolgreich ab, denn er hatte seine Disposition bereits unwiderruflich getroffen. Und diese lautete: Familienoberhaupt zu bleiben, aber nicht in einer eigenen Familie. Kinder aufwachsen zu sehen, aber nicht seine eigenen. Seine Kinder, das sagte er später einmal, das seien seine Bücher. Aber Wilhelm, der Attraktivere, Freundlichere, Praktischere – er war für eine Ehe viel besser geeignet.

Und eine Ehe war nötig – eine Frau musste ins Haus. Sie qualifizierte den Bürger als vertrauenswürdig. Sie erweiterte das familiäre Netzwerk, auf das man sich im Notfall verlassen musste – Jacob schätzte in seinem »Hausbüchel« die Bindekräfte in seiner Familie recht skeptisch ein: »Unsere Verwandtschaft (ist) fast ausgestorben und ohne rechten Anhalt.« Und eine Frau fehlte aus praktischen Gründen. Zwar hatten die Brüder Lotte als »ungeschickt« disqualifiziert. Aber seit diese sich ins Haus Hassenpflug verabschiedet hatte, war die Not im großen grimmschen Haushalt manchmal schreiend; an Studentenzeiten fühlte Jacob sich erinnert, und er meinte damit keine romantische Erinnerung.

Denn was gab es nicht alles zu tun in solch einem bürgerlichen Haushalt: Personal musste gesucht, angeleitet und bezahlt werden. Das Haushaltsgeld verwaltet – Dienstboten waren billig zu haben, aber selten zuverlässig und erfahren. Sie wurden aus der mittellosen Bevölkerung rekrutiert, die Frauen kamen oft blutjung vom Land, halbe Kinder. Daher mussten sie zum Einkaufen begleitet werden, damit sie wenigstens die Ware heimtragen konnten. Bei einem fünfköpfigen Haushalt war das nicht wenig, und eingekauft wurde täglich, fast alles war voluminös und frisch und verdarb ohne Kühlung schnell. Wasser war knapp und musste mehrmals täglich vom Brunnen geholt werden – in großen Krügen oder Bütten balanciert auf dem Kopf. Die Wäsche wurde im Waschhaus oder im Fluss gereinigt, schmutzig hin- und mit Wasser vollgesogen heimgeschleppt – eine Knochenarbeit. Straßenstaub und Blütenpollen drangen durch die Fenster ein, die nicht dicht schlossen, nisteten sich in den Wohnungen ein und mussten weggewedelt werden – ganz zu schweigen von dem Staub, den die vielen grimmschen Bücher »produzierten«. Teppiche und Polstermöbel klopfen, Dielen wischen, Parkett bohnern, Erbsen palen, Äpfel mosten, Konfitüre kochen – alles Handarbeit. Wenn Gäste kamen – und viele kamen und sie kamen auch unangekündigt, was »Zauberkräfte« nötig machte –, dann mussten diese nicht nur bewirtet, sondern auch bedient und charmant unterhalten werden.

Die Romantiker Jacob und Wilhelm Grimm.
Anonyme zeitgenössische Xylografie, undatiert.

Was also tun? Die Romantiker Grimm lösten ihr Problem auf ihre Art pragmatisch und denkbar unromantisch. Als Bräutigam wurde Wilhelm bestimmt und im Mai 1825 eingesegnet – fast drei Jahre hatten die Geschwister es frauenlos ausgehalten und in dieser Zeit sogar einen Umzug bewältigt. Diese Ehe war in keinerlei Hinsicht riskant: Wahrscheinlich war die Braut den Brüdern seit mehr als fünfundzwanzig Jahren bekannt. Schon als Knaben hatten sie in der Apotheke ihres Vaters unweit der heutigen Markthalle eingekauft. Einige Jahre fast Wand an Wand mit Dorothea gelebt. Herübergekommen zu ihnen war sie wiederholt, in Züchten, in Gesellschaft von Mutter oder Schwestern. Bei Kaffee und Gebäck hatte sie ihnen Märchen erzählt. Die, die sie wusste, aus ihrer Familie, von ihren Dienstboten und Ladendienern, von ihren Freundinnen – sie hatte also das »Wildbret« aufzuwarten, das die Brüder jagten. Mindestens fünfzehn konnte sie beisteuern zu den »Kinder- und Hausmärchen«. Sie war hugenottisch-protestantisch, gebildet, eloquent, attraktiv, fleißig, taugte als wissenschaftliche Hilfskraft. Was sollte da noch danebengehen.

Die Brüder also nahmen eine Frau in ihren Haushalt auf, die ausgerechnet so hieß wie ihre Mutter. Nach erotischem Knistern klingt das nicht. Aber die Ehe war fruchtbar – vier Kinder brachte Dorothea zwischen 1826 und 1832 zur Welt, Jacob, Herman, Rudolf und Auguste. Dorothea selbst nannte Jacob und Wilhelm »meine zwei Männer« – ob sie manchmal das Bedürfnis nach einem dritten Mann hatte? Ob Wilhelm, ob gar Jacob sich anderenorts amüsierte? Das ist müßig zu erörtern – über alle Bettszenen breitete die keusche Zeit und breiteten die Grimms den undurchdringlichen Mantel der Scham.

Ob Louise Bratfisch Jacob in den Sinn kam, als dieser 1854 für das »Deutsche Wörterbuch« den Artikel »Bratfischdolchlein« – »kleines eisen zum schüren oder zum zerlegen der bratfische« – schrieb? »Lebte er mit dem Geschlecht der Wörter? Eine Bibliothek war weiblich, das Buch sächlich wie ein Kind. Hier konnte er zärtlich sein. Er nahm ein Buch aus dem Regal, besah es, schlug es behutsam auf und stellte es wieder an seinen Ort. In seiner eigenen Bibliothek fanden sich seine Hände auch bei völliger Dunkelheit blind zurecht, wie auf dem Körper einer Geliebten«, schreibt Angelika Overath.

Lottes früher Tod und Luis späte Ehen

Unterdessen lebt Lotte Hassenpflug, geborene Grimm, ein sehr handfestes Frauenleben, zu dem die Organisation des Haushaltes ebenso gehört wie sinnliche, tröstende oder zurechtweisende Berührungen. Obgleich die Jüngste unter den Geschwistern Grimm, ist sie zuerst verheiratet und sorgt als Erste für Nachwuchs: 1824 kommt Carl, im Spätjahr darauf Agnes; das Mädchen stirbt, nicht ganz vierjährig. Die Leerstelle, die sie hinterlässt, schmerzt nicht nur Mutter und Vater; aber schon Wilhelm musste drei Jahre zuvor dasselbe durchleben mit seinem kleinen Erstgeborenen, den er nach seinem älteren Bruder Jacob genannt hatte. Dasselbe Erlebnis war auch schon ihren Eltern nicht erspart geblieben – genau wie bei Wilhelm trug Vaters als Säugling verstorbener Erstling den Namen von Philipps nächst älterem Bruder, Friedrich.

Lotte und ihren Männern blieb nicht viel freier Raum zum Trauern, denn neben Carl verlangen das Kleinkind Friedrich und der Säugling Bertha energisch ihr Recht als junge Erdenbürger. Und natürlich ihr Mann, mit dem und für den es zu repräsentieren gilt. Ein halbes Jahr später bleibt diese geschäftige Welt erneut stehen, als auch Bertha stirbt, gerade im Lauflernalter. Nun tragen stumme Männer sie hinaus aus der großzügigen Wohnung, zur Kirche und dann zur Ruhe in einem Kindergrab. Anderthalb Jahre später, kurz vor Weihnachten 1831, gibt es wieder Grund zur Freude, der kleine Ludwig ist da. Lottes Lieblingsbruder Lui dürfte zufrieden gewesen sein. Längst hatte auch er konkrete Pläne zur Familiengründung, sah sich bereits in der Rolle, die hier sein Schwager ausfüllte, und probierte sie vermutlich tatkräftig aus. Und wiederum anderthalb Jahre später meldet sich nochmals ein Mädchen, in dessen Namen die Großmutter Dorothea verewigt wird.

Unvergleichlicher Bildchronist einer bürgerlichen Familie des 19. Jahrhunderts: Ludwig Emil Grimms Radierung von Lottes Kindern. Rechts: Ideke, Luis einzige Tochter.

Dieses Mädchen wird bleiben, anders als Agnes und Bertha. Wer nicht bleibt, das ist Lotte, die Mutter. Diese sechste Schwangerschaft in sieben Jahren setzt ihr zu. Eine Lungenentzündung oder schwere Grippe schwächt sie zusätzlich. Dorothea, zufällig mit den Kindern zu Besuch in Kassel, pflegt die Kranke, hilft bei der Entbindung und schreibt beunruhigte Briefe nach Göttingen, von wo Jacob und wenig später Wilhelm sich besorgt aufmachen. Lui liegt seinerseits grippekrank zu Bett, seine Frau Marie ist hochschwanger mit ihrem Erstling, und Lui hindert sie aus Vorsicht zunächst daran, das Haus zu verlassen.

Nachdem Lotte schon mit ihrem Leben abgeschlossen hatte, geht es ihr besser, und Jacob reist wieder ab an seine Universität, wo die Pflicht ruft. Wilhelms Familie soll nachkommen, aber Jacob wartet vergebens. Denn Dorothea hat sich bei Lotte angesteckt, fiebert, hustet Blut und leidet Schmerzen im Brustraum. Wilhelm, der selbst kurz zuvor eine schwere Erkrankung überstanden hatte, übernimmt die Pflege seiner Ehefrau und – kaum hat diese das Schlimmste bewältigt – seiner Schwester, die einen Rückfall erlitten hat. Lotte leidet so sehr, dass sie ihren Tod herbeisehnt. Lui macht sich nun doch mit Marie auf. Doch Lotte lallt nur noch. Die Behandlungen, denen die Ärzte sie unterziehen, sind abenteuerlich und hilflos. Nachts flößt man ihr Champagner in kleinen Schlucken ein, zur Stärkung. Man meint, ihre Nerven zu reizen, indem man ihr mit einem glühenden Eisen die Haut des Nackens verbrennt. Man schreibt nach Göttingen an Jacob, ruft Lui her. »Wer mir begegnete, hatte verweinte Augen. Alle standen ums Bett. Sie ... sah im Gesicht aus, als wäre sie gesund, wunderschöne klare Augen. Wie sie mich ansichtig wurde, reichte sie mir die Hand, ich kniete neben das Bett. Sie legte den Arm um meinen Kopf ... aber sie konnte kein Wort mehr sprechen, alle Töne waren unverständlich, ihre Zunge mußte gelähmt sein. So freundlich sah sie alle an, in der einen Hand hatte sie eine Rose, die sie immer herumdrehte; dann wieder sprechen wollte und nicht konnte. Ich fühlte, wie sie die Hand fest um mich hielt ... Ich war die Grippe noch nicht wieder ganz los, und ich war wie zerschlagen, ich legte mich auf ein Sofa. Gegen Mittag fing meine liebste Schwester an zu singen, oft gar keine Melodie, dann wieder geistliche Lieder. Das war so rührend, so wehmütig, so unendlich traurig. Ihre wunderschöne Hand hielt noch immer die Rose.«

Am Morgen des 15. Juni 1833 stirbt sie, gut drei Wochen nach der Geburt der kleinen Dorothea. Wilhelm wechselt die letzten Worte mit ihr, tauscht die letzte Berührung aus und fühlt ihren Puls stille stehen. Jacob trifft elf Stunden später ein. Hassenpflug bleibt in dem ganzen Wirbel unsichtbar.

Der erste Todesfall unter den Geschwistern Grimm trifft ausgerechnet die Jüngste. Und er trifft sie, weil sie eine Frau ist. Weiß der Himmel, wie der Witwer die Familie wieder auf die Beine brachte – Lui ist mit seiner Marie und ihrer Schwangerschaft beschäftigt und laboriert an den Nachwirkungen seiner Grippe, Jacob und Wilhelm haben ihren Dienst in Göttingen zu versehen und brauchen Dorothea dazu. Ferdinand ist noch weiter weg, in Berlin, seinerseits gefährlich krank und hat kein Geld. Der randständige Carl immerhin ist in Kassel und mag mit angepackt haben.

Nach dem Tod der alle verbindenden Lotte werden die Beziehungen zu Hassenpflug frostig. Er hat sich zu einem radikal undemokratischen Parteigänger des Prinzregenten gemausert und nimmt seine Aufgabe, dem Volk die Verfassung aus den Händen zu winden, sehr ernst. Das geht Jacob und Wilhelm zu weit. Ein Fürst schuldet seinen Untertanen Loyalität, wenn er selbst welche beansprucht. Sie sind zwar keine Demokraten, aber Autokraten tolerieren sie nicht. Dies lassen sie ihren Schwager spüren. Lui denkt nicht so politisch. Er sieht Lotte in Hassenpflugs Kindern und liebt sie fort. So tritt er in Lottes Rolle als Bindeglied zwischen den Familien. Für ihn zählen das sinnliche Leben und menschliche Beziehungen mehr als der trennende Intellekt.

In Kassel dagegen warteten die Mühen der Ebene auf Lui. Kurfürst Wilhelm I. hat es abgelehnt, dem verdienten Kämpfer für Deutschland und letztlich für den kurfürstlichen Thron eine Stelle an der Akademie zu geben. Sein Sohn Wilhelm II. hält es nicht anders. Von den artigen und lobenden Briefen Kurfürstin

Wilhelmines kann er leider nichts herunterbeißen. So lebt er in der geschwisterlichen Wohnung ärmlich von Auftrag zu Auftrag; mal ist es, durch Bettine vermittelt, ein Porträt wie das der Meline Brentano, der gefeierten Schönheit, die den Frankfurter Bürgermeister Georg Friedrich von Guaita geheiratet hatte; mal eine Serie von Porträtstichen bekannter Göttinger Gelehrter, bei deren Zustandekommen Jacobs und Wilhelms Hände im Spiel waren. Verleger Johann Christian Dieterich veröffentlicht sie, sie ist so erfolgreich, dass er zwei Jahre später eine neue Mappe vorlegt. Berühmtheiten wie Heine und Paganini verdanken ihm ihre besten Bildnisse. In einem sorgfältigst ausgeführten großen Stich hält er einen dramatischen Moment der hessischen Geschichte fest: die Konfrontation der Kasseler Bürger mit Wilhelm II. im Revolutionsjahr 1830. Sie verlangen Maßnahmen gegen den galoppierenden Brotpreis und sie verlangen eine Verfassung von ihm. Die erstaunliche Geschwindigkeit, mit der Lui äußerst ähnliche Bildnisse zeichnen kann, kommt ihm bei diesem erfolgreichen, vielfigurigen Blatt zugute: Die mehr als zwanzig Ratsherren haben in den Wirren dieser Tage keine Zeit, ihm Modell zu sitzen. Ein kluger Schachzug, so viele Menschen abzubilden, denn jeder, der in der Kasseler Politik mitzureden hat, kann wenigstens einen Freund darauf entdecken. Der Stich wird daher viel gekauft und hängt in den Stuben aller Kasseler Demokraten. Von Sympathie mit ihrer Sache klingt bei ihm nichts durch; seine Teilnahme am Schönfelder Kreis lässt sie uns allerdings vermuten.

Bemerkenswert ist die Art, wie sinnvoll Lui den Stand des Wartens auf einen auskömmlichen Posten nutzt. Er hält Kontakt zu den Freunden, die im Nahbereich leben, und zu denen der Brüder. So ebnet die Bekanntschaft Wilhelms zur Familie des Kommilitonen von Schwertzell Lui den Weg nach Willingshausen, südlich von Kassel in der Schwalm gelegen, einer sanfthügeligen Acker- und Waldlandschaft. Eine romantische Ideallandschaft, der auch einige »Kinder- und Hausmärchen« als Auswuchs der »Naturkraft« ihrer Bewohner entstammen. Charlotte, eine der Schwertzell-Töchter, hat den baltischen Junker Gerhardt Wilhelm von Reutern geheiratet, Husarenleutnant in russischen Diensten, der in der Völkerschlacht bei Leipzig seinen rechten Arm verloren hatte. Wilhelm Grimm ist gelegentlich auf Erholungsbesuch auf Schloss Willingshausen und stiftet die Beziehung zwischen Lui und dem künstlerisch begabten Reutern, den seine Invalidität zwingt, das Zeichnen mit dem gesunden Arm völlig neu zu lernen. Lui unterstützt ihn als sein Lehrer, was ihm nicht nur einige Taler eingebracht haben dürfte, sondern auch eine jahrelange Freundschaft begründete. Seit 1824 machen die beiden wiederholt Malausflüge in Landschaft und Dörfer der Schwalm, wo sie als Erste die außergewöhnlichen Trachten der Bauern mit Künstleraugen sehen, die Atelierkunst hinter sich lassen und in Bauern- und Wirtsstuben oder unter freiem Himmel malen. Das gastfreie Schloss zieht andere Maler an, von denen einige sich auf die Dauer eine Bleibe suchen, um die Gegend und ihre Menschen zu studieren, denn Volkstümliches für Salon- und Stubenwände sind in diesen nachnapoleonischen Jahren in Mode gekommen. Eine ganze Künstlerkolonie entsteht, die Willingshäuser Malerkolonie – die erste Europas, Jahre vor der im französischen Barbizon. Sie bestand bis weit ins 20. Jahrhundert und hat so unterschiedliche Künstler wie den Märchenillustrator Otto Ubbelohde, den Expressionisten Carl Hofer und den Dadaisten Kurt Schwitters beeinflusst.

Erst die faktische Abdankung Wilhelms II. im Jahr nach der Revolution bringt die Verhältnisse in Bewegung – auch für Lui und seinen Künstlerfreund und Mit-Schönfelder Johann Werner Henschel. Wieder ein Jahr später sind beide Kunstprofessoren an der Kasseler Akademie – Prinzregent Friedrich Wilhelm zeigt sich erkenntlich für ihre Loyalität.

Die sichere Stelle verschafft Lui den Spielraum, den er braucht, um eine Familie zu gründen. Zweiundvierzig ist er jetzt. Auch er dürfte seine Braut schon als kleines Mädchen kennengelernt haben: Es ist Marie, die einzige Tochter des Hofmalers Wilhelm Böttner. »Die Frau hat Vermögen«, schreibt »Finanzminister« Wilhelm einmal befriedigt, »also ist auch seine äußere Lage sorgenfrei und das gönne ich ihm von Herzen.« Eine nagende Sorge weniger am Herzen der Brüder Grimm.

Die Hochzeit schließt eine dreijährige Verlöbniszeit ab, in der Lui zum Mieter einer Wohnung in Madame Böttners Haus an der Schönen Aussicht wird; dieses Haus wird zur ehelichen Bleibe, zum gelegentlichen Anlaufpunkt der weniger glücklichen Brüder und Jahre später zum Refugium der aus Göttingen vertriebenen großen Brüder Jacob und Wilhelm. Es ermöglicht der Familie Ludwig Emil Grimm trotz des bescheidenen Gehalts ihres Ernährers ein recht komfortables Leben zwischen Eichenparkett, aristokratisch mattgefärbten Seidentapeten und Blumenbuketts, wie Luis Bilder beweisen. Die Aussicht aus den Fenstern über die Karlsaue ist der Stolz aller Bewohner. Im Salon steht ein Klavier, an dem Lui seine musikalische Marie und später seine Tochter zeichnet.

Denn rasch stellt sich Nachwuchs ein: Friederike Louise Charlotte. Die Amme Katharine Fehr aus Guxhagen kümmert sich um sie. Friederike bleibt ein Einzelkind, denn drei Jahre später stirbt ihr Brüderchen ungetauft nach nicht einmal fünf Wochen. Umso mehr hängt Lui an seiner kleinen »Ideke« und hält jeden ihrer Entwicklungsschritte, jede ihrer Posen in seinen Zeichnungen und Radierungen fest. Besonders stolz macht ihn Idekes langes Haar, das sie zu einem romantischen Engel macht, wenn das Kindermädchen vor dem Zubettbringen ihre Flechtfrisur auflöst. Auch Marie vergöttert die Kleine. Schon im Wochenbett, wie Lui sich erinnert, »wie sie das liebe Kind nach der Geburt gar nicht aus den Armen ließ, es immer ansah, küßte und vor Freude weinte«. Aber nicht nur ein Gefühlsmensch ist Marie – Lui lernt, ihrem künstlerischen Urteil zu trauen. Ihre Sprach-, Geschichts- und Menschenkenntnis hilft ihm im Alltag.

Doch 1841 erkrankt Marie schwer. Gut, dass Vermögen da ist, die teuren Ärzte zu bezahlen. Und gut, dass Maries Mutter Friederike noch lebt, um die schweren Stunden, Tage, Monate mit Lui zu teilen, ihn und Ideke abzulenken, zusammen mit ihm auf Besserung zu hoffen – vergebens, wie im Sommer 1842 klar wird.

Ihr Tod erschüttert ihn so sehr, dass er nicht in der Lage ist, ihrem rosenbedeckten Sarg auf den Friedhof zu folgen. Erst vierzehn Tage später nimmt er Ideke an der Hand, um den Erdhügel zu besuchen. Eine bleischwere Zeit folgt für Lui. Die Trauer macht ihn krank. Die Arbeit ist ihm verleidet, auch alle Gesellschaft. Er zieht sich völlig zurück, obwohl der Arzt ihm rät, Besuche zu

Ihr früher Tod stürzte Lui in eine tiefe Krise:
Marie, seine erste Frau. Gemälde von Ludwig Emil Grimm, 1833.

machen. Stattdessen attachiert er sich umso enger an das Kind, macht jeden Morgen lange Spaziergänge mit ihm. Seine erste kreative Beschäftigung nach dem Schicksalsschlag sind Entwürfe zu Grabmalen für Marie und Lotte. Nach zwei Jahren sind auch diese gelungen, liegen die drei wichtigsten Frauen in Luis Leben – seine Mutter, seine Schwester und seine Ehefrau – Seite an Seite und warten darauf, dass Gott sie vor sein Gericht beruft. Lui macht sich wenig Sorgen deswegen. »Mit Willen hat sie gewiß in ihrem Leben niemand gekränkt und verletzt«, ruft er Marie nach. Ein gewaltiger Rosenstock – Lottes Lieblingsblumen – erhebt sich über der Grabstelle, überwuchert die Denkmäler und umduftet sie alljährlich im Sommer. Das ist die Jahreszeit, in der alle drei gestorben sind.

Unruhige Jahre folgen Maries Tod. Lui muss das Elend aus dem Kopf kriegen. Körperlich geht es ihm nicht gut, er leidet an Rheumatismus und hat eine Heilkur im Sinn – nicht die erste, wie eine Zeichnung von 1827 vermuten lässt. Mit der Post reist er nach Berlin, um dort einen Arzt zu konsultieren – eine muntere, aufmerksame Ideke im Schlepptau. Eine monatelange Befreiung der knapp Zehnjährigen vom Unterricht war offensichtlich möglich – weil sie »nur« einem Mädchen galt? In Halle heißt es umsteigen in die Eisenbahn, die seit nicht einmal zwei Jahren in Betrieb war. Die gesamte Reisezeit schrumpft damit auf zwei Tage. Etwas ganz Neues für Vater und Kind, er hat erwartet, dass sie sich fürchtet, da hat er sie aber unterschätzt, sie unterhält den ganzen Waggon, indem sie »jubelte, tanzte, aß und trank (die gute Großmutter hatte mir fürs Kind ein Krügelchen mit Sago und Rotwein mitgegeben), daß die ganze Gesellschaft ihre Freude daran hatte«. Die neue Technik verkürzt trotz ausgiebiger Haltepausen den Weg von zweiundzwanzig Meilen auf sechs Stunden; mit der Post hätten sie zwei Tage gebraucht, heute ist es eine gute Stunde.

Das Gewühl der Menschen am Potsdamer Bahnhof erschreckt das Kind und überrascht den Vater, obwohl pro Stunde nicht mehr als etwa drei Züge fahren. Aber die Preußenhauptstadt ist mit 350 000 Einwohnern zehnmal so groß wie Kassel und von rasendem Wachstum erfasst. Bis 1863 wird die Bewohnerzahl auf über 600 000 hochschnellen und nur noch von der Wiens übertroffen werden. Gut, dass Wilhelm am Bahnsteig steht und für Orientierung und Vertrauen sorgt. Der fünfzehnjährige Herman, Wilhelms Ältester, ist mitgekommen und »mit offenen Armen« sogar Lottes Erstgeborener Carl, der sein Militärjahr in Berlin macht – Deutschland wächst sichtlich zusammen. Als Letzter trifft Schwager Ludwig ein, er hat sich mit seinem Kurfürsten zerstritten, ist zurückgetreten und lebt mit seiner zweiten Frau Agnes seit drei Jahren in Berlin, wo er als Obertribunalrat, also hoher Richter, amtiert.

Das fünfzigtägige Berliner Besuchsprogramm ist günstig geplant. Es frischt den Kontakt zu Dutzenden von Bekannten, Freunden, Verwandten auf und schafft neue Freundschaften. Die sommerliche Metropole zieht Besucher aus ganz Deutschland an. Nicht zuletzt Wilhelms Haus bringt ein Defilee vertrauter und prominenter Besucher. Als Erstes sind die Hassenpflugs an der Reihe, die nächsten Verwandten. Es ist trotz der Spannungen zwischen ihnen und den Grimms kein Pflichtbesuch. Am Folgetag ist Ludwig mit den Kindern zu Gast in der Lennéstraße bei Jacob und Wilhelm. Lui trifft alte Bekannte aus Göttingen wieder, die er fast zwanzig Jahre zuvor mit seinen radierten Bildnissen überzeugen konnte. Das Bewusstsein seines raren Talents dürfte dem Mann, der um gelehrte Konversation gewöhnlich einen Bogen machte, einen Umgang auf Augenhöhe leicht gemacht haben. Wilhelms Kinder und Dorothea dürften derweil Ideke unterhalten haben. Sie sollte noch auf ihre Kosten kommen, denn ihr zehnter Geburtstag fällt in diesen Aufenthalt und wird groß gefeiert; sogar Großmutter Böttner hat ein ganzes Paket geschickt.

Der Besuch steht im Zeichen der Entdeckung hauptstädtischer Kunst und der »Wiederentdeckung« Bettines. Witwer und Witwe, etablierter Künstler und gefeiert-angefeindete Schriftstellerin treffen zusammen – was haben sie einander zu erzählen? Fast jeden Tag sehen sich die beiden, dennoch notiert Lui die vielen Begegnungen auffällig beiläufig und ohne alle Details. Ihre Kinder sind aus dem Spielalter herausgewachsen, und kaum zu glauben, dass die beiden nur blödelnd entspannt haben miteinander – worüber haben sie dann gesprochen?

Auf ärztlichen Rat beginnt seine Kur bereits in Berlin: mit Teplitzer Flaschenwasser, getrunken auf täglichen dreistündigen Frühmärschen von fünf bis acht Uhr durch den Tiergarten, »so daß ich jeden Weg und Steg auswendig weiß, es war eine entsetzlich langweilige Geschichte«. Wie gewöhnlich sind die Grimms gut zu Fuß, mal begleitet ihn Jacob, mal Wilhelm mit ihren jeweiligen Gesprächsthemen. Für den waldgewohnten Lui ein geradezu apokalyptischer Weg, »ein langweiliger, sandiger, trockener Gang, lauter trostlose Gegenden. Hier und da einige verkrüppelte Tannen, fast bis an die Knie im Sand, und der Jacob« – mit 58 schon ein alter Mann – »machte so große Schritte, daß kaum nachzukommen war.«

Neue Technik zieht auch in den grimmschen Alltag ein; Lui notiert mit Interesse, dass Jacob und Wilhelm sich »daguerothipen«, also fotografieren lassen. Dass man ein Motiv auf versilberter Metallplatte optisch-chemisch verewigen kann, das ist so neu, dass er nicht einmal weiß, wie der Begriff richtig geschrieben wird. »Die Bilder werden erst das zweitemal gut«, das kann ihm nicht passieren, Lui zeichnet die beiden im Profil und erzielt damit eines der berühmtesten Grimm-Doppelporträts. In seiner Spezialdisziplin kann er es noch leicht aufnehmen mit der Technik – zumal sich eine Radierung oder ein Stich fast beliebig oft vervielfältigen lassen, während eine Daguerreotypie zwar feinste Details zeigt, aber nicht kopiert werden kann.

Anfang August bricht Jacob mit seinem Schüler Horkel nach Italien auf, und am folgenden Tag auch Lui nach Böhmen. »Friederikchen ließ ich in Berlin. Ach, ich hätte es gern mitgenommen, aber es ließ sich nicht machen, zudem wußte ich ja auch, daß es bei seiner Tante gut aufgehoben war.« Mit der Eisenbahn via Leipzig und Dresden und von dort aus per Wagen geht es in die Teplitzer Kur. Ein kleines »Trinkgeld« an den Kammerdiener des preußischen Gesandten beschleunigt die Formalitäten der Ausreise; Lui vertreibt sich die Zeit in der königlichen Gemäldegalerie, bis der Kellner mit dem fertigen Pass kommt.

Zwei Monate kurt Lui in Teplitz; ein angenehmer Aufenthalt bis auf die Tatsache, dass er nach dem morgendlichen Bad ruhen muss, aber nicht einschlafen darf. Wir ersehen daraus, wie erschöpft er gewesen sein muss – oder wie anstrengend die gesellschaftlichen Begleiterscheinungen der Kur gewesen sein mögen. Zehn Silbergroschen kostet ihn der gesellige Mittagstisch an langer Tafel im Gartenpavillon des »Englischen Hofs«, drei Taler pro Woche das Logis, das ist ein Prozent dessen, was er im Jahr aus der hessischen Staatskasse erhält. »Reizend« ist das Wetter – ein Modewort des 18. Jahrhunderts –, ist der Schlossgarten des Gebietsherrn Fürst Clary, der jedermann offensteht, ist der Blick aus seinem Zimmerfenster auf felsige grüne Berghänge, sind die Gegenden schlechthin. Ist vor allem die Kurgesellschaft, jene Mixtur aus kollegialem Umgang, gesellschaftlichem Einfluss, weiblichem Liebreiz und unabgegriffener Exotik, die Lui immer inspiriert hat. »Es gingen Türken, Walachen, Polen, Tiroler, Slowaken, Ungarn, Böhmen, Deutsche, Franzosen, Zigeuner, Kapuziner und allerlei Uniformen da herum; ein Maler hat da recht viel zu sehn.« Den Mainzer Maler Joseph Stieler[34] trifft er wieder, den er aus München kennt, aber auch mit den Herren Officiers, die untereinander »nur von Zaum, Sattelzeug, Pferdeschweifen und dergleichen« schwatzten, findet er eine gemeinsame Gesprächsebene, wenn sie in großer Runde bis spät in die Nacht im »Fäßchen« oder im »Schwarzen Bären« zechen und qualmen, bis dicke Schwaden aus den Fenstern quellen. Motive über Motive für den Beobachter, Zeichner und wohlwollenden Satiriker, bis der Arzt ihm auf die Schliche kommt und ihm die Arbeit verbietet. Einige der jungen slowakischen Gelegenheitsarbeiter oder Bettler zeichnet er, ebenso die Töchter eines Tiroler Handschuhverkäufers, eine von ihnen »wurde immer schöner, wenn man mit ihr sprach«. Sehnsucht nach Ideke kommt gegen Ende der Kur auf, wenn Lui allein – die meisten Freunde sind abgereist – auf die Hügel der Umgebung spaziert und in die weite Umgebung schaut, auf fremde hohe Berge mit fremdartigen Namen wie den Kleinen Franz oder den Milleschauer, den einst Caspar David Friedrich liebevoll porträtierte. Idekechens Beischlüsse in Dorotheas regelmäßigen Lageberichten aus Berlin, »immer voll Blumen und Bildreihen, die es gemalt hatte« und voll von Bitten, bald wiederzukommen, dürften an solchen Abenden zu Luis Bettlektüre gehört haben.

Das Kind ist außer sich vor Glück, als er Ende August überraschend früh in der Lennéstraße eintrifft und als sie acht Tage später gemeinsam der Heimat entgegenreisen. Auf neue Art bekommt Lui die Bürde seiner Alleinelternschaft zu spüren. Eine neue Ehe muss her. Lui hat seine zweite Frau schon längst im Blick. Nicht völlig überraschend entstammt sie einem reformierten Pfarrhaus. Eine Kameradschaftsehe grimmschen Zuschnitts ist es diesmal. Den Schwiegervater Christoph Friedrich Ernst, Generalsuperintendent und damit das Kasseler Äquivalent zum Urgroßvater Friedrich Grimm, kennt Lui noch aus dessen Amt als Hofprediger, eine »angenehme Erscheinung«, in dessen Nähe es schon den Fünfzehnjährigen zog, als die Mutter, frisch aus Steinau zugezogen, wieder religiöse Zucht in die Familie brachte und die Kinder regelmäßig in den Sonntagsgottesdienst trieb. Seine Predigten, die Obskurantismus, Nationenhass und Sklaverei geißelten, sind legendär.

Vergöttertes Einzelkind: Friederike Grimm, von ihrem Vater Ludwig 1839 gezeichnet.

Die Hochzeit mit Friederike Ernst im April 1845 – von den Verwandten feiern nur Carl und Ideke mit, die übrigen sind in Deutschland verstreut – leitet das Leben erneut in ruhige Bahnen. Die Ehe bleibt kinderlos, aber Ideke hat eine neue Mutter. Das ist umso wichtiger, als die Witwe Böttner, Luis erste Schwiegermutter, ertaubt und nur noch bedingt eine Hilfe ist. Gelegentlich entflieht Lui der Routine und reist nach Westfalen zu den Haxthausens oder besucht einen seiner nordhessischen Freunde. Einmal geht es noch mit seinen beiden Friederiken nach Steinau, Station einer »Abschiedstour« durch ganz Süddeutschland, im Postwagen wie einst, den Lui komfortabler findet als die schnellere

Eisenbahn. Eine noch ganz ungebräuchliche Form nehmen seine künstlerischen Reisenotizen an: Er klebt fast hundert Zeichnungen aus seinem Buch, die er wie üblich mit Randnotizen ausführlich kommentiert hat, zu einer »Reiserolle« zusammen. Auch Besuch empfängt Lui aus Berlin von Dorothea mit den heranwachsenden Kindern, von Jacob, dessen Rossnatur es ihm erlaubt, auch in seinen Sechzigern noch hochmobil zu bleiben und als prominenter Repräsentant der deutschen Geisteswissenschaften bis nach Holland oder Italien zu reisen.

KAPITEL 10
DIE GÖTTINGER SIEBEN
(1829-1840)

Der Vormärz in Göttingen

Kurfürst Wilhelm I. nahm seit jeher gegenüber den philologischen Arbeiten der Brüder Grimm einen Standpunkt verständnisloser Neutralität ein. Sein kalter Kommentar zum Widmungsexemplar des ersten Bandes konnte ernüchternder nicht sein. Wenigstens hielt Kurfürstin Wilhelmine ihnen die Stange und konnte Verbesserungen für sie erwirken, und sei es unter beherztem Griff in ihre wohlgefüllte Privatschatulle. Als die Kurfürstin Anfang 1820 stirbt, verlieren die Grimms auch ihre letzte mächtige Fürsprecherin bei Hof.

Der Kurfürst stirbt seiner Gattin ein Jahr später hinterher. Schon vor dem Amtsantritt seines Sohnes Wilhelm II. im Februar 1821 schafft dieser verstörende Tatsachen: Am Tag nach dem Tod des Vaters lässt er seine Mätresse Emilie Ortlöpp ins Stadtschloss einziehen und erhebt sie Tage später in den Stand einer Gräfin Reichenbach. Dies sorgt für Diskussionen unter den Kasselern. Jacob fängt die Stimmung in einem Brief an Savigny auf: »Man fühlt sich unheimlich und nicht sicher.« Dass Wilhelm II., der sich schon in den Koalitionskriegen nicht mit Ruhm bedecken konnte, im Volk keinerlei Autorität genießt, ist für ihn ein Warnzeichen. Auch die angekündigten politischen Reformen des neuen Kurfürsten schadeten dem »moralischen Ansehen« der

»Autoritäten« und deren »Bedeutung unter dem Volk«; dies schmälere ihre »sittliche Macht«. Besonders beunruhigend findet Jacob, dass Wilhelm II. den Stellenwert von »Universität und Wissenschaftssachen« überhaupt nicht begreife. Dies betrifft sie direkt, denn der Bibliothek fehlt Geld, das dringend für Neuanschaffungen benötigt wird. Der Hof dagegen verschwendet Mittel fürs Theater.

Nicht allein dadurch verschlechtern sich nun erneut die Bedingungen für die gesamte Familie. Auch müssen die beiden Brüder nun feststellen, dass sie auf der falschen Seite stehen. Wilhelms Berufung durch Wilhelms II. Frau Auguste von Preußen – die ihrem Mann in offener Feindseligkeit verbunden war – zum Prinzenerzieher war zum falschen Zeitpunkt gekommen. Dass er wie auch Jacob und Lui dem Schönfelder Kreis der Kurfürstin angehört, macht die Angelegenheit nicht einfacher, sondern sorgt dafür, dass die Grimms den neuen Gewaltigen als Männer der Kurfürstin gelten. Ein Vertrauter steckt ihnen, dass sie bei Hof »schlecht angeschrieben« sind. Bald finden sie sich drangsaliert: Man übergeht sie bei den turnusmäßigen Gehaltserhöhungen, lehnt ihre Urlaubsgesuche ab, verordnet ihnen eine kostspielige, »an sich widerwärtig zu tragende Uniform«, deren Kosten sie wie üblich selbst zu tragen haben. Gerüchte um ein Mordkomplott gegen den paranoiden Wilhelm II. rücken sie gar in die Nähe von Hochverrätern. Der Fürst lässt seine Theaterloge panzern und verstärkt die Schar seiner Spitzel. Kurhessen wird zum Polizeistaat. Das ist nicht die richtige Art, seine Daseinsberechtigung zu unterstreichen, finden die Grimms.

Jacob lässt sich in einen Kleinkrieg mit seiner Aufsichtsbehörde, dem Oberhofmarschallamt, verwickeln. Die aus seiner Sicht absolut überflüssige Verpflichtung, den gesamten, achtzig großformatige Bände umfassenden Bibliothekskatalog abzuschreiben, setzt den Schikanen die Krone auf, zumal diese Arbeit größtenteils auf seinem und Wilhelms Schreibtisch landet. Vergebens protestiert er: »Das frohe Gedeihen meiner Berufsgeschäfte, welche ihrer Vielseitigkeit wegen, eine ruhige, freie Gemütsstimmung fordern, leidet darunter empfindlich; die Zahl der mechanischen Arbeiten, deren mir schon genügend aufgebürdet sind, steigt immer mehr.« Sie müssen sich fügen, zumal sein Vorgesetzter droht, Jacob beim Kurfürsten persönlich anzuzeigen. Anderthalb Jahre nimmt dieses bis dahin »sauerste« Geschäft seines Lebens in Anspruch.

Auch privat werden sie kujoniert. Der Kurfürst lässt ihnen kurz vor Jahresende die Wohnung im Wilhelmshöher Tor kündigen. Es herrscht Wohnungsnot, aber bis Weihnachten müssen sie und ihr gesamter Hausrat samt Büchern draußen sein. Man gewährt gnädig einige Wochen Aufschub, aber schließlich sind

Erinnerungsblatt an die Brüder von Kassel nach Berlin:
Luis Blick aus der Bellevue 6 auf Schloss Orangerie. Aquarell, 1847.

sie genötigt, in der Fünffensterstraße mitten in der Stadt mit einer engeren, teureren Bleibe vorliebzunehmen. Das Fehlen einer Aussicht auf Bäume und Himmel stört ebenso wie die »Bemühungen« des Stabstrompeters der nahe gelegenen Kaserne. Die Grimms sehen sich bald nach einem besseren Quartier um und finden es zwei Jahre später in der Bellevuestraße am Rand der Oberneustadt, wo sie nun frei über die Fulda-Aue und die fürstliche Orangerie auf die Hügel des Kaufunger Waldes blicken können. Nun sind sie wieder zufrieden, wie Wilhelm Jenny von Droste-Hülshoff meldet: »Wie schön und rein ist der Duft des Morgens und Abends, wie prächtig der reiche Sternenhimmel und der aufgehende Mond! Dabei ist es fast immer still und nichts von dem Stadtlärmen zu hören.« Bereits zwei Jahre später müssen sie wieder packen, denn ihre Vermieterin braucht die Wohnung für sich. Der Umzug geht ohne Wagen vonstatten, denn das neue Haus ist weniger als einen Steinwurf entfernt. Die Besitzerin ist – wir wissen es längst – Luis alte Bekannte: Friederike, die Witwe des Hofmalers Böttner, der Lui eigentlich hatte ausbilden wollen. Sie lebt dort mit ihrer noch unverheirateten Tochter Marie. Eine Beziehung, in deren Verlauf Lui vom Mieter zum Hauseigentümer wird. Er liebt das Gebäude und wird Interieur und Ausblick mehrfach zeichnen. So erfolgreich sind seine Brüder nicht. Zeitlebens werden sie es nie zu einer eigenen Immobilie bringen. Im Gegenteil heißt es nur drei Jahre später erneut umziehen.

Als Anfang 1829 der gemeinsame Vorgesetzte Johann Ludwig Völkel stirbt, hoffen die Brüder auf die gemeinsame Absicherung ihrer Arbeit in Form einer gleichzeitigen Beförderung: Jacob will erster Bibliothekar werden, Wilhelm die damit frei werdende Position des zweiten Bibliothekars einnehmen, wie sie dem Kurfürsten »in tiefster Ehrerbietung ersterbend« offerieren. Zusammengenommen, so erinnern sie ihn, dienen sie bereits achtundzwanzig Jahre der kurfürstlichen Bibliothek. Schon allein deshalb fühlen sie sich berechtigt nachzurücken. Des Monarchen knappe Antwort an den zuständigen Minister von Meysenbug: »Beyde Gesuche werden abgeschlagen.« Meysenbug ist auch unzugänglich für gesichtswahrende Alternativen. Den Posten erhält der frisch geadelte Philologe, Staats-Archivar und Hof-Historiker Dietrich Christoph von Rommel, der sich in der Kasseler Bibliothek nicht zurechtfindet, wie die Brüder zur Genüge erfahren haben, und schon mal Wurmfraß für Runen hält. Er übernimmt kostensparend die Aufgabe zusätzlich zu seinen bisherigen Verpflichtungen. Die Brüder – Jacob hat seit dreizehn Jahren nie um mehr Gehalt gebeten und nie mehr erhalten – bekommen aus diesem Anlass eine kleine Zulage.

Ein klatschender Schlag ins Gesicht der Brüder Grimm – und ein Signal zum Aufbruch. Dabei hatte Jacob mit Rücksicht auf Wilhelm die vielen Abwerbeversuche von außen, unter anderem aus dem königlichen München, abgelehnt. Er wollte sich nicht trennen. Mit Wilhelms Verehelichung ist die Abhängigkeit umso drückender geworden. Allerdings liegen nun die Dinge fundamental anders. Als die Beförderung von Rommel bekannt wird, erinnert sich ein alter Bekannter aus Jacobs Diplomatenzeit an ihn: der Bremer Senator Johann Smidt. Smidt schätzt Jacob hoch und lässt es sich nicht nehmen, bei den Grimms vorzusprechen, wenn immer er auf Durchreise durch Kassel ist; einmal schickt er einen ganzen Kalbsbraten, um sich erkenntlich zu zeigen. Erneut bringt Smidt einen Plan auf den Tisch, der zwei Jahre zuvor an Jacobs Unzertrennlichkeit von Wilhelm gescheitert war: eine Professur im hannoverschen Göttingen, verbunden im Stil der Zeit mit einem Bibliothekarsamt. Das überalterte Göttinger Kollegium braucht neu denkende Leute. Wilhelm und seine Familie dürfen mit. In der Bibliothek ist ein zweiter Posten frei. Auf einen Schlag soll ihnen dies 400 Taler jährlich mehr bringen, als von Meysenbug zahlen kann: Jacob darf mit 1000 Talern rechnen, Wilhelm mit 500. Die Reise ist bequem in einem Tag zu bewältigen, das ist, wie sich später zur Genüge erweisen wird, für die standorttreuen Grimms vorteilhaft. Die Entscheidung, den Ort zu verlassen, an dem sie zwar vieles auszusetzen haben, an dem aber auch »Mutter, Kind, andere nah verwandte geliebte Menschen« begraben liegen und an den ihre ängstliche Loyalität sie immer zurückzieht, fällt ihnen dennoch nicht leicht, denn »hier in Cassel sehe ich nach etwas aus; in Göttingen, München verliere ich mich unter vielen andern«, wie Jacob an Benecke schreibt. Der feinfühlige Wilhelm reagiert mit einer Gesichtsneuralgie, die ihn acht Wochen lang »entsetzlich« quält, auf den Veränderungsdruck.

Die Entscheidung fällt, die Brüder melden sich in Hessen ab – zunächst bei der Kurfürstin: »Mit dem tiefsten Schmerz verlassen wir Hessen, dem unsere Familie seit Jahrhunderten mit unbefleckter Ehre gedient hat, und die Anhänglichkeit an Cassel, wo wir gewiß den größten Teil unseres Lebens zugebracht haben, wird niemals erlöschen.« Auguste selbst lebt mittlerweile im Fuldaer Exil – wie könnte sie den Brüdern ihr Verständnis verweigern?

Wilhelm II. überraschen sie mit ihrer Kündigung. Er hat nicht mitbekommen, dass in seinem Kassel mit Großwerken wie Jacobs »Deutscher Grammatik« und seinen »Deutschen Rechtsaltertümern« und Wilhelms »Deutscher Heldensage« zwei Gelehrte von Rang herangewachsen sind. Gelehrte, die mit Ehrendoktortiteln geschmückt sind. Rommel persönlich muss es ihm bestätigen. Nun legt er nach, mit Beförderungsangeboten, mit Geld. Zu spät.

In Göttingen sind die Grimms keineswegs unbeschriebene Blätter, wie Jacob befürchtet hatte. Die renommierte Kaderschmiede hannoverscher und deutscher Intellektueller kennt sie seit Langem: ihre Artikel in den »Göttingischen gelehrten Anzeigen«, ihre Beiträge als korrespondierende Mitglieder der Akademie der Wissenschaften, ihre Bücher, deren einige der führende

Göttinger Verleger Dieterich herausgebracht hat, Luis Stichsammlungen bedeutender Göttinger Gelehrter. Dorotheas Urgroßvater war Bibliothekar dort. Mit 10 000 Einwohnern, Studenten eingeschlossen, ist die Stadt nach heutigen Maßstäben ein größeres Dorf. Kassel hat fast viermal so viele.

Lui verewigt den Auszug der grimmschen Ménage, bestehend aus den Brüdern, Dorothea, dem Kleinkind Herman und den Dienstboten Frau Ewig, Lieschen Sperling und einer Magd, karikaturistisch in einem Triumphzug. Dass Bürger und sogar Musikanten die Grimms begleitet hätten, entspringt allerdings Luis Fantasie. Tatsächlich vollzieht sich der Umzug unter ungünstigen Vorzeichen. Die mit Rudolf schwangere Dorothea erkrankt kurz vor der geplanten Abreise, muss in der schon geräumten Wohnung gepflegt werden, wo die Grimms das Weihnachtsfest bei einem »kleinen armseligen Weihnachtsbäumchen« verbringen. Jacob und Wilhelm reisen in schneidendem Frost voraus, der Wagen schließt nicht dicht, ein Blumenstöckchen wird unter dem Mantel vor der Kälte beschützt. Sie kommen vorläufig beim väterlichen Kollegen Benecke unter. Statt sich zu freuen, sorgt Jacob sich: »Ein bedenkliches, schwieriges Jahr für mich, Gott helfe hindurch.« Und er behält zunächst recht, denn kaum geht es in Kassel Dorothea besser, erkrankt Herman schwer. Die Nachricht erreicht Wilhelm am Tag seiner Einführung in der Bibliothek. Eine seinerseitige Erkrankung hält ihn zehn Tage auf, dann steht er an Hermans Krankenbett. Tränen überwältigen ihn beim Anblick des »bleichen und abgezehrten« Buben, der »seine magern Händchen« nach ihm ausstreckte. Die Rückreise der kaum genesenen Familie wird bei zugefrorenen Wagenfenstern glücklich bewältigt.

Nun müssen die Grimms noch Dorotheas Niederkunft und Wochenbett und ihren Umzug in die endgültige Wohnung meistern, deren Lage sie für all ihre Strapazen belohnt. In der »Allee«, der heutigen Goetheallee, kommt alles in fast dörflicher Überschaubarkeit zusammen, was im akademischen Göttingen Rang und Namen hat. Wohnungen der Kollegen und Universität sind unmittelbar benachbart, von den rückwärtigen Fenstern von Hausnummer sechs, wo die Brüder ihre Arbeitszimmer einrichten, sehen sie die Bibliothek.

Ein romantischer Göttinger Hörsaal: Lui hört aus der letzten Bank Jacob beim Lehren zu. Federzeichnung, ca. 1835.

Hatte Jacob in seiner splendiden Kasseler Philologenisolation befürchtet, in Göttingen zur kleinen Nummer herabzusinken, so ist er nun mit dem Gegenteil konfrontiert. Über sechzig Antrittsbesuche müssen sie absolvieren, sechzig Gegenbesuche bewirten. Wissenschaft kommt hier glamourös daher mit Ehrenempfängen, festlichen Diners und Bällen, bei denen Champagner fließt, Pasteten, Lachs, Hummer und Trüffel gereicht werden. Bürgerliche und kleinadelige Intellektuelle ahmen das Hofleben nach.

»Steifleinene, vornehmthuende Leerheit« nennt Savigny es. Jacob fühlt sich deplatziert, eckt an mit seiner Bemerkung, er bevorzuge »ein Stückchen Rindfleisch«, man amüsiert sich über ihn, wie Dorothea bemerkt. Sie muss mit der Mode gehen, um nicht aufzufallen. All dies kostet viel Geld, das die Grimms lieber nicht ausgeben würden. Die Aufbesserung ihrer Bezüge geht drauf für Luxus und Repräsentation. Auf der Strecke bleibt die ungestörte Arbeit. Heines boshafter Satz, Göttingen sei am schönsten, wenn man es »mit dem Rücken« ansehe, dürfte manchmal in ihnen widergeklungen sein. Gut, dass es neben den »alten Herren« mit ihren philiströsen, anachronistischen sozialen Ritualen junge, mobile Gelehrte gibt, deren Umgang geistig befruchtet.

Der mit Friedrich Christoph Dahlmann zumal, einem schwedischen Staatsbürger, Historiker und politischen Denker. Ein Gedanke in dessen Grundlagenwerk »Die Politik« dürfte in ihnen tief resoniert haben. Dahlmann vergleicht das Verhältnis zwischen Bürger und Staat mit dem Verhältnis zwischen Kind und Eltern. Das ist nicht originell, jeder Souverän gefiel sich darin, als von Gott eingesetzter »Landesvater« die Dinge in seinem Sinn zu ordnen und Gehorsam zu fordern wie ein Familienvater. Dahlmann dagegen erkennt eine andere, modernere Beziehung: die zur Mutter. Was der Vater durch Gewalt fordert, das erreicht die Mutter ohne Wehetun durch Bindung, durch »Liebe«. Die mütterliche Beziehung ersetzt das »Sollen« durch das »Wollen«. Den Gehorsam durch die Motivation, würden es heutige Führungstheoretiker ausdrücken. Und waren es nicht auch im Leben der Grimms immer die Mütter, die retteten, wenn die Väter und Männer versagten? Gilt die Loyalität der Grimms nicht in Wirklichkeit den Landesmüttern, der Wilhelmine, der Auguste, die Wilhelm so nahe ist, dass er sogar seine einzige Tochter nach ihr benennt?

Jacob und Wilhelm brauchen Freunde wie Dahlmann, denn die Arbeit an der Bibliothek – riesig groß, wie diese ist – langweilt sie. Jacob beginnt den Wechsel zu bereuen. Er wird innerlich nie ankommen in dieser Stadt. Wilhelm dagegen schätzt, dass man in Göttingen gefahrlos alles sagen kann – anders als in Kassel, wo der Bespitzelungsapparat von Jérôme auf die Kurfürsten übergegangen war. Innerhalb weniger Jahre lockern sich die privaten freundschaftlichen Beziehungen nach Kassel, Besuche werden selten, die Briefkontakte schlafen allmählich ein. Nur die familiären Beziehungen bleiben stabil.

Auch eine politische Herausforderung hält dieses »schwierige« Jahr bereit: die Julirevolution. Sie reiht sich ein in eine Reihe von Erhebungen zwischen der Befreiung von Napoleon und der Märzrevolution 1848, dem einer echten Revolution Ähnlichsten, das das umsturzaverse Deutschland je hervorbrachte. Von dieser Märzrevolution hat die Epoche den Namen Vormärz.

Warum war diese äußerlich so friedliche Epoche nach innen so krisenhaft? Der Hauptgrund liegt in der sozialen Frage, die zu lösen oder auch nur zu entschärfen die alten und die neuen Mächtigen unfähig sind. Zwar ernährt 1830 ein kleiner Kartoffelacker eine kleine Familie, während das zuvor auf derselben Fläche angebaute Getreide nur für einen Einzelnen gereicht hatte. Aber Deutschlands gesamte Produktivität hält mit dem Wachstum der Bevölkerung nicht Schritt – jedenfalls nicht das, was die Oberschichten nach Abzug des Luxus und der überbordenden Kosten für eine umständliche Verwaltung den Bauern, Handwerkern und Arbeitern übrig lassen. Gierige Adelige, Fabrikanten, Kaufleute und Bankiers wetteifern in ihren Demonstrationen des Reichtums: Seidene Vorhänge, türkische Teppiche, Pariser Möbel, ein Kamin aus echtem Marmor und dergleichen monierte bereits Wilhelm Grimm bei seinem Kasseler Bankier Jordis, Carls Arbeitgeber. Zusätzlich setzt der deutsche Rückstand gegenüber England und Frankreich in Fragen der Industrialisierung die Wirtschaft unter Druck. Auf ruinöse Kampfpreise reagiert sie mit

Enteignung der Schwachen. Massenarmut und Massenunsicherheit folgen. Die Löhne sinken, ebenso die Entgelte, die die Fabrikherren den Heimarbeitern für die Webware zahlen – viele von diesen sind verarmte Bauern, die mit geliehenem Geld auf eigenes Risiko einen Webstuhl in ihre armseligen Stuben gestellt haben und – Männer, Frauen, Kinder – ums nackte Überleben schuften, nur durch Erschöpfungspausen dabei unterbrochen. Wer etwa frühmorgens oder abends durch ein Weberdorf im schlesischen Eulengebirge ging, hörte aus jedem Haus die dumpfen rhythmischen Laute, mit denen das Schussgarn am Tuchbaum festgedrückt wurde: »Im düstern Auge keine Träne,/ Sie sitzen am Webstuhl und fletschen die Zähne:/ Deutschland, wir weben dein Leichentuch,/ Wir weben hinein den dreifachen Fluch –/ Wir weben, wir weben!« (Heinrich Heine).

Der schlesische Weberaufstand von 1844 ist nicht die einzige Revolte, die die Weber »anzetteln« – das Wort, mit dem sie das Aufziehen des Kettgarns auf den Webstuhl bezeichnen. Aber er ist die erste Revolte, die in der breiten Öffentlichkeit diskutiert wird. Unerschrockene Publizisten sorgen dafür – so effektiv, dass der Preußenkönig Friedrich Wilhelm IV. persönlich die Regeln bestimmt, wie sie an die Leine zu legen ist. Friedrich Wilhelm, der »Romantiker auf dem Preußenthron«, derselbe, dessen Verpflichtungsgefühl vor den ärmsten seiner Untertanen Bettine von Arnim noch im Vorjahr mit ihrem Werk »Dies Buch gehört dem König« zu schärfen versuchte.

Den Fabrikarbeitern geht es nicht besser: Sie sind nach durchschnittlich etwa fünfzehn Jahren von ihren Zwölf- und Vierzehn-Stunden-Schichten abgenutzt und verbraucht und werden anschließend im Allgemeinen als Invaliden der Fürsorge ihrer Familien überantwortet. Falls diese nicht für sie sorgen können, wartet das Elend auf sie. Renten- und Krankenkassen gibt es nicht. Die bestehende freiwillige Fürsorge hat längst kapitulieren müssen.

Zunehmend allerdings finden sich die Armen und Enttäuschten nicht stumm mit ihrem Schicksal ab und revoltieren nicht nur blindwütig und kurzsichtig in Judenpogromen und Maschinenstürmen. Sie politisieren sich: Immer häufiger richten sie den Blick nicht auf eingebildete Gegner, sondern auf die wirklichen. Und sie haben gelernt, sich zu organisieren. Aus Vereinen werden Bewegungen, aus sozialen Vereinen politische Bewegungen. Auch Verschwörungstheorien machen die Runde: Die Cholera-Pandemie, die Europa 1830 zu überziehen beginnt, sei ein willkommener Anlass, sich der überhandnehmenden Armen zu entledigen, und die hilf- und ahnungslosen Ärzte in Wirklichkeit geheime Henker[35], die die Obrigkeit geschickt hat. Es ist ja täglich zu sehen: In den überfüllten Quartieren der Armen – jede siebte Berliner Wohnung ist mit Schlafgängern belegt, Schichtarbeitern, die den Tag in den Betten ihrer Vermieter verschlafen – sterben die Menschen mit fürchterlicher Regelmäßigkeit und Geschwindigkeit würdelos in ihren eigenen Exkrementen. Die Reichen dagegen, ein komfortables, sicheres Leben gewohnt, erkennen, dass auch sie bedroht sind, und fürchten eine allgemeine Umwälzung der Verhältnisse.

Die Julirevolution von 1830 war die erste tatsächlich »europäische« Revolution. Erneut von Paris ausgehend, wo sie innerhalb drei Tagen die Bourbonenherrschaft beseitigte, »zündete« sie innerhalb weniger Wochen auch in Deutschland. Möglich war dies, da sich in der napoleonischen Ära und in den Freiheitskriegen eine breite Öffentlichkeit entwickelt und die Deutschen zu eifrigen Zeitungslesern und Politisierern gemacht hatte.

Diese Revolution zwang auch die Grimms, Farbe zu bekennen – zumal ihre alte Heimat zum Brennpunkt der Gewalttaten wurde. Denn Stadt und Land litten Not. Kurfürst Wilhelm II. weigerte sich, es dem preußisch dominierten Deutschen Zollverein anzuschließen, der die Schaffung eines wirtschaftlichen Binnenmarkts und die Vereinheitlichung der fiskalisch-ökonomischen Rahmenbedingungen zum Ziel hatte und also Schluss machen wollte mit der lähmenden Kleinstaaterei wenigstens in wirtschaftlicher Hinsicht.

Wilhelm – der an die Ehe mit der verhassten preußischen Königstochter Auguste gekettet war, aber im Bann seiner Geliebten Emilie Ortlöpp stand – war kein Freund der Preußen. Er zog es vor, den gegen Preußen gerichteten und unwirksamen Mitteldeutschen Handelsverein zu gründen, der allerdings Kurhessen von seinen stärksten Nachbarn abkoppelte. Die Folgen waren greifbar, auch für die Hessen: Bürokratismus, Schwerfälligkeit, Teuerung und, aus alledem resultierend, verbreiteter Mangel am Notwendigen bis hin zur Hungerkrise.

Während die Pariser auf die Barrikaden gingen und die Hessen darbten, kümmerte sich der Kurfürst um – sich selbst. Er weilte, als hätte es nichts Wichtigeres gegeben, in Wien, um persönlich für seine Mätresse den Reichsfürstenstand zu erlangen – erfolglos, denn Metternich ließ ihn abblitzen. Auf dem Rückweg kurte er erst einmal in Karlsbad. Die Kasseler verloren unterdessen die Geduld – mit den Zuständen, mit der luxusliebenden Mätresse, mit Wilhelm selbst. Als dieser Mitte September in sein Kurfürstentum zurückkehrte, Seite an Seite mit seinem Sohn Friedrich Wilhelm, mit dem er sich angesichts der bedrohlichen Verhältnisse ausgesöhnt hatte, war sein Volk in Aufruhr. Kasseler Bürger, angeführt vom Bürgermeister, forderten unter Hinweis auf die Notlage des Landes die Einberufung der Landstände, also der politischen Vertretung der privilegierten Stände gegenüber dem Landesherrn. Vor den Fenstern des Schlosses wartete der Mob auf ein Zeichen fürstlicher Unnachgiebigkeit, um loszuschlagen. Lui Grimm hielt diese Konfrontation fest. Die Szene ist beklemmend: Der untersetzte Fürst, die eine behandschuhte Hand auf den Knauf seines Degens gestützt, empfängt mit versteinerter Miene das Petitionsschreiben der Revolutionäre aus

363

der Hand des Bürgermeisters, hinter dem die Phalanx der Bürger aufmarschiert ist – zwar den Hut unterm Arm, aber Entschlossenheit im Gesicht tragend. Ein junger Mann hat im Hintergrund die Hand mit einem weißen Taschentuch bereits erhoben – wird er sie gleich als Fahne der Kapitulation im Fenster wehen lassen, oder wird es stattdessen zum Blutvergießen kommen?

Am 24. September 1830 stürmen auch in Hanau empörte Bürger das Lizentamt (Zollamt) am Hanauer Heumarkt. Von den Türmen der Stadt wird zum Sturm geblasen. Mobiliar und Akten fliegen aus den Fenstern auf den Heumarkt und veraschen in einem riesigen Scheiterhaufen. Erst zwei Bataillone Militär machen der Empörung ein vorläufiges Ende. Aber acht Wochen später erhebt sich auch das Hanauer Proletariat gegen die Teuerung; diesmal wird die Bürgergarde mit den Revolutionären fertig und schießt sie zusammen.[36] Auch auf dem Land und in den kleinen Städtchen brennen bald die Barrikaden. Steinauer Bürger und Arme tun es den Hanauern gleich; auch das Amtshaus verschonen sie nicht. Nur an das kurfürstliche Schloss wagen sie sich nicht heran. Wilhelm Grimm, gerade auf dem Weg nach Steinau in Fulda angelangt, verzichtet angesichts schwer bewaffneter kasselischer Militärkolonnen auf den letzten Teil seiner Reise. An Jacob schreibt er: »Es war nicht möglich, ohne Gefahr von Fulda aus weiter zu gelangen ... Dort ist es meist nur Aufruhr von Gesindel, das plündern und zerstören will, und die ordentlichen Einwohner hatten sich dagegen aufgestellt, waren aber etlichemal unterlegen. Der Rentmeister hat sich im Hemd geflüchtet, und als die Frau mit den Kindern um das Leben flehte, haben sie das bewilligt, aber der Schinder, der bei dem Haufen war, ist herausgekommen und hat Frau und Kinder geküßt, um ihnen seine Unehrlichkeit mitzuteilen. Darin liegt etwas empörenderes als in anderm Frevel.«

Schlüsselszene der 1830er-Revolution: Die Kasseler fordern von ihrem Kurfürsten eine Verfassung. Radierung von Ludwig Emil Grimm.

Worin mag das besonders Empörende bestanden haben in Wilhelms Augen? Dass der Schinder, »unehrlich« von Geburt, da nicht zunftfähig, schamlos und standeswidrig aus der Masse des Mobs heraustrat, die bedrohten Opfer schützen und vielleicht sogar auf seine Seite herüberziehen wollte und damit gleichzeitig zum Individuum wurde in einer Geste der Selbstermächtigung?

Da zeigt sie sich wieder, die alte grimmschen Angst vor der Deklassierung. Jedenfalls ist es kennzeichnend für Wilhelm, in dieser Lage keine Lanze gebrochen zu haben für »das einfache Volk«, von dem er wusste, dass es litt – nicht mitgefühlt zu haben der Ordnung zuliebe, die die Grimms über alles stellten, selbst wenn diese ungerecht, schädlich und anachronistisch war. Nicht anders Lui, der deutlich unterschied zwischen Bürgern wie ihm und den »Krawallern«, die sich nicht anders zu helfen wussten, als indem sie auf die Straße gingen, da sie sich auf Petitionen nicht verstanden und niemand sie in seinem Schloss empfing.

Die Radikalen, die Armen, die Verzweifelten unterlagen gegen fürstliche Truppen und städtische Garden. Die kurhessischen

Bürger dagegen erhielten eine Verfassung nach ihrem Geschmack – eine der liberalsten Deutschlands. Entlarvend ist allerdings die Schwurformel, mit der jeder über Siebzehnjährige seine Staatsloyalität zu beeiden hatte: »Ich gelobe Treue dem Landesherrn (der sich zur selben Zeit mit seiner Mätresse im Hanauer Schloss Philippsruhe müßig vergnügte), Gehorsam dem Gesetz und meinen Vorgesetzten …« Diejenigen, deren Druck die Fürsten erst das Fürchten gelehrt hatten, hatten nicht viel von der neuen Liberalität. Sie waren und blieben der macht- und willenlose »Schaum auf der Welle« der Geschichte, wie Büchner es in seiner Empörungsschrift »Der hessische Landbote« ausdrückte. Büchner rechnete seinen Lesern im Einzelnen vor, wie der staatliche Verwaltungs-, Repräsentations- und Unterdrückungsapparat – zu dem genau genommen auch Menschen wie die Grimms gehörten – den Löwenanteil der Steuern verbrauchte und dennoch den Großteil der Bevölkerung nicht vor Willkür, Misswirtschaft und den zerstörerischen Kräften der Industrialisierung schützte.

Die Schockwelle der Pariser Julirevolten von 1830 erreicht Göttingen mit sechs Monaten Verspätung, dann aber heftig. Anlass ist die Schrift des örtlichen Justizrats von dem Knesebeck, die unter dem Motto des gefälschten Napoleonzitats »Die Canaille heißt Volk, sobald sie im Kampfe gesiegt hat« eine völlige Entmachtung der unteren Stände fordert. Die Forderung, »unbemittelten Individuen der unteren Stände« ein Studium zu verweigern, bringt die Studenten auf die Barrikaden. Einen ihrer üblichen, von der Obrigkeit im Allgemeinen tolerierten Straßenumzüge mit ihren »Vivats« vor den Wohnhäusern beliebter öffentlicher Personen und ihrem feindseligen Gegenteil, den »Pereats«, funktionieren sie zu einem gewalttätigen Demonstrationszug um. Teile des Volks solidarisieren sich, selbst in umliegenden Dörfern. Sie besetzen das Rathaus und fordern vom König in Hannover die versprochene Verfassung. Nach zwei Wochen stellen 5000 Soldaten kampflos die »Ordnung« wieder her und plündern weidlich die Stadt. Sämtliche Studenten haben die Stadt zu verlassen, ihre Anführer erwartet harte Bestrafung.

Zwei Jahre später kommt dennoch die Verfassung. Sie kommt vom englischen König William IV. De jure Rektor der Göttinger Universität, Vorgänger der legendären Queen Victoria und in Personalunion hannoverscher Monarch, ist er im Volk beliebt, weil er Luxus, Gepränge, Konvention und Etikette hasst. Seine Karriere bei der Marine prägt ihn, die Engländer nennen ihn wahlweise »Sailor King« oder »Sailor Bill« oder auch »Silly Billy«. Mit Jacob Grimm hätte er sich wohl bestens verstanden. Gott holt den Sailor King 1837 von der Kommandobrücke. Mit seinem Cousin Ernst August I. erhält Hannover nach mehr als hundert Jahren wieder einen eigenen Regenten. Dieser hält es lieber mit den Knesebeck'schen Thesen. Williams Verfassung, von den Grimms wie den meisten bürgerlichen Gelehrten begrüßt, war für ihn ein Schritt in die falsche Richtung. Sie muss weg.

Exil in der Heimat und das »Deutsche Wörterbuch«

Wo standen die Brüder Grimm politisch in dieser politisierten Zeit? Wie bereits ihr Vater waren sie absolut abhängig von absolut und mit Willkür regierenden Fürsten, die ihnen ein knappes Auskommen sicherten. Sie hatten sich einzufügen in eine Maschinerie von mehr oder minder kompetenten Beamten, mussten für jede Lappalie die Genehmigung des Serenissimus einholen, mussten sich gängeln lassen und wiederholt erleben, dass die adeligen unter diesen im Zweifelsfall »gleicher waren« als sie oder als andere Bürger. Nicht einmal der Umstand, dass sie als Pfarrerfamilie gewissermaßen näher an Gott waren, den die Fürsten als oberste Instanz im Munde führten, änderte daran etwas. Blaues Blut war eben doch kostbarer, selbst wenn der Kopf, den es durchfloss, ein Schwachkopf war. Jacobs geistige Überlegenheit löste Gefühle des Stolzes in ihnen aus – aber nicht erkennbar den Zorn, der die Adeligen zum Teufel wünschte oder gar tatkräftig daran mitwirkte, sie zum Teufel zu schicken.

Daran änderte auch der Umstand nichts, dass ihre fürstlichen Brotherren sie schlecht behandelten, ganz so, als hätten sie es besser nicht verdient. Das fing bereits in Steinau an: In dem Moment, als der hochverdiente Jurist Philipp Wilhelm Grimm verstirbt, sind die Grimms Abfall für Kurfürst Wilhelm I., und nur die Loyalität der Frauen – Tante Schlemmer, Tante Zimmer, Kurfürstin Wilhelmine – rettet die Grimms vor dem Elend. Ihre Loyalität dem Monarchen gegenüber – dem sie ihrerseits schlicht egal sind – und die Wichtigkeit, die sie ihm beimessen, muten da fast skurril an. Mit den Kasselern jubeln sie um die Wette, als der herrische Menschenhändler aus dem Exil zurückkehrt – haben sie in diesen sieben Jahren vergessen, dass auch er ein protzender, politisch unfähiger Willkürherrscher war? Jacob nimmt an der Grundsteinlegung des Neuen Schlosses teil und »von $^1/_2 8$ bis $^1/_2 4$« in Wilhelmshöhe am Trauerzug für den Monarchen. Vielleicht musste er dies von Amts wegen – aber musste er auch den Todeszeitpunkt registrieren und notieren, als wäre sein eigener Vater gestorben? Wie konnte Wilhelm dichten »o wie selig Hessen / Dem Kurfürst Wilhelms Liebe bleibt vorwaltend«? Eine »Liebe«, die darin bestand, zur persönlichen Bereicherung seine jungen, kräftigen Untertanen zum Kriegsdienst zu verkaufen?

Es wäre zu einfach, den Brüdern Grimm ein »Wes Brot ich ess', des Lied ich sing« als Summe ihres politischen Denkens und Empfindens zuzuschreiben. Es scheint eher, dass die vorwärtsgerichteten Utopien des an Utopien so reichen 19. Jahrhunderts an sie verloren sind. Dass sie sich zeitlebens nach landesväterlicher Liebe sehnen, so wie sie die längste Zeit ihrer Kindheit ohne väterliche Liebe auskommen mussten. Gegenseitige »Liebe« – »Verantwortung« wäre heute vielleicht das zeitgemäßere Wort – hält die verschiedenen Stände in Harmonie zusammen. Es kommt nicht darauf an, dass jeder dasselbe hat und dieselben Chancen erhält, sondern es kommt darauf an, dass jeder das erhält, was er verdient. Ein solcherart »liebevoller«, verantwortungsvoller Fürst hat auch die »Liebe«, die Loyalität seiner Untertanen verdient, die bis zur Selbstaufopferung gehen darf – im Kampf gegen die, die diese Ordnung stören oder gar zerstören wollen wie die Franzosen.

Vergleichen wir dies mit den Eigenschaften, die der Urgroßvater Friedrich Grimm der Ältere gut hundert Jahre zuvor in seiner Leichenpredigt für Landgraf Philipp Reinhard von einem guten Fürsten gefordert hatte: »Gottesfurcht/Demuth/Weißheit/Gerechtigkeit/Mäßigkeit/Gnade/Leutseeligkeit«. Dieser kleine »Fürstenspiegel« ist von dem seiner Urenkel gar nicht so weit entfernt. Zwar ist sein Begründungsrahmen theologisch, und der der Brüder Grimm politisch, aber in beiden Fällen muss das Gute von oben kommen, und jeder Versuch »der da unten«, sich das zu holen, was ihnen zusteht oder was sie dringend zum Überleben brauchen, unterfällt grimmscher Verachtung. So wach in sozialer Hinsicht, wie die Grimms im privaten Umfeld sind, so blind äußern sie sich politisch zur sozialen Frage.

Eines allerdings kann sie in Harnisch bringen: Wenn Fürsten egoistisch ihre Verantwortung vergessen und taub werden für die Schwingungen ihres Volkes. Und das Volk der Befreiungskriege, das mit seinem Blut dafür gezahlt hat, dass Monarchen wie Wilhelm I. in Glanz und Gloria sich wieder auf ihre Throne setzen können, schwingt für Verträge mit diesen Fürsten. Für das Gespräch zwischen Oben und Unten. Für Parlamente. Für Verfassungen. Napoleons Hundert Tage haben soeben begonnen, Jacob schreibt in Wien diplomatische Korrespondenz, da formuliert Wilhelm im »Rheinischen Merkur« bereits diesen Anspruch. Er formuliert ihn als Hoffnung: »Es scheint, als ob der Zeitpunkt, wo Fürsten und Völker einander wieder zu verstehen anfangen, endlich hereingebrochen sei. Eine verkehrte Politik hatte beide sich entfremdet, die Willkür bei den Hochmuth obenan gesetzt und unten hin das Mißtrauen bei die Unterdrückung. Da tritt jetzt die ständische Verfassung als eine wohlthätige Bindung und Vermittlung dazwischen ... Hessen hat die Ehre, das zweite nach Hannover, diese Verfassung ins Werk zu richten ... und der Fürst ... hat richtig eingesehen, wie das Vorgeben, die höchste Gewalt werde durch die Begründung eines öffentlichen Rechtszustandes beengt und eingeschränkt, ein Irrtum ist; denn die wahre Kraft des Regenten ist nur die sittliche Macht, die im Volke lebt; diese aber kann nur da gedeihen, wo das Gefühl selbstständiger Freiheit das Gemüt hebt und stärkt.«

Anders ausgedrückt: Das Volk, das seine Herrscher selbst wieder eingesetzt hat, verdient, dass diese den Absolutismus überwinden. Das ist die »Liebe«, die allein die Gegenliebe der Untertanen verdient. Hergebrachte Willkür durch Bespitzelung und Unterdrückung aufrechterhalten zu wollen, ist ein Irrweg, kann nicht funktionieren, bringt kein »Gedeihen« in den Garten, dem der fürstliche »Gärtner« vorgesetzt ist. Der »Garten« gedeiht und bringt die Frucht der Loyalität von unten, wenn nur dafür gesorgt ist, dass eine freie Öffentlichkeit angstfrei ihre Ideen austauschen kann.

Die Enttäuschung, dass Deutschlands Mächtige genau diesen Zustand nicht herbeiführen, klingt kaum vier Wochen später durch Wilhelms neuen Bericht »Aus Hessen« im »Rheinischen Merkur« hindurch: »Alle die alten Neigungen« habe der Kurfürst »unversehrt zurückgebracht«. Besonders die alte Neigung zur

Sparsamkeit. Kriegswitwen und -waisen verelenden, die Soldaten müssen auf ihren Sold warten, die Verwaltung wird ausgehungert. Und dennoch werden Leistung und Loyalität von ihnen verlangt und mit den Methoden des Polizeistaats durchgesetzt. Aber, warnt Wilhelm, »es ist ein gewaltiger Ruf abermals durch Deutschland zur Wehr erklungen, und in helleren Strömen braust das frische Leben des Volkes. Dem Schall entgeht keiner, ihn verschmähe keiner, über den die Gewässer nicht zusammenschlagen sollen.«

Besonders wenn es an die Unabhängigkeit der akademischen Lehre und die Freiheit der Lehrenden geht, verstehen die Brüder Grimm keinen Spaß, wie wir in Jacobs Erinnerungen lesen: »die obergewalt des staats hat seitdem merklich mehr in die aufsicht der schulen und universitäten eingegriffen. sie will sich ihrer angestellten fast allzu ängstlich versichern und wähnt, dies durch eine menge von zwängenden prüfungen zu erreichen. mir scheint es, als ob man von der strenge solcher ansicht in zukunft wieder nachlassen werde. zu geschweigen, dasz sie der freiheit des sich aufschwingenden menschen die flügel stutzt und einem gewissen, für die übrige zeit des lebens wohlthätigen, harmlosen sichgehenlassenkönnen, das hernach doch nicht wiederkehrt, schranken setzt; so ist es ausgemacht, daß, wenn auch das gewöhnliche talent meßbar sein mag, das ungewöhnliche nur schwer gemessen werden kann.«

Nicht nur der Bauer, Handwerker oder Kaufmann soll frei und freiwillig das Seine leisten dürfen, sondern auch der Geistesmann soll sich nach seinen inneren Gesetzen entfalten dürfen, um zur höchsten Fruchtbarkeit »gedeihen« zu können.

Hannovers neuer König Ernst August zeigt sich sofort nach Amtsantritt als schlechter »Gärtner«. Umstandslos erklärt er die Verfassung Williams für ungültig und setzt die vierzehn Jahre ältere und stärker vom Absolutismus geprägte Urkunde wieder ein. Entlässt die Minister und stellt sie als Departementchefs, als bloße Verwaltungsleiter wieder ein. Löst den Landtag komplett auf. Nicht nur ein Staatsstreich von oben, sondern auch ein persönlicher Affront gegen die Göttinger Professorenschaft, die Ernst August, der sich als Haudegen geriert und das Deutsche nur unvollkommen meistert, als »Federvieh der Tintenkleckser« verachtet. Denn Williams Verfassung trägt die Handschrift dieser »Tintenkleckser«, insbesondere die des mit den Grimms eng befreundeten Friedrich Christoph Dahlmann. Dieser organisiert denn auch den Widerstand mit einer »untertänigsten Vorstellung«, die neben ihm noch sechs – von einundvierzig! – Professoren unterzeichnen, unter ihnen die Brüder Grimm. Die Denkschrift reicht er beim Universitätskuratorium ein.

Die Brüder Grimm hängen gar nicht so sehr an dieser Verfassung, obwohl die, ganz nebenbei bemerkt, dem Souverän die Verfügungsmacht über das Staatsbudget entzieht, was vermutlich ein Hauptgrund für Ernst Augusts Übergriff war. Sie hängen aber an einer politischen Form, die sich an Vereinbarungen hält und diese nicht einseitig außer Kraft setzt. Explizit argumentiert die Denkschrift mit der Verantwortung der akademischen Lehre für die studierende Jugend. Wie soll sie diese zur Loyalität, zum freudigen Opfer für den Staat erziehen, wenn dieser, verkörpert durch den König, vertragsbrüchig und damit illoyal handelt? »Wenn die Wissenschaft hier kein Gewissen mehr haben darf, muss sie sich eine andere Heimstatt suchen«, bringen sie ihren Konflikt auf den Punkt.

Mit ihrer Eingabe an das Universitätskuratorium machen sie ihn öffentlich. Dahlmann und Jacob sowie ihr Kollege, der Historiker Gervinus, geben ihre Abschriften aus der Hand. Bald ist die Denkschrift in Göttingen Tagesgespräch, in kürzester Zeit kursieren Tausende Abschriften, vor allem natürlich unter den Studenten. Das ging so: Der eine las sie vor, die anderen schrieben sie mit und so fort. Die Kopien gingen an Freunde und Verwandte im In- und Ausland. Anschließend waren die deutschen Zeitungen voll von Berichten über die Affäre.

Schlimmer für Ernst August: Jemand hat das Dokument offenbar vorab der englischen Presse zugespielt – ausgerechnet der englischen! –, die mysteriöserweise bereits am Tag der Unterschrift über die Hannoverschen »Renegaten« berichtet. Das Ganze ist seinerseits ein politischer Akt der Gehorsamsverweigerung, die ihnen de jure nicht zusteht, und gleichzeitig ein Akt der öffentlichen Demontage des neu angetretenen Monarchen. Der König reagiert hart auf diesen Akt.[37] Er lässt sie vor das Universitätsgericht stellen und aus dem Dienst entlassen. Die drei Professoren, denen eine Weitergabe der Denkschrift nachzuweisen war, haben binnen drei Tagen das Königreich zu verlassen – unter ihnen auch Jacob. Das Experiment »weg von Kassel!« ist nach acht Jahren gescheitert.

Zwei Stunden nachdem die »Göttinger Sieben« ihre Entlassungsurkunden erhalten haben, »wogte die Weenderstraße von Studierenden«, so der Polizeibericht. Willkürliche Verhaftungen – sogar die Aula muss als Gefängnis herhalten – sorgen dafür, dass die Menge sich ohne Blutvergießen zerstreut – einstweilen. Am Abend und in den nächsten Tagen wiederholen sich Aufläufe, »Vivats« und »Pereats«, denen sich nun auch andere Bürger anschließen. Die Stadttore werden geschlossen und doppelt bemannt, Militär paradiert mit blank gezogenen Waffen in den Straßen, Berittene werden herbeordert. Es gilt der Belagerungszustand.

Pünktlich verlassen die Exilierten das Land. Wilhelm wird erst nach zehn Monaten nachkommen, sobald die Mietzeit beendet ist und er die Wohnung aufgelöst hat. Mit Tausenden Büchern und mit drei Kindern im Alter von fünf bis elf geht dies nicht so schnell. Eine letzte längere Trennung der unzertrennlichen Brüder und sicherlich für Wilhelm ein besonders eigentümliches Gefühl, so auf dem eigentlich verlorenen Posten aushalten zu müssen.

Die drei »Renegaten« fahren alle in dieselbe Richtung. Dem König ist daran gelegen, dass ihr Abzug so geräusch- und würdelos wie möglich vonstattengeht. So lässt er dafür sorgen, dass Wagenverleiher keine Fahrzeuge für etwaige Geleitzüge bereitstellen; mehr als zweihundert Studenten stehlen sich daraufhin mitten in der Winternacht aus der Stadt, um ihren Helden an der Landesgrenze ihren Respekt und Abschied zu entbieten. Die Professoren sprechen kurz zu ihnen, die üblichen »Vivats« antworten ihnen, man geht gemeinsam zu Tisch, singt ein paar Lieder, dann wird es still. Die Studenten kehren zurück in ihre Quartiere und Kneipen, und die einsamen Männer fahren ihren ungewissen Schicksalen entgegen.

Jacob hätte es vermutlich nicht erwartet – aber auch Kassel bereitet ihm einen triumphalen Empfang. Die Kurfürstin versichert ihn umgehend ihrer fortbestehenden »vollen Gnade«, wie er Wilhelm beruhigend schreibt. Selbstverständlich ist das nicht, denn ein Aufruhr in Kurhessen könnte auch sie ihre Privilegien und – wer weiß? – sogar ihr Leben kosten. Aber vielleicht fiel es edlen Frauen leichter, sich mit »denen da unten« zu solidarisieren, weil ihnen im Gefüge des patriarchalischen Hochadels die Rolle des untergeordneten Schachergutes zugemessen war.

Mit den Sympathien der einfachen Leute kommen dringend erforderliche materielle Erleichterungen für die Brüder, die Knall auf Fall ihrer Existenzgrundlage beraubt sind. Natürlich beherbergt sie Lui, nun Hausbesitzer, an der Schönen Aussicht. Er wird für eine Zeit lang zum Gravitationszentrum der Familie. Rudolfs Privatlehrer verzichtet auf Schulgeld. Ein Händler auf der Messe rabattiert ein Kleid für Dorothea. Das sind Wohltaten »aus dem Herzen des Volkes«, die die Brüder sicherlich mit einem Gefühl des Rechtgehabthabens quittieren. Wohl tun auch Demonstrationen der Zusammengehörigkeit seitens der Göttinger Kollegen: Der Jurist Gustav Hugo – mit Savigny ein Mitbegründer der Historischen Rechtsschule – feiert sein Dienstjubiläum in Kassel, damit auch Jacob daran teilnehmen kann, und nimmt auch an seiner Alma Mater kein Blatt vor den Mund. Sogar Graf Heinrich Levin von Wintzingerode versucht Wilhelm noch in dessen Göttinger Domizil zum Bleiben zu überreden, in wessen Mission, das lässt er nicht durchblicken. Wilhelm lehnt alle Vermittlungen ab, wenn diese nicht allen sieben Entlassenen zugutekommen.

Auch die Deutschen erweisen sich solidarisch. Die Nation hat ihre »Märtyrer der Freiheit«. Bald kommen Devotionalien in Umlauf, Porträts der Göttinger Sieben, gedruckt auf Papier oder gemalt auf die Lieblingsgegenstände der Studenten: Bierkrüge und Pfeifenköpfe. Eltern können ihren Kindern eine Darstellung des Abschieds an der Landesgrenze als Spielzeug in Blei gegossen schenken. Die Zeitungen registrieren auch in den folgenden Jahren jeden Schritt der Brüder Grimm; manchmal erfahren sie zuerst aus der Zeitung, was der andere treibt. Ihr Opfer macht sie endgültig und wider Willen zu hochberühmten Ikonen der Freiheit. »Göttinger Vereine« schießen aus dem Boden wie die Pilze nach dem Sommerregen; eine risikolose Art zu demonstrieren. Nebenbei spült sie Geld in die Kassen der Exulanten. Ob von Dorotheas Mitgift von 7000 Talern noch viel übrig ist? Mehr als das Dreifache dieser Summe kommt an Spenden zusammen.[38] Doch diese Geldgeschenke könnten vergiftet sein. Sind sie mit Hoffnungen, mit Erwartungen verbunden? Wer könnte sie politisch instrumentalisieren, um die Göttinger Sieben, um die Brüder Grimm unzulässigerweise scheinbar auf seine Seite zu ziehen oder in ein schiefes Licht zu rücken? Erneut erleben sie mit finanziellem Druck ungesunde Abhängigkeit. Fest erklärt Wilhelm, mit dem Parteiwesen der Zeit nichts zu tun haben zu wollen: »Unsere Sache hat nichts mit dem politischen Treiben

Die »Göttinger Sieben« in einer zeitgenössischen Darstellung. Wilhelm (links) und Jacob in zweiter und dritter Position.

gemein, wir sind fest entschloszen uns nicht für die liberale Fahne anwerben zu lassen.« Sie sondern zwielichtige Gelder aus. Besser in grimmscher Manier darben, als sich zu kompromittieren. Dennoch registrieren sie feinnervig, wer für und wer gegen sie ist und wer vielleicht seine Meinung nicht unbemäntelt ausspricht. Sie spüren die Unsicherheit, und diese fühlt sich nicht gut an für die beiden Mittfünfziger mit ihren materiellen Verpflichtungen.

Uneingeschränkt gut tut da die diskrete Solidarität der gerade verwitweten Frankfurter Bankiersgattin Marianne von Willemer, Goethes platonische Geliebte. Die Grimms und die Willemers waren zehn Jahre zuvor in Frankfurt miteinander bekannt geworden, ein Gegenbesuch in Kassel hatte freundschaftlich geendet und war in einen losen Briefkontakt gemündet. Ein Vermächtnis ihres Mannes erfüllend, setzt sie nun den Brüdern für drei Jahre eine Rente von je 600 Gulden aus. Das entspricht ungefähr dem, was die Brüder in Göttingen gemeinsam in einem Jahr verdienten. Dies soll nicht die einzige greifbare Geste der Hilfsbereitschaft von der Hand dieser außergewöhnlichen Frau bleiben, deren Charisma und Charme der früheren bettelarmen und verachteten Schauspielerin zu höchster gesellschaftlicher Anerkennung verholfen hatten. Aber es soll den Grund legen zu einer innigen Freundschaft mit Wilhelms Sohn Herman über einen Altersunterschied von 43 Jahren. Ihm wird sie gegen Ende ihres Lebens ihr größtes und traurig-schönstes Geheimnis anvertrauen.

Ein Gutes hat die erzwungene Entpflichtung: Die Grimms können sich ihrem Familienleben wieder widmen – und vor allen Dingen ihren Studien und Schriften. In dieser Zeit nimmt das größte, ungeheuerste Projekt der Brüder Gestalt an: ein Wörterbuch, das den Bedeutungen aller deutschen Wörter anhand von Schriftbelegen seit dem späten Mittelalter nachgeht. Wer sonst sollte dies in Angriff nehmen als sie – zwei erfahrene Philologen und ebenso erfahrene Bibliothekare, ausgezeichnet belesen und quellenkundig und begabt mit der ihnen eigenen Akribie, die der Kunsthistoriker Sulpiz Boisserée einst als »Andacht zum Unbedeutenden« bespöttelt hatte, die sie aber weit gebracht hat. Bereits im Frühjahr treffen Wilhelm, noch aus Göttingen anreisend, und Jacob im Heilbad Heiligenstadt im Eichsfeld zur Vorbereitung der Herausgabe zusammen, und im Herbst sind ein Vertrag unterzeichnet und eine Ankündigung veröffentlicht.

Warum dieses »Deutsche Wörterbuch«? Die Idee stammt nicht von ihnen, sondern von Verleger Reimer. Früher als andere erkennt er die Chancen, die das grimmsche Aufgabenvakuum bietet. Aber anders als etwa die barocken Sprachreiniger oder ihr

Zeitgenosse Ernst Moritz Arndt lassen sich die Brüder Grimm nicht auf eine Vorschriftensammlung ein, sondern wollen eine vollständige Dokumentation des tatsächlichen Sprachgebrauchs, und das ist neu. Es wäre sinnlos, finden sie, die Sprache puristisch von Fremdeinschlüssen zu säubern: Die Deutschen hätten die Begriffe für viele ausländische Produkte, Gegenstände und Ideen geborgt. Sie hätten auch das jeweils entsprechende Wort übernommen. In vielen Fällen hätten sich diese Wörter völlig eingebürgert, und ihre Herkunft wäre nur dem Sprachforscher bekannt. Andere wieder hätten ihre fremde Form beibehalten, man könne jedoch oft auf sie als präzise technische Ausdrücke in der Wissenschaft, in der Kunst und im Handel oder als stilistische Mittel des komischen und humoristischen Schrifttums einfach nicht verzichten. Für die Grimms kommt die Austilgung solcher Wörter – so sie denn leben und nicht Ausdruck einer modischen Manier sind – einer Verarmung des Wortschatzes sowie einer Einschränkung der natürlichen Entwicklung gleich. Diese vollzieht sich organisch, pflanzenhaft, und bei Strafe der Unnatur greift man in dieses Fortwachsen nicht künstlich ein. Ein Fremdwort dürfe selbstverständlich dann gebraucht werden, wenn es im Deutschen kein passendes Äquivalent gebe oder wenn der Satz nicht umgebildet werden könne. Die einzige allgemeine Regel in Wilhelms Worten: »Jeder fremde Ausdruck ist zu verwerfen, den wir reinlich und vollständig durch einen eigenen ersetzen können.«

Doch das »Deutsche Wörterbuch« überfordert die Brüder Grimm. Sogar sie, oder gerade sie. In einem Brief, den Wilhelm ein Jahr nach Arbeitsbeginn dem Generalsuperintendenten Hesekiel schreibt, wird der Arbeitsumfang des Großprojektes deutlich. In bewährter Manier haben sie bereits etwa fünfundvierzig Mitarbeiter, die nach ihrer Anweisung das komplette neuhochdeutsche Schrifttum sichten und auf Zetteln exzerpieren.

Aus diesen Zetteln zu insgesamt weit über 300 000 Wörtern entstehen in generationenlanger Arbeit die einzelnen Artikel. In der Hoffnung, dass »die sich hoffentlich noch vermehren«, bitten die Brüder ausdrücklich darum, sich nach weiteren potenziellen Mitarbeitern im Bekanntenkreis umzuhören. Denn ihnen ist klar: »Die aufgabe ist ihrer natur nach groß, und kann sonst nicht vollständig bezwungen werden.«

»Von der masse aus allen ecken und ritzen auf mich eindringender wörter gleichsam eingeschneit« sei er, gibt Jacob in der Vorrede zum ersten Band zu. An seinem neunundsechzigsten Geburtstag hält er ihn in Händen. Er endet mit dem wahrlich entlegenen Stichwort »Biermolke«: »f. molke von solcher milch, die man durch bier zum gerinnen bringt«. Der benachbarte Eintrag »Bierpfaffe« zeigt ein wenig von der Form der einzelnen Artikel: »m. dahergegen, wann ihnen einer gute lehren und unterweisungen sagen und fürschwätzen wolte, er wol für einen narrer, wahnsinnigen bierpfaffen und fantasten würde gehalten und ausgeschrien werden. Simpl. 1, 179. vgl. bierrede.« Das heißt: Sie haben einen einzigen Nachweis für dieses Wort gefunden – in Grimmelshausens barockem Schelmen- und Kriegsroman »Simplicissimus«, und was es bedeutet, geht aus dem Zusammenhang im Text hervor.

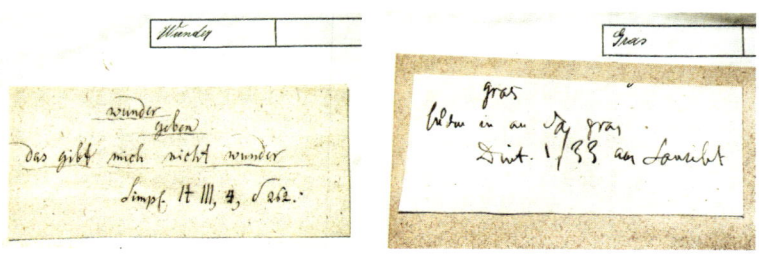

»wundergeben« und »Gras«– zwei von Hunderttausenden Wörterzetteln für das »Deutsche Wörterbuch«. Handschrift von Wilhelm Grimm.

Über der Arbeit vergehen sechzehn Jahre. Die Brüder haben sich mit ihrem ängstlichen Festhalten am Detail verstiegen und das Ganze aus dem Auge verloren. Für den monströs produktiven Jacob hatte es sich bisher immer ausgezahlt, mit seinen Büchern einfach loszulegen und etwaige Fehler der ersten Auflage in der zweiten zu korrigieren – aber beim Wörterbuch gibt es keine zweite Auflage. Sie werden nicht einmal mit der ersten fertig. Band 2 »Biermörder–Dwatsch« erscheint erst nach Wilhelms Tod. Den dritten Band, der bei »Forsche« endet, erlebt Jacob gerade noch. Der vielleicht fruchtbarste Germanist des 19. Jahrhunderts stirbt über dem Eintrag »Frucht« für Band 4. Der Tod nimmt den Grimms das Projekt aus der Hand.[39]

Auf der Strecke bleibt das System, die Einheitlichkeit. Dies ruft prompt die Kritik auf den Plan: »in seiner ganzen Anlage und großentheils auch in seiner Ausführung durchaus verfehlt«, nannte es Daniel Sanders, ein früherer Student Jacobs. Und ein Konkurrent. Auch er hat ein deutsches Wörterbuch in Arbeit; die Brüder haben eine Modewelle ausgelöst. Da war der erste Band gerade erschienen. Karl August Varnhagen von Ense, der den Brüdern Grimm immer kritisch gegenüberstand, pflichtet Sanders in seinen Tagebüchern bei: »Er weist ihnen zahllose Mängel, Ordnungslosigkeit und arge Verstöße nach ... Die beiden Brüder sind sehr gedankenlos an's Werk gegangen. Sie haben es mit ihrer bescheidenen Hoffahrt weit gebracht, sie hatten bisher ein fast unbestrittenes Ansehn. Stolz auf ihr ungeheures aber ungeordnetes Wissen, zertraten sie vor vielen Jahren das Wörterbuch von Heinsius[40] im Entstehen, jetzt in ihrem Alter müssen sie erleben, daß dieses noch jetzt, nach beinahe dreißig Jahren, besser gefunden wird, als das ihre. Die Demüthigung ist hart, doch nicht unverdient. Und niemand ist empfindlicher als sie beide!«

Die Brüder schlagen zurück. Besser: Sie lassen zurückschlagen. Fast immer haben sie Hilfstruppen, sie rufen sie auch diesmal zur publizistischen Vernichtung der »spinnen«, die »auf die kräuter dieses wortgartens gekrochen« sind und »ihr gift ausgelassen« haben. Dass Sanders einer jüdischen Mecklenburger Kaufmannsfamilie entstammte, stachelt zusätzlich den antijüdischen Reflex des »Angstbeißers« Jacob Grimm an. Als die erste Lieferung von dessen Wörterbuch erscheint, hat Jacob nichts an ihr auszusetzen als dieses: »Neulich wurde mir versichert, der Sanders sei ein jude, sodasz er also ein jüdischdeutsches wb. [Wörterbuch] unternommen hat, was manches in seiner art und weise erklärt.« Öffentlich und gnadenloser formuliert sein publizistischer Sekundant Karl Weigand im »Literarischen Centralblatt für Deutschland« den Vorbehalt, den Jacob nur privat geäußert hat: Sanders sei »gegen den größten Kenner unserer Sprache, Jacob Grimm, zu dem wahre Forscher stets mit Ehrfurcht aufblicken werden … von so unwürdigem Betragen, daß man mit Recht zweifeln muß, ob in den Adern des in seinem Tadel wahrhaft Unermüdlichen auch nur ein Tropfen deutschen Blutes fließe«. Die Gelehrtenrepublik ist inzwischen so weit, dass es nicht mehr darauf ankommt, was einer sagt, sondern wer es sagt – insbesondere wenn der Sprecher Jude ist.

Judenfeindschaft bei den Grimms

»Jedwedem Volke scheint es von Natur eingeflößt, sich abzuschließen und von fremden Bestandteilen unangerührt zu erhalten«, schreibt Jacob Grimm 1844 in seiner Vorrede zur »Deutschen Mythologie«. Eine Behauptung, von deren Unrichtigkeit er sich, wenn nicht in seinen Quellen, so doch in der Realität jederzeit überzeugen konnte. Er hätte nur nach Frankfurt schauen müssen, wo die Familie seines Freundes und Konkurrenten Clemens Brentano, vor zwei Generationen aus der Gegend des

Comer Sees zugewandert, absolut aufgeschlossen und in die Bevölkerungsmehrheit integriert, ihren internationalen Geschäften mit Zitronen, Olivenöl und Geld nachging. Goethe hatte an ihr nichts auszusetzen, als dass es in ihrer großzügigen Wohnung nach Fisch roch. (Es hinderte ihn jedenfalls nicht daran, der Ehefrau des Hausbesitzers nachzustellen, bis dieser ihn hinauswarf.) Der deutsche Adel und das Bürgertum kopierten die Vorbilder des gefürchteten französischen »Erbfeindes« bis hin zur Aussprache ihrer eigenen deutschen Sprache mit dem französischen Reibe-R statt des »teutschen« Roll-R, das nur die Dialekte bis heute bewahren. Die hessischen Soldaten töteten und starben mit ihren Regimentern dort, wo sie hinbefohlen wurden, und sei es übers Meer in den englischen Kolonien der Neuen Welt. Und nichts deutet darauf hin, dass Bauern und Handwerker zu Hause in ihren hessischen Dörfern blieben, weil sie es so wollten – viel dagegen darauf, dass es der Zwang von Mittellosigkeit und Leibeigenschaft war, der sie so sesshaft machte.

Auch der Blick über die Grenzen hinaus wäre instruktiv gewesen: In Preußen, im Rheinland lebten Minderheiten mit französischen Namen, deren Kinder problemlos deutsche Ehegatten fanden – völlig andere Fragen standen im Vordergrund, wenn es Allianzen von Mesalliancen zu unterscheiden galt: etwa die Konfession – diese zählte tatsächlich. Im revolutionären Frankreich hatte ein Regiment von Soldaten aus den Kolonien, die Légion Saint-Georges, unter dem Kommando des halbblütigen Guadeloupéen Joseph Bologne, Chevalier de Saint-Georges – übrigens eines Raufboldes, Sportsmannes, Salonlöwen, Komponisten und fantastischen Violinisten – sich für die Revolution durch halb Europa gekämpft. Nichts weist darauf hin, dass der durchschnittliche Hesse, Deutsche oder Europäer vornapoleonischer Zeit dem Drang unterlag, »sich abzuschließen und von fremden

Bestandteilen unangerührt zu erhalten«. Erst mit den Befreiungskriegen wendete sich das Blatt grundlegend.

Fruchtbarer war der Boden, auf den Jacob Grimms apodiktische Textstelle von der »natürlichen Abschließung« der Völker – und viele ähnliche Behauptungen vor und nach der zitierten grimmschen Aussage – weniger als hundert Jahre später fallen sollte. Der Lehrer und Volkskundler Wilhelm Schoof etwa hatte am Vorabend von Jacobs 150. Geburtstag im »Hanauer Anzeiger« zu vermelden, dass »Jacob Grimm von den gleichen Gedanken beseelt war und um das selbe Ziel gerungen hat wie Adolf Hitler« – ein Gedanke, den derselbe Wilhelm Schoof sechs Jahre später in »Rasse. Monatsschrift für den Nordischen Gedanken« wie folgt bekräftigte: »Obwohl ihm die heutigen Probleme von Blut, Rasse, Erbe noch nicht geläufig waren, hat Jacob Grimm mit genialem Spürblick doch ihre grundlegende Bedeutung für das Volkstum vorausgeahnt und betont, daß es für die Formung der Geistes- und Lebensrichtung eines Geschlechtes nichts Wertvolleres geben könne als das stolze Bewußtsein einer völkischen Kultur. Je tiefer ein Volk den Glauben an sich selbst erhalte, um so stärker müsse die Abwendung von allem Artfremden sich vollziehen.«

Zumindest die Welt der grimmschen Märchen ist tatsächlich eine »von fremden Bestandteilen unangerührte« – mit einer Ausnahme: den Juden. »Welsche«, also Franzosen oder Italiener, denen jeder Deutsche täglich begegnen konnte, fehlen auffällig. Juden kommen über vierzig Mal vor. Meist als Nebenfiguren, in drei Fällen auch als Hauptfiguren.

Drastischstes Beispiel: »Der Jude im Dorn«. Eine Geschichte, wie sie ähnlich kaum hundert Jahre später in Deutschland täglich geschehen konnte: Ein Knecht quält mutwillig einen Juden und nimmt ihm seine Habe. Als dieser im Dorf Rechtsschutz sucht, stellt sich heraus, dass der Jude gestohlen hat, und der Richter

Der Jude stirbt, der Deutsche geigt: Judenfeindschaft in Grimms Märchen »Der Jude im Dorn«. Illustration von Otto Ubbelohde.

lässt anstelle des Knechts ihn aufhängen. Die Wissenschaft tat sich lange schwer mit dem »Juden im Dorn« und mit der Judenfeindschaft in den »Kinder- und Hausmärchen« – soweit sie diese nicht bejahte nach Art eines Wilhelm Schoof. Es ist eine beiläufige Judenfeindschaft, die weder die Märchen dominiert noch die Sagen noch andere der vielen grimmschen Werke. An den seltenen Stellen, wo sie aber aufscheint, ist sie eine Judenfeindschaft der platten Stereotype: Der Richter will zunächst den Knecht an den Galgen bringen, denn er glaubt ihm nicht, dass der Jude sein Geld freiwillig herausgegeben habe – »das tut kein Jude«. Der Jude spricht seinen eigenen, komischen Dialekt – auffällig in einer Märchensammlung, in der Königinnen nicht anders sprechen als

Bauernmägde. Der Jude trägt einen »langen Ziegenbart« – zumindest trägt er ihn seit der Ausgabe 1837. Diesen und alle anderen karikierenden Züge ersparen die Brüder Grimm ihren Lesern in den früheren Ausgaben.

Ähnlich in den Sagen, obwohl dieses Genre gleichsam genauer und »ethnografischer« ist als die Märchen, da es auf eine starke sprachliche Stilisierung verzichtet. Zwei der historisch wirkmächtigsten Juden-»Sagen« haben die Brüder Grimm in die Sammlung aufgenommen – tatsächlich sind es monströse Diffamierungen von Juden, die angeblich Christenkinder schlachteten. Etwa die des Tiroler Bauernbuben »Anderl von Rinn«, um den sogar ein katholischer Märtyrerkult entstand; er wurde erst 1994 offiziell abgeschafft, lebt aber in fundamentalistischen Gruppierungen weiter, obwohl die Falschheit der Erzählung seit Jahrzehnten erwiesen ist. Heute kennen wir sogar den Erfinder dieser barocken »Fake News«, den Tridentiner Arzt und katholischen Fanatiker Hippolyt Guarinoni.

Es sind im riesigen Schriftenkorpus der Brüder nicht viele öffentliche judenfeindliche Ausfälle überliefert, und es gibt Gegenbeispiele, wo sie sich respektvoll über einzelne Juden äußern. Sie arbeiten mit Juden zusammen. Aber das eine entkräftet das andere nicht, und es gibt keine Gründe, nicht anzunehmen, dass den privaten Grimms »die Juden« als ganze Bevölkerungsgruppe ein Dorn im Auge waren. Die »Flucht in den Hass« vor der Angst – wir beobachten sie heute in Deutschland wieder vermehrt – bot sich auch ihnen zu verführerisch dar, als dass sie sich ihr nicht hingaben.

Dies ist erstaunlich, denn Juden gingen schon in ihrer Kindheit im Steinauer Amtshaus ein und aus. Repressionen hatten viele jüdische Familien in der Frühen Neuzeit aus den großen Städten aufs Land hinausgetrieben. Land zum Bebauen besaßen Juden als Zuzügler nicht und meist auch nicht die nötigen Mittel, ein ansehnliches Geschäft zu finanzieren. Also sicherten sie ihre Existenz in solchen Nischen, die Zunftwesen und fürstliche Privilegienwirtschaft ihnen ließen: das waren der Handel – wo sie mit den Handwerkern in Konkurrenz traten[41], die keine Mittelsleute wollten –, das Geldwesen und verschiedene Dienstleistungen. Den Herrschaften waren sie nützlich nicht nur dadurch, dass sie hohe Steuern zahlten; sie konnten sich auch Geld von jüdischen Bankiers leihen – und es zurückzahlen zu Bedingungen, die sie selbst bestimmten, denn Juden genossen schwächeren Rechtsschutz als Christen.

So zog die nahe Via Regia »Handelsjuden« an, meist hausierende Kleinhändler. Sie hatten sich zum Beispiel im eine gute Meile entfernten Ulmbach angesiedelt und dort eine Synagoge und eine Mikwe für die rituellen Waschungen errichtet. Auch in Schlüchtern gab es eine alte jüdische Gemeinde, der einige nach der Reconquista geflohene spanische Familien angehörten. Unter Muslimen konnten sie leben, unter Christen nicht. Der in der »Manessischen Liederhandschrift« verewigte Minnesänger Süßkind von Trimberg ist auf dem Schlüchterner jüdischen Friedhof bestattet. In Steinau dagegen hatten die Pestpogrome des Spätmittelalters die jüdische Gemeinde ausgelöscht. Seitdem durften Juden sich nicht mehr niederlassen und hatten vor Sonnenuntergang die Stadt zu verlassen. Den Einheimischen waren sie unentbehrlich, wie sie durch die Dörfer zogen und aus ihren Rückenkiepen feilhielten, was man nicht täglich, aber doch nötig brauchte: Nähnadeln und Garn, Glas- und Eisensachen, Messer und Essbestecke, billigen Schmuck und Spielzeug. Wie sie bei dieser Gelegenheit Botendienste verrichteten und Schriftstücke zustellten. Man belächelte vielleicht ihre Andersartigkeit, aber man gab sich selbstverständlich mit ihnen ab. Die jungen Geschwister Grimm etwa mit »Preißje« Mordechai Löb und seiner Golda, von Lui mehrere Male porträtiert. Mit Jochiel Kiefe, dem Privatlehrer fürs Hebräische. Mit den Hausierern Herz und Lazarus. Die erwachsenen Grimms gehen mit den jüdischen Kasseler Bankiers Carl Rothschild und Wolff Rinald um, vertrauen Rinald bis ins Alter ihr Geld an.

Ob die grimmschen Beziehungen zu diesen Menschen je eng oder gar freundschaftlich waren? Liest man Luis fragmentarisch erhaltene Erinnerungen an eine Begegnung mit Löb, wird Ambivalenz spürbar. Luis Ton ist an dieser Stelle freundlich, aber herablassend und geprägt von stereotypen Bildern wie »Schacherjudengesicht« oder »ewiger Jude« – wenigstens neunzig Jahre alt sei das Preißje geworden, erzählt er. Gleichzeitig drückt er Sympathie für die Originalität und Persönlichkeitsstärke dieses Mordechai Löb aus, den er als Künstler genau zu beobachten gelernt hat: »Er war nie in Verlegenheit, wußte auf jede Frage schnelle gute Antworten, und es war physiognomisch merkwürdig, wenn er mit den Leuten handelte, seine Waren herausstrich, welche pfiffigen Wendungen er im Gespräch nahm, auf welche Fragen er mit Vorbedacht nicht antwortete, auf welche Späße er einging, aber doch die Hauptsache nicht aus dem Auge verlor.«

Immerhin wenigstens spaßte man miteinander, sobald man sich mit ihm abgab. Aber auf wessen Kosten diese Späße gingen, das verrät Lui hier nicht. Verräterisch ist nur sein Zusatz »Die Leute lobten ihn als einen braven Juden« – nicht alle Juden kamen demnach so gut an in Steinau wie Löb. Lui erinnert sich auch brieflich an das Preißje: »Es ist noch so lebhaft als sonst u. hat die wahre singende Judensprache. Alle Leute haben es gern u. es gehört zu den Bedürfniß der Stadt.« Und er richtet seinen Brüdern bei dieser Gelegenheit aus, dass Löb sie »mit vielen Millionen Grüßen« bitten lasse, sie möchten sich beim Kurfürsten persönlich für dessen Sohn Abraham einsetzen und den erforderlichen Heiratskonsens für ihn erwirken: »um seinen Vater der in 70zig ist zu unterstutzen«, wie Lui in seinem schadhaften Deutsch

387

schließt. Es ist nicht bekannt, ob Jacob oder Wilhelm diesem Wunsch nachkamen.

Lui befand sich mit seiner ambivalenten, distanzierten Haltung in wenn nicht guter, dann doch zahlreicher Gesellschaft. War die Zeit der Aufklärung eine Zeit der Emanzipation der Juden in Deutschland – namentlich im Königreich Westphalen, wo Jérôme Bonaparte die Juden den Christen rechtlich gleichstellte –, so schnellte eine Generation später zusammen mit dem antifranzösischen auch der antijüdische Reflex zurück. Achim von Arnim gründete 1811 in Berlin einen nationalistischen Club, die »Christlich-Teutsche Tischgesellschaft«. Ihre Statuten schlossen Juden als nicht »in christlicher Religion geboren« a priori aus[42] – ebenso wie Franzosen und Frauen. Schriftstellerkollege Clemens Brentano schloss sich an, hielt dort die satirische Rede »Der Philister vor, in und nach der Geschichte«, in der es wimmelt von judenfeindlichen Ausfällen wie »Bei den Juden assoniert (reimt) Edel auf Ekel, bei den Philistern auf Esel.« Der Text kommt so gut an, dass Brentano ihn sogar drucken lässt. Er verabscheut die aufziehende Moderne mit ihrem »unedlen« ökonomischen Zweckrationalismus und benennt die zwei Kräfte, die seiner Meinung nach den »ekelhaften« Wandel vorantreiben: »die Philister« und »die Juden«. Das gemeinsame Idol und »Tischgesell« Friedrich Carl von Savigny pflegte in seinen Briefen seine Störgefühle mit der gleichen Beiläufigkeit, wie Grimms Märchen sie aufgriffen.

Auch die grimmsche Judenfeindschaft, wie sie gelegentlich in den Märchen und Sagen laut wird, entspringt nicht philologisch-ethnografischer Bemühung, sondern dem dumpfen Ressentiment der Autoren. Bis in den Schlaf hinein sieht sich der traumfühlige Wilhelm von Juden umstellt. Davon zeugt ein Traum, den er 1810 notiert: Er habe sich mit Jacob in einem Zimmer aufgehalten, und plötzlich sei ein reich gekleideter Jude hereingekommen. »Ich sagte, wir müßten den verfluchten Juden ärgern, und wir wüßten, daß er eine Sklavin hatte, die wollten wir ihm nehmen.« Sie hätten ihn dann zum Tanzen gezwungen, und er »konnte nichts dagegen tun und ärgerte sich schwer«.

Wogegen richtete sich dieses Ressentiment? Auch hier hilft der Blick in die privaten Dokumente. Es sind die uralten Gefühle der Fremdheit, des Misstrauens und der Geringschätzung, ja sogar des körperlichen Abscheus gegenüber »dem schachernden, wuchernden, trödelnden, fleischschächenden Volke«, wie Jacob 1815 schreibt.

Und Wilhelm legt 1833 in seinem Wiesbadener Kurtagebuch nach – im Gestus des uns bereits geläufigen verbalen Grobianismus, der aus der Zeit eines Luther, Müntzer oder Abraham a Sancta Clara überkommen war und diplomatisch vorsichtige moderne Menschen leicht zu Fehlschlüssen hinsichtlich ihrer Affektstärke verleitet: »Ich bemerke nur daß die Juden immer mehr überhand nehmen, ganze Tische u. Plätze sind damit angefüllt, da sitzen sie mit der ihnen eigenen Unverschämtheit, fressen Eis u. legen es auf ihre dicken u. wulstigen Lippen, daß einem alle Lust nach Eis vergeht. Getaufte Juden sind auch zu sehen, aber erst in der 5ten oder 6ten Generation wird der Knoblauch zu Fleisch.«

Von einem Überhandnehmen von Juden konnte 1833 nicht die Rede sein: Ihr Anteil an der Bevölkerung war zu Zeiten der Brüder Grimm allenfalls in Promille zu zählen. Der deutsche Antisemitismus war damals, und im Folgenden, zumindest aufs Ganze gesehen ein »Antisemitismus ohne Juden«.

Vor allem störte es die deutschen Intellektuellen – und beileibe nicht nur die deutschen –, wie aktiv gebildete Juden die Chancen nutzten, die ihnen ihre Emanzipation und die heraufziehende Moderne boten. Schriftkundig und diskursfreudig, vernetzt und anpassungsbereit, strebten viele von ihnen aus ihrer lebensgefährlichen traditionellen Randständigkeit heraus, erwarben

Schlüsselpositionen in der neuen internationalen Welt von Handel, Wissenschaft und Künsten und konkurrierten mit deutschen Anwärtern. Auch unmittelbar mit den Brüdern Grimm – wie Daniel Sanders, dessen »Wörterbuch der Deutschen Sprache« eine methodische Grundlage des legendären französischen Wörterbuchs »Muret-Sanders« abgab. »Sie sind die Lehrer des Kosmopolitismus, und die ganze Welt ist ihre Schule. Und weil sie die Lehrer des Kosmopolitismus sind, sind sie auch die Apostel der Freiheit«, brachte der deutsch-jüdische Publizist Ludwig Börne das neue jüdische Selbstbewusstsein auf den Punkt.

Noch einmal Wilhelm Grimm, der sich mit der wachsenden Sichtbarkeit der Juden bereits 1809 offenbar nicht anfreunden konnte: »Diesem fatalen Volk kann man gar nicht ausweichen, und es will ordentlich für gleich geachtet sein, sie würden sich längst alle in Berlin haben taufen lassen, wenn sie nicht hofften, es solle in Zukunft wohlfeiler geschehn; wer dann ein braver Christ ist, muß ein Jude werden, um nicht unter sie zu gerathen.«

So reiht das grimmsche judenfeindliche Ressentiment sich ein in eine Tradition des Futterneides, die in der europäischen Geschichte wiederholt aufflackerte, und heute verstärkt durch soziale Medien erneut den öffentlichen Diskurs mitbestimmt. Wissenschaftlich reflektiert wurde diese Gegnerschaft nicht, im Gegenteil: »In ihrer biedermeierlichen Gelehrtenhaltung beschränkten sich die Brüder Grimm auf das Sammeln und Hegen«, resümiert der Kasseler Grimm-Forscher Holger Ehrhardt, »und übersahen, dass sie die antijüdischen Vorbehalte bedienten und gesellschaftlich akzeptabel machten.« Objektiv gesehen leisteten sie damit dem wachsenden und zunehmend aggressiven Antisemitismus deutscher Intellektueller und anderer Bevölkerungsteile Vorschub.

Einer Aggressivität, die sich durchaus handgreiflich äußern konnte, so 1819 in den Hep-Hep-Krawallen, die sich von Würzburg ausgehend über die Städte des Deutschen Bundes ausbreiteten – erstmals wieder seit dem späten Mittelalter – und gegen die Erosion christlicher Privilegien wendeten. Allerhand Verschwörungsmythen gingen nämlich um, die darin gipfelten, dass »die Juden« an Napoleon »schuld« seien. Handwerker und Händler lösten die Gewalttaten aus, Studenten waren mit von der Partie.

Dass es auch anders ging, zeigt der erwähnte badische Märchensammler und Namensvetter Albert Ludwig Grimm. Als Abgeordneter des Badischen Landtags forderte er dort 1831 die völlige zivile Gleichstellung der Juden. Dass es anders ging, zeigt auch Annette von Droste-Hülshoff, die in ihrer berühmtesten Novelle »Die Judenbuche« die katastrophalen Folgen dumpfer provinzieller Judenfeindschaft zeigt. Oder Arnims Frau und Clemens' Schwester Bettine. Sie zeigte in ihrem Werk eine lebhafte Anteilnahme für die Welt und die Belange der Juden. »Ein Jud! aber was für einer? der schönste Mann!«, lässt sie 1840 in ihrem Briefroman »Die Günderode« ihr eigenes jugendliches Alter ego schwärmen, »ein weißer Bart von einer halben Elle, große braune Augen so schöne einfache Gestalt, die ruhigste Stirn prächtige majestätische Nase, Rednerlippen, aber von denen die Weisheit süß hervortönen muss«.

»Es war ein so liebenswürdiger Adel in allem, was er sagte«, fährt sie fort – eine ästhetische Nobilitierung des selbst von ihrer Schwester Meline verachteten fiktiven Marburger »Handelsjuden« Ephraim, den sie einen »Fürsten« nennt. Und die junge Romanfigur Bettine wird zur bewundernden Schülerin Ephraims und zu seiner Lebensschülerin, trinkt aus einem Glas mit ihm, liebt den Rosenstrauch, den er ihr schenkt, vertraut ihm ihre amourösen Gefühle an und bangt um seine Gesundheit. In ihrem letzten Werk, fiktiven Gesprächen mit dem Preußenkönig Friedrich Wilhelm IV., das sie beziehungsreich »Gespräche mit Dämonen« betitelt, setzt Bettine sich mit dem deutschen Antisemitismus und der Verelendung der Juden auseinander und fordert deren soziale Gleichstellung.[43]

Dieser Gleichstellung standen die Brüder Grimm gemeinsam mit sehr vielen Zeitgenossen sichtlich und kontinuierlich ablehnend gegenüber. Allerdings haben sie nur selten öffentlich ausgekeilt gegen Juden – so Jacob Ende 1814 in einem Artikel im »Rheinischen Merkur«, in dem er die Territorialverhandlungen des Wiener Kongresses kommentierte: »Was liegt Teutschland daran, daß Preußen eine Million Pohlen weniger hat, worunter ein Drittheil Judenseelen, ein Drittheil Franzosenseelen stecken.« Solche Ausfälle gingen unter im judenfeindlichen »Grundrauschen« des Jahrhunderts. In Götz Alys Buch »Warum die Deutschen? Warum die Juden?«, einem »Who is Who« der deutschen Judenfeindschaft seit 1800, kommen die Grimms nicht vor.

Erst Wilhelms Sohn Herman schlug sich auf die Seite der Scharfmacher. Herman unterstützte wie viele andere Intellektuelle im Kaiserreich den Historiker Heinrich von Treitschke im Berliner Antisemitismusstreit von 1879. Treitschke hatte die berüchtigte Parole »Die Juden sind unser Unglück« ausgegeben und forderte nun von den Deutschen den »Racenhaß« und »Fanatismus des Mittelalters«. Diese Judenfeindschaft nun war nicht mehr kulturell, religiös oder wirtschaftlich begründet, sondern pseudowissenschaftlich biologisch-rassistisch, weshalb sich ihr nun alle politischen Lager anschließen konnten – auch die Linke. »Der Jude« konnte demnach »seines Blutes wegen« gar nicht anders sein, als er »eben war«.

»Nur Verkennung oder böser Wille« könne Treitschkes Ausfälle »für eine Hetzerei halten«, tröstete Herman diesen brieflich. Diese Blindheit kommt bei Herman nicht von ungefähr, denn »daß diese Bande noch einmal zu Brei gestampft werden wird, ist eine Überzeugung, die zu hegen ich eingestehe« – eine Voraussage, die ihm offensichtlich leicht aus der Feder floss und die sich kaum fünfzig Jahre später bewahrheiten sollte. Aber selbst bei Herman Grimm kann man trotz seines Radikalismus noch nicht von einem ideologisch zielbewussten Antisemitismus sprechen, nicht von der Besessenheit, mit der die Nationalsozialisten den »Kampf« gegen das Judentum ins Zentrum ihrer Zerstörungsfantasien stellten

Der deutsche Antisemitismus des 20. Jahrhunderts war aus einem nochmals anderen, auf gnadenlose Weise härteren Holz geschnitzt als die augenverdrehende, weitgehend beiläufige Judenfeindschaft der Grimms.

KAPITEL 11
DEM VERDIENSTE SEINE KRONEN
(1840-1849)

Der Ruf des Königs nach Berlin

Sieht man von Ferdinand ab, der isoliert und bitterarm in Wolfenbüttel mehr vegetiert als lebt, haben die Grimms alles, was sie brauchen, als das neue Jahrzehnt beginnt: Jacob und Wilhelm genießen wachsenden Ruhm ebenso wie Ruhe zum Arbeiten – und den Blick über die Karlsaue, wenn sie ihren Kopf vom Schreibtisch heben oder sich spazierengehenderweise die Füße vertreten. Lui arbeitet und lebt mit seiner Familie, die er derart vergöttert, dass es selbst Jacob irritiert. Vor sieben Jahren hat ihm Prinzregent Friedrich Wilhelm in die langersehnte Kunstprofessur berufen, die ihn absichert und ihm den nötigen Raum gibt, Aufträge nach Lust und Laune anzunehmen oder eigene Ideen zu verwirklichen. Aus Carl ist ein Kauz geworden, der sich nur gelegentlich sehen lässt; immerhin hat er für seine bescheidenen Ansprüche genug zum Leben.

Dennoch ist ein Lebensabend als Privatgelehrte nicht das, was die Brüder Grimm sich vorstellen. Die Entlassung hat ihre Ehre beschädigt, daran ändert auch Jacobs Rechtfertigungsschrift »Jacob Grimm über seine Entlassung« nichts. Bis nach Basel musste er für eine Veröffentlichung gehen. Das publizistische und akademische Deutschland hält sich bedeckt. Kein Verantwortlicher – sei er Fürst, sei er Beamter – will ein Risiko eingehen, indem er zuerst seinen Kopf aus der Deckung nimmt und die Brüder einstellt. Aber nur dies könnte sie rehabilitieren. Und die Entlassung hat sehr wehgetan. Sie wollen ja nicht im Streit leben, den Streit haben sie für ihre wissenschaftlichen Gegner reserviert. Sie wollen bildend auf die Instanzen des Volkes einwirken; zur Bildung gehört für sie eine Position an einer Universität, die ihnen nach ihrem Grundsatz »Geben, um zu empfangen« das Lebensnotwendige sichert. Sie haben auf die Berliner Akademie der Wissenschaften gezählt, deren Mitglied Jacob ist, was ihm das Recht gibt, an der Berliner Universität zu lesen. Aber Preußen hütet sich, den Schwager Friedrich Wilhelm III. unnötig vor den Kopf zu stoßen. Dafür, dass die Brüder dennoch erneut ins Spiel kommen, sorgt eine alte Freundin in Berlin.

Als Jacob und Wilhelm Göttingen verlassen müssen, ist Bettine von Arnim längst nicht mehr nur die Frau ihres Mannes oder die Schwester ihres Bruders. Arnim ist vor sechs Jahren verstorben. Clemens mit seinen zunehmend hermetischen Werken wäre möglicherweise komplett vergessen, wenn er nicht zuweilen aus dem Geist radikalkonservativen Katholizismus feurige Salven gegen die Moderne abschösse. Seine letzte Begegnung mit den Grimms datiert in die Zeit von Arnims Tod, Jacob hat damals von ihm fast nur »höchst peinigende abentheuerliche sachen« gehört. Unter ihrer Witwenhaube ist Bettine dagegen quietschlebendig. Aus uralten Notizen hat sie unter vielfältigen Stilisierungen und Umarbeitungen »Goethes Briefwechsel mit einem Kinde« geschrieben und nach dem Tode des Verehrten herausgebracht – ein Bestseller, der Goethe gleichsam »durch das Schlüsselloch« beobachtet, die Urzündung des Goethekults mit sich bringt und ein »Who is Who« der Romantik ist, wie Bettine sie kennengelernt hat. Weitere Erinnerungen sind in Arbeit. Wie gut würde es passen, wenn sie sich regelmäßig mit den alten Weggefährten aus Marburg, Heidelberg, Kassel, Frankfurt austauschen könnte. »Hier in Berlin«, schreibt sie Wilhelm einmal, »hab ich jetzt niemand mit dem ich denken könnte.« Wilhelm hat sich bereitgefunden, als Herausgeber der Werke Achim von Arnims zu fungieren, mit denen Bettine ein zentrales politisches Anliegen vertritt: den Deutschen von 1840, den verfetteten Romantikern, die sich in der politischen Stagnation des Biedermeier behaglich eingerichtet hatten, zu zeigen, wie kühn vor fünfundzwanzig, dreißig, vierzig Jahren Deutsche gedacht, geträumt und gehofft haben und wie wenig von alledem wirklich geworden ist.

Bettine obsiegt in einem jahrelangen, schier aberwitzigen Intrigenspiel. Dem preußischen Kultusminister Freiherr zum Altenstein gaukelt sie vor, Paris bemühe sich um die Brüder. Diesen »Kunstraub« will Altenstein vermeiden und beauftragt sie »ausdrücklich, beide Grimm aufzufordern noch sechs Wochen sich ruhig zu verhalten und keinen Ruf außerhalb anzunehmen«, wie sie ihnen mitteilt. Derweil bemüht sie sich, die zögernden Grimms – diese wollen sich nicht wie Konterbande einschmuggeln lassen, sondern wünschen eine glanzvolle Rehabilitation – von ihrem Projekt zu überzeugen, und schießt in Berlin mit geschickten Diffamierungen und reichlich Klatsch jeden sturmreif, den sie auf der Bank der Opponenten sieht. Sogar Grimm-Freunde fallen ihr zum Opfer, wie Lachmann und ihr Schwager Savigny. Mit diesem riskiert sie ein Zerwürfnis, indem sie dem Hof einen privaten Brief zuspielt, in dem sie Savigny auffordert, die Partei der Grimms zu ergreifen.

Was weder die Brüder noch Bettine wissen: Bereits unmittelbar nach ihrer Entlassung waren die Grimms Gesprächsgegenstand bei Altenstein. Und wer sich für sie mächtig ins Mittel legte, das war Preußens kommender Monarch: der bereits zweiundvierzigjährige Kronprinz Friedrich Wilhelm, der als der Vierte in die dynastische Zählung Preußens eingehen sollte. Den »Romantiker auf dem Thron« hat man ihn genannt. Jünger als die Autoren der Hochromantik, teilt er mit ihnen die Prägung durch die Befreiungskriege und hat sie geistig beerbt – zumindest in ihrer Verherrlichung mittelalterlicher »Treu und Redlichkeit«. Die will auch er üben und mit seinen Untertanen in Eintracht leben – sein Rezept gegen die Herausforderungen von Moderne und Demokratie. Eine Verfassung ist dazu nicht notwendig, sondern das gemeinsame Schwingen von Regent und Regierten, aus dem sich gegenseitige Loyalität und Pflichterfüllung von selbst ergeben. Ein Teil dieser königlichen »Liebe« ist die Freiheit der Wissenschaft, die er als Regent schnell unter Beweis stellen wird, indem er zuvor verfemte Gelehrte wieder rehabilitiert. Derselbe Geist, der die Brüder Grimm bewegt, hat in ihm Wurzeln geschlagen. Gern lässt er sich daher schließlich von dem durch Bettine weich gekochten Savigny überzeugen, man könne den Grimms »den Unterricht der Jugend ohne Gefahr anvertrauen«. Das aber geht nicht von heute auf morgen. Der Kronprinz ist als unentschiedener Zauderer berüchtigt. Falls er sich aber bei seinem Vater für die beiden eingesetzt hatte, wie er gegenüber Savigny behauptet, war er nicht durchgedrungen durch die diplomatischen Bedenken.

Als Friedrich Wilhelm III. im Juni 1840 von Todes wegen den Weg für den Kronprinzen frei macht, zündet Bettine die letzte Stufe ihrer Rakete. Sie überredet Alexander von Humboldt, Preußens graue Eminenz in Fragen der Wissenschaften, dem neuen König einen Band ihres neuen Erinnerungsbuches »Die Günderode« wie zufällig auf den Tisch zu legen – zusammen mit einem Brief Jacobs. Um Erlaubnis gefragt hat sie diesen nicht. Erklärt wegen dieser Geste wenige Tage später der neue Monarch bei einem Besuch an der Universität, er habe die Absicht, für die Hauptstadt »ausgezeichnete Kräfte aus dem gesamten deutschen Vaterlande zu gewinnen«?

Nun gilt es noch, die vorsichtigen Brüder Grimm kirre zu machen, denen solches Bandespiel überhaupt nicht behagt. Dazu muss Savigny wieder herhalten. Aber zufrieden sind sie erst, als Humboldt die Kultusbürokratie in offizielle Bewegung bringt. Der König hat einen Weg gefunden, zu bekommen, was er will, und dennoch seinen Hannoverschen Onkel nicht zu brüskieren. Statt die Brüder direkt an der Universität einzusetzen, beauftragt er sie offiziell, die Forschungsmöglichkeiten der größten deutschen Stadt nutzend, ihre »Ausarbeitung eines vollständigen critischen Wörterbuchs der deutschen Sprache« fortzusetzen. Durch seine Mitgliedschaft in der Akademie besitzt Jacob ohnehin die Lehrbefugnis, und Wilhelm soll kurz darauf ebenfalls Mitglied werden. Statt die Brüder offiziell in den Staatsdienst zu übernehmen, setzt er ihnen aus seiner Privatschatulle eine Pension aus. Mit 2000 Talern im Jahr fällt diese um ein Drittel großzügiger aus als das Göttinger Salär. Aber andere unter den »ausgezeichneten Kräften« erhalten mehr. Die Brüder haben inzwischen vergleichen und verhandeln gelernt und können 3000 durchsetzen – zusammen, versteht sich. Der Krösus ist der Franke Friedrich Rückert, der polyglotte Gelehrte erhält als Professor der Orientalistik ebenfalls 3000, aber allein, und er darf die Sommer bei laufenden Bezügen auf seinem Landgut bei Coburg verbringen.

Im November werden die Brüder Grimm offiziell berufen, im folgenden März ziehen sie in der Lennéstraße 8 ein. Der Umzug ist wieder belastet von Krankheit – und überschattet vom Tod von Kurfürstin Auguste. Viereinhalb Tage sind sie im Wagen unterwegs, denn ein Elbhochwasser erzwingt einen weiten Umweg. Die Lage der neuen Unterkunft bietet das Kassel Ähnlichste, das Jacob finden konnte. Berlin und seine geräuschvolle leere Geschäftigkeit strengen ihn an. Stolze 475 Taler zahlen sie für zwei Jahre. Das luxuriöse Haus mit neuromanischer Fassade und schweren geschnitzten Geländern im Treppenhaus, gebaut vom überaus gefragten Architekten Hitzig, einem Sohn des einst geschmähten »bierschwitzenden Buchhändlerjuden« Julius Hitzig, überblickt den Tiergarten. Jede der drei Etagen ist von einer Partei bewohnt; ein ehemaliger Schüler und ein Kollege, der den Austausch zu rechtsgeschichtlichen Themen schätzen lernt. Einen Brunnen und Toiletten gibt es im Hof. Das Brandenburger Tor ist zehn Minuten entfernt. Wenn die Brüder an der Akademie oder Universität zu tun haben, gehen sie Unter den Linden entlang. Meist aber führen ihre Neigungen sie ins Grüne, Freie des Tiergartens, wo sie nicht allein sind: »Hier spazieren alle Gelehrten im Tiergarten in der Mittagssonne und wandern mit stolzem Selbstbewußtsein an einander vorüber. Schelling giebt dazu den Takt, in den Queralleen wimmelt es von Philosophen, die ihm den Weg abschneiden, den er durch die Hauptallee macht«, schreibt Bettine von Arnim.

Nicht alle der vielen Neuankömmlinge sind parkettsicher und nicht alle lieben die Verpflichtung zur Repräsentation, die mit ihren ehrenvollen Engagements kam. Die Brüder Grimm sind nicht die Einzigen, die stöhnen. Auch Rückert, mit dem sie unregelmäßige Besuche austauschen, graut vor den Einladungen. Aus gutem Grund: Der König wies einen Gast auf Rückert mit den Worten hin: »Der breitschultrige Bauer, der da ein großes Stück Brot mit dem Ellenbogen auf dem Tisch verzehrt, das ist der Dichter.«

Umso angenehmer, wenn am Morgen nach solcher »Beziehungsarbeit« die eigentliche philologische Arbeit auf dem Schreibtisch wartet. Sehen wir uns diese eigentliche Welt der Brüder Grimm einmal etwas genauer an. Bilder erlauben einen unmittelbareren Blick auf die Welt als viele Worte. Schön, dass derartige Bilder vorliegen. Lui hat uns viele hinterlassen, aber besonders aufschlussreich sind zwei detaillierte Aquarelle von Moritz Hoffmann aus den letzten Jahren der Brüder, als sie forschen und schreiben durften, was immer sie wollten, und zum ersten Mal sehr bequeme materielle Verhältnisse genossen.

Den Bildern ist dies anzusehen. Hohe weiß lackierte Doppeltüren – zum Teil mit Bücherregalen zugestellt – führen in die Arbeitszimmer der beiden, weiße Kachelöfen reichen bis fast an die stuckierte Decke. Vom eichenen Dielenboden ist in Wilhelms Zimmer fast nichts zu sehen, denn zwei Schreibtische und zwei Beistelltische dominieren – mit Büchern schwer beladen. Der erste Band des »Deutschen Wörterbuchs« präsentiert dem Betrachter seinen goldgeprägten rotbraunen Lederrücken. Der Lesesessel daneben direkt am Fenster lädt zum bequemen Stöbern in den Seiten ein. Ein kleiner Teppich liegt unter dem Schreibtisch, auf ihm ein Fußpolster – die Füße werden leicht kalt, wenn jemand sich stundenlang nicht von der Stelle rührt. Eine blaugraue, etwas feminin wirkende Pelzkappe mag das obere Ende des grimmschen Körper-Geistes vor der Kälte geschützt haben; lässig liegt sie auf einem zettelgespickten Bücherstapel. In Griffweite imponiert auf der Schreibtischplatte – die übrigens wie das ganze Zimmer keine Anzeichen einer künstlichen Beleuchtung trägt – ein dickes Bündel von Schreibfedern in ihrem Glasköcher neben Tintenfass und einer Streubüchse, deren Sand dann zum Einsatz kam, wenn der Schreiber zu fest aufgedrückt oder gekleckst hatte oder das Blatt schneller wenden musste, als die Tinte trocknen wollte. Ein paar kleine Hundefiguren mögen anfangs noch an eine sinnliche Welt außerhalb der gelehrten erinnert haben, aber im Lauf der Zeit sind sie aus dem Gesichtsfeld und hinter die notwendigen Utensilien geraten. Auch von der dezent blaugrün gestreiften Tapete ist nicht viel zu erkennen, dafür sind die Wände dicht an dicht behängt mit goldgerahmten Bildern: Alte Meister wie die Sixtinische Madonna oder Dürers jugendliches Selbstporträt, eine Landschaft, ein paar monochrome Porträtdarstellungen – die unter anderem Dorothea zeigen – und zwei Alabasterbüsten, die von Goethe und die von Jacob mit langer weißer Mähne. Jacob ist stets anwesend – als Berater? Als Motivator? Als Antreiber?

*Jacob Grimms Arbeitszimmer in Berlin, Linkstraße, um 1860.
Aquarell von Moritz Hoffmann.*

Das Zimmer des Bruders wirkt geräumiger. Die Wände – soweit man sie überhaupt erkennen kann – zeigen ein extravagantes altrosa Rankenmuster. Goldgerahmte Porträts dicht an dicht auch hier, eine ganze Helden- und Ahnengalerie. Die Vorfahren schauen auch herab von dem gewaltigen Bücherregal, das Jacob stets im Blick hatte, wenn er von der Arbeit aufschaute. Der Urgroßvater und der Vater sind deutlich zu erkennen. Viel kleiner auch Wilhelm: eine aufwendige Kreidezeichnung, die Lui in München von dem gerade Neunundzwanzigjährigen angefertigt hatte.

Eigentlich mochte Jacob dieses Bildnis in seiner Entstehungszeit nicht sehr, es kam ihm steif und hart vor. Mag sein, dass er seine Einstellung geändert hatte und sich als alter Mann zu dieser jugendlichen Darstellung hingezogen fühlte.

Goethe begleitet auch Jacob, die kleine Ganzfigur bekrönt einen Sekretär aus dunklem Holz. An die Märchen erinnert eine Dornröschen-Statuette auf dem Schreibtisch. Die eigentlichen

402

*Wilhelm Grimms Arbeitszimmer in Berlin, Linkstraße, um 1860.
Aquarell von Moritz Hoffmann.*

»Hauptpersonen« aber auch dieses Zimmers sind die Bücher. »Mit Zärtlichkeit« liebt er sie, wie sein Neffe Herman später einmal schreiben wird. Nicht nur das große Regal gegenüber dem Schreibtisch – so hoch, dass eine kleine Trittleiter bereitsteht für den alten Mann – ist dicht an dicht belegt mit ihnen, sondern alle Möbel mit Ausnahme eines rosa geblümten schmalen Sofas. Von den etwa neuntausend Bänden ihrer Bibliothek haben die Brüder die Hälfte in ihre beiden Arbeitszimmer gestopft – den weitaus überwiegenden Teil in Jacobs. Es stört Jacob, wenn Wilhelm Bände holt und nicht zurückstellt. Etwas deplatziert wirkt ein grauer Ausgehhut auf dem Gebirge aus Holz und Papier, das Jacobs Arbeitsplatz ist. Die Platte des Schreibtisches selbst – ein Geschenk von Wilhelm zu seinem achtundzwanzigsten Geburtstag – ist nicht erkennbar vor Büchern, Büchern, Büchern. Viele zeigen alle Anzeichen intensiver Bearbeitung, viele andere warten aufgestapelt oder in niedrigen Regalen stehend auf ihren Einsatz. Geradezu umstellt hat sich Jacob mit Bücherregalen, nur ein schmaler Zugang führt von hinten zu dem niedrigen samtbezogenen roten Sessel, in dem er seine Tage verbringt. Genau so hat er sich seinen Alltag vorgestellt, schon als junger Mann.

Aber die Brüder versteigen sich nicht so weit wie etwa der sächsische Pfarrer Johann Georg Tinius, der über dem Büchererwerb sein Amt, seine Familie und seine wissenschaftlichen Ambitionen vergaß, sechzigtausend Bände in einer Scheune hortete und sich dermaßen verschuldete, dass er unter Mordverdacht geriet und alles verlor – auch seine Bibliothek. Die Brüder Grimm sammeln Bücher nicht um des reinen Besitzes willen oder um sie nach Bibliothekarsart unbekümmert um deren Inhalte zu katalogisieren, sondern um aus ihnen neue Schriften, Bücher, Aufsätze zu destillieren, die die Welt aus neuen Blickwinkeln erklären.

Die Bilder sind in der Linkstraße 7 entstanden, dem letzten Domizil der Grimms in unmittelbarer Nähe des Potsdamer Bahnhofs, der Berlin mit dem westlichen Deutschland verbindet. Gern nutzen die Grimms die moderne Bequemlichkeit des Reisens, erholen sich in den mitteldeutschen Bädern, in der Steinauer Heimat, Jacob in Italien. Kassel fehlt lange bei den Reisezielen. Der Landwehrkanal mit seinen baumbestandenen Ufern kreuzt hier den Gleisstrang. Dazwischen haben sie ein Jahr in der Dorotheenstraße 47 gewohnt, direkt beim Brandenburger Tor. Wie schon in der Lennéstraße, ist auch in der Linkstraße die Stadt zu Ende, der Blick und der Weg über die Gärten, Wiesen und Äcker noch nicht verbaut. Das ist wichtig, wenn sie Kraft schöpfen wollen von der anstrengenden, manchmal monotonen Arbeit am Schreibtisch und der anstrengenderen der Beziehungspflege bei Empfängen oder festlichen Soupers, die sie besuchen oder selbst ausrichten. Auch der König lässt sich zuweilen bei derartigen Anlässen blicken. Er lässt sich seine Gelehrten etwas kosten, da müssen auch sie sichtbar sein – das ist der Preis, den sie zahlen müssen für ihren öffentlichen Einfluss. Erkrankt einer der Grimms – besonders Dorotheas Herz gibt zunehmend Anlass zur Besorgnis –, lässt der Regent gelegentlich seinen Leibarzt schicken. Humboldt oder Schelling schauen persönlich vorbei und erkundigen sich nach dem Befinden. Es geht familiär zu in diesen Kreisen, auch in Preußen.

Die häusliche Arbeitsteilung ist seit Jahrzehnten eingespielt, wie die Berichte der vielen prominenten Besucherinnen und Besucher zeigen: Wilhelm unterhält sie, Dorothea bewirtet sie, Herman, Rudolf und Auguste zeigen sich artig, und manchmal lässt Jacob sich herbei, unwirsch brummend oder, wenn er Lust hat, auch mal unerwartet zugänglich. Er ist und bleibt der eigentliche Familienvorstand, alles richtet sich nach ihm, Dorothea und die Kinder haben gelernt, sich auf ihn einzustellen und wissen seine Launen und Verstimmungen zu nehmen. Nur Wilhelm genießt steten Zugang zu ihm. Wie ein uraltes Ehepaar schwingen sie im Gleichtakt, brauchen einander nichts zu erklären, da sie spüren, was den anderen beschäftigt. Natürlich sprechen sie miteinander, viel sogar, über das, worüber man sprechen kann, wissenschaftliche Probleme, ihre Projekte oder die ihrer Konkurrenten, anerkennende oder boshafte Rezensionen, Stadt- und Gelehrtenklatsch. Ihre Zimmer liegen an der Straße. Im großen, etwas düsteren »Berliner Zimmer«, dessen einziges Fenster auf den Hof geht, empfangen sie Besuch und feiern sie privat, Bücher stehen auch hier. Dorotheas Zimmer grenzt von vorn an diesen Saal, Hintertreppe und Küche von hinten. Ganz klein auf der Hofseite liegen die Kinderzimmer, Dorothea hat einen Grundriss gezeichnet. Ab und an gibt es einen Auflauf auf der Straße, wenn etwa Studenten sich nicht davon abbringen lassen, ein »Vivat« auszubringen zum Geburtstag oder zum Dank für dieses oder jenes offene Wort.

Eine dieser Geburtstagsdemonstrationen bringt die Brüder in große Verlegenheit. Vorbeiziehende Studenten erkennen den politisch verdächtigen, populären Hoffmann von Fallersleben, der gekommen ist, um Wilhelm zu gratulieren. Der poetische Besuch zeigt sich auf dem Balkon der jubelnden Menge, Wilhelm mit ihm. Dies wäre nicht weiter bedeutend, wenn Hoffmann nicht wenige Tage später ausgewiesen worden wäre. Die Studenten und mit ihnen die liberale Presse erinnern sich an die Göttinger Sieben und interpretieren Wilhelms Auftritt als Geste der Solidarität. Damit nötigen sie die Grimms, die politisch anderer Meinung sind als ihr Dichterfreund, zu einer öffentlichen Distanzierung, die nun diese als senile liebedienerische Verräter an der Sache der Nation dastehen lässt. Sogar Bettine lässt die beiden fallen und söhnt sich später nur halbwegs mit ihnen aus, denn Wilhelm wird den Verdacht nicht los, dass die »geschickte« Bettine den missliebigen Poeten erst auf den Gedanken der Gratulation gebracht hat, um sie an ihren einstigen Mut zu erinnern und zur Verteidigung Hoffmanns aufzurufen. Dabei haben die beiden keine Alternative, als treu zum König zu stehen, von dem sie direkt abhängig sind.

Parlamentarier und Revoluzzer

Die Sache der Nation treibt diese gegen Ende des Jahrzehnts in Richtung Revolution und Bürgerkrieg. Zum vorläufig letzten Mal in diesem Jahrhundert bricht sich auch die ungelöste soziale Frage gewalttätige Bahn in den Ereignissen der Jahrhundertmitte – beileibe nicht nur in Deutschland. Das französische Volk ist wie so oft im Februar 1848 unter den Protagonisten. Demonstrationen von Studenten werden militärisch beantwortet, aber als sogar die Nationalgarde zu den Aufständischen überläuft, dankt der »Bürgerkönig« Louis-Philippe von Orléans ab, den erst die Revolution von 1830 auf den Thron gebracht hatte; einst ein Anhänger der Französischen Revolution und verdienter General der Koalitionskriege, der aber im Alter mehr und mehr von seinen liberalen Positionen abgerückt war – so wie das süße Hofleben ihn mehr und mehr verfetten ließ. Zeitgenössische Karikaturen zeigen, wie sein Kopf zur matschigen Birne degeneriert. Den Thron, auf dem die »Birne« zeremoniell Platz zu nehmen pflegte, wuchten die Pariser auf die symbolträchtige Place de la Bastille und lassen ihn dort in Flammen aufgehen.

In Ländern wie Österreich und Preußen werden im folgenden Monat die politischen Versäumnisse der Ära Metternich gewalttätig auf der Straße verhandelt. Denn ausgerechnet diese großen deutschen Mächte glauben, ihre Untertanen um das betrügen zu können, was die Schlussakte des Wiener Kongresses ausdrücklich vorgesehen hat: Verfassungen mit verbrieften, einklagbaren Bürgerrechten. Die Brüder Grimm sind seit der Julirevolution überzeugt, dass der Geist der Zeit und des deutschen Volkes nach einer Konstitution ruft und »nur eine solche preußische Verfassung wird einmal gelungen heißen dürfen, welcher die Herzen in ganz Deutschland zufliegen«. Das königliche Versäumnis im Verein mit Massenelend und einer Konjunkturkrise untergräbt das Vertrauen der preußischen Bürger in die Bereitschaft ihres ursprünglich populären und willigen Königs, ihre Wünsche entschlossen aufzugreifen. Denselben Eindruck schildert Alexander von Humboldt: Seine Majestät habe Bettine von Arnims sozialpolitische Denkschrift »Dies Buch gehört dem König« zerstreut durchgeblättert und beiseitegelegt. Von erzkonservativen Kreisen beraten, belässt es der Adressat des Buches bei privaten Spenden an bürgerlich-private Sozialvereine und verabschiedet repressive Gesetze, etwa gegen das Streikrecht. Das wollen die Arbeiter ihm nicht länger durchgehen lassen.

Die Brüder Grimm nehmen beobachtend Anteil an alledem – auch an der Finanzkrise des preußischen Staates, der sich für den auch verteidigungsstrategisch wichtigen Eisenbahnbau schwer verschulden muss. Der Landtag muss diesen Krediten zustimmen. In seiner Eröffnungsrede im Landtag erteilt Seine Majestät einer Verfassung eine klare Absage. Jacob notiert, dass die königliche Ablehnung ihn mitnimmt und »drei Tage lang so betroffen machte, daß mir alle meine Arbeiten, in denen ich stecke, schal vorkamen und ich lebhafter als je fühlte, wie nothwendig uns im Hintergrund Freiheit und ein stolzmachendes Vaterland sei«.

»Ah! Ça ira!« – das wird gehen, wir schaffen das! Mit diesem Lied hatten sich die Revolutionäre, die einst das Ancien Régime wegfegten, selbst begeistert. Es kursierte in hundert Versionen in ganz Europa. So nannte der politische Lyriker Freiligrath eine einflussreiche Sammlung seiner Gedichte. Dass das Volk es schaffen konnte, seinen Willen durchzusetzen, bewies der Rücktritt des Franzosenkönigs, bewies die scheinbare Mühelosigkeit, mit der die Palermitaner ihrem König Ferdinand II. eine Verfassung abgetrotzt hatten. Trotz strengster Zensur verbreitet sich die Nachricht von diesen Siegen in Europa. Das Pariser Muster wiederholt sich in Berlin: Dragoner reiten mit blanker Waffe einen Volksauflauf vor dem Schloss nieder, immer mehr Bürger gehen auf die Straße, Infanterie und Artillerie rücken aus, über 10 000 Mann gegen 4000 Aufständische, Barrikaden werden gebaut, um die blutige Kämpfe entbrennen. Die Brüder Grimm verbringen die wüsten Tage und Nächte im Schutz ihrer Wohnung: »Ich habe noch nie einen Tag in solcher Angst und Bewegung verlebt wie den 18«, schreibt Wilhelm an Lui. Zweihundertsiebzig Tote werden am 19. März gezählt – Handwerker die meisten, aber auch Arbeiter, Dienstboten, ein paar Gebildete und sogar eine Handvoll Adelige. In höchster Angst um sein eigenes Leben weicht der König einstweilen und zieht das Militär ab. Sein ursprünglicher Versuch, im Schulterschluss mit den anderen großen Monarchen Europas die revolutionäre Bewegung einzuhegen, war zu spät gekommen. Stattdessen muss er vor den halb nackt auf dem

Schlossplatz aufgebahrten, blutüberströmten und furchtbar verstümmelten Leichen der »Märzgefallenen« den Hut ziehen. Die Öffentlichkeit verschont ihn und schiebt die Schuld an der Eskalation auf Prinz Wilhelm, den späteren Kaiser, der, als »Kartätschenprinz« apostrophiert, ins Exil flieht.

Mit diesem Teilerfolg geben die meisten Revolutionäre sich einstweilen zufrieden, zumal der König binnen weniger Tage den Weg frei macht für demokratische Institutionen: Rede- und Pressefreiheit, eine neue bürgerliche Regierung, einen preußischen Landtag, der die alten Stände vereint, eine alle Klassen vertretende Nationalversammlung. Diese tagt im Gebäude der Sing-Akademie – für Versammlungen des Volkes ist kein Gebäude vorgesehen. Welchen Lauf die Politik tatsächlich nehmen soll, bestimmt hinter den Kulissen eine geheime Kamarilla von Beratern, der Bismarck und Ludwig Hassenpflugs geistiger Vater Julius Stahl angehören. Geschickt stellt Friedrich Wilhelm sich – die Leichen der Gefallenen sind noch nicht alle bestattet – an die Spitze der nationalen Bewegung, um diesen Teil der Opposition zu befrieden, reitet mit schwarz-rot-goldener Armbinde durch die Stadt und lässt einen in Zivil gekleideten Offizier eine schwarz-rot-goldene Fahne voraustragen. »Die Reichsfarben musste ich gestern freiwillig aufstecken, um Alles zu retten. Ist der Wurf gelungen ... so lege ich sie wieder ab!«, erklärt der König seinem irritierten Bruder Wilhelm. Ein Teil eines Eingeständnisses, dass er die Zügel nicht mehr in der Hand hält.

Am 1. Mai finden Wahlen statt, die ersten, die in Deutschland den Zusatz »frei« verdienen. Liberale und Linksliberale erhalten die Mehrheit, während die Konservativen zum Entsetzen des Königs eine herbe Niederlage erleiden. Der »Teufel« Volkssouveränität ist aus der Schachtel und kehrt freiwillig nicht mehr zurück. Gleichzeitig verabschiedet der Frankfurter Bundestag, eine auf dem Wiener Kongress beschlossene ständige Vertretung der deutschen Staaten, in der vor allem Österreich und die ihm verbundenen Länder das Sagen haben, unter dem Eindruck revolutionärer Unruhen in Wien, wo die Straße Metternich ins Exil gejagt hat, eine gesamtdeutsche Nationalversammlung, die in eine vom Volk bestimmte Exekutive münden soll. Sitz soll erneut Frankfurt sein, was einerseits praktische Gründe hatte, andererseits an die Traditionen des Heiligen Römischen Reiches anknüpft, das zu restituieren seinerzeit der Wiener Kongress unfähig gewesen war. Ein Bundeswahlgesetz soll bestimmen, wie diese Nationalversammlung zustande kommt. Es sieht ein Wahlrecht für jeden »selbstständigen« deutschen Mann vor.

Bereits vor den Bluttaten ist in Frankfurt, zwar ohne jede rechtliche Grundlage, aber auch ohne dass im Chaos der Ereignisse jemand dagegen einschreitet, ein Vorparlament zusammengetreten. Nationalliberale und demokratische Kräfte wollen darin die Nationalversammlung vorbereiten. Ende März erhalten die Brüder Grimm Besuch von »Vorparlamentarier« Heinrich von Gagern und die Bitte um Mitwirkung. Drei Tage später sitzt Jacob mit dem Neffen Herman, nun ein junger Mann von zwanzig, im Zug nach Westen. Frankfurt ist Jacob unsympathisch, »für meine Gemütsart ... zu voll, unruhig, reich« – auch zu modern?

Das Volk soll – so beschließt das Vorparlament – seine Abgeordneten über Wahlmänner und nicht direkt bestimmen. Jacob wird für dieses Amt vorgeschlagen. Die Brüder sind bei verschiedenen Versammlungen unter den Diskutanten, und Jacob wird mit überwältigender Mehrheit zum Wahlmann bestellt. Ein parlamentarisches Mandat dagegen erhält er in Nachwahl aus dem Westen des Preußenreiches: aus Essen und Mülheim. Ausgerechnet die Region, in der das industrielle Herz des Reiches schlägt, will den Mann, der zeitlebens seiner Kindheit unter der Hut des Ancien Régime nachträumt und -trauert. Jacobs Annahmeerklärung enthält seinen ganzen politischen Kurs: »Ich bin für ein freies einiges Vaterland unter einem mächtigen König und gegen alle republikanischen Gelüste. Das Nähere werden mir mein Herz und die Zeit eingeben. Haben Sie für gewisse Fälle mir eine Richtschnur zu ertheilen, so erwarte ich Nachricht in Frankfurt, wohin ich gleich morgen früh abreisen werde.« Die letzte Trennung von Wilhelm.

Jacob schließt sich keiner Partei an. Er mag keine Parteien und nicht deren Gezänk, das bereits zur Genüge laut geworden war, und verzichtet lieber auf den Einfluss, den die feste Zugehörigkeit zu einer Fraktion ihm gäbe. Am 24. Mai tritt der Demokratieskeptiker, vom Volk dazu gewählt, sein Amt in der »Deutschen constituirenden Nationalversammlung« an. Er wohnt hochherrschaftlich; alle Fenster schauen auf Gärten hinaus. Marianne von Willemer kommt für die Kosten auf.

Unter den fast sechshundert Abgeordneten sitzt er allein im Mittelgang unmittelbar vor der riesigen, schwarz-rot-gold

Vorn links, ein Blatt haltend: Jacob Grimm als Abgeordneter der Nationalversammlung. Zeitgenössische Illustration.

411

beflaggten Rednerbühne, sein Nachbar ist der Schwabe Ludwig Uhland. Er spricht dann, wenn er wirklich etwas zu sagen hat – insgesamt fünfmal. Zum Beispiel zur gesamtdeutschen Verfassung, die auszuarbeiten die Versammlung beauftragt ist. Gleich zu Artikel 1 hat er einen wichtigen Änderungsvorschlag, der die Freiheit in Deutschland so lapidar wie visionär bestimmen soll. Mit krakeliger Altherrenschrift beschreibt er ein Stück Papier und händigt es dem Parlamentsdiener ein: »Das deutsche Volk ist ein Volk von Freien und deutscher Boden duldet keine Knechtschaft. Fremde Unfreie, die auf ihm verweilen macht er frei.«

Nicht nur also soll Freiheit Verfassungsrang erhalten und nicht mehr von der Gunst welcher Herrschenden auch immer abhängen. Gleichzeitig befreit deutsche Freiheit jeden Menschen genau genommen nicht nur dann, wenn er sich auf deutschem Boden aufhält, sondern sein Leben lang, wo immer er sich anschließend aufhalten mag. Damit zählt er das Eintreten Deutschlands und jedes Deutschen für die Freiheit zu deren unbedingten Verpflichtungen. In einem frühen Entwurf hat Jacob explizit auf die Sklavenbefreiung Bezug genommen; diese radikale Wendung streicht er. Dennoch scheitert sein Antrag – der Mehrheit ist er zu radikal, zu »links«. Der Mann, der vom Rednerpult herabruft: »Meine Herren! Ich bin aufrichtig dem Königthum zugetan«, erhält, während die Rechte zischt, Beifall von der Linken, die ihn größtenteils als Großvater abgetan hatte, der in alten Büchern herumkramte. Seine Vision wird erst siebzig Jahre später wenigstens für die Deutschen Wirklichkeit, ebenso wie seine Vision von der Abschaffung der Adelsprivilegien. So verdienstvoll der »Wehrstand« auch gewesen sein mag: Die Zeit, da Deutschland ihn brauchte, ist abgelaufen in einer Epoche, die Druck- und Dampfmaschinen kennt. Auch dieser Antrag, der vom Marx-Engels'schen dialektischen Materialismus hätte inspiriert sein können, fällt durch wie seine zwei restlichen Anträge.[44]

Die Wirkungsbilanz des Parlamentariers Professor Jacob Grimm ist demnach sehr überschaubar. Und in den Debatten in der Paulskirche – der klassizistische Rundbau ist der einzige Bau, der so vielen Menschen Raum gibt – hat er gelernt, »die große entschiedene Anlage der Deutschen zum Pedantischen« und die endlosen kontroversen Debatten zu verabschieden. »Heute währte die Sitzung bis 7 Uhr Abends«, schreibt er an Wilhelm, nachdem er erst bei Dunkelheit in seinem Logis eingetroffen ist, und an Dorothea, die sich an der Ostsee erholt: »Dort unter den waldbäumen und an der tosenden see lebt ihr reiner und glücklicher als ich in den mauern der paulskirche unter 2000 tosenden menschen, die gegeneinander reden und hadern; nur selten fühlen sie sich befriedigt und heiter. In der natur ist selbst die unruhe im grossen ruhig und die see wird in funfzig jahren noch gerade so wie jetzt ans gestade schlagen, während dann alle diese schreier in der erde liegen und die schicksale unsers vaterlands längst schon ganz anders ergangen sind, als sie sichs einbilden und zu lenken meinen.«

Als Mitte September das Parlament im deutsch-dänischen Konflikt um das Herzogtum Schleswig entgegen Jacobs Ansicht für eine kompromissbereite Haltung votiert, schließt er tief enttäuscht mit dieser Lebensphase ab. Schon am folgenden Tag kündigt er Wilhelm brieflich seinen dauerhaften Rückzug an: »Ich kanns nicht aushalten über den winter noch hier zuzubringen, weil ich im grunde doch zu unbequem und unter den vielen menschen vereinsamt lebe ... ich packe also schon jetzt meine sachen zusammen und kehre zurück in die alte ordnung und ruhe des lebens.«

»Ordnung und Ruhe« kehren in Berlin auch auf der Straße ein – durch konzentrierte politische und militärische Repression. Wilhelm hat daran nichts auszusetzen, im Gegenteil freut er sich, denn »die Menschen sind wieder heiter und fröhlich geworden«.

KAPITEL 12
HERMAN GRIMM UND
SEINE FAMILIE
(1828-1901)

Herman und seine Geschwister

Der Abgeordnete Jacob Grimm hat zeitweise einen offenbar zuverlässigen Helfer: Herman Grimm. Wilhelms Ältester hat inzwischen in Berlin ein Studium begonnen und geht dazu dieselben Wege wie sein Vater und sein Onkel; wie diese studiert er Recht und Philologie, und wie diese wird er später nicht die Juristerei zur Hauptbeschäftigung machen.

Herman, fast auf den Tag genau dreiundvierzig Jahre jünger als Jacob, ist noch in Kassel geboren. Sein Name Herman, eine skandinavisch-niederländisch-englische Variante von »Hermann«, öffnet Assoziationsräume: vor allem zu Arminius, dem Römer-Germanen, der den Vormarsch der Legionen durch Germanien stoppte und den der römische Historiker Tacitus daher zum »Befreier Germaniens« stilisierte. Er steht damit am Beginn deutscher Freiheit – so zumindest sah es das 19. Jahrhundert, und mehrere Schriftsteller brachten seit der Barockzeit seinen Mythos auf die Bühne. Heinrich von Kleists Version von 1809 war gegen Napoleon gerichtet, daher hochkontrovers, und sorgte für anhaltenden Gesprächsstoff, da sie lange nur in Abschriften kursierte; erst 1821 gelang der Druck. Ist es ein Zufall, dass Herman Grimms erstes veröffentliches Werk ein Hermannsdrama war?

»Das Hermännchen« hat einige der familiären Geschehnisse und beruflichen Dramen der Grimms nebst den damit verbundenen Umzügen wenn nicht bewusst, so doch subliminal mitbekommen. Lui hat ihn zumindest als Kleinkind umhergetragen, Tante Lottes Tod hat Herman bewusst miterlebt. Er wurde Zeuge der Konflikte um Ferdinand. Dennoch sprechen die Bilder, die Lui von ihm und seinen Cousins und Cousinen von Lottes Seite machte, von einer behüteten Kindheit. Er ist robust genug, mit den Kinderkrankheiten fertigzuwerden, die die Familien damals dezimieren. Immer wieder ist es Lui, der den Alltag im Hause Grimm genau notiert. Von ihm erfahren wir, dass allein zwei Frauen sich um die Kinder kümmern, die erfahrene Elise Wetter, scherzhaft »Ewig« abgekürzt, und das jüngere Lieschen Sperling. Und von diesen abgesehen stehen jede Menge Tanten bereit, die Kinder zu hätscheln.

Wer füttert hier wen? Onkel Jacob und sein erster Neffe Herman beim Frühstück.

In Göttingen kommen Rudolf und Auguste, zärtlich auch Gustchen genannt, zur Welt und komplettieren die Familie. Jeweils zwei Jahre liegen zwischen den Geburten. Der kleine Jacob, Hermans Vorläufer, war im Säuglingsalter verstorben. In Auguste dürfte der Name der verehrten Kurfürstin und Frau Wilhelms II. widerklingen. Diese wichtige und sehr nahbare Gönnerin der Grimms, die die knicksende Dorothea auch mal spontan in den Arm nahm, war eine Preußenprinzessin; eine plausible Erklärung für die Verehrung, die das Haus Hohenzollern bei den Grimms genoss.

Über weite Strecken unterrichten Privatlehrer Herman. Er ist viel zusammen mit Vater und Onkel und vermutlich neben Wilhelm der Einzige, der den verehrten »Apapa« Jacob gelegentlich für einen Moment von dessen Arbeit abbringen darf. Jacob scheut nicht vor der Kleinkinderpflege zurück, wie eine Zeichnung zeigt, in der der Onkel den Neffen gefüttert hat und ihm nun das Gesicht säubern soll. Oder hat der Anderthalbjährige etwa Jacob beim unbeholfenen Versuch, den Löffel ihm in den Mund zu schieben, bekleckert? Eines jedenfalls bewirkt Hermans frühes häufiges Zusammensein mit den Brüdern: Es infiziert ihn mit der quasi sakralen Aura, die ein zwischen seinen Büchern konzentriert geistig arbeitender Mensch ausstrahlt – oder die kurzen Gespräche zwischen den Männern um Details, von denen vielleicht nicht einmal Dorothea und schon gar nicht Herman etwas versteht. »Ich weiß, wie ich als Kind in ihren Studierstuben leise umhergegangen bin. Nur das Kritzen der Feder war zu hören, oder bei Jacob manchmal ein leises Hüsteln. Er beugte sich beim Schreiben dicht auf das Papier, an seinen Federn war die Fahne tief herunter abgeknappt, und er schrieb rasch und eifrig; mein Vater ließ die Fahne der Feder bis zur Spitze unvermindert stehen und schrieb bedächtiger. Die Züge des Einen wie des Andern waren immer in leiser Bewegung. Die Brauen hoben oder senkten sich; zuweilen blickten sie in die leere Luft. Manchmal standen sie auf, nahmen ein Buch heraus, schlugen es auf und blätterten darin. Ich hätte es nicht für möglich gehalten, daß Jemand es wagte, diese heilige Stille zu durchbrechen.«

Auch die Atmosphäre der Göttinger Vorlesungen, die Jacob, wie es üblich ist, in der Wohnung abhält, prägt sich Herman früh ein. Mit dem Kindermädchen steht er am Fenster und kräht »da steht der Apapa!«, als die Studenten erstmals einziehen. Jacob macht er damit »irre«, aber peinlich berührt ist der Onkel deshalb vermutlich nicht. Auch in seinen wissenschaftlichen und sonstigen Veröffentlichungen ist er Familienmensch und redet in seinen Büchern seine Familie an, besonders Wilhelm.

An Hermans Bruder Rudolf ist kein Künstler verloren gegangen, auch wenn er ein paar Bändchen mit Gedichten herausbrachte. Im Hauptberuf war Rudolf Jurist und Regierungsrat der königlichen Regierung zu Potsdam. Während seine Geschwister, also auch Herman, kinderlos sterben und mit Auguste der Name Grimm in dieser Familie kurz nach dem Ersten Weltkrieg ausstirbt, trägt Rudolf sie zusammen mit dem materiellen Grimm-Nachlass wenigstens biologisch ins 21. Jahrhundert hinüber – durch eine uneheliche Beziehung zu Agnes, der Tochter des Wiepersdorfer Schlossgärtners Östreich. Dieser hatte den Grimms für eine Zeit lang das Mädchen als Haustochter – sie sollte in einer bürgerlichen Familie die Hauswirtschaft lernen – anvertraut. Rudolf ist schon einundfünfzig, als Albertine zur Welt kommt, sein einziges Kind – aus Diskretionsgründen in Göritz in der Uckermark. Ob die nach damaligen bürgerlichen Vorstellungen »entehrte« Agnes Berlin je wiedersah? Rudolf und seine Geschwister machen das Beste aus der peinlichen Situation und kümmern sich um das Mädchen. Albertine zeigt sich talentiert und darf in Magdeburg eine Ausbildung zur Lehrerin machen. Im anhaltinischen Alt-Haldensleben findet sie ihre Lebensstellung. Auguste hat den entscheidenden Kontakt gemacht. Dort lernt Albertine ihren Kollegen Otto Plock kennen. Aus ihrer Ehe gehen drei Kinder hervor: eine Tochter, die bereits als Kind stirbt, Sohn Aribert, der im Zweiten Weltkrieg fällt und Tochter Inge hinterlässt, und der Jüngste Marko. Grimm'sche und Östreich'sche Langlebigkeit treffen aufeinander und sorgen dafür, dass die Generationen spielend leicht die Jahrhunderte überspringen.

Auguste ist 1919 das letzte Kind Wilhelms, das verstirbt. Eine Bürgersfrau des 19. Jahrhunderts, auch sie durfte sechsundachtzig werden. Außer Familien- und Freundesbriefen ist uns praktisch kein schriftliches Zeugnis von ihr überkommen. Ob auch sie sich an dem grimmschen Zentralthema Märchen versucht hat oder Dichtungen schrieb? Immerhin ist sie als junge Frau einmal mit auf dem westfälischen Bökerhof der Haxthausen-Brüder. Sie bleibt unverheiratet und ohne Kinder. Obwohl sie nie in Steinau gelebt hatte, stiftete sie aus ihrem Erbe einen Betrag »zur Erhaltung des familiengeschichtlichen und ortsgeschichtlichen Grabes« ihres Urgroßvaters Friedrich des Jüngeren. Sie selbst übernimmt die privaten Nachlässe ihrer Geschwister und damit eine Menge Dokumente und Hausrat von Wilhelm und Jacob. All dies erbt nun ihre Nichte Albertine und vermacht es größtenteils Marko, als sie dreiundneunzigjährig ihrerseits gehen muss. Marko Plock sind sechsundneunzig Jahre beschieden. Seine Nichte Inge Wurf stirbt 2014 und hinterlässt eine Tochter und zwei Enkeltöchter.

Berliner Laufbahn

Früh zeigen sich Hermans literarische Interessen und Begabung – und zusätzlich das zweite grimmsche Talent, das visuelle und grafische. Er aquarelliert geschickt, aber allem Anschein nach nicht so hochproduktiv wie sein Onkel Lui, den er erst in seinem zehnten Lebensjahr richtig kennenlernt, als er mit Eltern und Jacob, aus Göttingen vertrieben, für drei Jahre im Böttner'schen Haus unterkommt. Dort zeichnet er unter anderem seinen Vater, wie er arbeitend am Schreibtisch sitzt, oder er tuscht Märchenillustrationen aufs Papier. Das Interesse an Kunst wird ihm bleiben, aber es wird eine neue Wendung nehmen.

Als die Grimms an ihrem letzten Standort Berlin ankommen, ist Herman gerade dreizehn geworden. Die Türen, die sich für seinen Vater und Onkel öffnen, öffnen sich auch für ihn und seine Geschwister. Über Lachmann, der seine philologischen Studien mittlerweile als Professor an der Berliner Universität treibt, kommen die Grimms mit der Witwe des Universitätspräsidenten Klenze in Verbindung, die mit ihren Kindern im selben Haus wohnt. Klenze, ein jüngerer Bruder des Architekten Leo von Klenze, den die Grimms am Beginn seiner Laufbahn als Hofarchitekten von König Jérôme kennenlernten, hat für das Berliner Großbürgertum das Ostseebad Heringsdorf auf Usedom »mitentdeckt«. Mangels ansehnlicher Familiensitze, wie sie der Adel seit Generationen aufzuweisen hatte, strebten die wohlhabenden Berliner nach Villen entlang der Havelseen oder an der Ostsee, so wie es die Münchner an die großen Voralpenseen zog. Dort verbringt man Sommerferien, die endlos sind in der Erinnerung der Kinder. Die Eltern nutzen sie nicht nur zur Erholung, sondern auch, um Kontakte und Ehen anzuknüpfen. Die Klenzes laden die Grimm-Kinder wiederholt in ihr Heringsdorfer Haus ein.

Und der Schirm von Bettines zuweilen für die Brüder Grimm etwas anstrengender Freundschaft wölbt sich wie selbstverständlich auch über deren Kindern auf. Die längste Zeit wohnt Familie von Arnim »In den Zelten«, einer etwas extravaganten Siedlung auf der anderen Seite des Tiergartens. Zeitweise ist fast täglich eines der Grimm-Kinder zu Besuch bei den Arnims mit ihrer großen, etwas älteren, mal an-, mal abwesenden Kinderschar.

Mit der Geselligkeit kommt das gegenseitige Vertrauen. Besonders gilt dies für Gisela, das jüngste und nach Meinung ihrer Schwestern und des gemeinsamen Hauslehrers begabteste der sieben Kinder Bettines. Gisela ist ein halbes Jahr älter als Herman. Sie interessiert sich für das, was Mutter, Vater und Freund Clemens Brentano geschrieben haben, so wie Herman sich für die Tätigkeit seines Vaters und Onkels interessiert. Mit ihrer Mutter zusammen schreibt sie ein satirisches Märchen mit dem an Clemens Brentanos Buchtitel erinnernden grotesken Titel »Das Leben der Hochgräfin Gritta von Rattenzuhausbeiuns«, Herman illustriert es. Aus Gemeinsamkeiten und Vertrauen wird tieferes gegenseitiges Interesse. Dieses übersteht auch das Zerwürfnis zwischen ihrer Mutter und seinem Vater nach der Fallersleben-Affäre.

Zusammen bereiten die jungen Leute eine gemeinsame Weihnachtsfeier vor: »die Giesel malte und plapperte, die Armgart rannte alle morgen wie gejagt durch alle läden … Giesel saß abends am tische nur hinter bauwerken von schutzschirmen bestehend aus büchern … der tante Bettine wurde ein halbdutzendmal am abend von höherer hand der mund zugehalten wenn sie unbedachter weise plaudern wollte … gestern abend um 8 uhr … ward mir durch Irmgards türritze mit befehlendem tone erklärt ich sollte 4 offiziere und 2 civilisten zeichnen und ausschneiden. ich setzte mich ans werk, als mir die tante Bettine die lampe vor der nase wegnahm.« Und sie feiern ausgelassen: »während dies alles erzählt ward arrivierten in einer droschke Rudolf und Gustchen, letzteres mit einer katze für Armgart um deretwillen unser ganzes haus schon seit einigen wochen in belagerungszustand versetzt war und welche in der Giesel ihre hutschachtel gesetzt wurde in der sie sich anständiger benahm als in meiner stube vorher. auch kam der grosse korb mit in dem unsere geschenke hergebracht waren und mit dem die tante Bettine als allerletzte autorität nachdem alle heraus waren betraut wurde damit sie jedes an ihren ort legte ... während man so schwelgte kamen die austern an, es erhob sich ein ungemeines essen und stillschweigen ... es wurde gelacht, erzählt, getollt, es war 1 uhr als wir aus der haustür traten und durch den fast warm zu nennenden tiergarten nach hause zogen«, schreibt Herman an seine mütterliche Freundin Marianne von Willemer, mit der er zehn Jahre lang Briefe wechseln wird. Hermans eigenwillige Rechtschreibung verrät hier den Einfluss seines Onkels Jacob.

Anders als der verliebte Herman ist Gisela noch nicht fertig mit der Partnerwahl. In Weimar lernt sie einundzwanzigjährig den blutjungen Wiener Konzertmeister Joseph Joachim kennen. Aus jüdischer Preßburger Familie stammend, hat er eine große Karriere vor sich. Auch Herman ist beeindruckt. Bettine ist so begeistert von dem jungen Künstler, dass sie ihn regelmäßig zum Musizieren in ihr Haus lädt. Gisela erwidert seine leidenschaftliche Zuneigung. Verlobungsgerüchte machen die Runde. Lange kann Gisela sich nicht entscheiden. Dieser Konflikt grundiert Hermans Zwanzigerjahre melancholisch, in denen er auch einen anderen klassischen Konflikt mühevoll zu bewältigen hat – den mit seinem Vater um seine Berufswahl. Sein Studienbeginn in Bonn steht unter dem ungünstigen Stern der Revolution von 1848, er kehrt deswegen zurück nach Berlin. Doch dort ist es nicht besser: Jura, wer hätte es gedacht, langweilt ihn. Eigenmächtig bricht er sein Studium ab, begründet brieflich seinen Entschluss, von nun an nur noch literarisch zu arbeiten, und schließt mit der Bitte, dass Wilhelm ihm erlaubt, den Winter in Rom zu verbringen, und das nötige Geld dazu gibt. Wilhelm ist empört. Denkt er nicht mehr an seine eigenen Zwanzigerjahre zurück? Herman soll sein Studium wenigstens abschließen. Er verbietet ihm die Reise, es gelingt ihm aber nicht, ihn zur Wiederaufnahme seines Studiums zu überreden. Herman scheint den eigenen harten Kopf seines Onkels zu haben.

Für Herman brechen Jahre voller Enttäuschungen an. Die Bühnenstücke, die er schreibt, sind altmodisch. Historische Stoffe will im Moment niemand auf die Bühne bringen. Schlimmer: Sie funktionieren nicht. Marianne, der er brieflich seine schwarzen Stunden klagt, versucht es ihm zu erklären. Sie weiß es, denn als junges Mädchen hat sie selbst auf der Bühne gestanden, bevor sie Frau Senator wurde.

Ungetrübtes Glück erfährt Herman als Gast der Brentanos an deren Familiensitz »Zum Goldenen Kopf« in Frankfurt und an deren Landsitzen in der Umgebung. Besuche in Georg Brentanos Refugium in Rödelheim geben ihm Gelegenheit, sich intensiv mit alter Kunst aus Brentanos Heimat Italien zu beschäftigen – die Initialzündung zu Hermans Interesse für italienische Kunstgeschichte. Georg Brentano, der älteste Sohn von Maximiliane von La Roche und Bruder von Bettine und Clemens, steht am Ende seines Lebens; die Sorge der Kinder kreist um ihn. Seine älteste Tochter Claudine – sie ist auch befreundet mit Marianne von Willemer – hat Herman ins Herz geschlossen und lädt ihn wiederholt in den Neuhof bei Gießen ein, wo sie mit ihrer Familie lebt. Begeistert erzählt er Bettine und ihren Kindern in Berlin und Wiepersdorf – dem Arnim'schen Landgut – von den Aufenthalten. Gisela schreibt an Claudine: »Herman ist ganz Frankfurtisiert hier angelangt und hat seinen frischen Blütenstaub nach allen Seiten gestreut, so daß Freimund ganz alert ist und die Mutter auch.« Herman drückt es so aus: »Die Nachkommenschaft der Brentanoschen Geschwister hat eine kleine Republik gebildet, eine der schönsten und blühendsten, an die Alles sich anschloß was durch Heirat mit der Familie in Verbindung trat … Ich habe sie noch in ihrer vollen Blüte gesehen.«

Marianne ist nicht nur harte und sachkundige, aber verständnisvolle Kritikerin von Hermans dramatischen Versuchen. Sie bestärkt ihn auch, auf Prosa als Ausdrucksform zu setzen – ein

Erfolgsrezept. Und sie gesteht ihm Rückschläge zu, während er in Berlin Erwartungen und Leistungsdruck auf sich lasten spürt. Erste kleine Erfolge stellen sich ein, besonders die in Cottas überragend einflussreichem »Morgenblatt für gebildete Stände« veröffentlichte Novelle »Der Landschaftsmaler« des mittlerweile Achtundzwanzigjährigen, in der dieser seine Dreiecksbeziehung zu Gisela und Joseph Joachim verarbeitet. Nun lernt auch Wilhelm Herman vertrauen und bewilligt die Italienreise. Dieser benötigt sie dringend, denn die ungeklärte Beziehung setzt ihm massiv zu.

Wie für seinen Onkel Lui wird Italien zu Hermans prägendem Bildungserlebnis. In Florenz lernt er die Originale der großen Künstler der Renaissance kennen; hier entsteht das Fundament seiner lebenslangen Verehrung besonders Michelangelos. Doch nach sechs Monaten erreicht ihn ein Telegramm: Gisela hat einen Zusammenbruch erlitten. Schon am folgenden Tag bricht er auf, um in ununterbrochener Tag- und Nachtfahrt – eine Eisenbahn verkehrt noch nicht – zu ihr zu gelangen.

Giselas Liebeskonflikt ist mit Macht aufgebrochen. Es gelingt Herman, sie halbwegs wieder aufzurichten. Nun verlangt er eine Entscheidung von ihr und bietet seinen Rücktritt an. Sie lehnt das ab und verspricht, Joseph abzusagen. Nun appelliert er an Joseph, sich im Namen ihrer Freundschaft Giselas Willen zu beugen, selbst wenn dies das Ende ihrer Freundschaft bedeutet. Der Weg zu ihrer Ehe ist frei, sie gehen sie zwei Monate vor Wilhelms Tod ein – eine der für die Grimms so typischen Vertrauensehen, die aber der lange Kampf mit Liebe aufgeladen und aufgewertet hat. Sie wird ein Leben lang halten – dreißig Jahre bis zu Giselas Tod in Florenz, wo sie auf dem Neuen Evangelischen Friedhof bestattet ist. Neben vielen Märchen hinterlässt sie ein umfangreiches dramatisches Werk.

Erbe und Verwalter einer reichen Tradition

Herman ist es zu wenig, in seinen freien Stunden Verse zu schmieden wie Rudolf. Er setzt sich letztlich durch mit seiner Verweigerung eines Brotberufs. Folgerichtig nehmen Jacob und Wilhelm ihn in ihre Schaffensgemeinschaft auf. Anfang der fünfziger Jahre lassen sie ihn am »Deutschen Wörterbuch« mitwirken. Er nimmt sich die Werke von Hans Sachs und Lessing vor. Zur selben Zeit wird bei Weidmann in Leipzig sein erstes Drama »Armin« gedruckt, das er nicht seinem Vater, sondern seinem Onkel Jacob widmet, der ihn bei der Ausarbeitung unterstützt hatte. Eine Geschichte wie aus dem grimmschen Mythenfundus: Die römische Bedrohung eint die tief zerstrittenen Germanen (Deutschen) und lässt sie gegen die Eindringlinge obsiegen.

Herman entwickelt sich langsam, lebt lange mit in der elterlichen Wohnung, während Rudolf beim Militär dient und im preußisch-österreichischen, dem letzten deutschen Krieg, schwer verwundet wird. Er schreibt fleißig – man möchte fast hören, wie in drei der zehn Zimmer der Wohnung in der Linkstraße die Federn stundenlang übers Papier »kritzen«. Gleichzeitig bringt er sich selbst in und außerhalb der Universität bei, was er zum Leben eines preußischen Intellektuellen braucht. Mit vierzig wird er in Leipzig promoviert, zwei Jahre später habilitiert er sich in Berlin, wieder drei Jahre später beruft ihn Humboldts Universität als Professor für Neue Kunstgeschichte. Diese Position gibt er erst todeshalber 1901 an Heinrich Wölfflin ab. Sein Lebensmittelpunkt bleibt Berlin.

Als Kunsthistoriker sorgt er maßgeblich mit dafür, dass seine Disziplin sich weltweit als methodisch stringente Geistes- und Kulturwissenschaft etabliert. Seine Vorlesungen sind bei den Studenten beliebt, denn er begreift, dass es nicht genügt, über Kunst zu reden – man muss sie anschauen. Konsequent nutzt er daher die Möglichkeiten, die das neue Medium Fotografie der Lehre einräumt. 1860 legt er die repräsentativste, noch heute zitierte deutsche Michelangelo-Biografie des 19. Jahrhunderts vor. »Verehrungsvoll« widmet er Band 1 Peter von Cornelius, dem Nazarenermaler, der als Akademiedirektor in München das monumentale Altarfresko der Ludwigskirche geschaffen hatte – nach Michelangelos »Jüngstem Gericht« das größte der Welt – und nun in Berlin lebt. Herman durfte bei Cornelius zu Gast sein, als dieser in Italien malte, und zeigte sich tief beeindruckt.

Sohn, Neffe, Hausgenosse und Mitarbeiter der Brüder Grimm: der neunzehnjährige Herman Grimm in einer Radierung seines Onkels Ludwig.

»Das Leben Michelangelos« beweist das Bemühen Hermans um Eleganz des Stils und Lesbarkeit bei aller wissenschaftlichen Akribie und Liebe zum Detail, wie es auch die meisten seiner anderen Schriften kennzeichnet. Anders als sein Vater scheute er nicht vor einer Autorenehe zurück. Wie viel Gisela in Hermans Büchern stecken mag? Vielleicht steckt »die Giesel« auch hinter seiner Übertragung von Michelangelos hermetisch-schwermütigen Dichtungen, den »Rime«, ins Deutsche? Er hat sie in seine dreibändige Biografie eingestreut. Sie ist die erste Übersetzung, denn erst seit 1863 liegt überhaupt eine Veröffentlichung des italienischen Originals vor. Rilke, dem wir die heute bekannteste deutsche Ausgabe der »Rime« verdanken, lobt Hermans Arbeit: »Außer den meisterhaften Übertragungen von Herman Grimm ist kein Übersetzungsversuch zu irgendwelcher Gültigkeit gediehen.«

Offenbar also hat Herman das Italienische sehr gut meistern gelernt – wie nicht anders zu erwarten von dem Philologen, der er weiterhin ist und bleibt. Die wissenschaftliche Grimm-Forschung nimmt mit ihm ihren Anfang, besonders die Märchenforschung, denn er hat den überlegenen Zugang zu den Quellen, dem Grimm-Nachlass. Auch die Notizen in den Handexemplaren seines Vaters und Onkels versucht er dafür auszuwerten. Er gibt die enorm einflussreichen »Deutschen Sagen« neu heraus und legt die erste Ausgabe des brüderlichen Briefwechsels vor. Daneben wächst er nach Jacob in eine Rolle als Zentrum und Hagiograf seiner Familie hinein, die auch ihren Nachruf absichern soll.

Goethe ist der dritte Fixstern über seinem literarischen Leben. Nachdem dieser schon seit den sechziger Jahren zum Lektürekanon an deutschen Schulen gehörte, wurde er nach der Reichsgründung ähnlich Schiller allmählich zum Genius des neuen Reiches erklärt. Während Schiller die Rolle des »edlen Menschen« zugewiesen wurde, repräsentierte Goethe den amoralischen, aber unbedingten »faustischen« Drang des Deutschen, der in den folgenden hundert Jahren reichlichen Gebrauch von Goethes unterstellter Amoral machen sollte – wenn auch mit weit weniger edlen Absichten, als Goethe sie sich je hätte albträumen lassen.

Beispielhaft für die frühe deutsche Goethe-Verehrung stehen die Goethe-Vorlesungen Herman Grimms von 1874/75, zwei Jahre später auch als Buch publiziert. Herman zufolge hat Goethe »auf die geistige Atmosphäre Deutschlands gewirkt wie etwa ein tellurisches Ereigniß, das unsere klimatische Wärme um so und soviele Grade im Durchschnitte erhöhte. Geschähe dergleichen« – er meint: in der geografischen Wirklichkeit –, »so würde eine andere Vegetation, ein anderer Betrieb der Landwirtschaft und damit eine neue Grundlage unserer gesamten Existenz eintreten.« Ein Bild, das unbeabsichtigt Störgefühle im heutigen Leser hervorruft. Grimm bilanziert: »Goethe's Prosa ist nach und nach für alle Fächer des geistigen Lebens zur mustergültigen Ausdrucksweise geworden. Durch Schelling ist sie in die Philosophie, durch Savigny in die Jurisprudenz, durch Alexander von Humboldt in die Naturwissenschaften, durch Wilhelm von Humboldt in die philologische Gelehrsamkeit eingedrungen.«

Auch Hermans Goethe-Begeisterung ist biografisch fundiert durch seine Beziehung zu den Frankfurter und Berliner Brentano-»Republiken« – besonders aber durch seine Anhänglichkeit an Marianne von Willemer, die ihn bei einem Besuch in Kassel mit ihrer gerade einmal zwei Jahre jüngeren Stieftochter Rosette – Schwägerin des Museumsstifters Johann Friedrich Städel – bereits als Baby kennenlernt und, heimgekehrt an den Main, brieflich seiner Mutter Dorothea prophetische Glückwünsche zu einer Karriere ähnlich der seines »Oheims« zuruft.[45] Neben ihrer Lebensklugheit, Gewandtheit und Sachkunde ist es Goethe, der die jahrelange Freundschaft zwischen der alten Dame und dem jungen Mann beflügelt. Die kinderlose Frau verbringt ihre Altfrankfurter Witwenjahre »von der ausgebreiteten Familie des verstorbenen Geheimrats umgeben« (Herman) beschaulich, aber für eine Bankierserbin erstaunlich bescheiden mit der vermutlich schönsten Aussicht, die sie sich vorstellen kann: der auf das Spitzdach der Gerbermühle in Oberrad, in der sie als Ehefrau des gastfreundlichen Goethe-Verehrers Johann Jakob von Willemer an der Seite Goethes die wohl glücklichsten Tage ihres Lebens verbracht hat.

»Sie wohnte ganz allein in der alten Mainzer Gasse. Durch ein hohes Gitter trat man in einen hofartigen Gang zwischen steilaufstehenden Häusern, gelangte durch eine etwas versteckte Haustür sofort auf die braune, blankgebohnte Treppe und klomm zwei Stiegen hinauf. Hier eine Fenstertür mit schneeweißen feingefältelten Vorhängen dahinter, in der Ecke des Vorplatzes lag eine Katze von Papiermaché in natürlicher Größe. Sie schien zum Hause zu gehören und Jedermann kannte sie, weil Jedermann sie so lange ansehen mußte bis auf Anziehen der Glocke die Magd erschien. Nun gelangte man in die beiden allerliebsten Zimmer«, erinnert Herman sich an seinen Antrittsbesuch bei Marianne in ihrer Wohnung, die ihm »eng und niedrig« vorkommt, aber behagliche Gefühle in ihm wachruft. Besonders behaglich, lockend und begeisternd zugleich »in einem expreß dafür gearbeiteten Kasten mit gläsernen Wänden« Mariannes Goethe-Devotionalien, die sie ihm stolz zeigt: »Da hing, dicht neben der Eingangstür, groß eingerahmt, ein prachtvolles Blatt: ein Gedicht von Goethe's Hand in sorgfältiger lateinischer Schrift, ein voller Rand aus bunt und goldgemalten Arabesken darum …« Nachdem dieses und andere Schaustücke genügend bewundert sind, platziert sie ihren Gast »im Eck des Kanapees« in der Wohnstube, deren Alkoven in ihm vielleicht Ahnungen von der hübschen jungen Frau wachruft, die sie einst gewesen ist. Sie selbst setzt sich ans Fenster auf einen Stuhl vor dem »aufgeklappten Kontörchen« und erzählt.

So pflegen Hermans Besuche in Frankfurt abzulaufen, bis es ihm einmal gelingt, Marianne zu einem gemeinsamen Besuch am sieben Meilen entfernten Neuhof zu »persuadieren«. Bei einem abendlichen Spaziergang zu zweit durch die Felder vertraut sie ihm das intimste Geheimnis ihres Lebens – und seine vermutlich größte wissenschaftliche Entdeckung – an: »Wir hatten über Goethe gesprochen. Ich erinnere mich deutlich, wie über den Himmel von Westen her allerlei Gewölk zog, welches schlechtes

Wetter für die nächsten Tage ankündigte, und ein seufzender Wind über die Felder ging. Ich weiß nicht, wie mir Goethe's Verse da in den Sinn kamen ›Ach, um deine feuchten Schwingen, West, wie sehr ich dich beneide.‹ Ich sprach sie halblaut vor mich hin im Weiterschreiten. Marianne machte Halt, sah mich eine Weile mit ihren graublauen, glänzenden und beweglichen Augen an und sagte: ›Höre, wie kommst du dazu, dieses Gedicht zu sagen?‹

›O, es fiel mir gerade so lebhaft ein‹, antwortete ich. ›Es ist eins von Goethe's schönsten.‹ Marianne sah mich immer an, als wollte sie etwas sagen, besänne sich aber, ob sie es tun sollte. ›Ich will dir etwas sagen‹, rief ich plötzlich aus und weiß selbst nicht wie ich darauf kam: ›das Gedicht ist von dir? du hast es gemacht.‹ …

›Du darfst es Niemand wiedersagen‹ begann sie nach einer Weile und streckte mir die Hand hin: ›Ja ich habe die Verse gemacht.‹«

Fortan wird sie ihn in ihren Briefen mit »deine Freundin« grüßen. Herman hütet ihr Geheimnis, dessen Wahrheit die Germanistik später beweist, fast zehn Jahre über ihren Tod hinaus.

KAPITEL 13
EINE GENERATION TRITT AB
(1833–1863)

Lebensleistungen

Die Jahre um 1860 durchschneiden die Familiengeschichte der Grimms deutlich. 1859 heiratet Herman und verstirbt Wilhelm, 1863 geht erst Lui, dann Jacob. 1862 stirbt der Schwager Ludwig Hassenpflug. Von den engen Freunden ist 1859 Bettine und 1861 Savigny tot, von den Kollegen 1860 Ernst Moritz Arndt, 1858 schon Friedrich Creuzer. Gegen 1860 wird aus Herman ein produktiver, geistig selbstständiger Autor und Universitätslehrer. Die romantische Generation tritt nun auch biologisch ab, neue Geister wachsen heran, werden produktiv, fantasieren, streiten, leiden; neue Strömungen des Denkens lösen die überkommenen ab.

Wir haben Jacob Grimm als einen Kolumbus der Kultur- und Geisteswissenschaften kennengelernt. Mit hohem intellektuellem Wagemut brach er sein Leben lang auf in unbekannte Gewässer und scheute Streit und Missverständnisse genauso wenig wie der Genuese dreihundert Jahre vor ihm. War sein Expeditionsschiff – um im Bild zu bleiben – die Santa Maria, so war Wilhelms Fahrzeug mehr als eine Niña, mehr als ein bloßes Begleitschiff.

Wir sind es gewohnt, dass man uns die Brüder Grimm im »Doppelpack« serviert. Ihr siebzigjähriges brüderlich-einträchtiges Leben, auf das nie der Schatten eines öffentlich ausgetragenen Streits gefallen ist, lässt uns auf den ersten Blick die beiden im Geistigen als eine Art siamesischer Zwillinge erscheinen, von denen einer – Jacob – älter und vitaler war und daher nicht nur konstitutionell bedingt die Führung übernahm. Leicht kann man daher übersehen, dass auch Wilhelm eine beeindruckende publizistische Lebensleistung vollbrachte. Von den etwa neunhundert Veröffentlichungen der Brüder Grimm – selbstständige Bücher und Aufsätze zusammengerechnet – stammt mehr als ein Drittel von ihm. Wo er besonders talentiert war, das haben wir an den »Kinder- und Hausmärchen« gesehen, die er auch in klarer Opposition gegen den auf Texttreue pochenden Jacob in einem lebenslangen Prozess stilistisch verfeinerte und zu dem machte, dem die Brüder ihren andauernden Weltruhm verdanken. Kaum vorstellbar, dass Grimms Märchen jemals vergessen werden. Wilhelm war, so besehen, der eigentliche »Architekt« des grimmschen Nachruhms im Kreis der Milliarden von Menschen, die mit den Märchen der Grimms so selbstverständlich aufwuchsen, dass viele gar nicht wissen, dass es auch Märchen gibt, die nicht von den Grimms stammen. Jacob, der mindestens dreißig Sprachen lesend beherrschte, dagegen blieb es vorbehalten, eine überragende Position im globalen Gedächtnis der Kulturwissenschaft zu behaupten. Dabei überschnitten sich ihre Forschungsfelder weithin, wie wir an ihren Editionen deutscher Sprachdenkmäler oder am »Deutschen Wörterbuch« sehen; und nicht zuletzt an den Märchen – ein Gemeinschaftsprojekt zunächst, dessen Betreuung erst nach und nach auf Wilhelms Kasseler, Göttinger und Berliner Schreibtisch wanderte.

Aber die Art, wie sie an ihre Arbeiten herangingen und wie sie ihre Schwerpunkte setzten, unterscheidet sich bei den Brüdern Grimm deutlich. Jacob war zeitlebens vom ursprünglichen Gründergeist der Germanistik besessen. Er »jagte« die Gegenstände seiner Arbeit. Er ging mit kühneren Thesen über sein Material hinaus. Wenn er mal patzte – nun, es gab die wissenschaftliche

Kritik, die ihm half, den Fehler in der folgenden Auflage oder nächsten Veröffentlichung richtigzustellen. Einen »Chaoten mit Mut zur Lücke« nennt ihn Holger Ehrhardt. Wilhelm arbeitete bedachtsamer – die Zwangspausen, die seine labile Konstitution ihm auferlegte, schufen die Voraussetzungen für ein gründliches Durchdenken und Stilisieren seiner Arbeiten. Wilhelms Texte sind dadurch philologisch zuverlässiger als Jacobs. Wilhelm war Wissenschaftler-Poet, Jacob Wissenschaftler. Während Jacob sachlich bis zur persönlichen Rücksichtslosigkeit war, bemühte Wilhelm sich um Verbindlichkeit zumindest in seinen öffentlichen Ausführungen.

Wie die Zeitgenossen die Brüder jeweils bewerteten, darüber geben die Orden und Ehrentitel Aufschluss. Jacob erhielt den Orden der französischen Ehrenlegion und den deutschen Orden Pour le Mérite sowie Ehrendoktorate der Universitäten Marburg, Berlin und Breslau, Wilhelm den Ehrendoktor in Marburg. Am Ende ihres Lebens waren sie Mitglieder in fast achtzig gelehrten Vereinigungen im In- und Ausland.

Und nicht nur die Forscher unterschieden sich und ergänzten einander, sondern auch die Familien- und Privatmänner Wilhelm und Jacob – nennen wir sie, zum Unterschied von der gewohnten Reihenfolge einmal so. Denn Jacob besaß das Talent, sich Feinde zu machen. Sozial war Wilhelm eindeutig der Begabtere von beiden. Von dieser Begabung profitierten auch Jacob und sein Werk. Schon allein auf materieller Ebene: In seinem einundvierzigsten Lebensjahr konnte der bis zu seinem achtunddreißigsten Jahr von Schwester Lotte hauswirtschaftlich versorgte Arbeitssüchtige als »Familienkapitän« auf der »Kommandobrücke« der »MS Grimm« Platz nehmen, den ihm niemand streitig machte. Der Sessel in seinem Arbeitszimmer mag, wenn wir den Bildern glauben wollen, nicht bequem gewesen sein, aber er war stabil, und nebenan stand der Sessel seines geliebten Wilhelm. »Unter

Deck« werkte derweil, so wie es in dieser Zeit in bürgerlichen Kreisen nicht anders üblich war, Schwägerin Dorothea und blieb bis auf private Briefe stumm.

Während Jacob mit der Einsamkeit prächtig zurechtkam – solange nur sein Wilhelm bei ihm blieb –, bildete für diesen Geselligkeit einen essenziellen Bestandteil des Lebens. Wilhelm hatte Abhängigkeit kennengelernt, Jacob strotzte im Vollgefühl seiner Unabhängigkeit. Jacob blieb kantiger Provinzler, Wilhelm konnte der Großstadt viel abgewinnen. Jacob tendierte zur Askese und zum intellektuellen Rausch, Wilhelm war eher Genießer – sofern etwas zum Genießen im Haus war. Jacob hatte nichts dagegen, zumindest im privaten Kreis, auch einmal skurril zu wirken – einmal schockiert er Dorothea damit, dass er sich alle Haare selbst abschneidet – Wilhelm ist an seiner Wirkung sichtlich mehr gelegen. Er lässt sich im akademischen Talar porträtieren, als dieser schon längst dem Alltagsrock gewichen ist. Musikalisch wie er auch ist, brilliert er als Unterhalter und kommt entsprechenden Anfragen gern nach.

Jacobs private Lebensleistung bestand darin, die Familie am Auseinanderbrechen zu hindern, und dafür zahlte er buchstäblich fast jeden Preis. Er verweigerte sich 1816 den Avancen der Bonner Universität, wiederholten Anfragen aus Berlin und 1827 einem ersten Vermittlungsversuch nach Göttingen, da all dies bedeutet hätte, Wilhelm auf unbestimmte Zeit zurückzulassen. Was für wohl jeden karriereorientierten Gelehrten ein »Klotz am Bein« gewesen wäre, sein kränkelnder, in seinem Schatten stehender jüngerer Bruder, das war für Jacob ein »Lebensmittel«. Gegenüber den Capricen seiner instabilen Brüder Ferdinand und Carl sprach und handelte er wiederholt duldsamer als der abgegrenzte Wilhelm, der in seiner zugewandten Art wohl seelisch robuster war als der früh durch Phasen höchster Anspannung gegangene Jacob. Über die mögliche Triebfeder von Jacobs Loyalität gibt das

Vorwort seines Weihnachten 1820 erschienenen Privatdrucks »Hausbüchel« Auskunft. In seinem Vorwort, eher eine Festansprache an seine Geschwister und die vorsorglich für die Familie vereinnahmte Dorothea, spricht er nämlich davon, dass »unsere Verwandtschaft fast ausgestorben« ist – ein Ausdruck, der uns Menschen des 21. Jahrhunderts nicht sofort einfallen würde angesichts einer sechsköpfigen Geschwisterschar. Verlustangst muss Jacob umgetrieben haben. Wen wundert das, wenn einer mit elf Jahren zwei seiner drei wichtigsten Beziehungen zu schützenden, anleitenden Erwachsenen buchstäblich begraben musste. Wenn er mit seiner Familie gerade erst durch eine materiell sehr schwierige und gefährliche Zeit hindurchgegangen war und wenn die Mehrheit seiner Geschwister noch nicht wusste, ob und wie sie in ihren Leben Fuß fassen würden. Lotte würde aus dem Familienbund früher oder später ausscheiden, denn sie war bereits mit Ludwig Hassenpflug verlobt. Und die fünf Brüder erscheinen heute als erotische »Spätzünder«, denen man ausgeprägte amouröse Interessen wahrlich nicht nachsagen kann. Erst sechs Jahre nach dem Hausbüchel, mit einundvierzig, wird Jacob zum ersten Mal Onkel, und erst zu diesem Zeitpunkt kehrt die konkrete Aussicht auf ein familiäres Nachleben ins Haus Grimm ein. Wie bitter muss es gerade für Jacob gewesen sein, seinen Neffen, den kleinen Jacob, nach einem Dreivierteljahr zu verlieren – fast auf den Tag genau dreißig Jahre nach Tante Schlemmer und fünfzehn Jahre nach seinem geschätzten angeheirateten Onkel Poppelmann in Birstein.

Lui Grimm wird zwar nicht unter die führenden bildenden Künstler seiner Epoche gezählt. Aber sein überzeugtes Festhalten an dem grimmschen Interesse am Detail und am dokumentarischen »ad vivum« sorgen dafür, dass seine Darstellungen glaubwürdige Einblicke in das bürgerliche deutsche Familienleben des 19. Jahrhunderts geben. Und unser Bild der deutschen Romantik und ihres prominenten Personals wäre ohne ihn weit unvollständiger, als es heute tatsächlich ist. Von kaum einer anderen bedeutenden Persönlichkeit der Zeit gibt es so viele und so gute Porträts wie von den Brüdern Grimm. Entwürfe von seiner Hand schafften es sogar auf einen Geldschein: den Tausend-Mark-Schein der letzten Serie. Diese hatten Glück, einen »Malerbruder« zu besitzen. Er war auf seinem Feld seinen überragenden Brüdern Jacob und Wilhelm kongenial und konnte als einziger der Geschwister mit ihnen eine ausdauernde Arbeitsgemeinschaft unter nahezu Gleichen erhalten. Diese erstellten ihre Manuskripte höchstpersönlich, am liebsten jeder für sich allein. Keines ihrer Bücher trägt den Namen eines Mitautors.

Siebzig Jahre brüderlich-einträchtiges Leben: Jacob und Wilhelm Grimm, Gemälde von Elisabeth Jerichau-Baumann, 1855.

Der Sphäre des Visuellen war Lui bedingungslos hingegeben. Sein Blick und seine Profession waren die Mittel, mit denen er Menschenherzen für sich öffnete. Vor allem die Herzen der Kinder und die der Frauen, die ohne Scham nach Herzenslust anzusehen sein Beruf ihm erlaubte. Viele Frauen hat er auf diese Weise für sich eingenommen, an eine Romanze hat er sich beinahe verloren, dies ist bei seinen Geschwistern nicht nachweisbar. Ob er das Vertrauen der Frauen, das ihm zuflog, je missbraucht hat, ist unbekannt. Äußerlich war er seiner kurzlebigen ersten Familie treu ergeben, förderte und verwöhnte seine einzige Tochter so sehr, dass Jacob das Wort »Dressur« dazu einfiel. So sehr war Jacob Romantiker, dass er den Zwang auch im Privaten hasste.

Ferdinand Grimm hatte seinen philologischen Brüdern eines voraus: Er schaute »dem Volk« tatsächlich und systematisch »aufs Maul« und hatte, vielleicht gerade weil es ihm um Geschichten und nicht um Wissenschaft ging, einen direkteren Zugang zu den Menschen. Seine drei Märchen- und Sagensammlungen greifen dennoch auch auf publiziertes Material zurück, das um mündliches Material zu ergänzen einfacher war, als allein auf Basis des Gehörten zu schreiben. Es darf nicht vergessen werden, dass er bei Weitem nicht mit demselben Bildungsstand wie seine Brüder arbeitete. Als unter dem Druck der Lebenskosten die Familie abzuwägen hatte, welche Chancen er erhalten sollte, wurde er mangels Disziplin und Leistung für zu leicht befunden. Dies scheint ihn bis zu seiner abschließenden Lebensbeichte – wir kommen noch auf sie zu sprechen – mit Gefühlen des Zukurzgekommenseins belastet zu haben. Vielleicht wäre er der bessere Märchensammler geworden, wenn seine romantische Sprunghaftigkeit ihn nicht wiederholt in materielle Schwierigkeiten und mit seinen Brüdern über Kreuz geführt hätte, wenn ihm mehr Zeit zum Forschen, Sammeln, Schreiben und Leben geblieben wäre.

Carl Grimm beanspruchte von Anfang an nicht, in derselben Liga zu spielen wie Jacob und Wilhelm. Der Beziehung zu seiner Familie tat dies gut, wenn auch sie sicher Kraft kostete. Aber zumindest versuchte er sichtlich, Störgefühle zu vermeiden, was von Ferdinand nicht gesagt werden kann. In seinen späten Jahren zog er sich zurück – weitgehend auch von Lui, dem Einzigen, der in Kassel geblieben war und den er jeden Tag hätte sehen können. Auch Carl zollte dem geschwisterlichen Ethos des Publizierens Reverenz. Seinem praktischen Sinn folgend, waren seine Bücher allerdings vergängliche Ratgeberware, über die die Zeit schnell wegschritt.

Dass Lotte Grimm, spätere Hassenpflug, erst jetzt erwähnt wird, bedeutet beileibe nicht, dass sie mit ihrem Leben »schlechte Arbeit abgeliefert« hätte. Der Komment der Zeit verweigerte ihr als Frau aber alles, was es ihr ermöglicht hätte, öffentlich kreativ zu wirken. Lotte fand sich – obwohl ähnlich Wilhelm physisch wenig belastbar – von Anfang an instrumentalisiert und in eine tägliche Verantwortung für die materielle Basis des grimmschen Zusammenlebens gestellt, die sie sich nicht ausgesucht hatte und an der sie nichts verändern konnte. Dass sie es gewollt hätte, deutet die Renitenz an, mit der sie sich zeitweise ihren Verpflichtungen entzog. Aber das Budget der Grimms war immer auf Kante genäht, was gerade Lotte in ihrer besonderen Abhängigkeit – sie konnte keinen Beruf ergreifen – besonders einschränkte. Wer als Frau vor zweihundert Jahren Karriere machte, war eine absolute Ausnahme und konnte dies nicht ohne solide Unterstützung seiner Familie tun – und sei dies eine hinterlassene auskömmliche Rente. Lotte fehlte – aus welchen Gründen auch immer – diese Unterstützung. Wer sich sein Stück vom Kuchen nahm, das waren die Brüder. Zwar hatten auch diese, zeitweise drückende, Verpflichtungen, aber sie besaßen die Freiheit zu deren Gestaltung.

All dies ist gerade einmal zweihundert Jahre her. Es darf erstaunen, wie weit wir in Deutschland seitdem gekommen sind. Hinsichtlich der Chancengleichheit und -gerechtigkeit, aber auch hinsichtlich der Bürgerrechte und der Offenheit für individuelle Lebensentwürfe. Noch mehr darf es allerdings erstaunen, wie selbstverständlich all dies für die meisten und wie kurz unser

Gedächtnis ist – und wie oft in Deutschland andere Länder und Kulturen pauschal abgewertet werden, in denen der einzelne Mensch mit just denselben Herausforderungen kämpft wie vor zweihundert Jahren die Grimms.

Todesumstände

Hölle, das sind die anderen. Diese Beobachtung verdanken wir Jean-Paul Sartre. Wenn Hölle aber auch das Gegenteil der Gemeinschaft, die Beziehungslosigkeit bedeutet, wie Theologen uns glauben machen, dann ist Ferdinand Grimm in seinen letzten acht Lebensjahren – die ein Siebtel seiner Lebensspanne von siebenundfünfzig Jahren ausmachten – durch diese Hölle gegangen.

Die Türen seiner großen Brüder hatten sich hinter ihm unwiderruflich geschlossen. Aus Barmherzigkeit oder weil es Ferdinand schlicht noch aus dem Familienerbe zustand, versorgten sie ihn mit dem Allernötigsten: Acht Taler monatlich lässt Jacob ihm schicken und knüpft Forderungen an diese Zahlung: »daß wir uns auf weitere Bezahlung anderer von Dir gemachter Schulden nicht einlassen und erwarten daß Du uns durch Geldforderung und Anleihe bei Andern keine Schande machst«. Hier klingt erneut ein wichtiges Motiv für seine Mildtätigkeit durch: Angst vor der öffentlichen Meinung. Jacob indessen lehrhaft und moralisierend weiter: »Es wird dann Ehrensache für Dich seyn Dich durch eigene Anstrengung in eine Lage zu versetzen in welcher Du dieser Beihilfe nicht mehr bedarfst, oder Dich ihrer würdiger zu machen, als es durch Dein bisheriges Betragen geschehen ist. Alsdann wird sich auch unsere, von Dir auf alle Weise beleidigte brüderliche Liebe Dir wieder zuwenden können.« Ein protestantischer Kanzelredner, der zu werden Jacob als Kind geträumt hatte, hätte es nicht besser sagen können.

Mit diesem »Acht-Taler-Brief« ist das Thema Geld abgehakt. Lächerlich, verglichen mit den wahrlich nicht üppigen zwanzig Talern, die Ferdinand vor Jahren bei Reimer als Salär erhalten hatte. Ob er noch nennenswerte Honorare aus seinem zweiten Werk, den »Volkssagen der Deutschen«, erhielt, das er 1838, zwei Jahre nach dem endgültigen Bruch mit Wilhelm, bei einem namenlosen Verlag in Zeitz untergebracht hatte? Diesmal mit halb heruntergelassenem Visier: Freunde und Kollegen der Grimms können hinter »Philipp von Steinau« leicht den Vater des schreibenden Sohnes erkennen, der siebenundachtzig Jahre zuvor in Steinau geboren ist. Es sieht dem Bruder der Brüder ähnlich, dass auch er wie Jacob und Wilhelm den Märchen eine Sammlung von Sagen folgen lässt.

Jedenfalls reicht es nur für ein feuchtes winziges Stübchen am Stadtrand von Wolfenbüttel, wohin Ferdinand sich nach seinem Hinauswurf aus der brüderlichen Wohnung in Göttingen zurückgezogen hat – eine gute Tagesreise von Göttingen, zwei von Kassel entfernt. Für Menschen ohne Geld eine große Entfernung in der Zeit der Fuß- und Kutschreisen – die »Hannöversche Südbahn« entstand erst 1856. Wenigstens als Zuschauer berauscht sich Ferdinand an den Möglichkeiten der modernen Technik, wenn er zu seinem einsamen Lieblingsausguck Zuflucht nimmt: »Oft sehe ich Züge von acht bis zehn Wagen vorüberrauschen es klappert wie Mühlräder, zuweilen rollt ein Donner, indeß ein feiner Rauchschleier die märchengleiche Erscheinung umgiebt.«

Warum Wolfenbüttel? Es ist die legendäre Fürstlich-Braunschweigische Bibliothek, der einst Leibniz und Lessing gedient hatten – eine der ältesten und damals eine der größten deutschen Bibliotheken, berühmt für ihre Zehntausende Handschriften und Wiegendrucke, unter ihnen »Prominente« wie das Evangeliar Heinrichs des Löwen mit seinen romanischen Malereien. Dies sind die Objekte von Ferdinands Begierde. Hier mussten sich doch Zeugnisse der altdeutschen Überlieferung en masse finden lassen. Tatsächlich belegen die Leihzettel, dass Ferdinand erneut beharrlich recherchiert in den alten Beständen, die übrigens Jahrzehnte zuvor Casanova bei dessen Schriften geholfen hatten.

Wie ein Casanova dürfte der Mann mittleren Alters nicht gewirkt haben, der da täglich den Portikus des barocken Rundgebäudes durchschreitet – eher wie einer der abgerissenen Hungerleider, von denen es damals in der gelehrten Welt viele gab. Und ein Hungerleider ist Ferdinand auch im buchstäblichen Sinn, trotz seiner verbissenen Arbeit an seiner nächsten Sammlung von Märchen. Gärtnersleute hatten ihn für billiges Geld aufgenommen. Möglicherweise profitiert er so von billigem Torfbrand oder unmittelbar davon, dass Gärtner ihre Treibhäuser oft in der kalten Jahreszeit beheizten und damit für ein angenehmeres Klima auch im Hause sorgten. Denn »ein paar Thaler für Heizung zu behalten ist unmöglich, und bis heute habe ich keinen Groschen dafür ausgegeben«. Er lebt von Brot, Dörrwürsten und Kaffee. Feucht und eng ist sein Stübchen dennoch, »die Kälte nagt an meiner Lunge, eine krampfige Hand ist tagelang zum Führen der Feder unbrauchbar«, wie er in seiner etwas theatralischen Art an Jacob schreibt, und an Carl gewandt: »Ich bin hier allein, habe mit keiner Seele Umgang, als mit meinen Gärtnersleuten ... Das Haus steht an einem Kreuzweg« – Hinweis darauf, dass bis vor wenigen Jahren Menschen hier hingerichtet wurden – und »alle Nacht höre ich im Wind die Eülen rufen und die hungrigen Hasen schreien ... Im Rücken steht der ewig gepuderte Brocken, vor sich hat man die Türme Braunschweigs und alt und neue Erinnerung.«

Erinnerung an unwiderruflich zerstörte geschwisterliche Eintracht, Eintracht in Mangel und Sorge zwar, aber doch Eintracht. Wilhelm hat den Kontakt in für ihn völlig untypischer Art abgebrochen, knapp schreibt er: »Ich stehe in keinem briefwechsel mehr mit ihm und er läßt sich nicht wol von meiner seite wieder anknüpfen.« Ob der einst so geliebte Lui Wilhelms Beispiel gefolgt ist, ist unbekannt. In seinen Lebenserinnerungen kommt Ferdinand seit seiner Berliner Zeit nicht mehr vor. Einzig Jacob kann sich auf seine zwanghafte Weise nicht von ihm lösen; er empfängt kurz vor Weihnachten 1844 eine Art Abschiedsbrief des nun Todkranken, der an seinem Mangel an allem zugrunde gehen muss:

»Es sind morgen zwei Monate, daß ich auf dem Lager zubringe, wozu ein Rückfall der Krankheit« – seine nicht ausgeheilte Berliner Erkrankung ist offenbar eskaliert – »hauptsächlich beigetragen, und erst seit einigen Tagen obgleich noch sehr erschöpft durch den erlittnen zu großen Blutverlust, bin ich imstand außer Bett zu sein, um wieder Luft zu ziehen nach den schwindenden Schmerzen … und wozu diesmal noch das Entbehren einer vernünftigen äußern Hülfe … mir völlig abging. Ich habe nicht geglaubt wieder aufzukommen und Gott gebeten in Treue und Demuth, mich zu nehmen.«

Ferdinand fährt mit einer Generalabrechnung fort – wie so oft scheint noch eine hinter ihr liegende Absicht durch: Geld zu erbetteln. Aber er spricht die Geschwister frei von Schuld und schreibt sein Schicksal göttlichem Verhängnis zu: »Viel zu meinen nicht selten, besonders Winterkrankheiten entsprang wohl aus meiner Lebensweise, der ich bisher keine andre Wendung habe geben können … Ihr alle, meine Brüder, habt mir schon so oft und viel gegeben … Gott aber hat euch mehr verliehen, hat euch lieber, euch bisher erhalten und noch jüngst nach so vielen Krankheiten Wilhelms Gebet erhört in neuer harter Prüfung.«

Das Projekt seiner »Burg- und Bergmärchen« überlebt den Autor, der sich wenigstens jetzt – Rücksichten sind nicht mehr erforderlich – in seinem »Schriftstellernamen« Friedrich – dem Namen seines Onkels, seines Großvaters und seines in der Familie Grimm so verehrten Urgroßvaters – selbst seiner Zugehörigkeit zu dieser Familie versicherte. Unter dem Namen Fr. Grimm erscheint es 1846, im Jahr nach seinem elenden Tod, in einem Wolfenbütteler Verlag. Das haben seine Brüder nie versucht: eine thematische Märchensammlung. Sie – und vor allem Wilhelm – haben ja immer nur den Bestand verwaltet, den sie in wenigen Jahren hoch angespannter Arbeit zusammengetragen haben. Ihn immer wieder neu zusammengestellt, umgearbeitet und höchstens um einzelne Stücke ergänzt. Insofern ist Ferdinand »Friedrich« Grimm noch posthum über die Brüder Grimm hinausgewachsen. Vielleicht hat Ferdinand noch die Druckfahnen bearbeitet, im engen feuchten Stübchen, eingemummelt in die abgetragenen, nicht mehr einwandfrei riechenden Kleider, die er Carls Mildtätigkeit verdankte. Hat geschmunzelt darüber, wie der Setzer die Bogen gekennzeichnet hat mit »Grimm, Märchen 1. Bd.«. Hat sich ausgerechnet, welches Honorar er erhalten, und vorgestellt, was er als Erstes dafür kaufen würde. Im letzten Stück des Bandes, »Der Burgherr«, malt er mit Worten ein Bild, das ein Bild seines eigenen Endes sein könnte: »Schweigend den Blick in die Ferne gerichtet, saß der Greis im Lehnstuhl, seine Hände falteten sich zum Gebet und kaum hörbar entwanden seinen Lippen sich die Worte: ›Herr, ich bin allein auf dieser Erde – nimm mich zu dir, führe mich in deines Himmels ewige Herrlichkeit!‹ – Und als die Burgbewohner wiederum ihm nahten und in sein Antlitz blickten, das die letzten Funken der scheidenden Sonne noch beglänzten, war seine Seele entflohen und wieder eingekehrt in jene paradiesischen Gefilde, welche er eben verlassen hatte.«

Bruder Carl verstirbt nach seinem mühevollen und glanzlosen Leben fünfundsechzigjährig 1852 in Kassel. Der vitalere Lui hatte als Nachbar noch den engsten Kontakt zu ihm, während Jacob und Wilhelm als hochgelehrte Wissenschaftler in Berlin in Glanz und Gloria stilvoll altern. Lui resümiert unsentimental und etwas von oben herab: »Der gute Carl thut mir Leid … Aber bedauern kann ich ihn nicht, daß er tot ist, wenn ich an sein trübes, miserables, arbeitsvolles und arbeitsloses Leben denke.« Ein anderer »Miserabler«, der romantische Dichter Platen, hatte dazu einst geschrieben: »Es kehrt an das, was Kranke quält, sich ewig der Gesunde nichts.«

Gemessen an seiner kränklichen Konstitution, ist Wilhelm eine gute Lebensspanne von fast vierundsiebzig Jahren zugemessen. Er hat mit einem detaillierten Testament vorgesorgt: Dorotheas Vermögen von mittlerweile 9130 Reichstalern, das er treuhänderisch verwaltet und gemehrt hat, soll an sie zurückerstattet werden. Das Übrige gehört zu gleichen Teilen Jacob und ihm, »und ist dies allzeit der Fall gewesen, so daß niemals eine Theilung zwischen uns statt gefunden hat«. Dorothea soll nach Absprache mit Jacob über seine Hälfte disponieren. Dorothea und Jacob bestimmt er zu Vormündern seiner »minorennen« Kinder und zu gegenseitigen Stellvertretern in diesem Amt. Oftmals mag er an dieses Testament gedacht haben in seinen letzten Jahren, als Schwermut ihn immer wieder überkam. Sogar Jacobs Verständnis überfordert er damit. Dennoch arbeitet er, von seinen gewöhnlichen Badekuren unterbrochen, weiter am Wörterbuch. Bis eine Hautinfektion am Rücken eskaliert und ihn in zwei Wochen zum Sterbenden macht. Ein letzter Fieberschub beendet am 16. Dezember 1859 sein Leben. Bis zuletzt erkennt er die um ihn versammelten Angehörigen. Bis zuletzt spricht er, lacht sogar über seine Geschichten, »wir aber nicht«, schreibt sein Sohn Herman. Jacob hängt ununterbrochen an Wilhelms Lippen, um dessen letzte Worte nicht zu verpassen. Danach, so berichtet die »Kasseler Zeitung«, sei er »verzweifelt, sprachlos und stumm im leeren Zimmer Wilhelms herumgeirrt«. Tatsächlich, stellt Herman richtig, habe er sich rasch in der Gewalt gehabt, für die Aufbahrung der Leiche gesorgt und die engen Mitarbeiter vom Tod der »hälfte von mir« unterrichtet; »wunderbar, dasz er grade den buchstaben D vollendet hatte und nur correcturen zurück sind«, setzt er hinzu. Einige Tage nach der Bestattung des Bruders lässt er die Verbindungstür zu dessen Arbeitszimmer öffnen und die Bibliothek hineinwachsen.

Dorothea überlebt ihn um fast acht Jahre und stirbt vierundsiebzigjährig 1867 in Eisenach während eines Aufenthalts bei dem dortigen Burghauptmann Bernhard v. Arnswaldt, der als großherzoglich-sächsischer Beamter die Restaurierung dieser identitätsstiftenden mittelalterlichen Bau-Ikone leitet. Ihre Altersjahre teilt sie bis zu dessen Tod mit Jacob. Spät und ohne alle Liebeswerbungen kommt so Jacob noch zu einer Frau, die nur für ihn da ist. Sein Wilhelm hat unwillentlich also auch in dieser Hinsicht für ihn gesorgt. Aber auch diese Fürsorge verhindert nicht, dass Jacob krank wird. Die Gicht quält ihn so, dass Gebrauchsgegenstände wie eine Lupe so umgearbeitet werden müssen, dass er sie noch benutzen kann. Aber das Augenlicht bleibt ihm, so wie es Wilhelm bis zu seinem Tod geblieben ist. Litten die Grimms an erblicher Kurzsichtigkeit? Jacobs gewohnheitsmäßige Schreibhaltung und die Tatsache, dass sie offensichtlich noch im Alter auf Brillen verzichten konnten, deuten darauf hin.

Wilhelms Tod hat Jacob nicht gebrochen, aber ihm den Zugang zu den Quellen seiner Lebensfreude erschwert. Er hat zwar Zukunftsprojekte, klagt aber auch, dass niemand mehr ihn lese: »es kommt mir manchmal vor ich könnte nun auch schlafen gehen, ohne dasz es viel bemerkt würde. ich habe das meinige gethan und thue es immer noch, arbeite ein heft nach dem andern aus und kein hahn kräht danach.« Trost schenkt ihm die Natur: »wie schön sind die langen sommertage, worauf sich die vögel und menschen freuen! sie gemahnen an die jugendzeit, in der die stunden licht einsaugen und langsam verflieszen; was davon noch übrig war wird vom dunkel des winters und des alters schnell geschluckt. nun bin ich bald 78, und wenn ich schlaflos im bette liege und wache, tröstet mich die liebe helle und flöszt mir gedanken ein und erinnerungen.« Im April 1863 stirbt als Letztes seiner Geschwister der jüngste Bruder Lui: »Nun bin ich noch ganz allein da«, schreibt Jacob.

Fotografisches Altersporträt Jacob Grimms von Franz Hanfstaengl, um 1860.

Auch Jacob hinterlässt ein Testament. Er möchte, dass »mein ganzes vermögen ausschließlich meinem bruder Wilhelm (mit dem ich es mein lebenlang gemeinschaftlich besass und von dessen habe es untrennbar geworden ist), nach ihm aber seinen kindern zufalle. Meine brüder Carl und Ludwig, so wie die kinder meiner seligen schwester Lotte, welche alle ich auch herzlich lieb, doch nicht so lieb habe wie Wilhelm und dessen kinder, vertraue ich, werden mein andenken ehren.«

Das »Deutsche Wörterbuch« begleitet auch Jacobs letzte Wochen. Der Verleger drängt, jemand anderes muss es zu Ende bringen, seit Jahren ist absehbar, dass es sonst ein Torso bleibt.

Jacob kämpft sich weiter durch, bis ihn, mitten im Buchstaben F angelangt, seine Kräfte verlassen. Durch eine schwere Erkältung, mitten im Sommer, verschlechtert sich sein Befinden. Auguste ist Zeugin, wie ihn ein plötzlicher Schlaganfall lähmt. So sehr es ihn nach Mitteilung drängt, kann er nicht mehr sprechen. Einmal noch greift er nach einer Fotografie Wilhelms, hält sich das Bild ganz dicht vor die Augen, schaut es einen Augenblick an und legt es dann wieder zur Seite. Dann muss der harte Arbeiter Jacob Grimm »die letzte schwere Arbeit seines Lebens« bewältigen, wie Auguste schreibt. Sie protokolliert seinen Todeskampf, der so furchtbar ist, dass alle erleichtert sind, als er vorbei ist. Dann überkommt der Friede des Todes alles: »Er liegt so mit dem Ausdruck der Herzensgüte, die der Pulsschlag seines Lebens war, auf seinem Bett: man möchte ihn gar nicht verlassen, seine Bücher umstehen ihn wie Waisen.« Auf seinem Schreibtisch liegt noch aufgeschlagen die ungedruckte Rede auf Wilhelms Tod. Es ist der 20. September 1863.

Mehr als siebzig Jahre haben die beiden zusammen verbracht: an derselben Arbeitsstätte, in derselben Wohnung, Wand an Wand, Tür an Tür, lange Zeit Schulter an Schulter in demselben Bett. Die Ruhepunkte und Idyllen der Grimms waren immer bedroht und brüchig: der Tod des Vaters und im selben Jahr der Tante Schlemmers, der Abschied der Kinder »auf Raten« nach Kassel, der frühe Tod der Mutter und der Tod Tante Zimmers markieren einige dieser herben Einschnitte. Sie waren tief und wurden tief empfunden und andächtig erinnert. Mehr als ein Dutzendmal sind sie umgezogen, von Hanau nach Steinau nach Kassel nach Göttingen nach Kassel nach Berlin, und mit ihnen ihre geliebten Bücher, Bilder, Familienerbstücke. Diese mögen Bürden gewesen sein, aber sie gaben Sicherheit in einer Umwelt, die sich vom Agrarfeudalismus zur Industriegesellschaft entwickelt hatte. Diesen Wandel konnten sie nicht aufhalten, wollten es auch nicht, denn er erlaubte ihnen ja, sich selbst zu entwickeln zu dem, was sie wurden. Aber sie begriffen es als ihre Mission, dem Mahlstrom der Zeit das Bewahrenswerte zu entreißen und bis ins Detail in das moderne Völkergedächtnis zu bringen – in die Bücher und Bibliotheken. Und sie begriffen es als ihre Mission, die Menschen vor den Auswüchsen einer Gesellschaft zu schützen, in der das Mess- und Bewertbare das Einzige ist, was zwischen den Menschen zählt, und in der Vertrauen nicht mehr gedeihen kann, weil alles der Kontrolle unterworfen wird.

Ludwig Emil Grimm geht Jacob knapp voraus im April 1863, drei Wochen nach seinem dreiundsiebzigsten Geburtstag. Ein gutes Alter, gemessen an dem, was anderen in dieser Zeit gelang. Er hat das Glück, dass seine zweite Frau Friederike ihn überlebt und ihm das Schicksal erspart, ein zweites Mal Witwer zu werden. Sie erreicht das gesegnete Alter von siebenundachtzig Jahren. Er darf als respektierter Lehrer und Künstler seinen Abschied von der Kasseler Akademie nehmen. Er darf die Hochzeit seiner Ideke mit dem österreichischen Hauptmann Rudolf von Eschwege miterleben und drängt erfolgreich darauf, dass dieser den Dienst quittiert. Darf drei Enkelkinder auf der Erde willkommen heißen – und natürlich zeichnen, denn seine Schöpferkraft verlässt ihn erst in seinen letzten Monaten. Ein Familienmensch – Herman Grimm ruft ihm nach: »Lebendiges Interesse nahm er nur an dem, was die eigene Familie betraf. Er zeichnete für seine Enkelkinder, wie einst für uns.« Sicherlich eine idealisierende Zuspitzung, denn Luis Interesse ging weit hinaus über die Verwandtschaft. Er ist freigebig mit dem Wort »Freund« – zweifellos war es ihm gegeben, die Welt und in ihr die Menschen fast stets mit Freundesaugen zu betrachten. Auch seine Karikaturen sind selten scharf, sondern amüsierte Neugier führte ihm meist die Feder. Vielleicht hatte er einen modernen, weiten Begriff von Freundschaft, ähnlich der, den heute die sozialen Medien besetzt halten:

»Selig die reinen Herzens … Das ewige Licht leuchte ihnen«:
Die Familiengräber der Grimms in Berlin und Kassel.

Ein Freund ist einer, der freundlich zu mir ist und der es mir leicht macht, ihm freundlich zu begegnen. Aber auch tiefer lebenslanger Vertrauensbeziehungen ist er fähig: der mit Bettine zum Beispiel, die vielleicht mehr war als eine Freundschaft. Seine größten »Freunde« allerdings waren seine Brüder Jacob und Wilhelm. Freundschaften auf Gegenseitigkeit und auf Augenhöhe – von einem Gipfel der Meisterschaft zum anderen –, von denen beide Seiten profitierten: Ohne die ausgezeichneten Beziehungen der Brüder Grimm in romantische Kreise und ohne das Vertrauen in Lui, das es ihnen ermöglichte, diese Beziehungen zu nutzen, wäre der spätere »Malerbruder« wahrscheinlich bestenfalls als schlecht bezahlter Handwerker oder Verwaltungsbeamter geendet. Und ohne seine kongenialen Illustrationen zu den »Kinder- und Hausmärchen« wäre deren Kleine Ausgabe nicht so durchschlagend – und mit ihr der Weltruhm der Grimms nicht so überragend geworden.

NACHWORT
200 JAHRE MÄRCHEN

»C'era una volta ...«, »Il était une fois ...«, »There once was ...«, »Es war einmal ...«. Millionen, Milliarden Menschen auf der ganzen Erde wissen genau, was nach diesen Worten folgt: ein Märchen. Bis zum abschließend-beruhigenden »Und wenn sie nicht gestorben sind, dann leben sie heute noch« wiegt dieser Märchen-Singsang die Zuhörer ein. Leser von Grimms Märchen kennen ihn bestens, denn mit ihnen wurde er zum Standard. Die Einfachheit dieses Märchentons ist in Wirklichkeit hart errungen. Sie ist Ergebnis eines jahrzehntelangen editorischen Prozesses. Wurde zum Beispiel die Prinzessin des »Froschkönigs« in der Erstausgabe eingeführt mit den lapidaren Worten: »Es war einmal eine Königstochter, die ging hinaus in den Wald und setzte sich an einen kühlen Brunnen«, so heißt es in der Ausgabe letzter Hand: »In den alten Zeiten, wo das Wünschen noch geholfen hat, lebte ein König, dessen Töchter waren alle schön, aber die jüngste war so schön, dass die Sonne selber, die doch so vieles gesehen hat, sich verwunderte, so oft sie ihr ins Gesicht schien.«

Verantwortlich für dieses Ringen ist Wilhelm Grimm. Er steht für das populärere Prinzip der gefälligen Modernisierung überlieferter Texte, während Jacob sich möglichst strikt an den Quellen zu orientieren suchte. Diesen Gegensatz fochten die beiden miteinander aus bis zur Polemik – für die Brüder unter sich ungewöhnlich. Im Recht fühlen konnten beide sich. Jacob als Editor philologischer Quellen, die mit dem Zeitgeschmack zu kontaminieren er kein Recht hatte. Wilhelm, da die treueste Philologie ohne Leser wirkungslos bleibt.

Und so war es auch. Den »Kinder- und Hausmärchen« hätte nach Erscheinen der ersten Auflage niemand ihre Weltkarriere vorausgesagt. Besonders der zweite Band war so erfolglos, dass Verleger Reimer Hunderte von Exemplaren einstampfen ließ. Nicht anders die Kritik von privaten Stimmen wie der Clemens Brentanos, bis zu öffentlichen Rezensionen wie der August Wilhelm Schlegels, der eine »Rumpelkammer wohlmeinender Albernheit« und eine Zumutung an »gescheite Leute« in ihnen sah. Konkret störten Leser sich nicht nur an der grimmschen Liebe zum Detail, sondern auch an der eskalierenden Gewalttätigkeit in einzelnen Märchen, an unverhüllt erotisch gefärbten Passagen, an Immoralität wie der von lieblosen Müttern und frechen Dienstboten. Verdienten solche Erzählungen überhaupt den Titel »Kindermärchen«?

Wilhelm nahm sich solche Kritik zu Herzen, zumal bereits drei Jahre vor ihnen ihr Namensvetter Albert Ludwig Grimm auf tatsächlich »kindgerechte« Sprache und Erzählungsinhalte gesetzt hatte und den Brüdern damit zuvorgekommen war. Die Brüder Grimm überzogen den badischen Konkurrenten mit beißender Kritik, orientierten sich aber insgeheim an ihm. So entschärfte Auflage für Auflage Wilhelm, während er die Narrative glättete und sichtliche Entlehnungen aus anderen Kulturen eliminierte, auch den »rohen« Ton der Erstausgabe. Erst dieses Raffinement, verbunden mit den Illustrationen der Kleinen Ausgabe, ebnete den Märchen ihren Weg zum verlegerischen Erfolg und in die Schulstuben und Kinderzimmer. Jacob protestierte nicht mehr.

Und noch etwas: War die Erstausgabe noch agnostisch, so schlich die Religion sich nach und nach ein – in Gestalt christlicher Figuren, Formeln und Floskeln und in Gestalt wachsenden antijüdischen Sentiments. In beidem folgten die Brüder Grimm dem Zeitgeist. Und wie die meisten ihrer Zeitgenossen waren sie keine Freunde der Juden. Ein von Judenfeindschaft in christlichem Gewand geprägtes Jahrhundert hatte dagegen nichts einzuwenden. So wenig, dass im 20. Jahrhundert Grimms Märchen, die längst Bibel und Katechismus als Leselernhilfe abgelöst hatten, als geradezu konstitutiv für den »deutschen Geist« galten.

Mit dem Untergang des Nationalsozialismus gerieten auch sie unter Generalverdacht derer, die im »deutschen Geist« den rassistischen Ungeist besiegen wollten. Gutachter der alliierten Militärverwaltung kamen zu dem Schluss, die grimmschen Märchen hätten bei den deutschen Kindern eine unbewusste Neigung zur Grausamkeit gefördert. Damit seien sie mitverantwortlich für die Gräueltaten der Nazis. Die Alliierten entfernten sie aus den Regalen und geizten mit Druckgenehmigungen. Jahrelang verschwanden sie fast gänzlich aus dem Unterricht. Erst unter dem Einfluss des österreichisch-amerikanischen Psychoanalytikers und Kinderpsychologen Bruno Bettelheim und seines Werkes »Kinder brauchen Märchen« wurden Grimms Märchen rehabilitiert. Bettelheim, seinerseits Opfer nationalsozialistischer Verbrechen, wies vor allem auf die versöhnende Wirkung der Erzählungen, die, selbst wenn sie brutal beginnen, immer gut enden.

In Grimms Märchen kommen keine Menschen vor, sondern Typen. Keine Individuen, sondern Rollen. Ein König verhält sich wie ein König. Wenn er sich anders verhält, wird er dafür bestraft. Auch ein Knecht verhält sich wie ein Knecht. Das bedeutet nicht, dass kein König aus ihm werden könnte. Denn seine Vortrefflichkeit kann den Weg dazu ebnen, dass er als König akzeptiert wird.

Märchen sind voller Vertrauen, dass die menschlichen Beziehungen auf diese Weise organisch wachsen und sich gestalten und umgestalten. Dieses Vertrauen leitete auch weithin die Grimms. Geduldig warteten sie auf die Chancen, die das Leben ihnen bringen würde, und beschieden sich, wenn ihnen persönlich das verweigert wurde, was ihnen zustand. Dass Menschen sich das nahmen, was ihnen zustand, war ihnen ein Gräuel. Es war eine Sache, Gewalt anzuwenden, um die Franzosen aus einem Land zu vertreiben, das diesen nicht zustand. Aber es war eine ganz andere Sache, wenn Hungernde Schlösser sprengten, um sich zu sättigen. Sie selbst hungerten selten, und wenn sie den Gürtel enger schnallen mussten, wie es gelegentlich geschah, dann konnten sie ihrem Verzicht einen höheren Sinn geben – und sie hatten das Vertrauen, dass ihnen früher oder später Genüge getan werde. Auch klebten sie nicht am Besitz wertvoller Gegenstände.

Zu »Aufständischen« wurden die Brüder Grimm erst, als ein König sich gegenüber seinen Untertanen etwas herausnahm, was ihm nicht zustand, und seine feierliche Verpflichtung brach, seinem Land eine Verfassung zu geben. Die Brüder sahen im Leben der Deutschen die Zeit für Verfassungen gekommen. Diese waren keine Belohnung für den Umstand, dass Deutschlands Fürsten nicht ohne die Hände des Volkes ihre Herrschaft gegen Napoleon wiederbefestigen konnten, sondern seine logische Konsequenz.

So spiegeln Märchen wie die der Grimms Vertrauensbeziehungen zwischen Menschen und Ständen wider. Generationen von Grimms haben ihren Autoritäten aufrecht und vertrauensvoll gedient, trotz etwaiger Differenzen. Das schloss ein Gewissen und Ungehorsam nicht aus, aber Vertrauen grundierte die Haltung. Die Epoche der Geschwister Grimm aber war eine Epoche des Zusammenbruchs von Vertrauensbeziehungen. Menschen erfuhren, dass Vertrauen allein nirgendwo mehr hinführte als zur Hinnahme von unerträglichen Lebensbedingungen.

Auch unsere Zivilisation krankt heute daran, dass unser »Muskel« des Vertrauens in umgebende Kräfte erschlafft ist. Misstrauen in alle Institutionen weit und breit prägt die Beziehungen der Menschen zu ihrer Gemeinschaft. Die absurdesten Mutmaßungen über geheime Machenschaften und Absprachen »der anderen«, wie auch immer diese anderen definiert sind, werden von Millionen geglaubt und verbreitet. Jeder zieht daraus den Schluss, nur für sich selbst so schnell wie möglich so viel wie möglich herauszuholen. Auch ein geringes Selbstvertrauen erhöht die Unsicherheit und damit das Misstrauen und in der Folge die Zentrifugalkräfte. Die Grimms hätten es vermutlich ungesund gefunden, dass heute so viele Menschen besonders stolz darauf sind, Deutsche zu sein, obwohl sie gar nicht so genau wissen, was das eigentlich ist, auf das sie stolz sind. Das Rezept der Grimms ist leicht vorstellbar: Mäßigung in der Sache und Respekt im Umgang.

Während das Manuskript dieses Buches entsteht, bringt eine monströse Gewalttat eine der Grimmstädte ins Licht nicht nur der deutschen Öffentlichkeit. Und mit ihm Wilhelm Grimm; ein weltberühmter Sportprofi erinnert an ihn, indem er ihn öffentlich zitiert: »Hass, der alle anderen Gefühle bald überflügelt, zerstört mehr als alles andere das ruhige und gedeihliche Leben eines Staates, das auf der inneren Gesinnung der Menschen beruht, nicht auf Bajonetten.«

Dieser in allen Zeitungen nachgedruckte Satz spiegelt das grimmsche Harmoniebedürfnis ebenso wie die grimmsche Hoffnung auf den Ausgleich des Gegensätzlichen. Hoffnung auf die Integrationskraft eines gesunden Gemeinwesens für die Vielfalt, die die Grimms bejahten und feierten auch in ihren nüchternsten wissenschaftlichen Arbeiten. Mit dem Hass hatten die Brüder Grimm zur Genüge Bekanntschaft geschlossen. Auch ihre eigene Integrationskraft war zeitweise aufs Höchste gefordert, als die Gewissheiten ihrer Kindheit eine nach der anderen zu bröckeln begannen. Auch sie reagierten privat gelegentlich spontan mit Ablehnung auf solche Herausforderungen, in der Illusion, dies helfe, sich selbst gegen das Fremde zu behaupten. In dieser

Hinsicht waren auch sie den Strömungen ihrer erregten Zeiten unterworfen.

Was sie auf keinen Fall sein wollten: Spalter. Sie sahen, wie Wilhelms Warnung beweist, in der gesellschaftlichen Fragmentierung und gegenseitigen Ausgrenzung einen Hauptfeind der organischen Fortentwicklung menschlicher Gemeinschaften und Potenziale, die sie sich etwa so vorstellten wie die lebenden Organismen, die sie als Kinder so genau beobachtet hatten und die Bruder Lui oft gezeichnet hat.

Es lohnt sich, die Umgebung von Wilhelms Satz genauer anzusehen. Wir finden ihn in seinem »Bericht über die Stellung der Regierung zu den Landständen und dem Adel in Hessen«, einer seiner wenigen politischen Schriften. Kein Bericht, zu dem ihn eine Behörde aufgefordert hätte, sondern ein Zeitungskommentar zu den Nachwirren der Julirevolution von 1830 in Hessen. Darin lobt er den Kurfürsten für die seiner Meinung nach gelungene Besetzung eines Ministerpostens und erinnert an den gewalttätigen Aufruhr, der ihn tief verstörte. Wir dürfen unterstellen, dass er beim Schreiben auch die Brände und Plünderungen wieder erlebte, die er als kleiner Junge mitansehen musste, den hasserfüllten oder mutwilligen Mord. Kaum etwas scheint er so verabscheut zu haben. »Stark und kräftig soll die Regierung sein«, fordert er daher. Zuerst sieht er sie aber in der Pflicht, den gerechten Ausgleich der Interessen sicherzustellen. Denn die Gewalt »begann, als eine wohlgefällige und übermüthige Schlechtigkeit sich erhob«, sich »immer breiter machte, mit Consequenz das sittliche und religiöse Leben anfeindete und die Freiheit immer enger zusammenschnürte«. Und er nennt seine Bedingung für die »rühmliche Unabhängigkeit« der Regierungen, an die er bis zu seinem Tode glauben wird: Es »darf keinem Stande geschmeichelt werden, keinem ein Vorzug eingeräumt«. Vielmehr erinnert er an die hessischen Adeligen, die, »wenn sie auf ihren

Gütern gelebt, wohlthätig auf die Landleute gewirkt und ihnen mit Milde, selbst mit Aufopferung Beistand geleistet; in öffentlicher Thätigkeit haben sie oft mit aufrichtiger Vaterlandsliebe das Wohl des Ganzen ohne kleinliche Rücksichten gefördert. Sie haben mehr als andere Gelegenheit, den Zustand des Landes und seine Bedürfnisse kennen zu lernen« und reagieren auf Übelstände nicht mit Überheblichkeit, sondern mit gewissenhafter Zuwendung.

Manch einer mag sich gefragt haben, wieso in der Vorgeschichte der oben erwähnten und vieler anderer ähnlich verzweifelter Mordtaten diese gewissenhafte Zuwendung fehlte – den Opfern der Bluttat gegenüber, aber auch dem »Opfer« am anderen Ende des Abzugshahns. Wieso die aufrichtige Sorge um das Wohl des Ganzen, zu dem auch diejenigen gehören, die nicht mehr mitkommen in einer immer schnelleren Welt, in der aller Verlass zerbröckelt und die grimmsche Loyalität vielen als Eselei erscheint. Wieso die Sorge um diejenigen, deren Leben irgendwo auf diesem Planeten unerträglich wurde, weil die »wohlgefällige und übermüthige Schlechtigkeit« der Mächtigen ihrer Länder deren Gewissen erstickte und sie zu Komplizen einer Ausplünderungswirtschaft machte, die sich von den wirklichen Bedürfnissen der Menschen weit entfernt hat.

Die Bürde gewissenhafter Zuwendung liegt klarerweise vor allem bei denen, deren Macht- und Geldmittel sie dazu besonders qualifizieren. Aber sie liegt bei jeder und jedem Einzelnen. Er schuldet sie sich selbst und könnte sie im Sinn seiner eigenen Unabhängigkeit nutzen, indem er überprüft, was er tatsächlich braucht und was nur flüchtige Scheinbelohnung für die Mühen selbstauferlegter Abhängigkeit ist. Und er schuldet sie nicht minder seinen Mitmenschen – zu seinem eigenen Vorteil übrigens, denn sie bereichert auch ihn mit den Werten, die nachweislich beglücken und stärken.

Es sollte nicht von jedem Menschen erwartet werden, dass seine Zuwendung so weit reicht, dass er sich um den Preis seines eigenen Lebens unbewaffnet einem bewaffneten Hasstäter in den Weg stellt wie der rumänische Rom aus Hanau. Wenn wir solche Menschen bewundern, dann auch weil (und damit) wir ihrem Vorbild nicht folgen müssen. Was aber von jedem erwartet werden darf, das ist ein gewissenhaftes Bemühen, die Mitmenschen nicht wegzukategorisieren oder wegzuverwalten, sondern ihnen mit sorgender Aufmerksamkeit, Rücksichtnahme und Freundlichkeit zu begegnen. Damit ist bei Weitem nicht alles, aber doch viel gewonnen.

Wenn uns die Grimms und ihre Geschichte voll Gewalt und Angst, aber auch voll Freundschaft und Güte etwas lehren können, dann ist es dies.

DANK

Autoren gehen auf die Nerven. So auch ich – besonders in den produktiven Hoch-Zeiten des Autorseins. Wer mich näher kennt, kennt mich als schweigsamen Menschen mit dem fatalen Hang zum Dozieren über Angelegenheiten, die mich interessieren – eine meiner zahlreichen und hoffentlich verzeihlichen Schwächen. Das soll nicht bedeuten, dass mir diese Begleiterscheinung des Autorseins nicht manchmal leidtäte und peinlich wäre. Die, die mich näher kennen, müssen in Gegenwart nichts ahnender Dritter gelegentlich Agonien der Fremdscham ausgestanden haben.

Besonders bei diesen, jedoch auch bei allen anderen betroffenen Menschen entschuldige ich mich hier von mehr als halbem Herzen, danke ihnen vor allen Dingen fürs Michaushalten und gelobe, dass ich immer wieder zumindest versuchen werde, mich in dieser Hinsicht zu bessern. Da eine Aufzählung der Leidtragenden ungute Assoziationen von schwarz geränderten Zeitungsanzeigen erweckte, verzichte ich auf eine Aufzählung. Zum Ausgleich lade ich Sie ein, mich immer mal an das bevorstehende Ende meiner sozialverträglichen Redezeit zu erinnern: möglichst diskret und – solange es der Situation angemessen ist – möglichst sanft. Aber auch radikale Mittel lege ich meinen Nächsten in dieser Hinsicht ans Herz. Möge dieses, vereint mit Ihrer Fantasie, Ihnen die richtigen eingeben!

Aufzählen möchte ich die, denen ich unschätzbare persönliche Anregungen verdanke: Wolfgang Bunzel, Holger Ehrhardt, Peter Gbiorczyk, Martin Hoppe, Burkhard Kling, Bernhard Lauer,

Marita Metz-Becker, Heinz Rölleke, Hans-Jörg Uther. Viele kluge Fragen und einen »grimmigen« Textdurchgang verdanke ich Gabriele Lemster.

ANMERKUNGEN

1 So hieß eine der weit verbreitetsten Schriften des Spätmittelalters, verfasst von Thomas a Kempis.
2 Die mittelalterliche Ständegesellschaft, deren Zerfall die Leser dieser Geschichte verfolgen können, unterschied Lehr-, Nähr- und Wehrstand: Klerus, Bauern und Adel.
3 Das Amt war unter den österreichischen Habsburgern quasi erblich geworden.
4 Ungeachtet des »gräflichen« Titels war ein Zentgraf ein Mann der ländlich-lokalen Verwaltung, ein »Zent« eine Gruppe von hundert Höfen oder Familien.
5 Auf einen Gulden kamen dreißig Weißpfennige, die ihren Namen von ihrem Silberglanz erhielten. Henrichs Steuerlast verringerte sich damit um achtzig Prozent.
6 »Des sächsischen Humanisten Ambrosius Lobwasser Übertragung der Psalmen Davids in die deutsche Alltagssprache, basierend auf französisch-reformierten Vorlagen«. Sein »Nun saget Dank und lobt den Herren« singen noch heute evangelische und katholische Christen.
7 Ähnlich zeigt eine Zeichnung Ludwig Erich Grimms seine Schwester Lotte, wie sie sich stehend mit ihrem Strickzeug beschäftigt.
8 »Der Postillon«, 1833.
Lieblich war die Maiennacht,
Silberwölklein flogen,
Ob der holden Frühlingspracht
Freudig hingezogen.
…

Heimlich nur das Bächlein schlich,
Denn der Blüten Träume
Dufteten gar wonniglich
Durch die stillen Räume.

Rauher war mein Postillon,
Ließ die Geißel knallen,
Über Berg und Tal davon
Frisch sein Horn erschallen.

9 Bis in die Zeit nach der deutschen Wiedervereinigung spielte das Gebiet der hessischen Via Regia unter dem Namen »Fulda Gap« eine der Öffentlichkeit nahezu unbekannte Hauptrolle in den geostrategischen Sandkastenspielen der Weltmächte. Es ist kein Zufall, dass die Grimmstadt Hanau die stärkste US-Garnison hatte.

10 Zwar war der hessische Landgraf Wilhelm IV. einer der frühesten bekannten deutschen Kartoffelesser. »Dieselbigen, wenn sie gekocht werden, seindt gar anmuthig zu eßen«, schrieb er 1591. Aber erst mit den Ernährungskrisen des Siebenjährigen Krieges begann die Durchsetzung der »Grumbiere« – von »Grundbirne« –, wie sie im Land der Grimms heißt.

11 Gerbermühle; die Gerber gingen mit übelriechenden Kadavern und Exkrementen um und mussten ihr wenig angesehenes Gewerbe vor der Stadt ausüben.

12 »Des Morgens und Abends noch Kittel, hinten zugebunden, mit breiten übergeschlagenen Hemdskragen, die Kittel von braun und graugeblümtem Cattun. Am Tag violettfranzleinene Jacken oder kleine Röcke, Winters graue Biberoberröcke, mit weißen Knöpfen. Schlupfenschuhe«, also Schuhe, die gebunden werden mussten, so Jacob in den »Besinnungen aus meinem Leben«.

13 Wie Karl Philipp Moritz in seinem »Anton Reiser« oder der Schweizer Ulrich Bräker mit seiner »Lebensgeschichte und natürliche Ebentheuer des Armen Mannes im Tockenburg«.

14 In einem »Pro Memoria« an die Regierung listet sie anderthalb Jahre nach Philipps Tod ihre Forderungen auf: 30 Gulden für 14 Wagen Dung zum Acker »auf der Schiefer«, 10 1/2 Gulden von dem Zehntlämmergeld, 16 1/2 Gulden für Heu und Grummet, die Hälfte der Eicheln aus der Waldweide am Landrück, 1/2 Maß Erbsen, 1 Maß Buchweizen vom Acker in Breitenbach und 270 Gulden Anteil für die Verbesserung der Gartenböden. Monate dauert es, bis die beiden sich gerichtlich vergleichen; Dorothea verzichtet auf 100 Gulden, um einen Prozess zu vermeiden. Weitere zwei Jahre später hat Gerlach noch immer nicht gezahlt; seine Vorgesetzten behalten seine Besoldung ein, um endlich ein Ende zu machen.

15 Die Schreibung des Namens wechselte von »Y« zu »I«.

16 Der geläufige Begriff »Klasse« ist hier fehl am Platz, denn in einem Schulraum saßen Schüler mehrerer Stufen – in Jacobs Abschlussklasse war von Untersekunda bis Oberprima alles vertreten.

17 »Die Treppe ist so dunkel, daß, u. wenn auch 10 Sonnen am Himmel leuchteten, sie diese doch nicht erleuchten würden, dann wackelt das

ganze Zimmer mit jedem Schritte, die Fenster erklirren stets«, schreibt er an den lebenslangen Freund Paul Wigand.

18 Eine Hofdame verdiente 1760 im Herzogtum Weimar 75 Reichstaler im Jahr, der Oberhofmeister 275 Taler; Schiller kam später auf 400 Taler, Dichterminister Goethe musste sich nichts verkneifen, er schwamm mit 1800 Reichstalern im Geld.

19 Heinz Rölleke, dem wir den ersten vollständigen biografischen Abriss Ferdinand Grimms verdanken, erklärt diese Formulierung als zeitüblichen Ausweis einer »Befähigung zur mittleren Laufbahn« – als bescheidener Kanzlist etwa, den das Kopieren behördlicher Dokumente ernährt.

20 An einem 18. Dezember starben sowohl die Tante Schlemmer als auch genau dreißig Jahre später »das Jacöbchen«, Wilhelms erstes Kind.

21 Wilhelms zweimonatiger Aufenthalt 1809 im teuren Berlin hatte diesen 22 Taler gekostet. Dem für sich persönlich völlig bedürfnislosen und von unterschwelligen Abstiegsängsten geprägten Jacob dürfte Ferdinands Finanzgebaren geradezu physische Qualen bereitet haben.

22 Wir tippen auf die Brüder Grimm, in deren Auftrag Ferdinand – wie so viele bezahlte oder ehrenamtliche Informanten – Märchen, Sagen und Dichtung aus dem Volksmund sammeln sollte. Er blieb hinter ihren Erwartungen zurück, was aus späterer Sicht nicht auf sein Versagen zurückzuführen ist. Dazu weiter unten mehr.

23 So charakterisiert Irma Hildebrandt ihn in ihrem 1984 erschienenen Werk »Es waren ihrer Fünf«.

24 Bislang hatte er sich publizistisch mit Gegenständen wie »Neugegründete phasische Betrachtungen über einige chirurgische Materien als grosse Zerquetschungen, den heissen und kalten Brand, die äussere und innere Beinfäule« befasst.

25 Der vielleicht stellvertretend für den Freund und Gutsbesitzer Otto von der Malsburg die grimmschen Aggressionen auf sich zog.

26 Brentano liebte die Extreme: Der offenkundig triebstarke Poet war zeit seines Lebens hin- und hergerissen zwischen seiner Sinnlichkeit und einem prüden, mystisch geprägten Katholizismus. In einer Art »Midlife-Crisis« schwor der Vierzigjährige 1818 der Dichtung ab, verließ die Großstadt und kauerte sechs Jahre lang im westfälischen Dülmen zu Füßen der stigmatisierten Nonne Anna Katharina Emmerick, um deren Visionen zu Papier zu bringen und in nicht weniger als vierzig großformatigen Bänden zu publizieren. Erst im Zuge der Seligsprechung der Emmerick Ende des 19. Jahrhunderts wurden diese Bände erstmals gründlich untersucht, und es zeigten sich darin die Eigenarten, die bereits »Des Kna-

ben Wunderhorn« prägten: Die wörtlichen Aussagen der Nonne sind ununterscheidbar vermischt mit den Anmerkungen des Protokollanten und dichterischen Passagen. Dass der Vatikan Anna Katharina Emmerick erst hundert Jahre später, im Jahr 2004, tatsächlich seligsprechen konnte, lag nicht zuletzt an der Unzuverlässigkeit der Brentano'schen Dokumentation.

27 Schwere Kost für die raffinierten poetischen Gaumen der beiden Dichter und eine Herausforderung, sie zu bearbeiten, um sie sowohl echt wie auch schön klingen zu lassen. Speziell Arnim nahm sich dieser Aufgabe an und griff teilweise so massiv ein, dass Brentano ihn einmal mahnen musste: »Mit einiger Verwunderung habe ich im 22ten Bogen, ›Blühe liebes Veilchen‹ ganz von dir verwandelt gefunden, sollte man uns nicht den Titel alte deutsche Lieder vorwerfen dürfen?«

28 »Dies Märchen gehört unter die bekanntesten und verbreitetsten. Perrault hat es in s. chat botté gut erzählt, aber Basile mit vielen Abweichungen aus der italienischen Sage, Pentam. II, (4. Gagliuso) wo nur zwei Söhne sind. Der älteste, aber nicht beste Erzähler ist Straparola N. IX 1. von Constantino. Man hat auch deutsche gedruckte Uebersetzungen nach Perrault, wo nur der Graf Carabas in einen Sabarak umgedreht ist. Tiek hat es dramatisch bearbeitet.«

29 Die Brüder Grimm kannten, wie ihr Kommentar beweist, Perrault und damit die komplette Überlieferungskette und hängten sogar ein spekulatives Glied an deren Beginn: »Perraults belle en bois dormant ... Die Jungfrau, die im Schloß mit Dornenwall umgeben schläft, bis sie der Königssohn erlöst, ist mit der schlafenden Brynhild, die ein Flammenwall umgiebt, durch den Sigurd dringt, insofern identisch ... Der Eingang mit der gefährlichen Spindel ist wie im Pentameron III, 3. mit einem gefährlichen Knochen.«

30 Tatsächlich hielt der Protestant Lui einen Nebenraum der Akademie der Schönen Künste für die Sakristei der Universitätskirche.

31 »Kleine (unter einem selbständigen Kommando stehende) Abteilung von Soldaten«, so das »Deutsche Wörterbuch«.

32 Dieses elegante kamelhaarfarbene »Siegeszeichen« der besonderen Art hängt heute im Wiener Heeresgeschichtlichen Museum.

33 So zu lesen bei Steffen Martus, »Die Brüder Grimm«.

34 Einen der gefragtesten Porträtisten des Biedermeier, der repräsentative Bildnisse von Goethe und Beethoven und als Hofmaler König Ludwigs I. von Bayern dessen berühmte Schönheitengalerie geschaffen hat.

35 Ein Dr. Berthold aus Göttingen hielt die Cholera »für einen Reinigungs- und Verflüssigungsproceß des Körpers und zunächst seiner Säfte durch

den Darmcanal, mit schnellem Sinken der Kräfte, mit darauffolgendem Krampfe, Entzündung und Brand, jedoch für einen solchen Verflüssigungsproceß, der als heilsames Bestreben der Natur, also als Krise, die aber wegen der Heftigkeit, womit die heilende Kraft der Natur bei dieser epidemischen Krankheit operirt, durch folgende Schwäche, Krampf, Entzündung und Brand, den Tod oftmals herbeiführt«. Nicht weniger abenteuerlich die »Heilanzeige: Man befördere die Krise bei dem Auftreten der Krankheit durch Ricinusöl oder Kalomel (Quecksilberchlorid). Man beschränke die zu starke Krise durch stopfende Mittel (Opium) und solche, die revulsivisch auf den Darmcanal wirken (Aderlaß, heiße Bäder, schweiß-, urin-, speicheltreibende Mittel).«

36 Der Kurfürst ließ die gescheiterten Revolutionäre in einer Kombination von Beschäftigungsprojekt und Strafmaßnahme das Sumpfgebiet Großes Rohr trockenlegen. Der dazu erforderliche Entwässerungsgraben vom Sumpfgebiet zum Main wurde zunächst inoffiziell »Krawallgraben« genannt. Heute markiert eine gleichnamige Straße ein Stück des Verlaufes des Grabens.

37 Jahre später beteuert er Friedrich Wilhelm IV. gegenüber, dass er persönliche Briefe Einzelner an ihn toleriert hätte.

38 Die gespendete Summe kann alle Göttinger Sieben ernähren, bis drei Jahre später auch der letzte von ihnen, der »Rädelsführer« Dahlmann, wieder in Amt und Würden steht.

39 Das grimmsche Wörterbuch konnte sich durchsetzen, trotz seiner Mängel im System und obwohl drei Generationen von Gelehrten in zwei deutschen Staaten sich an ihm abarbeiteten, bis 1961 Band 32 »Zobel–Zypressenzweig« erschien. Die Regierung der DDR würdigt das Werk mit der Verleihung des Nationalpreises I. Klasse an das Wörterbuchkollektiv.

40 »Vollständiges Wörterbuch der deutschen Sprache mit Bezeichnung der Aussprache und Betonung für die Geschäfts- und Lesewelt«. C. F. Schade, Wien 1828–1830.

41 1588 beschwerten sich sämtliche Handelsleute von Steinau und Schlüchtern beim Grafen: »Die Schatzung für uns ist hoch angeschlagen«, aber die Juden halten angeblich unerlaubt offene Läden, legen Waren zum Verkauf aus und suchen jeden Vorübergehenden »reitzend ahn sich zu locken«. Sie hausieren auch in Steinau, Schlüchtern und den umliegenden Dörfern. Bei den Jahrmärkten bieten sie seit Jahren ihre Artikel in beiden Rathäusern an und »treiben uns und auch fremde Krämer aus dem Land«, sodass »alle deren Orts lebende Cristliche Crämer crepieren und in ruin kommen müßten«.

42 Arnim selbst war gegen den Ausschluss von Juden, ließ es sich aber gefallen, überstimmt zu werden.
43 Wie ambivalent die private Bettine tatsächlich war, daran erinnert sich schmerzlich ihre Freundin Rahel Varnhagen von Ense. Während eines gemeinsamen Spaziergangs »fiel Bettine dann aber plötzlich in ihren Frankfurter Judenhaß, der mich sehr verletzte, d. h. mir ihr Seelenbild trübte«. Zwar wurde Bettine nach diesem Ausbruch schnell wieder zivil, aber ihr »niedrig rohes Betragen« vergaß Rahel nicht so schnell. Und als Bettines Cousine Sophie von Guaita darüber nachdachte, den körperbehinderten Justizminister Detmold, den Sohn eines christianisierten Juden, zu heiraten, riet sie ihr ab mit den Worten: »Wie schrecklich, wenn Du mal lauter kleine bucklige Judenjungen hättest!«
44 Friedrich Engels lobt übrigens Jacob Grimm, den »alten Kerl«, als »wirklich famos«.
45 Dass Marianne in diesem Moment nicht der in gleicher Weise tätige Vater Wilhelm einfällt, zeigt einmal mehr, wie bereits die Mitwelt das Gefälle zwischen den Brüdern wahrnimmt.

WEITERFÜHRENDE LITERATUR

Heiner Boehncke/Hans Sarkowicz, *Der fremde Ferdinand*, Berlin 2020.

Peter Gbiorczyk, *Wirken und Wirkung des reformierten Theologen Friedrich Grimm. Religiöse Traditionen in der Familiengeschichte bis zu den Brüdern*, Aachen 2013.

Peter Graf (Hrsg.), *Eine ungemein eigensinnige Auswahl unbekannter Wortschönheiten aus dem grimmschen Wörterbuch*, München 2019.

Brüder Grimm, *Kinder- und Hausmärchen. Ausgabe letzter Hand mit sämtlichen nicht in allen Ausgaben veröffentlichten Märchen*, Ditzingen 2017.

Jacob Grimm, *Aus seinem Leben*, Bonn 1961.

Jacob und Wilhelm Grimm, *Briefwechsel. Kritische Ausgabe in Einzelbänden*, Stuttgart 2001ff.

Ludwig Emil Grimm, *Lebenserinnerungen des Malerbruders*, Berlin 2015.

Wilhelm Grimm, *Aus seinem Leben*, Bonn 1960.

Die Grimmwelt. Von Ärschlein bis Zettel, Kassel 2015.

Ernst Hartmann, *Geschichte der Stadt und des Amtes Steinau an der Straße*, 3 Bände, Steinau 1975–1977.

Fritz Lometsch/August Straub, *Kassel in alten Bildern*, Kassel 1966.

Steffen Martus, *Die Brüder Grimm. Eine Biographie*, Reinbek 2009.

Günter Rauch, *Geschichte Hanaus*, 3 Bände, Hanau 2016ff.

Heinz Rölleke/Albert Schindehütte, *Es war einmal … Die wahren Märchen der Brüder Grimm und wer sie ihnen erzählte*, Berlin 2019.

ZEITTAFEL

1508	Peter, der erste überlieferte Grimm, gebürtig wohl um 1485 in Friedberg, wird Frankfurter Bürger.
ca. 1580	Thomas Grimm, Bäcker, Bürgermeister, Zentgraf, geboren in Bergen; unter seinen mindestens fünf Kindern ist Johann, der erste Hanauer Grimm.
1639	Johann Grimm übersiedelt nach Hanau und übernimmt das Wirtshaus Zum Fass.
16. Oktober 1672	Friedrich Grimm d. Ä. in Hanau-Neustadt geboren († 1748).
11. März 1707	Friedrich Grimm d. J. in Hanau geboren († 20. März 1777 in Steinau).
1735	Juliane Charlotte Friederike Grimm, die »Tante Schlemmer« der Brüder Grimm, in Steinau geboren († 18. Dezember 1796).
18. März 1748	Henriette Philippine Zimmer, »Tante Zimmer«, in Kassel geboren († 15. April 1815).
19. September 1751	Philipp Wilhelm in Steinau geboren († 10. Januar 1796).
20. November 1755	Dorothea Zimmer, spätere Frau Philipp Wilhelms, in Kassel geboren († 27. Mai 1808).
1778	Philipp wird Hofgerichtsadvokat in Hanau.
1782	Philipp wird Stadtschreiber der Altstadt Hanau und Landschreiber des Amtes Büchertal.
23. Februar 1783	Philipp heiratet Dorothea Zimmer, die Tochter eines Hanauer Kanzleirats.
4. Januar 1785	Jacob Grimm wird in Hanau geboren († 20. September 1863 in Berlin).
24. Februar 1786	Wilhelm Grimm wird in Hanau geboren († 16. Dezember 1859 in Berlin).
1787	Philipp wird Stadtsekretär in Hanau.
24. April 1787	Carl Grimm in Hanau geboren († 15. Mai 1852 in Kassel).
18. Dezember 1788	Ferdinand Grimm in Hanau geboren († 6. Januar 1845 in Wolfenbüttel).
14. März 1790	Ludwig Emil »Lui« Grimm in Hanau geboren († 4. April 1863 in Kassel).
13. Januar 1791	Philipp zieht mit den Grimms als Amtmann der hanauischen Ämter Schlüchtern und Steinau nach Steinau.

ZEITTAFEL

10. März 1793	Charlotte Amalie (»Lotte«, »Malchen«) in Steinau geboren.
23. Mai 1793	Henriette Dorothea »Dortchen« Wild, spätere Frau Wilhelms, in Kassel geboren († 22. August 1867 in Eisenach).
26. Februar 1794	Hans Daniel Ludwig Friedrich Hassenpflug, Schwager der Brüder Grimm, in Hanau geboren († 18. Oktober 1862 in Marburg).
September 1798	Umzug der Brüder Grimm nach Kassel (Am Sack 4), Besuch des Lyceum Fridericianum.
1803	Ferdinand und Lui nach Kassel.
August 1805	Dorothea Grimm und die jüngeren Kinder nach Kassel; Einzug Wildemannsgasse 24 nahe Sonnenapotheke.
16. Oktober 1805	Brüder Grimm aus Marburg zurück in Kassel.
1806	Zusammenarbeit mit Brentano und Arnim an »Des Knaben Wunderhorn« beginnt.
	Erste eigene Veröffentlichungen.
24. Januar 1806	Jacob wird Sekretär im Kurfürstlichen Kriegskollegium.
1807	Mitte des Jahres Jacobs Entlassungsgesuch; Bewerbung um die Stelle eines Hofbibliothekars.
5. Juli 1808	Jacob wird Leiter der Privatbibliothek des westphälischen Königs Jérôme Bonaparte.
17. Februar 1809	Jacob Staatsratsauditor und Hofbibliothekar.
17. Februar 1811	Jacobs erstes Buch »Über den altdeutschen Meistergesang« erscheint.
	Wilhelms erstes Buch »Altdänische Heldenlieder« erscheint.
Weihnachten 1812	Band 1 der »Kinder- und Haus-Mährchen« der Brüder Grimm erscheint bei Reimer in Berlin.
Juli 1813	Wilhelm begegnet Jenny von Droste-Hülshoff.
23. Dezember 1813	Jacob wird zum Legationssekretär ernannt und reist zur Inventarisierung von Raubkunst nach Paris.
15. Februar 1814	Wilhelm Bibliothekssekretär in Kassel.

ZEITTAFEL

April 1814	Umzug der Geschwister Grimm ins nördliche Torwachgebäude am Wilhelmshöher Platz, zweite Etage. Der Kurprinz ist Hauswirt.
21. September 1814	Jacob als Begleiter von Kurfürst Wilhelm I. auf dem Wiener Kongress (Rückkehr im Juni 1815).
Herbst 1815	Band 2 der Märchen erscheint
1816	»Deutsche Sagen«, Band 1, erscheint erstmals.
16. April 1816	Jacob Zweiter Bibliothekar in Kassel und Mitglied der kurhessischen Zensurkommission.
1819	Jacob und Wilhelm Ehrendoktoren der Universität Marburg.
2. März 1819	Jacobs »Deutsche Grammatik«, Band 1, erscheint (Band 4: 1837).
1820	Wilhelm Hauslehrer bei Kurprinz Friedrich Wilhelm.
1821	Die Brüder Grimm, Lui und Ludwig Hassenpflug im Schönfelder Kreis um Kurfürstin Auguste.
29. März 1822	Umzug der Grimms in die Fünffensterstraße beim Schmied Geßner.
2. Juli 1822	Charlotte Grimm heiratet Obergerichtsrat Ludwig Hassenpflug (1794–1862).
5. Mai 1824	Umzug in die Bellevue 6.
1825	Die Kleine Ausgabe der »Kinder- und Hausmährchen« erscheint erstmals und wird ein großer Erfolg.
15. Mai 1825	Wilhelm heiratet Henrietta Dorothea »Dortchen« Wild.
1826	Umzug in die Bellevue 9 ins Haus von Lui Grimms Schwiegermutter Friederike Böttner.
6. Januar 1828	Herman Grimm wird in Kassel geboren († 1901 in Berlin).
1829	Wilhelms »Die deutsche Heldensage« erscheint erstmals.
	Jacobs »Deutsche Rechtsalterthümer« erscheinen erstmals.

ZEITTAFEL

20. Oktober 1829	Berufung Jacobs als Bibliothekar und Professor und Wilhelms als Bibliothekar nach Göttingen (Umzug nach Göttingen mit der hochschwangeren Dorothea; Wohnung Goetheallee 6 am 26. Dezember).
31. März 1830	Rudolf Grimm in Göttingen geboren († 13. November 1889 in Berlin).
Winter 1831	Wilhelm wird zum außerordentlichen Professor in Göttingen ernannt.
1. Mai 1832	Lui Grimm wird Professor an der Akademie der Bildenden Künste Kassel.
20. Mai 1832	Lui Grimm heiratet Marie Böttner († 15. August 1842 in Kassel).
21. August 1832	Auguste Grimm in Göttingen geboren.
1833	Jacob wird zum Hofrat ernannt.
15. Juni 1833	Lotte Hassenpflug stirbt im Kindbett ihrer Tochter Dorothea; die Beziehungen zwischen Grimms und Hassenpflugs kühlen sich ab.
23. Juli 1833	Luis einzige Tochter Friederike »Ideke« geboren.
1835	Jacobs »Deutsche Mythologie« erscheint erstmals.
	Wilhelm wird zum ordentlichen Professor in Göttingen ernannt.
14. Dezember 1837	Die Brüder Grimm als Mitglieder der Göttinger Sieben werden aus dem hannoverischen Staatsdienst entlassen, Jacob des Landes verwiesen.
17. Dezember 1837	Jacob verlässt Göttingen und geht zurück nach Kassel. Liberale Teile der Bevölkerung spenden für Jacobs Gehalt.
	Erst Jacob, ab 1838 auch Wilhelms Familie wohnen in der Bellevue 9, die mittlerweile Lui Grimm gehört.
1838	Verlagsvertrag über das »Deutsche Wörterbuch«.
8. November 1840	Die Brüder Grimm werden von König Friedrich Wilhelm IV. als Privatangestellte nach Berlin berufen; Mitglieder der Preußischen Akademie der Wissenschaften.

ZEITTAFEL

14.–19. März 1841	Die Brüder Grimm und Dorothea mit den Kindern nach Berlin; Wohnung Lennéstraße 8 (direkt am Tiergarten).
24. Februar 1844	Brüder Grimm erhalten Besuch des verfemten Hoffmann von Fallersleben; nach einem Aufmarsch von Studenten vor ihrem Haus distanzieren sie sich öffentlich und werden von der demokratischen Presse gerügt.
14. April 1845	Lui Grimm heiratet in Kassel die Superintendententochter Friederike Ernst. Carl ist unter den Gästen.
1846	Umzug der Brüder Grimm in die Dorotheenstraße 47, 200 Schritt nordöstlich des Brandenburger Tors.
31. März–4. April 1848	Jacob wird als eines von 51 Mitgliedern ins Vorparlament zur Frankfurter Nationalversammlung berufen.
1854	Band 1 des »Deutschen Wörterbuchs« der Brüder Grimm erscheint erstmals.
24. Oktober 1859	Herman heiratet Gisela von Arnim († 4. April 1889) in Berlin.
1868/70	Herman wird an der Leipziger Universität promoviert und habilitiert sich zwei Jahre später an der Humboldt-Universität Berlin.
1873	Herman wird Professor für Neue Kunstgeschichte an der Humboldt-Universität Berlin.
17. September 1881	Albertine, verh. Plock, Rudolf Grimms außereheliche Tochter von Agnes Östreich, in Göritz/Uckermark geboren († 1974).
9. Februar 1909	Auguste, die letzte Namensträgerin der Familie Grimm, stirbt in Berlin.
13. März 1916	Marko Plock, letzter Urenkel Wilhelm Grimms, geboren († 2012).
1. Juni 1934	Inge Wurf, Ururenkelin Wilhelm Grimms, in Haldensleben geboren († 2014).

PERSONEN- UND WERKREGISTER

Aarne, Antti Amatus 259
Adorno, Theodor W. 132
Altenstein, Karl vom Stein zum 397
Anna Amalia von Sachsen-Weimar 220
Aretin, Johann Christoph von 153, 222, 225
Arminius 415
Arndt, Ernst Moritz 296, 301, 378, 431
Arnim, Achim von 135f., 169, 189, 202, 241, 244, 388, 397
– *Des Knaben Wunderhorn* 149, 161, 193, 195, 208, 232, 245, 249, 261f.
Arnim, Elisabeth von 274
Arnswaldt, Bernhard von 445
Auguste von Preußen 318ff., 325, 352, 356, 363, 374, 399, 417

Bartók, Béla 242
Basile, Giambattista 240, 256ff.
– *Il Pentamerone* 256, 266
Beethoven, Ludwig van 195
Benecke, Georg Friedrich 212, 356f.
Bettelheim, Bruno 453
Bismarck, Otto von 409
Boccaccio, Giovanni 256
– *Il Decamerone* 256
Boisserée, Sulpiz 377
Bopp, Franz 210f.
Boron, Robert de 239

Böttner, Friederike 349, 354
Böttner, Marie 290f., 342, 354
Böttner, Wilhelm 192, 290, 342, 354
Bratfisch, Louise 332, 335
Brentano, Bettine 135f., 149, 151f., 161, 197ff., 276f., 280, 301, 340, 346, 361, 391, 396ff., 400, 406f., 420ff., 431, 450
– *Goethes Briefwechsel mit einem Kinde* 198, 396
– *Die Günderode* 391, 398
– *Dies Buch gehört dem König* 361, 407
Brentano, Claudine 423
Brentano, Clemens 135f., 143, 149, 157, 159, 169, 189, 191, 193, 195ff., 207f., 227, 232, 241ff., 256, 261f., 276f., 280ff., 285, 381, 388, 421, 452
– *Des Knaben Wunderhorn* 149, 161, 193, 195, 208, 232, 245, 249, 261f.
Brentano, Georg 280ff., 287, 423
Brentano, Lulu 152
Brentano, Magdalena 135
Brentano, Meline 149, 340
Brentano, Sophie 136
Brockhaus, Friedrich Arnold 137, 305
Büchner, Georg 80, 366
– »Der Hessische Landbote« 80, 366

Bückler, Johannes (»Schinderhannes«) 86
Bußmann, Auguste 149

Canova, Antonio 282f.
Carl-August von Sachsen-Weimar 220
Cornelius, Peter von 186, 283, 426
Cruikshank, George 195, 273

D'Aulnoy, Marie-Catherine 262
Dahlmann, Friedrich Christoph 359, 372
Denhard, Bernhard 101
Denhard, Wilhelm Theodor 101
Deym von Stritetz-Müller, Joseph 195
Dieterich, Johann Christian 340, 357
Docen, Bernhard Joseph 178, 224f., 227, 298
Droste-Hülshoff, Annette von 217, 268f., 325ff., 391
– *Die Judenbuche* 391
Droste-Hülshoff, Jenny von 217, 268f., 325ff., 354
Dürer, Albrecht 23, 401

Eichendorff, Joseph von 157, 296
Engelhard, Karoline 263
Engelhard, Luise 263
Engelhard, Philippine 263
Ernst August I. 367, 371ff.
Ernst, Christoph Friedrich 348
Ernst, Friederike 349

Fehr, Katharine 342
Fischart, Johann 208, 245
Franz I. von Österreich 229
Freiligrath, Ferdinand 408
Friederike von Hessen-Darmstadt 320
Friedrich Casimir von Hanau-Lichtenberg 31
Friedrich II. von Hessen 94, 128
Friedrich Wilhelm II. von Preußen 319f.
Friedrich Wilhelm III. von Preußen 396, 398
Friedrich Wilhelm IV. von Preußen 361, 391, 397, 409
Friedrich Wilhelm von Hessen 265, 319, 324, 341, 363, 395
Friedrich, Caspar David 186, 195, 348

Gagern, Heinrich von 410
Georg Ludwig von Hannover 73
Georgi, Konrad 80
Gervinus, Georg Gottfried 372
Goethe, Johann Wolfgang von 99, 156f., 161f., 168, 171, 198, 206, 220, 222, 242, 277, 281, 287f., 376, 382, 396, 401f., 427–430
– *Aus meinem Leben. Dichtung und Wahrheit* 113
Görres, Joseph 152, 196, 276
Goya, Francisco de 187
Graff, Eberhard Gottlieb 333
Graff, Thusnelde 333
Grimm, Albert Ludwig 226f., 263, 391, 452
– *Kindermärchen* 226
Grimm, Albertine 418f.
Grimm, Auguste 335, 405, 417, 418f., 421, 425, 447
Grimm, Carl Friedrich 93, 143, 145, 151f., 162, 167, 173, 179-183, 187, 190f., 202, 291–295, 297, 303, 305, 311, 325, 339, 360, 395, 434, 437f., 441, 443f., 446

Grimm, Charlotte Amalie 62, 100, 122, 143f., 152, 163, 171, 174ff., 184, 199-204, 218f., 246, 254, 263f., 266, 290f., 304, 311-316, 324f., 336-339, 416, 433, 435, 438, 446
Grimm, Christina Margarete 36
Grimm, Christine Elisabeth 43
Grimm, Dorothea 52ff., 55, 62, 68, 92, 96, 100ff., 112, 114, 119ff., 125f., 142, 149ff., 174f., 180f., 191, 199, 201, 203, 252f., 260, 344, 349
Grimm, Ferdinand Philipp 93, 101, 122, 128, 133, 143, 151f., 165-181, 187f., 191, 201f., 221, 227, 269f., 295-311,313, 325, 339, 395, 416, 434, 437, 439-443
Grimm, Friederike Louise Charlotte 341ff., 416, 448
Grimm d. Ä., Friedrich 31, 33ff., 38ff., 369
Grimm d. J., Friedrich 36, 38f., 42ff.
Grimm, Gisela 421ff., 426
Grimm, Henrich 29ff., 39
Grimm, Henriette Dorothea 112, 174f., 199, 263, 266, 308ff., 328ff., 335ff., 345, 348, 357, 359, 375, 401, 405, 417f., 428, 434f., 444f.
Grimm, Herman 335, 345, 357, 377, 392f., 403, 405, 410, 415-431, 444, 448
– *Das Leben Michelangelos* 426f.
Grimm, Jacob *passim*
– *Altdeutsche Wälder* 82
– *Deutsche Grammatik* 209, 214, 356
– *Deutsche Mythologie* 211, 231, 254, 381
– *Deutsche Rechtsaltertümer* 356

– *Deutsches Wörterbuch* 41f., 180, 189, 335, 377-381, 401, 425, 432, 444, 446
– *Kinder- und Hausmärchen* 178, 221, 226, 235f., 240, 246, 249, 251, 254, 258, 261ff., 271ff., 299, 305, 327, 335, 341, 384, 432, 450ff.
– *Über den altdeutschen Meistergesang* 169, 178, 225
Grimm, Johann 28f.
Grimm, Johannes 36
Grimm, Juliana Maria 30ff.
Grimm, Juliane 36
Grimm, Juliane Charlotte Friederike 44, 62, 93, 95f., 100, 103, 111, 119, 122ff., 150, 152, 190, 199, 328, 368, 435, 447
Grimm, Loth 28
Grimm, Ludwig Emil 15, 69, 83, 93f., 110, 112, 115, 122f., 130, 143, 151f., 161, 166f., 176ff., 183-199, 201f., 204, 218f., 262ff., 273f., 275-290, 291ff., 296ff., 303f., 311, 313ff., 322, 325, 336-350, 352ff., 357, 363ff., 374, 386ff., 395, 400, 402, 416, 431ff., 442f., 448, 450
Grimm, Maria Magdalena 35f.
Grimm, Philipp Wilhelm 15, 44, 48ff., 57, 70f., 74, 82, 86, 89f., 96, 98, 104, 106, 109, 117, 148, 204, 258, 271, 368
Grimm, Rudolf 335, 357, 374, 405, 417f., 421
Grimm, Thomas 26, 28
Grimm, Wilhelm *passim*
– *Altdänische Heldenlieder, Balladen und Märchen* 161, 211, 221, 225
– *Die deutsche Heldensage* 356

– *Werke gemeinsam mit seinem Bruder siehe Grimm, Jacob*
Grimmelshausen, Hans Jakob Christoffel von 245, 379
– *Der abenteuerliche Simplicissimus* 379
Grym, Peter 28
Guaita, Georg Friedrich von 340
Guarinoni, Hippolyt 382
Günderrode, Karoline von 136

Hackert, Jakob Philipp 195
Hagen, Friedrich Heinrich von der 161, 212, 222ff., 231, 301
Hake (Hackenius), Johannes 36f.
Hase, Cornelius de 33
Hassenpflug, Agnes 313f., 336f.
Hassenpflug, Amalie 264, 330
Hassenpflug, Carl 313, 315f., 336, 345
Hassenpflug, Dorothea 337
Hassenpflug, Jeanette 250, 263f.
Hassenpflug, Johannes 204, 258, 264, 323
Hassenpflug, Ludwig 203f., 254, 264f., 314, 322ff., 409, 431, 435
Hassenpflug, Marie 254, 257f., 263f.
Hauff, Wilhelm 242
Haxthausen, Werner von 159, 267f., 349, 419
Hebbel, Friedrich 295
Heilmann, Georg 43, 118
Heine, Heinrich 221, 301, 340, 359, 361
Henschel, Johann Werner 219, 322, 341
Herder, Johann Gottfried 83, 208, 220, 242, 244
Herz, Henriette 161
Heß, Carl 275, 281

Heß, Peter 275
Hippel, Theodor Gottlieb von 99
– *Über die Ehe* 99
Hitzig, Friedrich 399
Hitzig, Julius 161, 224, 399
Hofer, Carl 341
Hoffmann von Fallersleben, August Heinrich 259, 301, 405
Hoffmann, E. T. A. 191
Hoffmann, Moritz 49, 400ff.
Hölderlin, Friedrich 154
Höne, Johann Philipp 124
Hugo, Gustav 375
Humboldt, Alexander von 398f., 405, 407, 428
Humboldt, Wilhelm von 212, 301, 428
Hutten zu Steckelberg, Friedrich von 122f.

Jérôme von Westphalen 148f., 153, 157, 212, 360, 388, 420
Joachim, Joseph 422, 424
Jordis, Carl 143, 149ff., 152, 162, 180f., 211, 360

Karl V. 25
Kiefe, Jochiel 386f.
Klein, Ferdl 84
Kleist, Heinrich von 301f., 415
Klenze, Clemens August Karl 420
Klopstock, Friedrich Gottlieb 99
– *Messias* 99
Knesebeck, Friedrich Wilhelm Boldewin Ferdinand von dem 366f.
Koch, Joseph Anton 283
Kodály, Zoltán 242
Königsmarck, Philipp Christoph von 73
Körner, Theodor 296

Kotzebue, August von 138
Krause, Johann Friedrich 261

La Roche, Sophie von 136
Lachmann, Karl 212, 301, 308f., 311, 397, 420
Lehmann, Gertrude 324
Lenau, Nikolaus 75
Leopold II. 96
Löb, Mordechai 386f.
Lossow, Carl Joseph 203
Louis Ferdinand von Preußen 157
Louis-Philippe von Orleans 406f.
Ludwig XIV. 72, 240
Ludwig XVI. 111
Luther, Martin 22, 24, 42, 389

Malsburg, Otto von der 51, 130, 134
Mann, Johannes 30
Mannel, Friederike 245f., 261
Max Joseph von Bayern 196
Maximilian I. 57
Maximilian I. Joseph 276
Mesmer, Franz Anton 157
Metternich, Clemens Wenzel von 363, 407, 410
Meysenbug, Carl Rivalier von 355
Michelangelo 283, 424, 426f.
Moritz von Hessen 61
Mozart, Wolfgang Amadeus 195, 258
Müller, Johannes von 153, 176, 267
Musäus, Karl August 240
– *Volksmährchen der Deutschen* 240

Napoleon 146, 153, 162, 196, 206, 228, 276, 284, 292f., 366, 370, 415, 454
Nietzsche, Friedrich 114, 140
Novalis 157, 194, 215

Obereit, Jacob Hermann 222
Ortlöpp, Emilie 320ff., 351, 363
Östreich, Agnes 418f.
Overbeck, Friedrich 186, 283

Paganini, Niccolo 340
Perrault, Charles 240, 250, 257f., 264, 267
– *Geschichten meiner Mutter Gans* 257
Pezenius, Peter 30f., 33
Philipp Ludwig II. von Hanau-Münzenberg 26, 31f.
Pierson, Johann Friedrich 253
Pistor, Carl 160
Pius VII. 284
Platen, August von 444
Plock, Marko 419
Plock, Otto 419
Poppelmann, Heinrich Ernst 124, 288f., 435

Raff, Georg Christian 99
– *Naturgeschichte für Kinder* 99, 189
Rauch, Christian Daniel 285
Reichardt, Johann Friedrich 157ff.
Reil, Johann Christian 156ff.
Reimer, Georg Andreas 137, 161, 246f., 273, 299, 302, 305ff., 377, 440, 452
Reuter, Christian 219
Reutern, Charlotte von 341
Reutern, Gerhardt Wilhelm von 341
Richardson, Samuel 99
Richter, Jean Paul 157, 184, 228, 262, 300
Richter, Ludwig 186
Riemer, Friedrich Wilhelm 161
Rilke, Rainer Maria 427
Rinald, Wolff 387

Ritter, Rosa Dorothea 319
Rommel, Dietrich Christoph von 355f.
Rosenzweig, Franz 128
Rothschild, Carl 387
Rückert, Friedrich 399f.
Runge, Philipp Otto 186, 262

Saint-Georges, Joseph Bologne de 382
Sanders, Daniel 380f., 390
Sartre, Jean-Paul 439
Savigny, Friedrich Carl von 134ff., 140ff., 147, 149, 153, 173, 196f., 208, 232, 243, 276, 281, 296f., 301, 303, 306, 351, 359, 375, 388, 397ff., 428, 431
Savigny, Gundel von 141, 135, 196f.
Schadow, Johann Gottfried 160
Schadow, Wilhelm von 186
Schelling, Friedrich Wilhelm 400, 405, 428
Schiller, Friedrich 86, 136, 220, 427
– *Die Räuber* 86
Schlegel, August Wilhelm 207, 220, 222, 263, 452
Schlegel, Friedrich 207, 210f., 224
Schleiermacher, Friedrich 157, 161
Schlemmer, Jacob Ludwig 44
Schnorr von Carolsfeld, Julius 186
Schoof, Wilhelm 383f.
Schulenburg, Melusine von der 73
Schwind, Moritz von 186
Schwitters, Kurt 341
Smidt, Johann 355
Sophie Dorothea von Hannover 72f.
Sperling, Lieschen 357, 416
Spreckelsen, Wilhelm Heinrich von 294
Städel, Johann Friedrich 428

Stahl, Julius 409
Stieler, Joseph 347f.
Stöhr, Dietmar 128, 188
Straparola, Giovanni Francesco 238f.

Thompson, Stith 259
Tieck, Friedrich 285
Tieck, Ludwig 157, 207, 242, 250, 285
Tinius, Johann Georg 404
Treitschke, Heinrich von 392
Trimberg, Süßkind von 386

Ubbelohde, Otto 341
Undereyck, Theodor 33
Uther, Hans-Jörg 259

Varnhagen von Ense, Karl August 380
Velt, Nikolaus 105
Viehmann, Dorothea 252ff., 260, 267
Völkel, Johann Ludwig 354
Vollbrecht, Abraham 126, 167
Voragine, Jacobus 239
Vulpius, Christian August 86
– *Rinaldo Rinaldi* 86

Wackenroder, Wilhelm Heinrich 157, 207
Watzlik, Hans 81
Weidig, Friedrich Ludwig 80
Weigand, Karl 381
Weise, Adam 195f.
Werg, Marie 62
Wetter, Elise 416
Wickram, Jörg 208, 345
Wieland, Christoph Martin 220, 242

Wild, Dorothea 266
Wild, Elisabeth 175
Wild, Rudolf 266
Wilhelm I. von Preußen 409
Wilhelm II. von Hessen 265, 319, 322f., 352ff., 362ff., 456
Wilhelm II. von Preußen 128
Wilhelm IX. von Hessen-Kassel 51f., 96, 146, 264f., 293, 296f., 318ff., 339, 351, 368f.
Wilhelmine Karoline von Dänemark 120f., 125, 201, 218, 318f., 340, 351, 359, 368
Willemer, Jakob von 428
Willemer, Marianne von 376f., 411, 422f., 428ff.
William IV. 367, 372

Wintzingerode, Heinrich Levin von 375
Wölfflin, Heinrich 425
Wurf, Inge 419

Zelter, Carl Friedrich 157
Zimmer, Anna Elisabeth 52, 124
Zimmer, Henriette Philippine 52, 58, 120f., 125ff., 144, 148, 150ff., 156, 162f., 165, 167, 181, 201, 207, 332, 368, 447
Zimmer, Johann Hermann 52, 93f., 111, 120, 123f., 126, 199, 215
Zinckhan, Johann Georg 49, 60, 109ff., 124f., 128f., 150, 167, 189f., 200, 250

BILDNACHWEIS

Bibliotheca Laueriana Mythica (Bildarchiv): S. 92
bpk-Bildagentur: S. 110
Brüder Grimm-Gesellschaft Kassel (Bildarchiv), www.grimms.de: S. 41, 44, 69, 147, 185, 200, 213 re., 217, 255, 277, 283, 292, 329, 337, 349, 353, 365, 411, 416, 426, 449 u.
Fotostudio Bartsch, Berlin: S. 203
Germanisches Nationalmuseum Nürnberg: S. 402, 403
Goethe-Museum Düsseldorf: S. 304
Museumslandschaft Hessen Kassel: S. 127
Peter Palm, Berlin: Vor- und Nachsatz
Picturedesk: Frontispiz, S. 59 (bd. akg-images), 63 (SZ Photo), 79, 87 (bd. Archiv Gerstenberg/Ullstein Bild), 111 (akg-images), 155 (A. Pulwey/ChromOrange), 193 (akg-images), 198 (bilwissedition/akg-images), 243 (Slg. Rauch/Interfoto), 244 (A. Koch/Interfoto), 248 (akg-images), 252 (bilwissedition/akg-images), 272 (Bildarchiv Hansmann/Interfoto), 301 (akg-images), 320 (Ullstein Bild), 326 (akg-images), 334 (Interfoto), 376 (Slg. Rauch/Interfoto), 379 (G. Haenel/laif), 384 (bilwissedition/akg-images), 436 (akg-images)
Staatliche Schlösser und Gärten Hessen, Bad Homburg: S. 43, 50, 102, 312
Städtische Museen Hanau: S. 121, 139, 166, 236
Städtisches Museum Göttingen: S. 358
Wikimedia u.a.: S. 27, 229, 315, 321, 446, 449 o.
sowie aus: Kemminghausen/Denecke, *Die Brüder Grimm in Bildern ihrer Zeit*: S. 19, 95, 213 li., 343

Die Abbildung auf dem Cover zeigt Jacob (stehend) und Wilhelm Grimm. Stahlstich von Lazarus Sichling nach Daguerreotypie von Hermann Biow, um 1850. Titelbild des ersten Bandes des »Deutschen Wörterbuchs«, 1854.
   Auf der Rückseite des Buchumschlags sind Jacob und Wilhelm Grimm bei der Märchenerzählerin Dorothea Viehmann in Niederzwehren zu sehen. Holzstich, undat., nach einem Gemälde von Louis Katzenstein.
   Die Karte im Vorsatz des Buches zeigt Mitteleuropa im Jahr 1798 (rot markiert die wichtigsten Stätten der Familie Grimm), im Nachsatz ist der Stammbaum der Grimms vom 15. bis ins 20. Jahrhundert zu sehen.
   Die Abbildung im Frontispiz zeigt Jacob und Wilhelm Grimm, gezeichnet von Ludwig Emil Grimm, ca. 1829.

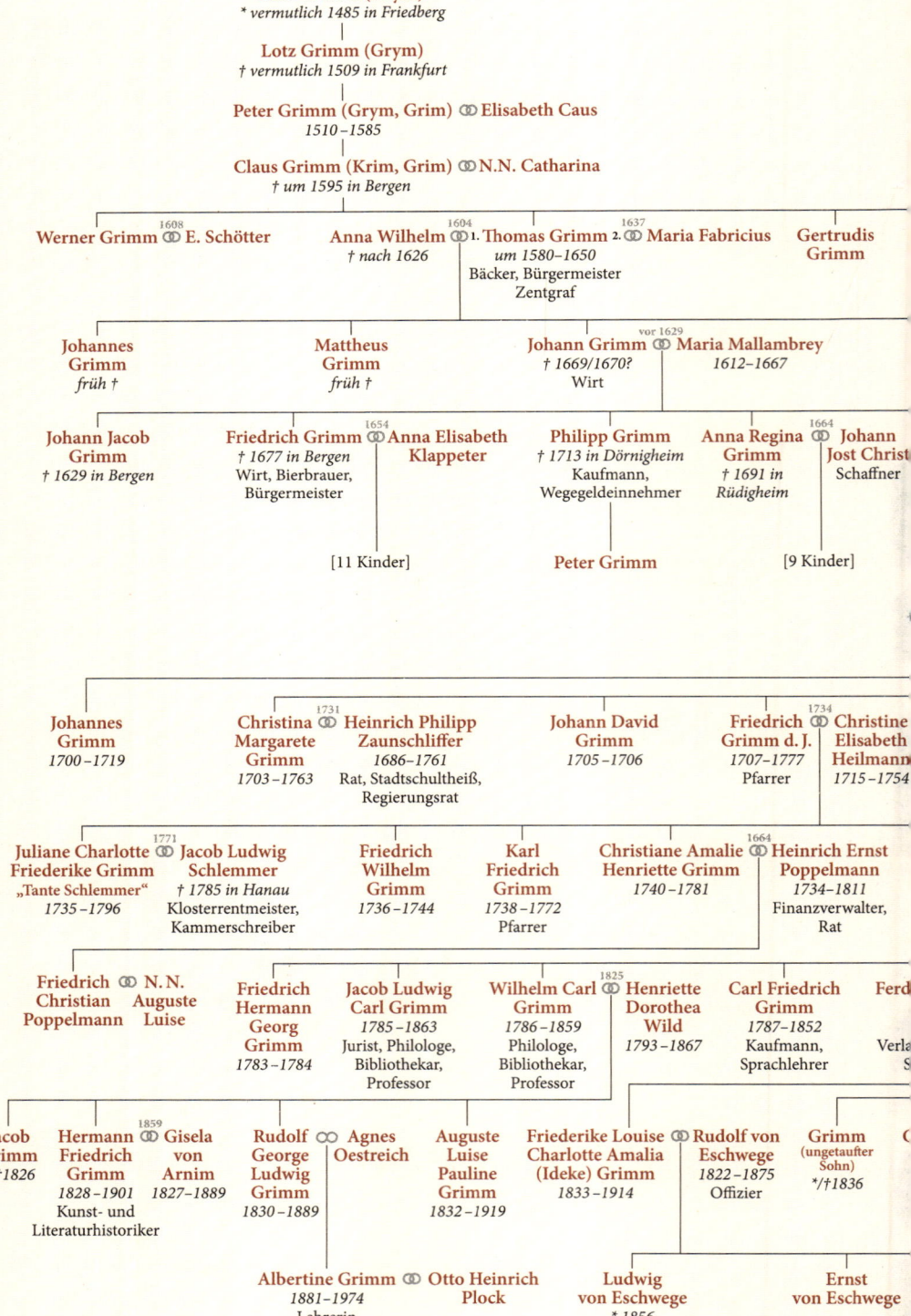